기호에서
텍스트로

기호에서 텍스트로

— 언어학과 문학 기호학의 만남

서정철

민음사

기호에서 텍스트로: 언어학과 문학 기호학의 만남

차례

프롤로그 / 11

제1장 소쉬르: 언어학에서 기호학으로 / 17

1. 형성 과정 19
2. 전반적인 고찰 30
3. 『강의』에 나타난 소쉬르의 언어 사상 31
   3.1. 랑그와 빠롤 31
   3.2. 공시태와 통시태 38
   3.3. 소쉬르 이론에 대한 야콥슨의 견해 44
   3.4. 의미론에 대한 소쉬르의 기여 49
4. 언어학과 기호학 52
   4.1. 기호의 원리 59
   4.2. 기호의 체계—연상 축과 통합 축 66
   4.3. 아나그람 연구 73
5. 문학 기호학의 가능성 82
6. 문학 텍스트 분석의 가능성 92
   6.1. 통합의 축 97
   6.2. 연상의 축 99
   6.3. 어가 101
7. 맺는 말 104
참고 문헌 106

제2장 옐름슬레우: 소쉬르의 계승과 기호학의 조직화 / 109

1. 이론의 세 가지 면모 111
   1.1. 소쉬르의 계승 및 발전 111
   1.2. 언리학 113
   1.3. 접근 방법 116
      1.3.1. 방법론과 원칙 116
      1.3.2. 형식화 117
      1.3.3. 분석과 기술(記述) 121
2. 언어와 랑그, 언어학과 기호학 123
3. 체계와 과정 128
4. 관계와 함수 기능 131
5. 기호 체계 137
6. 외시와 공시 147
7. 텍스트 분석 154
8. 맺는 말 161
참고 문헌 163

제3장 뱅베니스트: 커뮤니케이션 언어의 해부 / 165

1. 들어가는 말 167
2. 꿀벌 언어와 예술 언어의 특징과 한계 168
3. 랑가쥬와 랑그 174
4. 랑그와 기호의 성질 179
5. 기호 체계와 기호적 방식 188
   5.1. 이중적 의미 형성 192
6. 의미적 방식 198
   6.1. 언술 작용 198
   6.2. 대명사 200
   6.3. 수행문 201
   6.4. 시제와 시간의 문제 206

6.5. 양태성 ·· 209
7. 텍스트와 시제 ·· 213
8. 언어와 주체성 ·· 221
9. 맺는 말 ·· 227
참고 문헌 ·· 231

제4장 그레마스: 이야기성 기호학의 체계화 / 233

1. 생애와 연구의 궤적 ·· 235
　1.1. 기호학의 전제와 방법론 ·· 238
　1.2. 이론적 영향 ·· 240
　　1.2.1. 뻬니에르와 프로프 ·· 240
　　1.2.2. 레비-스트로스 ·· 243
2. 이론의 전체적 구도 ·· 246
　2.1. 기호-이야기체 구조 ·· 248
　　2.1.1. 심층 층위 ·· 250
　　　2.1.1.1. 심층 의미론 ·· 250
　　　2.1.1.2. 심층 통사론 ·· 251
　　2.1.2. 표층 층위 ·· 253
　　　2.1.2.1. 이야기체 의미론 ·· 253
　　　2.1.2.2. 이야기체 통사론 ·· 253
　2.2. 담화체 구조 ·· 257
　　2.2.1. 담화체 의미론 ·· 257
　　2.2.2. 담화체 통사론 ·· 259
　2.3. 텍스트화와 표출 구조 ·· 263
3. 어휘론에서 의미론으로 ·· 265
　3.1. 의미론의 구도와 기본 개념들 ·· 267
　　3.1.1. 의소 ·· 268
　　3.1.2. 의소의 범주 ·· 270
　　3.1.3. 기호론적 층위와 의미론적 층위 ························ 271
　　3.1.4. 동위소 ·· 273

  3.2. 기호 사각형 ·· 275
    3.2.1. 기호 사각형과 아리스토텔레스의 논리 사각형 ············· 277
    3.2.2. 기호 사각형에 대한 몇 가지 논의 ······························ 282
    3.2.3. 다니엘 파트의 검증 ··· 286
 4. 의미론에서 기호학으로 ··· 291
  4.1. 행위소 모형 ·· 292
  4.2. 술사 ·· 295
  4.3. 양태 ·· 297
    4.3.1. 기호학적 양태 ·· 297
    4.3.2. 진리 검증 양태 ·· 301
    4.3.3. 사역 양태 ··· 303
    4.3.4. 중첩 양태화 ·· 304
    4.3.5. 상태의 양태화 ·· 307
 5. 기호학적 분석: 모파상의 『두 친구』 ···································· 310
  5.1. 『두 친구』의 전체 줄거리 ··· 311
  5.2. 분석 ·· 313
 6. 정념의 기호학 ·· 320
 7. 주체의 문제 ··· 327
 8. 맺는 말 ··· 333
 참고 문헌 ··· 337

제5장 바르트: 기호와 텍스트를 위한 탐험 / 339

 1. 들어가는 말 ··· 341
 2. 바르트와 기호학적 전망 ·· 343
  2.1. 제1기 경탄의 시기(1949~1956) ······································ 347
  2.2. 제2기 기호학의 학문적 탐구의 시기(1957~1963) ··········· 347
  2.3. 제3기 텍스트 연구(1963년 이후) ···································· 348
 3. 글쓰기 개념과 언어 ·· 350
  3.1. 문학과 언어학의 관계 ··· 350

  3.2. 랑그, 문체, 글쓰기 ·· 353
  3.3. 글쓰기와 참여 ·· 356
  3.4. 작가와 글쓰기 ·· 358
  3.5. 글쓰기의 영도 ·· 360
4. 기호와 신화 ··· 363
  4.1. 바르트의 기호 체계 ·· 363
    4.1.1. 랑그와 빠롤 ·· 366
    4.1.2. 기표와 기의 ·· 368
      4.1.2.1. 기호 ·· 368
      4.1.2.2. 기의와 기표 ································· 371
    4.1.3. 의미 작용 ·· 372
    4.1.4. 어가 ··· 373
    4.1.5. 통합체와 계열체 ······································ 374
    4.1.6. 외시와 공시 ·· 381
  4.2. 신화론 ·· 384
    4.2.1. 신화 체계 이론 ······································ 386
    4.2.2. 신화의 실례 ·· 388
    4.2.3. 신화의 특성과 문제점 ······························ 391
    4.2.4. 신화 분석: 플로베르의 『부바르와 페퀴셰』······ 397
5. 기호학: 이야기의 구조적 분석 ································ 400
  5.1. 기능 층위 ·· 405
    5.1.1. 단위 나누기 ·· 406
    5.1.2. 단위의 분류 ·· 407
    5.1.3. 기능적 구문론 ·· 408
  5.2. 행위 층위 ·· 412
    5.2.1. 등장 인물 재고 ······································ 412
    5.2.2. 주인공의 문제 ·· 412
  5.3. 서술 층위 ·· 413
    5.3.1. 서술적 의사 전달 ···································· 413
    5.3.2. 이야기의 상황 ·· 416
    5.3.3. 이야기의 체계 ·· 417

6. 『S/Z』와 새로운 글읽기 421
   6.1. 모형 구축에서 텍스트의 실천으로 421
   6.2. 세미오시스 423
   6.3. 『사라진느』의 내용 431
   6.4. 텍스트 분석 433
7. 『텍스트의 즐거움』과 바르트의 텍스트 철학 439
   7.1. 글 읽기 440
   7.2. 언어 444
   7.3. 텍스트 451
   7.4. 정신 분석 459
8. 남는 문제: 주체 464
9. 맺는 말 470
참고 문헌 473

에필로그 / 477

후기 / 483

인명 색인 / 487

사항 색인 / 492

프롤로그

우리는 일반적으로 용어가 같으면 동일한 개념을 지닌 것으로 생각한다. 그러나 그렇지 않은 경우가 흔히 있다. 〈기호학〉도 그러한 용어이다. 가령 로만 야콥슨은 존 로크 John Locke의 학문의 삼분적 분할을 다루면서 〈기호학 semiotike〉의 형성을 제안하였고, 그가 기호학은 기호로 이루어지며 가장 일반적인 기호를 낱말이라고 하였음을 밝혔다.[1] 또한 독일의 람베르트 Jean Henri Lambert가 로크의 기호학과 기호에 대한 관점을 이어받았고 19세기에 기호학이 다시 거론 되는 것은 〈로크와 람베르트의 선구적인 창의적 사고 덕분〉이라고 지적한다. 그러나 19세기와 20세기, 특히 소쉬르로부터 시작되는 기호학과 기호에 대한 개념은 같은 용어일 뿐이지 구성하는 내용은 다르다.

크게 보면 양자의 차이는 〈낱말〉과 기호의 차이라고 할 수 있는데, 전자는 어휘론적으로—예컨데 접두사, 접미사, 어간, 복합어, 조합어 등— 분석되는 단위이고, 기호는 기표와 기의, 한 걸음 나아가 형식과 실질로 분석되는 단위이면서 텍스트를 구성하는 개념

---

[1] 야콥슨 로만 지음, 신문수 옮김, 『문학 속의 언어학』, 문학과 지성사, 1989, 284-286쪽.

이며, 텍스트는 다시 기호, 기표, 기의, 형식, 실질로 하위 구분되고 분석되는 개념인 것이다. 앞으로 보게 되겠지만 기호는 다른 메타 개념들과 연관된다. 또한 기호학은 〈기호에 대한 학문이고 기호로 구성된다〉는 식의 정의는 학자의 연구 전개 과정 속에서 검증될 경우에만 의미를 갖는다. 설명의 맥락을 제시하지 않은 채 그렇게 설명한다는 것은 누구나 할 수 있는 정의이고 그것은 별다른 것을 밝혀주지 못한다. 따라서 〈기호〉, 〈기호학〉의 용어에 맞춘 역사적 고찰이나 정의 위주의 이해에서 벗어나 같은 계열의 개념이 발전하는 맥락을 추적하는 것이 바람직한 탐구 방향이라고 생각한다.

  필자가 연구하고자 하는 기호학은 텍스트를 최종 연구 대상으로 삼으면서 기호가 어떤 방식으로 결합하여 텍스트를 이루고 그 텍스트에 대한 의미의 해독은 왜 기호의 의미 기능에 대한 고찰로부터 출발하지 않으면 안 되는가 하는 것이다. 이해를 돕기 위하여 기호와 텍스트의 관계를 산과 산맥으로 바꾸어 보고 그것을 인식과 연결시켜 살펴보자.

  안다는 것은 무엇인가. 그에 대해서는 많은 논의가 있었지만 적어도 자연이나 외부 세계에 대해 안다는 것은 눈으로 보고 정신의 작용으로 이해하는 것으로부터 출발한다고 할 수 있다. 그러나 현상을 뭉뚱그려 이해하지 않고 구체적으로 이해하기 위해서는 그것을 몇 가지로 나누어 생각해보게 된다. 그리고 나서 나누어 생각한 것을 이어서 연결시키고 거기에서 얻은 지식을 우리가 알고 있는 다른 지식에 비추어 우리가 가진 인식의 테두리 안에 자리매김하게 된다.

  가령 우리가 어느 산을 처음으로 찾아갔다고 하자. 처음 가서 보는 것은 아마도 뻗어 있는 산의 굴곡, 바위의 형태, 나무들의 모습 등으로 집에 돌아와 보면 머리에 남는 것은 막연하거나 부분적인 인상뿐일 가능성이 많다. 그러나 그 산을 여러 번 찾아가 본다면 그 산이 다른 산과 어떻게 이어지는지, 어떤 특징을 지녔는지가 영상으로 뇌리에 떠오르게 되며, 이 때 그 산에 대한 어떤 상 image 을 갖게 된다고 할 수 있다. 바꿔 말하자면 연속체 continuum로 제시된 대상을 이해하기 위해서는 우선 그것을 불연속체로 환원시켜 파악해야 한다는 말과 같다. 데카르트가 그의 『방법 서설』에서, 다른 명제로부터 논증되지 않고 스스로 명백한 명제를 찾아내는 것을 철학의 토대, 즉 제1원리라 한다면, 연구 대상(=어려운 문제)을 가능한 한 작은 부분으로 세분하여 고찰하라고 한 제2원리는 바로 그러한 성찰의 관계를 언급한 것이다.

  이 원칙에 동의한다고 해도 어디까지가 연속체이고 어디까지가 불연속체인가를 구분하는 방법상의 문제가 제기될 수 있다. 연구 대상이 자연 현상이든 추상적인 인식론적 문제이든간에 불연속체의 구분에 일정한 원칙이 있을 수는 없다. 목적과 관점에 따라 연속체 내에서 불연속체의 분절은 달라질 수밖에 없고, 또 일단 드러난 불연속체는 그 자체가 하나의 연속체로 간주되어 또다시 그 속에서 불연속체를 나누어 내는 일이 필요한 경우가 얼마든지 있을 수 있다. 그러나 일단 불연속체로서 파악된 것은 거기에서 끝나는 것이 아니라 다시 연속체 속에 통합하여 총체 속에서 이해하는 것이 필요하게 된다.

  연속체와 불연속체를 이해하기 위해 다시 산의 문제로 돌아가 보자. 연속체를 산맥으로 본다면 불연속체는 자연스럽게 산에 해당된다. 이러한 연속체와 불연속체의 상을 객관화한 것이 이름 내지 명칭이다. 이름이 없다면 얼마나 불편할까. 어떤 사람의 이름이 생각나지 않을 때 우리는 그 사람을 연상시키는 여러 가지 주변 사실들을 동원한다. ○○때 ○○에서 ○○을 어떻게 한 사람이라고 하면 아! 〈홍길동!〉 그 한마디로 그 사람을 표상할 수 있는 것, 그것이 이름이고 언어에서의 기호인 것이다. 다시 말하자면 이름은 그 사람의 모든 것을 대신하는 것이다. 그러므로 이름의 의의는 더 큰 연속체를 불연속체로 잘게 나누어서 그것을 다른 것과 구분하기 위해서 붙인 것이고 생각의 영역에서 의사 소통을 원활하게 하기 위해 설정한 기호도 같은 작용을 하는 것이다.

한편 이름은 그 자체가 하나의 세계, 즉 연속체일 수 있다. 가령 설악산을 예로 살펴보자. 설악산을 〈백두대간을 타고 내려온 태백산맥의 중추적인 산〉이라고 한다면 연속체 안에서 불연속체를 구분한 것에 해당한다고 하겠다. 그러나 그 설악산에는 또 얼마나 많은 이름들이 있는가. 대청봉, 천불동, 비선대, 비룡폭포, 금강굴, 울산바위 등과 함께 많은 절들이 있으며, 또 그곳에 서식하는 자연은 얼마나 다양한가. 그렇기는 하지만 구체적이고 세부적인 파악은 추후에 전체적인 맥락에서 자리매김하는 것으로 총체적인 이해를 가능하게 한다. 언어학적으로 말하면 하나의 산은 산맥 역할을 하는 구문 내지 통합체 속에 자리잡은 기호로서, 그것은 다른 산맥의 산들과는 계열체적인 관계를 지니며 통합체내에서 자기 나름대로의 역할, 즉 기능을 맡고 있는 것이다.

계열체 paradigme와 통합체 syntagme는 소쉬르에서 나온 것이다. 따라서 기호와 텍스트에 대한 연구가 그로부터 출발하는 것은 너무나 당연하다. 그러나 어째서 소쉬르보다 앞선 퍼스 Pierce는 다루지 않는가 하는 의문이 제기될 수 있다. 야콥슨도 〈기호학 연구에 끼친 페르디낭 드 소쉬르의 기여는 확실히 (퍼스에 비해) 미미하고 제한된 것이다〉[2]라고 한 바 있고 그레마스도 그런 의견을 제시한 바 있다.

---

2) *Ibid.*, 289쪽.

그러나 그것은 몇 가지 사실을 망각한 것이다. 우선 퍼스의 연구는 기호의 본질에 초점을 맞추었다. 기호는 지표, 도상, 상징 등과의 관계를 통하여 파악되고 기호의 해석에는 해석자와 해석소가 개입된다. 또 그 성격에 따라 기호 자체는 다양하게 분류된다. 그에 비하여 소쉬르의 기호는 형식을 중심으로 논의되고 기호의 본질 해석자나 지시 대상과의 관계는 배제된다. 무엇보다 중요한 것은 계열체 내지 연상 association의 축과 통합체의 개념은 기표, 기의의 세분화와 함께 텍스트 중심 기호학의 출발점이 된다. 야콥슨이 복잡한 전통적 비유법, 은유와 환유 위주로 단순화할 수 있었던 것은 바로 소쉬르의 계열체-통합체 개념을 바탕으로 한 것이기 때문이었다.

기호학의 용어로 〈semiotic〉 내지 sémiotique와 sémiologie의 두 가지 계열이 있다. 전자는 퍼스와 그 이전의 로크, 람베르트 등이 사용하였고 그레마스도 같은 용어를 사용한 데 비해, 소쉬르, 바르트 등은 〈sémiologie〉를 사용하였다. 무냉은 혼돈을 피하기 위하여 기호학의 개념을 〈전달의 기호학 sémiologie de la communication〉과 〈의미 작용의 기호학 sémiologie de la signification〉으로 분류하였다. 필자의 관점은 후자를 중심으로 하면서 〈sémiotique〉와 〈sémiologie〉의 개념상의 문제에는 특별한 중점을 두지 않았다.

여러 학자들을 다루는 데 있어서 가능하면 체제 면에서 통일성을 유지하려 하였으나 실제로 그것이 어렵다는 점을 고백하고 싶다. 소쉬르의 경우에는 생애에 대한 연구도 깊이 있게 진행되었고 무엇보다 생애의 이해가 그의 이론적 배경을 이해하는 데 중요한 역할을 한다. 그에 비해 다른 학자들의 경우에는 생애 관련 자료가 부족하기도 하고 이론적 이해를 산만하게 할 수도 있다고 판단되었다. 그러한 고려 때문에 체제의 통일이 어려웠음을 미리 알리고자 한다.

제1장 소쉬르:
언어학에서 기호학으로

1. 형성 과정
2. 전반적인 고찰
3. 『강의』에 나타난 소쉬르의 언어 사상
4. 언어학과 기호학
5. 문학 기호학의 가능성
6. 문학 텍스트 분석의 가능성
7. 맺는 말

개요

- 일찍부터 자연 과학에서 사회 과학에 이르는 폭넓은 교양을 쌓는다.
- 역사 언어학 연구에서 수학적 추론 방식을 적용하여 뛰어난 성과를 얻는다.
- 언어 연구에서 통시적 방법/공시적 방법, 랑그/빠롤을 구분하고, 인식론적인 관점에서 공시적 방법과 랑그에 중점을 둔다. 그러나 언어의 존재 그 자체에 있어서는 역사성과 담론성을 강조하였다.
- 단어, 구, 문장 등의 언어 단위들을 기호 관계로 단일화하여 설명하였다: 기호 관계는 크게 연상 관계와 통합 관계로 나뉜다.
- 언어는 의사 소통을 위한 기호 체계 중의 하나이다. 소쉬르는 언어학을 상위 학문인 기호학의 일부로 간주하였다.
- 랑그가 기호로 구성된다고 하는 것은 어휘로 구성되는 언어를 생각한 것이 아니라 기호 체계로서의 언어를 지칭한 것이다. 이 경우에 기호는 시니피앙(=기표)과 시니피에(=기의)의 결합으로 구성된다. 소쉬르는 더 나아가 이 관계의 자의성을 주장한다.
- 어가 valeur는 기호와 기호의 관계 및 차이를 명시적으로 보여주는 개념이다.
- 소쉬르의 ⟨sémiologie⟩ 개념은 직접적으로 문학 기호학과 연결되지는 않는다. 그러나 그의 연상의 축 내지 계열의 축, 기표, 기의, 어가 등의 개념들은 시학적 차원/수사학적 차원과 연결되면서 문학 텍스트 연구에 효과적으로 응용될 수 있다.
- 소쉬르의 아나그람 연구는 전설과 마찬가지로 문학 텍스트에 대한 연구이다. 소쉬르는 이 연구에서 시의 주제를 구성하는 주제어가 음소로 분해되어 텍스트 전체에 분산되어 있음을 관찰하고 이를 재구성할 수 있는 형식적인 장치를 찾고자 노력한다.

20세기 언어학에서 소쉬르의 업적은 정신 분석학에서 프로이트의 업적에 비견할 만하다. 그의 사후 언어학의 진로와 방향이 일대 전환기를 맞았고 언어학에 관련된 논문이나 저서에서 그가 인용되고 있으며 또 그가 직접 인용되지 않은 경우에도 그의 언어관과 만나는 접합점을 찾아볼 수 있기 때문이다.

　그러나 프로이트와 소쉬르의 차이는 전자가 생전에 많은 저서를 남긴 데 비해 후자는 몇 편의 논문만 남겼을 뿐이다. 또한 소쉬르의 유명한 『강의』는 수강생들의 노트를 바탕으로 바이 Bally와 세슈에 Sechehaye가 재구성한 것이다. 우리는 명쾌한 필치로 쓰여진 『강의』가 소쉬르 언어 사상의 결정판이라 믿고 대하게 된다. 그러나 소쉬르의 언어를 보는 관점에는 불확정적인 면이 있고, 그가 자신의 이론에 대해 확신을 가졌다기 보다는 끊임없이 회의에 젖었다는 사실은 그의 서신이나 비망록 등을 통하여 알 수 있다. 오로지 『강의』를 통하여 소쉬르를 이해한다는 것은, 비유적으로 말하자면 달밤의 풍경화를 보면서 달만 보고 그것을 둘러싼 구름이나 나무들의 모습을 소홀히 하는 것과 같다고 하겠다. 그렇기 때문에 소쉬르를 바르게 이해하기 위해서는 언어학의 과학적인 토대를 구축하기 위하여 그가 걸었던 지적 행로를 재구성하고, 언어와 기호에 대한 그의 관점을 다양한 참고 자료들과 함께 새롭게 조명하여야 한다. 그렇게 하기 위해서는 우선 그의 사상의 형성 과정과 인생 항로를 추적할 필요가 있다.

1. 형성 과정

　20세기 언어학의 새로운 지평을 열어준 페르디낭 드 소쉬르는

1857년 10월 26일 제네바에서 태어났다. 그의 집안은 프랑스 로렌느 지방의 개신교 귀족으로서, 제네바로 이주해 뿌리 내린 후 다수의 자연 과학자들을 배출한 명문이다. 어린 시절 그에게 언어학자로서의 꿈과 열정을 불어넣어 준 사람이 있는데, 그가 바로 『인구어의 기원-선사 언어 고고학 시론』의 저자 픽테 Pictet이다. 조숙한 소쉬르가 중학생 때 「언어에 대한 시론 Essais sur les langues」을 써서 픽테에게 헌정하자 노석학은 그에게 처음부터 언어의 보편 체계에 지나치게 집착하지 말라는 따뜻하면서도 의미 심장한 충고를 한다. 헤겔의 제자이자 친구였던 픽테는 소쉬르가 받은 영향사적 관점에서 볼 때 매우 중요한 위치를 차지하고 있다. 데 마우로 De Mauro는 그의 노트에서 소쉬르의 지적 형성에 있어서 픽테의 영향이 크게 작용하였다고 지적하고 있다.[1] 만약 사실이 그러하다면 우리는 소쉬르를 독일 관념 철학의 전통 속에서 재조명할 필요가 있을 것이다.[2]

 소쉬르는 1875년 18세에 가족의 뜻을 따라 제네바대학 물리화학 강좌에 등록하는데, 그 곳에서 그는 신학·법학 등 다양한 강좌를 청강한다. 그러나 그 다음 해 그는 당시 언어학 연구의 중심지인 라이프찌히로 가 1880년까지 수학한다. 그곳에서 쿠르티우스 Curtius의 세미나에도 참석하고 또한 소장 문법학자들 Junggrammatikers과의 폭넓은 교제를 시작한다. 특히 우리는 이 시기에 이루어진 소쉬르와 레스킨 Leskien과의 만남을 주목해볼 필요가 있다. 레

---

1) F. Saussure, *Cours de linguistique générale*, Payot, 1972, 359쪽. 이후로 이 책의 표기는 *C.L.G.*로 표기한다.
2) 예거 Jäger와 슈테터 Stetter는 이 같은 관점에서 소쉬르의 사고를 재구성한 바 있다. 우리는 그들의 분석과 논의가 문헌학적인 타당성을 지니고 있음에도 불구하고 그들의 결론에 일말의 의구심을 품어 볼 수밖에 없다. 왜냐하면 소쉬르를 관념론자로서 단정하기에는 석연치 않은 구석이 있기 때문이다. 레

스킨은 휘트니 Whitney의 유명한 저서 『언어의 생애와 성장 *Life and Growth of language*』을 1876년 독일어로 번역하였는데, 소쉬르의 스승이었던 그가 소쉬르와 휘트니와의 첫 만남에 디딤돌 역할을 했을 가능성이 높다.

소쉬르는 1879년 그를 단숨에 유명하게 만든 「인구어 원시 모음체계 연구 Mémoire sur le système primitif des voyelles dans les langues indo-européennes」를 발표하여 수학적인 추론 방식이 언어 연구에 새로운 가능성을 열어 줄 수 있음을 보여 준다. 그 다음 해인 1880년에는 「산스크리트 어 속격의 용법에 대하여」라는 제목 하에 박사 논문을 발표한다. 세인들의 평가와는 달리 소쉬르는 소장 문법학자들을 중심으로 한 독일의 언어학계로부터 냉혹한 비판을 받게 된다. 브루크만 Brugmann은 소쉬르의 폭넓은 지식에 깊은 인상을 받았음에도 불구하고 그의 기본적인 신조에 동의할 수 없었으며, 오스토프 Osthoff는 소쉬르의 이론적인 시도를 〈완전한 오류〉로 간주하였다.[3] 한마디로 실증주의에 기반을 둔 소장 문법학자들은 고도의 추상성을 바탕으로 한 소쉬르 이론의 체계성을 수용할 수도, 또한 이해할 수도 없었다.

유학 시절 가운데 한 가지 의문점으로 남아 있는 시기가 있는데, 그 시기는 바로 베를린 체류 기간인 1878~79년이다. 프레히틀 P. Prechtl[4]에 따르면 소쉬르는 이 기간 동안 슐라이허마허 Schleichermacher의 제자였던 쉬타인탈 Steinthal의 강의를 들었다고 한다. 쉬타인탈은 휘트니와 브레알 Bréal과 마찬가지로 라이프니쯔의 단자론에 바탕을 둔 언어의 유기체적 관점에 반대하는 입장이었다.[5] 또한 그는 훔볼트의 전통에 서있는 학자로서 만약 소쉬르를 이 같은

---

3) K. Koerner, *Saussurean Studies*, Slatkine Genève, 1988, 138쪽.
4) P. Prechtl, *Saussure*, Junius, 1994, 11-12쪽.
5) Koerner, *op. cit.*, 156쪽.

전통 속에서 바라보고자 한다면 그와의 관계를 언급하지 않을 수 없을 것이다. 아무튼 소쉬르는 독일 언어학계로부터 강한 비판을 받게 되고, 이 같은 비판이 소쉬르로 하여금 파리행을 결심하게 한 이유 중의 하나로 추정된다.

파리대학의 고등 연구원 Ecole Pratique des Hautes Etudes에서 당대 프랑스 언어학을 대표하고 있던 브레알 교수의 신임을 얻어 소쉬르는 1881년부터 그의 강의를 물려받게 된다. 강의 이외에 소쉬르는 파리 언어학 학회를 위해 헌신함으로써 자신의 생애 가운데 가장 왕성한 학문 활동을 보여 준다. 특히 소쉬르는 고등 연구원의 강의를 통해 메이예 Meillet를 비롯하여 후일 유명하게 될 학자들을 길러 낸다. 꼴레쥬 드 프랑스 Collège de France의 교수직을 바라볼 수도 있었으나 행정상의 이유로 그는 10여 년 간의 파리 생활을 마무리하고 제네바로 돌아갈 것을 결정한다. 그 곳에서 그는 별정직 교수로서 산스크리트 어와 비교 문법을 가르치다가 1896년부터 1911년까지 3회에 걸쳐 일반 언어학을 강의했는데, 바이와 세슈에가 그의 개인 노트와 학생들의 노트들을 바탕으로 『일반 언어학 강의』를 사후 편찬한다.

제네바로 돌아온 후의 그의 생활에 대해서는 많은 부분이 수수께끼로 남아 있다. 1894년 제네바에서 개최된 제10회 동양어학회 이후 소쉬르는 침묵으로 일관한다. 이 같은 침묵에 대해 데 마우로[6]는 메이예의 증언에 입각해서 다음과 같은 두 가지 가설을 소개한다. 하나는 소쉬르의 완벽주의자적인 성향이 그의 연구 활동에 부정적인 영향을 끼쳤을 것이라는 점이다. 이에 대한 근거로 우리는 소쉬르가 자기 자신을 가리켜 〈글 공포증 환자 épistolophobie〉로 표현한 대목을 찾아볼 수 있다. 또 하나는 소쉬르가 언어학보다 비

---

6) *C.L.G.*, 1972, 346쪽.

언어학적인 영역에 더 큰 관심을 가졌을 가능성이다.[7] 즉 소쉬르가 일반 언어학을 강의할 당시 아나그람이나 독일의 전설에 대한 연구에 몰두했던 점을 상기해볼 필요가 있다. 이에 대해 무녕 Mounin은 보다 더 이론적인 이유를 제시한다. 즉 소쉬르는 자신이 구상하고 있는 일반 언어학에 대한 당시의 몰이해 앞에서 침묵으로 일관할 수밖에 없었다는 것이다. 예를 들어 무녕에 따르면 소쉬르의 제자이자 친구였던 메이예조차도 소쉬르의 체계에 대한 개념을 바르게 이해하고 있지 못했다는 것이다. 한마디로 말해 소쉬르는 자신의 시대를 너무 앞질러 갔던 것이다.

앞서 잠깐 언급한 바 있듯이 소쉬르는 일반 언어학 강의 이외에 아나그람이나 독일 서사시, 특히 「니벨룽겐」 등에 대한 연구를 하였는데, 특기할 만한 사실은, 이 세 가지 연구가 거의 동시에 이루어졌다는 점이다. 여기서 우리는 과연 소쉬르가 동일한 원리를 바탕으로 일반 언어학, 전설, 아나그람을 구상했는지에 대한 의문을 제기해볼 수 있다. 예를 들어 일반 언어학에서 등장하는 언어 기호와 전설에서 등장하는 상징의 개념을 서로 비교해볼 수 있을 것이다. 또한 일반 언어학에서 등장하는 기호의 제2원리, 즉 기표의 선적 특성이 아나그람의 연구에서는 계기성 consécutivité[8]으로 표현되고 있는데, 이는 주목할 만한 사항이다. 이 같은 문제에 관해 데마우로는 『강의』 노트에서 간략하게 언급한 바 있다.[9] 미셸 아리베 Michael Arivée는 그의 저서에서 이 문제를 보다 더 구체적인 형태로 지적하고 있다.[10] 제네바로 돌아온 이후의 소쉬르의 심정에 대

---

7) J. Mounin, *Saussure ou le structuralisme sans le savoir*, Edition Seghers, 1968, 19쪽.
8) J. Starobinski, *Les mots sous les mots*, Gallimard, 1971, 46-47쪽.
9) *Ibid.*, 350쪽.
10) M. Arivée, *Linguistique et psychanalyse*, Klienksiek, 39-40쪽.

해서는 메이예 등과의 서신 교환을 통하여 부분적으로 알려져 있다. 1912년부터 소쉬르는 건강상의 이유로 더 이상 강의를 계속할 수 없게 되고 1913년 2월 후두암으로 세상을 떠나게 된다.[11]

소쉬르의 언어관이 그의 독창적인 영감을 바탕으로 형성된 것이기도 하지만, 그가 만난 학자들과 당대의 새로운 학문적 사조로부터 받은 많은 영향 또한 부인할 수 없는 사실이다. 블룸필드 Bloomfield가 『강의』 서평에서 바르게 지적하고 있는 바와 같이 소쉬르의 독창성은 오히려 이같이 당대에 풍미했던 사상들을 통일된 체계로 재통합한 데서 찾아볼 수 있을 것이다.[12]

소쉬르의 사고 형성에 영향을 끼친 학자들에 관해 언급하기에 앞서 우리는 쾨르너가 제기한 영향사의 기술 원칙에 대해 살펴보고자 한다. 쾨르너는 그의 저서에서 직접적인 영향과 간접적인 영향의 구분을 제안한다.[13] 여기서 직접적인 영향은 작가가 직접 작품들을 인용한 경우를 가리키며 간접적인 영향은 무의식적으로 작용하는 한 시대의 지적 분위기를 가리킨다. 이 같은 구분을 통해 쾨르너는 소쉬르의 사고 형성에 있어서 뒤르껭 Durkheim이나 타르드 Tarde의 영향을 부수적인 것으로 간주한다. 또한 코즈리우 Coseriu가 제기한 가벨렌츠 Georg von der Gabelentz의 영향 가능성도 소쉬르가 그를 『강의』 속에서 직접 거론한 적이 없다는 이유로 거부한다.

우리는 이 같은 쾨르너의 실증적인 연구에 진심으로 찬탄하지만, 직접적인 영향과 간접적인 영향을 명확하게 구분하는 것이 그리 용이한 것만은 아니라는 점을 여기서 지적하고자 한다. 예를 들어 쾨르너는 휘트니와 더불어 파울 H. Paul을 소쉬르의 사고 형성에 직

---

11) J. Mounin, *La linguistique du XXème siècle*, P.U.F., 1972, 49쪽.
12) Bloomfield, in *Avant Saussure*, 1924, 198쪽.
13) Koerner, *op. cit.*, 99쪽.

접적인 영향을 끼친 학자로 분류하였는데, 그 이유는 파울이 『강의』에서 직접 인용되었기 때문이다. 그런데 인용된 빈도만을 본다면 파울보다는 픽테가 더 우위에 있다. 더욱이 파울의 경우는 독일의 저명한 소장 문법학자들을 열거하는 가운데 단 한 번 인용되었을 뿐이다. 반면 픽테는 그의 저서 『인구어의 기원 Origines indo-européenes』과 더불어 보다 상세히 논의되었음에도 불구하고 쾨르너는 픽테를 전혀 언급하지 않고 있다. 또한 우리는 직접 인용되지 않았다고 해서 직접적인 영향이 없었다고 하는 그의 기본적인 논지에 의구심을 품지 않을 수 없다. 왜냐하면 무의식적 영향이 어쩌면 가장 직접적인 영향일 수도 있기 때문이다. 이와 같은 관점에서 우리는 코즈리우가 제기한 가벨렌츠의 영향과 함께 도로체프스키 Doroszewski가 제시한 뒤르껭의 영향도 간과할 수 없을 것이다.

소쉬르의 사고 형성에 영향을 미친 학자에 대해 살펴보면, 먼저 픽테는 학문을 대하는 태도 면에서 그에게 가장 근원적인 영향을 끼쳤다고 볼 수 있다. 또 라이프찌히와 베를린에서 강의를 했던 교수들은 언어간의 비교 분석 방법 면에서 그에게 많은 가르침을 주었다. 비교 문법의 창시자라고 할 수 있는 보프 F. Bopp에 대해 소쉬르는 커다란 존경심을 가졌지만, 보프는 물론 소장 문법학자들과도 거리를 두면서 언어를 고립된 단위가 아닌 체계로서 접근해야 한다고 생각하게 된다. 언어학적으로 볼 때 가장 큰 영향을 끼친 사람은 미국의 휘트니이다. 그는 휘트니에 대한 연구 노트에서 〈랑가쥬란 인간적인 제도 institution이다〉[14]라고 말한 휘트니의 정의가 언어학의 패러다임을 바꿨음을 설명하면서 한걸음 더 나아가 랑가

---

14) F. Saussure, *C.L.G.*, Edition critique par Roudolf Engler, t. e, N 10 whitney, 1974, 24쪽. 몇 구절을 인용하면 다음과 같다: 〈1° Le langage institution……〉, 〈3° Le langage, institution humaine……〉.

쥬는 다른 제도들과는 다른 별종의 제도임을 부연한다.[15] 그리고 이 같은 별종의 제도는 기호학적 제도임에 다름 아니라고 봄으로써 소쉬르는 언어학을 기호학의 토대 위에 구축할 수 있는 바탕을 마련한다. 또한 언어가 사회 제도와 마찬가지로 인간 상호간의 협약을 바탕으로 하는 제도라는 생각을 제시한 휘트니의 저서는[16] 소쉬르의 랑그 개념과 기호의 자의성 개념 형성에 영향을 끼쳤다.[17] 그리고 휘트니와 함께 랑그와 빠롤의 구분을 중심으로 하는 소쉬르의 언어관에 중요한 영향을 끼친 사람으로 사회학자 뒤르껭을 꼽는다.

뒤르껭은 소쉬르와 동년배이면서 현대 프랑스 사회학의 초석을 마련하였다는 점에서 그의 사회학에 대한 기여는 소쉬르의 언어학에 대한 공헌과 비견할 만하다. 소쉬르는 제네바대학에서 물리, 화학을 공부할 때도 심리학과 함께 사회 과학에도 관심을 갖고 청강하였다. 뒤르껭의 학계 진출이 소쉬르에 비하여 늦었고 직접 만날 기회는 없었지만 메이예가 적극적인 뒤르껭 옹호자였기 때문에 메이예를 통하여 소쉬르가 뒤르껭을 알게 되었을 가능성이 많다.[18] 뒤르껭은 『사회학적 방법의 제규칙 Règles de la méthode sociologique』에서 사회적 사실로서의 랑가쥬에 대해서는 별로 언급이 없는 대신 〈기호 체계 système de signes〉라는 용어를 쓰면서 〈나는 그것을

---

15) F. Saussure, *C.L.G.* Edition critique par Roudolf Engler, t. 1., Otto Harrassowitz-Wiesbaden, 1968, 169쪽. 〈C'est ce que Whitney ne s'est jamais lassé de (répéter) pour (mieux faire sentir) que le langage (est)une institution pure. Seulement cela prouve beaucoup plus, à savoir que le langage est une institution *sans analogue*……〉

16) Whitney, *op. cit.*, 110쪽.

17) 소쉬르는 『강의』의 119쪽에서 〈랑그가 순수한 제도임을 깨닫게 하기 위하여 휘트니는 기호의 자의적 성질에 관해 올바르게 강조하였다〉고 하고 있다.

18) Mounin, *Saussure*, Seghers, 1968, 21쪽.

사용하여 나의 생각을 표현한다〉고 말한다.[19] 소쉬르와 뒤르껭의 이론적인 유사성에 관해서는 도로체프스키 Dorozsewski가 제네바에서 개최된 제2차 언어학 학회에서 최초로 소개한 바 있다. 여기에서 그는, 뒤르껭에 있어서 사회와 개인의 대립과 소쉬르의 강의에 나타난 랑그와 빠롤의 대립을 서로 상응하는 개념으로 보고 논의를 전개한다.[20]

소쉬르의 제자이면서 아울러 가장 절친한 친구인 메이예는 뒤르껭 이론의 신봉자로서 뒤르껭이 창간한 《사회학 연보》에서 다음과 같이 주장한다: 언어는 뒤르껭이 정의한 바와 정확하게 일치한다. 언어란 그것을 사용하는 우리 개인과 관계없이 존재한다…… 그리고 언어는 개인들의 집단 외부에서는 실재성을 갖지 못한다. 그러면서 아울러…… 개개의 밖에 있다. 그것이 보여주는 것은 언어를 변화시키는 것이 개인에 의하여 좌우되지 않는다는 사실이다. 뒤르껭은 개인의 밖에 있고 강제성을 가졌다는 특질을 바탕으로 사회적 사실을 정의하는데, 바로 그러한 특질이 언어 속에 확연하게 드러난다.[21] 이렇게 본다면 랑그의 사회성에 대한 소쉬르의 생각은 그가 그 씨앗을 자신 속에 가지고 있었지만, 휘트니, 뒤르껭, 메이예 등에게서 같은 개념을 발견함으로써 그것이 성장하여 소쉬르 자신의 사상 속에 뿌리를 내릴 수 있지 않았나 생각된다.

랑그의 성격 규명에 있어서 사회학적 개념과 함께 중요한 것은 심리학적 개념이다. 『강의』에는 심리학에 대한 언급이 많이 있고

---

19) *Ibid.*
20) W. Doroszewski, "Quelques remarques sur les rapport de la sociologie et de la linguistique: E. Durkheim et F. De Saussure" in *Essais sur le langage*, Minuit, Paris, 1969, 99-109쪽.
21) Meillet: 〈Comment les mots changent de sens?〉, Mounin, *op. cit.*, 22쪽에서 재인용.

심지어는 〈랑그에 있어서는 사실상 모든 것이 심리적인 것이다.[22] 따라서 언어 기호는 심리적인 실체 entité psychique이다〉[23]라고 말하고 있다. 소쉬르는 언어적 사실에 대해, 그것을 확실한 것으로 받아들인 정신에 관련된 사실로 설명한다. 그는 〈주어진 개념은 머리 속에서 그에 상응하는 청각 영상을 유발시킨다〉[24]고 설명함으로써 그는 정신 지향주의자 mentaliste라는 비난을 받기도 한다.

이러한 관점에서 쾨르너와 더불어 대부분의 연구자들은 소쉬르가 파울에게서 영향을 받았다고 설명한다. 파울은 그의 『언어사 원리』[25]에서 연상주의 심리학을 바탕으로 언어에 대한 심리주의적 접근을 보여주었는데, 인간의 단어 사용에 대한 설명은 다분히 소쉬르의 〈연상 관계 associatif〉 개념과 상통하는 면이 있다. 그러나 파울의 언어 연구 방법은 어디까지나 역사주의를 토대로 하였기 때문에 두 언어학자의 상관성을 지나치게 강조하기는 어렵다고 보여진다. 특히 파울의 초기 저작들을 보면 음성 법칙을 화학이나 물리학의 법칙과 동일한 효력을 지닌 것으로 설명함으로써 그는 언어학을 자연 과학의 토대 위에 구축하려고 하였다. 그런데 이 같은 입장은 언어학을 기호학의 토대 위에 구축하려 했던 소쉬르의 입장과 상충된다. 비록 파울이 자신의 입장을 어느 정도 완화하여 음성 법칙의 적용 범위를 특정 장소와 시기에 한정함으로써 화학이나 물리학의 법칙과는 다른 것으로 정정하지만, 그래도 음성 법칙이 〈예외 없는 법칙〉이라는 점과 음성 변화가 인과 법칙에 의한다는 입장은 끝까지 고수한다. 이 같은 입장은 여전히 자의성의 원리에 바탕을 둔 소쉬르의 입장과 상충되므로 소쉬르와 파울 사이의 부분적인 일치

---

22) *C.L.G.*, 21쪽.
23) *Ibid.*, 99쪽.
24) *Ibid.*, 28쪽.
25) H. Paul, *Prinzipien der Sprachgeschichte*, 1er éd., Halle, 1880.

를 주장할 수 있어도 인식론적 입장에서의 전반적인 일치를 주장하기는 어렵다.[26]

그 밖에도 소쉬르는 사회학자 타르드에 대해서 상당한 관심을 가졌던 것 같다. 사회 심리학에서 개인의 개별적인 역할에 대해 강조하는 입장이던 타르드는 그로 인하여 뒤르껭과 격렬한 논쟁을 전개하였는데,[27] 이러한 타르드의 주장은 소쉬르로 하여금 빠롤의 개념을 형성하는 데 기여하였다고 평가된다. 그리고 소쉬르는, 〈음소〉와 〈음성〉을 정확하게 구분하지는 않았지만 그 문제에 대해 깊이 있는 연구를 한 폴란드의 보두엥 드 쿠르트네 Baudouin de Courtenay 와 그의 제자 크루체프스키 Kruzewski의 이론에 대해 상당한 공감을 가지고 있었다.[28] 그 밖에도 당대에 이루어진 다양한 분야의 이론들이 소쉬르의 이론 형성에 직접·간접으로 관련이 되지만, 취사선택을 통하여 자기 나름대로의 언어관을 정립한 것은 어디까지나 소쉬르 자신이다.

우리는 지금까지 영향사적 측면에서 소쉬르의 지적 전기를 약술하였다. 논의를 마무리하면서 우리는 쉬러 Sheerer의 간략하면서도 종합적인 논평을 인용하는 것으로 만족하고자 한다. 〈일부는 가벨렌츠와 뒤르껭에게 찬성하고(예를 들어 코즈리우), 다른 일부는 뒤르껭에게는 찬성하지만 가벨렌츠에게는 반대하며(예를 들어 히르세), 세 번째 그룹은 가벨렌츠와 뒤르껭 모두 거부하지만 휘트니와 파울을 수용한다(예를 들어 쾨르너). 또 다른 그룹은 가벨렌츠에게는 조건부로 그러나 그 누구보다도 훔볼트에게 찬성한다(예를 들어 크리스트만 Christman과 예거 Jäger).〉[29]

---

26) O. Amsterdamska, *School of Thought*, D. Reidel Publishing Company, 1987, 119쪽.
27) Mounin, *op. cit.*, 26쪽.
28) Mauro, *op. cit.*, 384쪽.

2. 전반적인 고찰

엥글러 Engler[30]에 따르면 현재 논의되고 있는 소쉬르 연구는 대략 세 가지 부류로 나뉘어진다. 첫째, 소쉬르의 언어학이나 기호학적 프로그램에 대한 순수 이론적인 논의이다. 예를 들어, 엥글러가 간략하게 언급하고 있듯이 소쉬르 언어학의 원리와 방법, 일반 기호학, 문학, 인류학, 역사학 등으로 확장되어 가는 소쉬르의 구조주의, 〈텍스트 속의 텍스트 Texte sous le texte〉 등의 주제들이 이 부류에 해당된다. 둘째, 고델 Godel의 『수기원천』 SM과 엥글러의 비판본 EC를 바탕으로 하는 문헌학적인 연구이다. 엥글러가 바르게 지적하고 있듯이, 이 같은 연구는 단순히 문헌학적인 차원을 넘어 이론적인 성격을 강하게 띠게 되면서 그 중요성을 더해가고 있다. 우리는 이 같은 연구의 선봉으로 분데를리 P. Wunderli를 빼놓을 수 없을 것이다. 셋째는 쾨르너에 의해 방아쇠가 당겨진 역사 기술적 연구 Etude historiographique이다. 우리는 이미 소쉬르의 일반 언어학이 무(無)에서 유(有)로의 창조가 아니라는 사실을 그의 지적 전기에 대한 논의를 통해 살펴보았다. 이 같은 테마는 비단 소쉬르에 국한된 것은 아니다. 우리는 보다 거시적 관점에서 언어학 학설사에 대한 연구가 필요한 시점에 서 있다.

이상에서 열거한 세 가지 부류 가운데 우리들의 논의는 첫째 부류에 해당된다고 할 수 있을 것이다. 그러나 우리는 소쉬르의 언어학을 하나의 완성된 프로그램으로 간주하지는 않을 것이다. 따라서 우리들의 논의는 끊임 없는 의심을 자양분으로 하는 문헌학적 연구

---

29) Sheerer, *Ferdinand de Saussure: Rezeption und Kritik*, Darmstadt, 1980, 151쪽.

30) Koerner, *op. cit.*, 1988.

의 성격도 다분히 지니고 있다.

또한 우리는 소쉬르를 읽어 가면서 그에 대한 독서가 단순하거나 용이하지만은 않다는 점을 강조하고자 한다. 소쉬르의 이론은 단순한 이분법에 의해 쉽게 정의될 수 있는 성질의 것이 아니다. 우리는 그의 이론이 배태하고 있는 다양한 모순들을 단순히 일관성의 결여로서 일축해 버리기 보다는 복잡한 언어 현상을 기술하기 위한 다양한 연구 프로그램으로 제시하고자 한다. 따라서 우리는 어떤 결론을 내리기보다는 다양한 문제 설정의 가능성을 지적하는 것으로 만족하고자 한다.

3. 『강의』에 나타난 소쉬르의 언어 사상

3.1. 랑그와 빠롤

소쉬르는 언어에 대한 접근이 단일한 방법으로 이루어질 수 없다고 주장한다. 왜냐하면 언어는 항상 양면적인 실체로 현존하기 때문이다. 그에 따르면 〈랑가쥬란 다섯 내지 여섯 가지 이원성 혹은 쌍의 개념으로 환원될 수 있다〉.[31] 이와 같이 소쉬르 이론의 기본 구조를 형성하는 일련의 구분들—랑그/빠롤, 공시태/통시태, 기표/기의, 연상 관계/통합 관계—은 소쉬르의 언어의 본성에 대한 직관에서 비롯된다. 본 장에서는 먼저 랑그/빠롤, 공시태/통시태의 구분들을 살펴보고자 한다. 특히 우리는 위의 구분들이 갖는 한계점들을

---

31) F. Saussure, *C.L.G.*, 27쪽. 〈1° Le langage est réductible à cinq ou six DUALITES ou *pairs de choses* (en acceptant pour cette dualité une conception positive)……〉

야콥슨의 비판을 통해 재조명함으로써 그 대안을 제시하고자 한다.

다음으로 우리는 기호학의 문제 틀내에서 기타의 구분들이 갖는 의미를 살펴보고자 한다. 우리는 종종 소쉬르를 읽으면서 소쉬르가 랑그와 빠롤의 구분을 내리기에 앞서 랑가쥬와 랑그를 구분했다는 사실을 간과한다. 랑가쥬는 보통 〈언어 활동〉으로 번역되는데, 여기에는 오해의 소지가 있다. 왜냐하면 〈언어 활동〉은 자칫 〈언어 행위 acte de langage〉를 의미할 수 있기 때문이다. 소쉬르에게 있어서 랑가쥬란 사실상 복잡 다양한 언어 현상을 가리키는 개념이다. 소쉬르는 랑가쥬를 분절적임과 동시에 청각적이고 소리와 사고의 합성체로 구성되어 있으며 사회 제도임과 동시에 역사의 산물로 보았다. 따라서 과학적 연구 대상으로서 랑가쥬는 단일한 실체를 구성하지 못한다. 랑가쥬의 이 같은 복합성과 이질성을 해결하기 위해 소쉬르는 랑그라는 독특한 개념을 고안해 낸다. 랑그는 이질적인 랑가쥬를 동질적인 체계로 변형시키는 일종의 선험적인 규범이다. 따라서 랑그는 총체 tout로서 분류 원칙 principe de classification이 된다.[32]

우리는 또한 소쉬르의 개념 체계 속에서 랑가쥬와 언어 능력 faculté du langage이 구분된다는 사실을 간과한다. 우리는 앞서 동질적 체계로서의 랑그가 혼질적인 랑가쥬와 구별된다는 점을 지적하였다. 소쉬르의 언어 능력을 바르게 이해하기 위해서는 소쉬르의 또 다른 랑그 개념에 의존해야 한다. 예거 Jäger[33]에 따르면 소쉬르는 혼돈 속에 질서를 부여하는 선험적 규범으로서의 랑그 이외에

---

32) *Ibid.*, 25쪽. 〈La langue, au contraire, est un tout en soi et un principe de classification.〉 우리는 여기에서 랑그의 우위성이 다름 아닌 바로 랑가쥬와의 관련 하에서 논의되고 있음을 다시 한번 주목해야 한다. 랑그는 이질적인 랑가쥬를 동질적인 체계로서 표상하는 선험적인 역할을 수행한다.

33) L. Jäger, "Saussure-kritik ohne Text-kritik," *ZGL.* 5, 1977, 309-311쪽.

그가 자연 언어 langue naturelle라고 부르는 사회 제도로서의 랑그를 아울러 고려한다. 전자의 랑그가 이론적인 필요에 의해 요청되었다면 후자의 랑그는 경험적인 관찰에 의한 것이다. 동질적 체계로서의 랑그가 혼질적인 랑가쥬와 구별된다면 제도로서의 랑그는 인류의 보편적 언어 능력과도 구분된다. 즉 소쉬르에 의하면 〈랑그는 언어 능력의 사회적 산물이며 이 같은 능력의 개인적인 수행을 가능케 하기 위해 사회 집단이 채택한 필수적인 협약의 총체이다〉.[34] 이와 같이 언어 능력은 자연으로부터 전수받은 선천적인 기능인 데 반해 랑그는 학습되는 것으로서 일종의 사회적인 협약이다.

우리는 이상에서 랑그를 한편으로는 랑가쥬와, 다른 한편으로는 언어 능력과 관련하여 살펴보았다. 소쉬르는 명시적으로 랑가쥬와 언어 능력의 개념적인 차이를 언급하고 있지는 않으나 여기서 논의의 명증성을 위해 이 두 개념을 구분해보자면, 랑가쥬가 언어 현상의 다양성과 관련된 개념인 반면에 언어 능력은 기호 사용의 보편적 능력을 가리키는 인류학적 개념이다. 아무튼 랑그는 한편으로 분류 원칙으로서, 다른 한편으로 사회적 협약의 총체로서 이 두 개념과 각각 구분된다.

소쉬르는 랑그의 개념을 보다 명시적으로 밝히기 위해 그가 빠롤의 회로 circuit de la parole라고 부르는 의사 소통의 상황을 분석하는데, 이를 통해 소쉬르는 랑그와 빠롤을 구분한다. 그는 먼저 빠롤의 회로를 구성하는 물리적인 면, 생리적인 면, 심리적인 면을 기술하고 심리적인 면을 언어학적으로 관여적인 부분으로 상술한다. 한걸음 더 나아가 소쉬르는 사회적인 것/개인적인 것, 수동적인 것/능동적인 것에서 빠롤을 후자의 속성을 지닌 것으로 설명한다. 이렇게 랑그와 빠롤을 구분한 뒤 소쉬르는 계속해서 랑그를 본질적

---

34) *Ibid.*, 25쪽.

인 것으로 빠롤을 부수적인 것으로 차별화한다. 여기서 우리는 소쉬르의 이 같은 구분 방식이 과연 일관성이 있는 관점인지에 대해 의문을 제기하고자 한다.

사회적인 것/개인적인 것의 구분을 통해 소쉬르는 랑그를 개인을 초월해서 존재하는 사회 제도로 규정한다. 그리고 수동적인 것/능동적인 것의 구분은 체계로서의 랑그가 갖는 존재 방식 및 그 실현 과정과 관련되어 있다. 다시 말해서 이 둘의 구분은 잠재적인 것/실재적인 것의 구분과 상동 관계에 있다. 이렇게 놓고 볼 때, 기호 체계로서 잠재적인 랑그는 구체적인 실현을 나타내는 빠롤과 구분된다. 여기에서 우리는 두 가지 서로 다른 개념과 조우한다. 문제는 제도로서의 랑그와 체계로서의 랑그 사이에 아무런 모순이 없는가 하는 점이다. 코즈리우에게 있어서 이 같은 모순은 제도로서의 랑그를 폐기하지 않는 한 해결될 수 없는 것이다.[35] 반면 가데[36]는 이 두 개념을 모순 관계로 보기 보다는 포섭 관계로 설명한다. 즉 기호 체계로서의 랑그는 다분히 사회성을 띠고 있고, 따라서 보다 일반적인 인간 제도 속에 포섭된다. 이 둘의 근본적인 차이는 전자가 언어 분석에 있어서 개인주의 입장을 견지하는 반면—따라서 사회제도로서의 랑그는 문제시된다—, 후자는 사회적인 입장에서 언어 현상을 관찰하고자 한 데서 비롯된다.

이상에서 우리는 소쉬르의 랑그 개념이 내포하고 있는 갈등 관계를 언급하였다. 그런데 이 같은 갈등은 비단 랑그 개념 자체에만 국한된 것은 아니다. 이와 같이 소쉬르가 빠롤과 빠롤의 언어학과 관련하여 구체적인 프로그램을 제시하지 않은 것 역시 그의 사상에 대한 명확한 이해를 어렵게 한다는 점에서 유감스러운 일이다. 또

---

35) 코즈리우, 「게오르그 폰데어 가벨렌츠와 공시태 언어학」, *Word vol. 23*, 789쪽.

36) Gadet, *Saussure, une science de la langue*, P.U.F., 1987, 78쪽.

한 소쉬르는 랑그와 빠롤을 본질적인 것/부수적인 것이라는 이데올로기적 개념 쌍을 바탕으로 차별화시킴으로써 소쉬르 언어학—분명히 소쉬르는 랑그의 언어학과 아울러 빠롤의 언어학을 언급하고 있다—을 랑그의 언어학으로 환원시키는 결과를 초래하게 되었다.[37]

그런데 여기에서 우리는 한 가지 분명히 해 둘 사항이 있다. 바로 소쉬르가 실제적인 관점에서는, 즉 역사적인 관점에서는 빠롤을 랑그에 선행하는 것으로 설명하고 있다는 점이다. 환언하면 랑그는 사실상 빠롤의 부수적인 현상인 것이다. 이 같은 점은 엥글러의 비판본에 보면 더욱 극명하게 표현되어 나타난다.[38] 그렇다면 위에서 언급한 개념 쌍은 실제적인 차원이 아닌 이론적인 차원에서 그 타당성을 부여받게 된다. 이렇게 함으로써만 우리는 본질적인 것/부수적인 것의 구분이 갖는 인식론적 순위를 납득할 수 있을 것이다. 즉, 이론적인 측면에 한해서 우리는 빠롤에 대한 랑그의 우위를 인정할 수 있다. 그러나 그렇다고 해서 모든 문제가 단숨에 해결되는 것은 아니다. 왜냐하면 랑그/빠롤의 구분 자체가 언어 현상의 본성에 관련되어 있기 때문에 이를 단지 언어학자의 자의적인 구분으로 치부하기에는 곤란한 점이 있다. 아무튼 이 같은 구분이 갖는 차별

---

37) 비록 소쉬르가 본질적/부수적이라는 개념 쌍을 바탕으로 랑그와 빠롤을 구분하고 있지만 이 같은 이데올로기적 구분이 그대로 랑그의 언어학과 빠롤의 언어학에 적용되는 것은 아니다. 소쉬르는 이 두 학문 분야를 이웃 domaine voisin하는 영역으로 묘사한다. 이 문제와 관련하여 아리베의 논평 참조(M. Arrivé, *langage et psychanalyse, linguistique et inconscient*, P.U.F., 1994, 42-44쪽).

38) 합의가 이루어져 이를 통해 랑그가 출현하기 위해서는 수많은 개인들의 빠롤이 필요하다. 랑그는 선행적 현상이 아니다. 1차 강의에서 소쉬르가 빠롤이 사회적이고 랑그가 개인적이라고 한 점을 주목할 필요가 있다(C274 EC, 57쪽).

성이 20세기 구조주의 언어학이 담지하고 있는 이데올로기적인 편견임을 부인할 수는 없을 것이다.

우리는 지금까지 랑가쥬와, 랑그, 빠롤 등의 개념들을 살펴보았다. 고델은 『수기원천』에서 이 세 개념의 상호 관계에 대해 다음과 같은 두 가지 다른 도식을 제시한다.

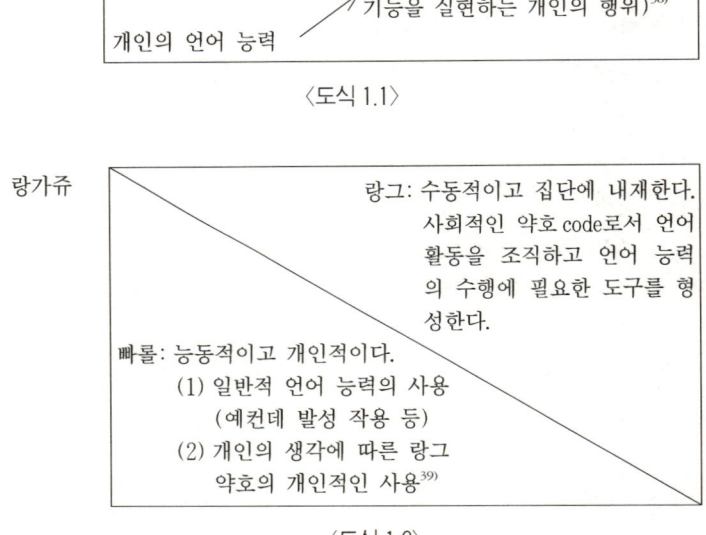

〈도식 1.1〉

〈도식 1.2〉

두 가지 도식을 보면 우선 〈도식 1.2〉는 〈도식 1.1〉을 단순하고 명료하게 정리한 것임을 알 수 있다. 〈도식 1.1〉에 따르면 랑가쥬는 랑그와 빠롤의 상호 작용이라 할 수 있는데, 개인의 언어 능력

---

39) Godel, *op. cit.*, 149쪽.
40) *Ibid.*, 153쪽.

이 랑그로 구성되며 랑그를 통한 개인의 언어 능력의 수행이 빠롤이라고 설명한다. 이 도표의 장점은 랑그와 빠롤을 이원화시키기보다는 언어 능력을 매개로 한 실현 관계로 봄으로써 이 둘을 일원화시켰다는 데 있다. 〈도식 1.2〉는 랑그와 빠롤의 대립을 명료화한다. 다만 이 둘은 랑가쥬라는 전체를 통해 상호 보완적인 관계로 이해될 수 있다. 랑그와 빠롤이 상호 작용의 관계〈도식 1.1〉이든 상호 보완의 관계〈도식 1.2〉이든 이 두 개념은 상호 전제의 관계 속에서만 파악될 수 있을 것이다.

소쉬르 언어학의 가장 중요한 사항은 그가 랑가쥬를 연구 대상으로 삼은 것이 아니라 랑그를 연구 대상으로 삼았다는 점이다. 그는 랑가쥬의 이질성 hétérogène을 들면서 랑가쥬를 랑그로 환원시켜 연구해야 한다고 하였다.[41] 그것은 곧 랑그는 동질적이라는 점과 랑가쥬에 비하여 포착 및 표상이 용이하다는 점을 암시하고 있다. 무엇보다 중요한 것은 랑가쥬의 성격이 복합적이라는 점이다. 우선 음성 기호를 사용하여 의사 소통을 할 수 있는 능력을 가리키고, 또한 실제 상황에서 사용되는 언어 그 자체를 가리킨다. 따라서 랑가쥬의 분석은 주체와의 관계를 중심으로 볼 때, 언어 심리학적인 문제, 공동체와의 관계를 중심으로 하는 사회 언어학적인 문제, 지역의 특성을 중심으로 하는 표준어·방언의 문제 등 다양한 문제와 결부된다.

그에 비하여 랑그는 랑가쥬의 핵심 요소로서, 언어 사용자들의 개별적인 차이를 배제하며 공동체의 구성원 모두가 사용하고 식별할 수 있는 어휘 문법 체계이다. 소쉬르는 〈인간이 타고난 것은 구어체적인 랑가쥬가 아니라 랑그를 구성하는 능력, 다시 말하자면 변별적인 관념에 상응하는 변별적인 기호 체계를 구성하는 능력인

---

41) *C.L.G.*, 32쪽.

것이다〉⁴²⁾라고 기술한다. 이와 같이 기호 체계로서 랑그는 실천적인 성격의 랑가쥬와 구분된다. 따라서 랑그에 대한 연구는 자연적이거나 실천적이 아닌 인식론적 epistemologique 차원의 연구라고 하겠다.

랑그에 대한 집착은 랑가쥬가 일반화, 조직화하기 어려운 언어 현상인 데 비하여 랑그는 분류적이고 분절이 가능하기 때문에 분석적인 대상이 된다는 점 때문이라고 생각된다. 더 나아가 랑그는 기호 체계로서 문자 체계, 점자 알파벳, 상징적 의식, 예절 체계, 군대 신호, 팬터마임 등 타기호 체계와도 관련을 맺고 있다.⁴³⁾

3.2. 공시태와 통시태

소쉬르는 일찍부터 고대 언어와 고전어에 대한 소양을 닦았고, 역사주의 언어학을 중심으로 언어 이론을 공부하였다. 그의 「인구어의 원시 모음 체계에 대한 연구」는 역사 언어학적 연구에 대한 수학적인 추론 방식의 유효성을 증명하는 쾌거를 보여주는 것이었다. 그러나 그는 역사주의 언어학의 방법론에 대해 근본적인 회의를 느꼈는데, 그 이유는 우리가 일상적으로 구사하는 언어에는 역사적 차원이 개입되지 않기 때문이다. 그는 언어에 대한 역사주의적 접근 이외에 언어의 상태 état de langue에 대한 기술적 접근이 필요하다는 사실을 깨달았다. 그가 랑그를 장기 놀이에 비유한 것

---

42) *C.L.G.*, 26쪽.
43) 조나단 컬러 Jonathan Culler의 저서 『소쉬르 *Saussure*』에 따르면 소쉬르의 언어관은 근본적으로 기호의 본질에 대한 인식에 기초하고 있다. 따라서 일반적으로 다루는 것과 달리, 소쉬르의 이론 체계는 〈랑그/빠롤, 공시태/통시태, ……, 기호의 자의성〉의 순서가 아니라, 〈기호의 본질〉에서부터 기술되어야 한다(Godel, *op. cit.*, 190쪽 이하 참고).

도 같은 이유에서이다. 장기 놀이에서는 장기말들의 말 가는 법과 규칙만 필요할 뿐, 그 나머지 요소는 장기 놀이 진행에 필수적인 것이 아니라고 하는 설명도 랑그와 장기 놀이의 유추적 유사성 때문이다. 예를 들어, 장기의 놀이 규칙은 장기의 보급과 관련된 역사적인 문제와는 아무런 관계가 없다는 것이다. 소쉬르는 이러한 설명을 바탕으로 공시태와 통시태의 구분을 제시한다.[44]

고델의 저서를 보면 공시태와 통시태에 대한 소쉬르의 생각은 랑그와 빠롤의 구분보다 훨씬 이전인 1891년으로 거슬러 올라간다.[45] 그럼에도 불구하고 『일반 언어학 강의』의 편자들은 공시태와 통시태에 대한 구분을 랑그와 빠롤의 구분 이후에 위치시켰다.[46] 이는 편자들이 소쉬르의 사고를 재구성할 때, 역사적인 순서를 따르기보다는 인지적인 질서에 더 큰 비중을 두었기 때문이다. 역사적 혹은 인지적 순서가 어떠하든지 간에 이 두 구분은 언어의 본질에 대한 소쉬르의 깊은 반성에서 비롯되었다. 그러면 소쉬르의 논리를 따라가 보자.

우리의 랑그는 〈이전의 세대들로부터 물려받은 산물〉[47]이다. 그러한 랑그는 개인의 의지 너머에 있기 때문에 개인이 마음대로 변화시킬 수 없다. 또한 그 언어를 사용하는 집단들도 의식적으로 언어를 바꾸자고 토의하고 합의에 이르는 경우는 거의 없다. 더군다나 랑그에는 무수히 많은 기호가 있어서 개인이든 집단이든 거기에 인위적으로 손을 쓸 수 없다. 이렇게 보면 일단 구성된 랑그는 완전히 불변적 immutable인 것인데,[48] 모순되게도 실제로 언어

---

44) *C.L.G.*, 117쪽.
45) Godel, *op. cit.*, 38쪽.
46) *C.L.G.*, 139쪽의 도표 참고.
47) *Ibid.*, 105쪽.
48) *Ibid.*, 105쪽, 107쪽.

는 시시 각각으로 변화하고 있다.[49] 그러한 변화를 어떻게 설명하여야 할까.

　소쉬르는 일차적으로 시간에 모든 원인이 있다고 설명한다. 즉, 〈랑그에 계속성을 보장하는 시간은 외견상으로 보이는 그러한 현상과 모순되는 또 다른 효과를 연출하는데, 그것은 바로 어느 정도 신속하게 언어 기호를 변화시키는 효과이다. 그리하여 우리는 어떤 의미에서 기호의 불가변성 immutabilité과 함께 기호의 가변성 mutabilité에 대해 말할 수 있다〉.[50] 소쉬르는 언어의 변화에 대해 보다 구체적으로 언급하기 위하여 기표, 기의 등의 개념과 함께 기호 개념을 도입하고 있다. 소쉬르가 제시하고 있는 예들을 검토해보자.

　먼저 불어의 〈dépit〉를 보자. 이 단어는 〈멸시〉를 의미하였으나 현대 불어에서는 〈원통함〉, 〈분함〉의 의미를 나타낸다. 불어 사용자들은 그 어원적인 의미를 알지 못한다 해도 아무런 지장을 받지 않고 그 단어를 현재의 의미로 사용한다. 또 〈pas〉는 현대 불어에서 〈발걸음〉을 의미하면서 아울러 부정을 나타내는 〈ne〉와 같이 쓰인다. 역사적으로는 전자의 의미였으나 차츰 후자의 의미가 생겨났던 것이다. 이 경우 어원적으로는 하나이지만 현재는 완전히 다른 두 단어가 되었다. 그렇기 때문에 어원과 현재의 사용을 동일시할 수는 없고 언어 연구에서도 그 두 가지 층위를 구분하지 않으면 안 된다. 소쉬르는 전자를 〈진화적 언어학 linguistique évolutive〉으로, 후자를 〈언어 상태에 관한 학문 sciences des états de langue〉 또는 〈정태적 언어학 linguistique statique〉이라고 부르다가, 이들을 〈공시적 언어학〉·〈통시적 언어학〉 또는 〈공시태〉·〈통시태〉

---

49) *Ibid.*, 110쪽. 〈랑그는 순간마다 기표와 기의의 관계를 바꿔놓는 요인들에 대항하여 자기를 지키는 데 있어서 근본적으로 무력하다.〉
50) *Ibid.*, 108쪽.

등의 용어로 대체하였다.

공시태와 통시태는 각각 몇 가지의 기본 개념과 요소를 내포하고 있다. 첫째, 공시태는 시간 면에서 볼 때 〈시간의 개입이 배제된 상태에서 공존하는 요소들간의 관계를 나타내는 동시성의 축 axes des simultanéités〉[51]을 바탕으로 이루어진다. 둘째, 공시태는 단일한 관점에 다름아닌 화자의 관점만을 지니고 있다. 그 결과 공시적 방법론은 오로지 화자들의 증언 témoignage을 수집하는 데 있게 된다.[52] 셋째, 공시태적 관점을 바탕으로 이루어지는 정태적 언어학은 일정한 상태의 랑그를 기술하는데, 이를 문법이라고 부른다. 즉 그에 따르면 〈문법은 표현 수단 체계로서의 랑그를 연구한다. 문법적이라는 말은 공시적이고 의미를 지니고 있음을 나타낸다〉.[53] 넷째, 공시적 규칙은 집단적인 사용에 의한 제약을 부과하는 면이 있지만 화자 개개인에게 어떤 강제성을 강요하지는 않는다. 공시적 규칙은 규칙적 régulier이고 일반적이지만 강제성 impératif은 없다.[54] 다섯째, 결과적으로 〈공시 언어학은 체계를 이루는 공존 요소들 termes coexistents을 연결하는 논리적 및 심리적 관계를 연구한다〉.[55]

공시태와는 대조적으로 통시태에서는 첫째, 시간 간격을 두고 생겨나는 변화의 국면을 관찰하고 계기의 축 axes des succesivités을 중심으로 형성된다. 둘째, 통시적 언어학의 관점에는 회고적 rétro-spectif 관점과 투영적 prospectif 관점, 즉 미래 투영적 관점이 있으

---

51) *Ibid.*, 115쪽.
52) *Ibid.*, 128쪽.
53) *Ibid.*, 185쪽.
54) *Ibid.*, 131쪽. 소쉬르는 공시적 규칙과 통시적 규칙에 대한 여러 예를 고대어에서 들고 있다.
55) *Ibid.*, 140쪽.

며 공시태에서와는 달리 동일 계통의 다른 언어와의 진화상의 비교를 통하여 이루어지는 경우가 많다. 셋째, 통시 언어학은 음성학, 즉 소리들의 변화로부터 시작한다.[56] 그리고 음성학적 변화와 함께 음운 형태소 교체 현상, 유추적 변화, 민간 어원설 étymologie populaire, 교착 현상[57] 등을 연구한다고 부연한다.[58] 넷째, 통시태는 동적 dynamique인 요인을 상정하는데, 이를 통해 하나의 효과가 산출되거나 어떤 현상이 생겨난다. 이 과정 속에서 어느 정도 강제성 impératif이 발견되지만, 통시적인 사건들은 대개 우연성이나 특수성을 띠고 일어나는 경우가 많이 있다.[59] 다섯째, 통시적 언어학은 하나가 다른 하나에 의하여 대체되는 계기적 요소들 termes succesifs의 상호 관계들을 연구한다. 그러한 요소들은 체계를 이루지는 않는다.[60]

통시태와 공시태 이외에 소쉬르는 언어학에서 범시태적 관점의 타당성 여부에 관해 자문한다. 범시태적 관점이란 시공을 초월해서 존재하는 법칙과 관련된 관점이다. 소쉬르는 이 같은 관점이 언어학적으로 비관여적임을 지적한다. 예를 들어 chose(사물)의 경우 통시태적 관점에서 보면 그것은 라틴어 causa에서 유래한 것임을 알 수 있다.[61] 그리고 공시태적 관점에서 보면 chose는 현대 불어에서 통용되는 모든 의미 연상들을 총칭한다. 반면 범시태적 관점에서 보면 chose는 더 이상 언어학적 연구 대상이 아니다. chose의 음성적인 면에 대한 범시태적 연구는 음소에 대한 언어학적 연구가 아니라 단순한 소리에 대한 물리학적 연구가 된다. 또 언어 변화를

---

56) *Ibid.*, 194쪽.
57) 두 개 이상의 언어 단위가 하나의 단위로 통합되는 현상.
58) *Ibid.*, 197쪽.
59) *Ibid.*, 131쪽.
60) *Ibid.*, 140쪽.
61) *Ibid.*, 134-135쪽.

놓고 볼 때 특정 장소와 시간 속에서만 타당한 법칙은 범시태에 속하지 않는다. 범시태적 관점에서 볼 때 언어는 단지 끊임없이 변화한다라는 매우 일반적인 진술밖에 할 수 없다. 요컨데 범시태는 통시태와 공시태와는 달리 언어학적으로 비관여적이다.

다시 공시태와 통시태의 문제로 돌아가 보자. 앞서 우리는 이 두 관점의 대립적 특성에 관해 고찰하였다. 소쉬르에 따르면 〈공시태와 통시태의 관점의 대립은 절대적이고 타협의 여지가 없다〉.[62] 그러면 여기에서 이와 같은 구분이 갖는 문제점들을 랑그/빠롤의 구분과 관련하여 살펴보자. 소쉬르는 다음과 같은 도식으로 공시태/통시태의 구분을 랑그/빠롤의 구분과 연결시킨다.

〈도식 1.3〉[62]

이 도식에 의하면 빠롤은 공시태와 통시태 그 어느 것과도 관계가 없다. 그런데 소쉬르는 이 도식을 제시하기 바로 전에 〈랑그에서 통시적인 모든 것은 오직 빠롤을 통해서만 그렇게 되었다〉[64]고 설명하고 〈모든 변화의 씨앗은 빠롤 속에 있다〉고 부연한 바 있다. 다시 말해서 빠롤은 통시태의 원인으로 작용한다. 그런데 모든 빠롤의 행위가 항상 변화를 불러 일으키는 것은 아니다. 대개의 경우 빠롤의 행위는 랑그의 규범에 의해서 지배된다. 이렇게 놓고 볼 때

---

62) *Ibid.*, 119쪽.
63) *Ibid.*, 138쪽.
64) *Ibid.*

변화를 일으키지 않는 빠롤은 공시태에 속한다고 볼 수 있다. 따라서 우리는 빠롤이 공시태와 통시태 모두에게 무관하지 않음을 논리적으로 추론할 수 있다. 그렇다면 위의 도식과 소쉬르의 전반적인 논의는 일관성을 잃고 만다.

그러나 우리는 슈하르트 Shuhardt처럼[65] 위의 도표가 갖는 단순성에 대해 단순히 비판을 가하기보다는 위의 도표를 인식론적 입장에서 재해석하고 수정, 보완하고자 한다. 앞서 랑그와 빠롤의 논의에서와 마찬가지로 사실적 층위와 이론적 층위를 구분해서 살펴보면 빠롤을 배제시킨 채 공시태와 통시태의 구분을 오직 랑그에 국한시킨 것은 이론적인 이유 때문이다. 즉 이론적인 층위에서 위의 도식은 타당성을 갖는다. 우리는 위에서 랑그의 역사적인 실현으로서의 빠롤이 공시태와 통시태에 관련된다는 사실을 살펴보았다. 아울러 랑그의 규범을 준수한 빠롤 행위는 공시태에, 규범을 일탈한 행위는 통시태에 위치시켰다. 다시 말해서, 우리는 사실적 층위에서 빠롤이 공시태와 통시태 모두에게 관련된다는 점을 알 수 있다. 이렇게 놓고 볼 때 공시태와 통시태의 구분은 랑그에 대해서는 질적(이론적)으로, 빠롤에 대해서는 양적(사실적)으로 관여한다.

3.3. 소쉬르 이론에 대한 야콥슨의 견해

트루베츠코이 Troubetzkoy와 함께 프라그 학파를 대표하는 야콥슨 Jakobson은 소쉬르의 『강의』에 커다란 공감을 느꼈고, 이를 보다 구체적으로 음운론과 일반 언어학에 적용시키면서 소쉬르의 이론을 보완해야 할 필요성을 느꼈다.[66]

---

65) Shuhardt, *Avant Saussure*, 1978, 175쪽.
66) 데 마우로는 『강의』가 언어학자들의 관심을 끌지 못하던 1928~29년에 프라그 학파의 두 언어학자가 그 책을 강하게 비판한 것이 『강의』와 소쉬

야콥슨은 네덜란드 심리학자 레베스 Revesz의 연구를 바탕으로 소쉬르의 랑가쥬 개념을 확대하여, 몸짓을 비롯한 다양한 표현들도 그 속에 포함시켜야 한다고 말한다. 그러나 이러한 관점은 결국 언어 이외의 다양한 기호 체계를 끌어들여 기호학을 구성하고자 했던 소쉬르의 생각과 같은 맥을 이루는 것이다. 야콥슨이 소쉬르의 이론에서 특히 중점을 두고 검토한 것은 랑그와 빠롤 개념이다. 소쉬르는 개인에 의한 언어 사용이 순간적이라고 보았다. 반면 야콥슨은 〈개인도 집단과 마찬가지로 하나의 구조를 이루고 계속성과 축적된 습관을 가지고 있다〉고 하면서 〈개인이 언어 활동을 수행할 수 있는 것은 집단적인 협약뿐만 아니라, 언어의 통일성을 반영하고 뒷받침해주는 개인적인 습관〉[67]이라고 지적하고 있다. 그러므로 소쉬르가 사회적인 관점에서 고찰한 잠재적 가치로서의 랑그는 개인적인 관점에서도 고찰될 수 있다는 것이다.

즉 야콥슨은 〈개인에 의한 언어 행위〉로 정의되는 빠롤이 개인의 차원을 넘어서는 문제를 내포한다고 본다. 실제로 개인의 언어 행위는 독백인 경우를 제외하고는 항상 대화 상대가 있기 마련이고, 그러한 사실부터가 빠롤의 사회성을 반증한다고 하겠다. 반면 소쉬르가 구상한 빠롤의 회로는 일방적인 모형이다. 소쉬르는 화자와 청자에게 하나의 고정된 역할만을 부여한다. 즉 정보를 발신하는 화자는 항상 능동적으로, 이 정보를 수신하는 청자는 항상 수동적으로 기술된다. 그러나 대화 상황에서 화자는 청자가 되고 청자는 화자가 되기 때문에 고정적인 역할이란 있을 수 없다. 그런데 소쉬르는 발신자인 화자만을 중심으로 삼았고, 그 상대자이면서 아울러 그와 역할을 맞바꾸게 되는 청자는 고려하지 않았다. 야콥슨

르를 유명하게 만들어 주었다고 평가하고 있다. Mounin, *La linguistique du XXe siècle*, P.U.F., 1975, 52-53쪽 참고.
67) *Ibid.*, 171쪽.

은 소쉬르뿐만 아니라 그의 제자들도 그러한 사실을 도외시한 채 화자 위주의 이론에 집착하였다는 점을 지적한다. 빠롤은 의사 소통 상황을 배제하고는 성립할 수 없다. 빠롤은 모든 자아와 타자간의 가교 역할을 하고, 그렇기 때문에 그것은 가디너 Gardiner가 지적한 바대로 〈한편으로는 사회적이고 다른 한편으로는 개인적이다〉.[68]

또한 야콥슨은 소쉬르의 랑그 개념 속에 개인적인 측면이 결여되어 있다고 비판한다. 랑그의 사회성은 이상적인 상황 하에서만 가능하며 실제로는 개인마다 자기 나름대로의 독특한 언어를 구사하고 있는 것이다. 이렇게 놓고 볼 때 랑그의 실체는 사회성이 아니라 그 개인성에 있다고 하겠다. 야콥슨은 주로 제도로서의 랑그를 비판하였다. 그러나 소쉬르는 이 같은 랑그를 각 개개인의 두뇌 속에 위치 시킨다. 이 같은 사실을 놓고 볼 때 소쉬르의 랑그 개념 속에 개인성이 결여되어 있다고 보기는 어렵다.

야콥슨의 생각은 결국 랑그도 사회적인 면과 아울러 개인적인 면이 있고, 또한 빠롤도 개인적인 면에서 출발하여 사회적인 면으로 지향한다는 것이다. 거기에는 논리적인 타당성과 함께 현실적으로도 합당함을 인정해야 할 여지가 있다. 그는 나아가서 랑그와 빠롤을 포괄하는 랑가쥬 개념으로 다시 돌아와, 랑가쥬를 의사 소통 면에서 고찰할 것을 제의한다. 사실 소쉬르도 일찍부터 언어학이 의사 소통에서 출발한다고 하는 점에 유의하였다.[69]

야콥슨에 따르면 소쉬르는 언어를 의사 소통의 도구라는 측면에

---

68) *Ibid.*, 174쪽에서 재인용.
69) 〈랑가쥬의 총체 속에서 랑그에 해당하는 영역을 찾기 위해서는 빠롤의 회로를 재구성할 수 있게 해주는 개인적인 언어 행위를 전면에서 고찰하여야 한다. 이 언어 행위는 최소 두 사람이 있어야 한다는 사실을 전제로 한다〉라고 하면서, 『강의』의 27-28쪽에서 대화 중에 있는 두 사람의 도면과 하나의 의사소통 회로를 그려서 보여주고 있다.

서만 고찰하였다. 그러나 언어에는 의사 소통의 기능 이외에 표현 기능이 아울러 존재한다. 야콥슨은 이 기능을 정의적 기능이라 부르고, 랑가쥬의 이러한 두 가지 기능을 랑그와 빠롤이 나누어 맡고 있다고 주장한다. 즉 우리는 우리의 생각이나 지식 등을 전달하는데는 주로 랑그에 의존하고, 여러 가지 느낌을 비롯하여 정감적 sentimental인 면을 표현할 때는 빠롤에 의존한다는 것이다. 빠롤의 정감적인 표현에 동원되는 수단으로서 예를 드는 것으로는 자음과 모음의 장음화, 강세음의 위치 변경, 어조 변화, 일부 음소 발음에 있어서의 특이성, 어순 변경, 반복, 삭제 등이 있다.[70] 물론 랑그가 정감적인 기능을 전혀 하지 않는 것은 아니고, 협약에 의한 표현이라고 할 수 있는 공식화된 정감의 표현은 랑그에 속한다고 하는 점을 인정하고 있다. 이렇게 본다면 균형을 맞추기 위하여 그것이 지식을 개성있게 표현할 경우 랑그가 아니고 빠롤에 속하는 것이라고 인정해야 하지 않을까 생각된다.

소쉬르 언어학이 내포하고 있는 문제점들을 야콥슨이 전부 다룬 것은 아니지만 랑그, 빠롤, 랑가쥬를 중심으로 한 핵심 문제들에 대해서 소쉬르 이론의 틀을 부정하지 않는 테두리내에서 보완적인 관점을 제시하였다고 평가된다. 그는 특히 랑그와 빠롤을 정태적/동태적, 에르곤/에네르게이아 ergon/energeia 등의 이분법으로 나누는 것은 중대한 오류를 범하는 것이라고 강조하면서, 양자는 이분법에 의해 다양한 현상들을 일정한 비례로 모두 끌어안고 있다는 점을 지적하고 있다. 사실 『강의』에서는 랑그/빠롤의 구분을 명백하게 하고 있지만, 통합체 문제를 통해서 보면 소쉬르 역시 그 두 가지 구분에 대해 주저하였음을 알 수 있다.

앞서 언급한 바와 같이 야콥슨의 랑그/빠롤 개념의 재검토가 소

---

70) R. Jakobson, *Essais de linguistique générale*, Minuit, 1973, 180쪽.

쉬르의 이론을 근본적으로 비판, 부정한 것이라고 할 수는 없다. 왜냐하면 소쉬르가 랑그를 사회적인 것으로 그리고 **빠롤**을 개인적인 것으로 규정한 것은, 불필요한 오해를 피하고 크게 보아 그렇게 이해하는 것이 편리하다고 생각하여 그렇게 말했을 따름이다.

따라서 랑그에 개인적인 언어 운용의 차원이 개입되고 **빠롤**에 랑그적인 차원이 개입된다고 하는 야콥슨의 지적은 소쉬르 이론을 보완하는 차원이지 그것을 부인하는 것은 아니다.[71] 다시 풀이하자면 랑그가 사회적인 성격을 띠는 것은 개인적인 언어를 바탕으로 이루어진 랑그를 끌어들이기 때문에 랑그는 개인적인 **빠롤**의 출발 선상에 있는 것이다. 이는 **빠롤**과 랑그는 원인과 결과의 관계이면서 아울러 랑그는 **빠롤**의 출발이고 **빠롤**은 랑그의 도착 지점이 되는 것이라고 말할 수 있을 것이다. 랑그와 **빠롤**은 서로 유대적 solidaire이고 상호 침투적이며 역동적인 교류 작용을 하는 양극처럼 연결되어 있어서 그 두 가지를 단절하여 고찰하기는 어려운 것이다. 단지 이해의 편의를 위하여 중점적으로 파악할 때 랑그를 사회적인 것, **빠롤**을 개인적인 것으로 분류할 따름이다. 만약에 그 두 가지 언어 현상 사이에 엄밀한 단절이 있다면, 즉 랑그가 **빠롤**이 되고 **빠롤**이 랑그를 구성하는 요소가 될 수 없다면, 그 두 가지는 실체성과 현실성이 결여된 순수한 추상 개념이 될 수밖에 없고 의사 소통이나 담화 행위도 설명하기 어려워지게 된다.

결국 의사 소통이나 담화 행위—텍스트의 글쓰기까지 포함하여—가 가능한 것은 랑그와 **빠롤**의 상호 보완성과 전이성 transfert 때문이다. 여기서 중요한 역할을 하는 단위가 기호이다. 기호는 랑그를 구성하는 기본 단위이다. 또한 **빠롤** 역시 기호의 통합에 의하여 이루어진다는 의미에서 기호 없이는 **빠롤**이 불가능하게 된다. 이러

---

71) 소쉬르도 랑그 langue를 개인의 어휘 목록 trésor individuel으로 설명한다.

한 언어학적 기호 개념이 다양한 기호 체계의 기본 구성 요소가 된 다는 것은 앞서 말한 바 있다. 소쉬르가 강의에서 랑그에 비견될 수 있는 기호 체계로 예를 든 것은 〈문자 체계, 농아용 점자, 상징적 의식, 예절 형식, 군대 신호, 기타 등등〉[72]이다. 여기에 예로 든 것들 중에서 각종 신호 체계는 기호 체계로서 기호론 sémiologie의 테두리에서 연구될 수 있고, 각종 상징적 의식은 문화 인류학이나 정신 분석학 등의 연구 대상이 될 수 있다. 기호 체계에 대한 소쉬르의 생각은 그의 사후에 큰 결실을 맺게 되었다. 예를 들어 프랑스 기호학의 대명사 그레마스, 현상학 분야에서 메를로-뽕띠 Merleau-Ponty, 인류학과 사회학 분야의 레비-스트로스 Lévi-Strauss, 사학 분야에서 블로크 M. Bloch와 모라제 C. Morazé, 〈글쓰기〉 개념을 중심으로 문학적 기호 연구를 수행하는 바르트 R. Barthes, 정신 분석학 분야에서의 쟈끄 라깡 등 저명한 학자들이 가세하여 소쉬르의 사고를 풍성하게 하였다.

이렇게 볼 때 소쉬르의 랑그/빠롤을 비롯하여 기호, 기표, 기의 등의 개념이 20세기 중반 이후 다양한 분야에 방대한 영향을 미쳤음을 쉽사리 이해할 수 있다. 그 중에서 우선 우리의 관심을 끄는, 현대 언어학에서 큰 비중을 차지하고 있는 의미론과 소쉬르의 언어 이론과의 관계를 〈의미론에 대한 소쉬르의 기여〉라는 측면에서 살펴보자.

3.4. 의미론에 대한 소쉬르의 기여

의미론의 영역에 대한 소쉬르의 기여는 충분히 알려지지 않은 것 같다. 끌로딘 노르망 C. Normand에 따르면 사람들은 구조주의

---

72) *C.L.G.*, 33쪽.

의 발달 과정 속에서 소쉬르와 의미의 문제에 대한 상반된 두 가지 견해를 발견하게 된다.[73] 이 두 견해의 대변자로서 노르망은 마노니 Mannoni와 바르트를 인용한다. 마노니에 따르면 소쉬르는 의미의 문제를 배제시킴으로써 언어학의 과학적 토대를 구축하였다. 그 뒤 의미론의 문제는 정신 분석학의 소관 사항이 된다. 바르트는 이와 상반된 견해를 피력한다. 그는 소쉬르 언어 이론의 핵심 개념을 관여성 속에서 찾는다. 주지하다시피 이 개념은 의미 연관 속에서 고려되어야 한다. 예를 들어 mère의 /m/과 père의 /p/가 서로 다른 음소들로 판별되는 이유는 m을 p로 치환 substitution할 경우 의미의 차이를 보이기 때문이다. 이렇게 놓고 볼 때 우리는 일반적인 통념과는 달리 의미의 문제가 소쉬르 이론 가운데 핵심을 차지하고 있다고 보아도 무리가 아니다.

그런데 우리는 다음과 같은 반론을 제기할 수 있다. 즉 소쉬르가 의미 문제에 비중을 두고 있다는 사실로부터 그가 어떤 구체적인 의미론의 연구 프로그램을 제시하고 있다는 사실을 자연스럽게 도출해 내기가 곤란하다는 점이다. 다시 말해서 의미의 문제와 의미론의 문제는 비록 별개의 문제는 아닐지라도 상당한 거리를 두고 있다. 끌로딘 노르망은 이 같은 거리를 인식론적인 관점에서 좁히고자 시도한다. 그는 소쉬르의 『강의』가 근본적으로 인식론적인 문제에 귀착한다고 보고 인식론적인 관점에 소쉬르의 언어 개념 속에 용해되어 있는 의미론적인 테제들을 이끌어 낸다. 요약하면 다음과 같다.[74]

(1) 어휘의 문제와 문법의 문제는 분리될 수 없다. 언어학적 가치는

---

73) C. Normand, "Le CLG: une théorie de la signification?" *La quadrature du sens*, P.U.F., 1990, 23-40쪽.
74) *Ibid.*, 37-40쪽 참고.

단지 기표와 기의의 관계(어휘적 문제)에 의해서만 결정되는 것이 아니라 기표와 기의의 결합인 기호가 다른 기호들과 맺는 관계(문법적 관계)로부터 또한 결정된다.
(2) 의미론은 논리학이 아니다. 소쉬르에게 있어서 의미와 형태의 문제는 서로 분리된 별개의 문제가 아니다. 따라서 형식적 분석과 의미 분석은 별도로 존재하지 않는다.
(3) 의미와 어가 valeur는 구분된다. 노르망은 이 구분을 다음과 같이 세분화한다.
   a) 의미는 어가의 한 요소이다. 상술한 바 있듯이 어가는 한편으로는 기표와 기의의 관계—의미적 관계—에 의해, 다른 한편으로는 기표와 기의의 결합인 기호가 다른 기호들과 맺는 관계에 의해 결정된다. 후자의 관계는 전자의 관계보다 광범위한 영역에 걸쳐 작용한다. 이 같은 의미에서 의미는 어가의 한 요소에 불과하다.
   b) 어가는 의미의 한 요소이다. 가치에 관한 분석은 두 축, 즉 연상 축과 통합 축을 중심으로 전개된다. 주목할 사항은 연상 축 위에 세워진 관계들이 비한정적이라는 점이다. 이들의 복잡 다양한 관계들은 정신 분석학의 의미 해석의 대상이 될 수 있다. 이 같은 관점에서 가치는 의미의 한 요소이다.

비록 소쉬르가 의미론에 대한 구체적인 도면을 제시하지 않았다 하더라도 우리는 인식론적인 관점에서 그와 구조 의미론과의 관계를 짐작할 수 있다. 이 같은 관계는 특히 가치의 개념과 관계된 통합 관계와 연상 관계 속에 잘 드러난다. 부연하자면 통합적 관계란 앞서 살펴본 바와 마찬가지로 상호 대립적인 몇 개의 요소들이 연접성 concaténation에 의하여 결합되어 하나의 현재적 in praesentia 인 구성체를 이룬다.[75] 그에 비하여 하나의 기호나 단어는 우리의

---

75) *C.L.G.*, 170-171쪽.

기억 속에서 그것과 공통적인 요소가 있는 기호들을 연상시킨다. 그러한 기호들은 잠재적 in absentia 요소로서 오로지 우리의 잠재적 기억 속에서 랑그를 구성하는 요소들에 속한다. 그러한 관계를 연상 관계라고 한다.[76]

야콥슨은 의미론적 차원에서 통합적 관계를 결합 combinaison이라고 집약하면서, 결합이란 연접성을 통하여 구성 요소 상호간에 인접성 contiguîté을 형성하게 된다고 한다. 그에 비하여 연상적 관계란 상호 공통적이고 동등한 것 중에서 하나를 택일하는 것이기 때문에 선택 sélection이라고 부른다. 그것은 잠재적으로 유사성 similarité의 관계를 전제로 하고 있고 하나의 요소는 그와 상통하는 다른 하나의 요소를 대체한다고 설명한다.[77]

이러한 해석을 통하여 야콥슨은 전자를 환유로, 후자를 은유라고 보면서 고전적인 비유법을 이 두 가지 문채 figure를 바탕으로 단순화하고 조직화한다. 그리하여 낭만주의와 상징주의 문학—주로 시—에서는 은유가 압도적으로 많이 쓰이고 그에 비하여 발자크, 플로베르의 사실주의 계열의 소설에서는 환유가 많이 도입된다고 설명하고 있다.

4. 언어학과 기호학

소쉬르는 그의 일반 언어학 이론 속에서 공시태/통시태, 랑그/빠롤의 구분들을 차별화함으로써 공시태에 속한 랑그를 강조하였는

---

76) *Ibid*.
77) R. Jakobson, "Deux aspects du langage et deux types d'aphasie," *Essais de linguistique générale*, tome 1, Minuit, 1973, 49-61쪽.

데, 여기에는 나름대로의 이유가 있었다. 우리는 종종 이 구분들을 20세기 언어학의 맥락 속에서만 고려하고 또한 비판하였는데, 이는 비역사적인 태도로서 문제의 소지가 있다. 우리는 소쉬르를 그가 처한 시대적인 상황 속에서 이해할 필요가 있다. 소쉬르는 1857년에 태어나 1913년에 세상을 떠났다. 다시 말해서 소쉬르는 19세기 패러다임 속에서 교육을 받았고 학문 활동을 하였다. 다만 그는 이 같은 패러다임의 한계를 정확하게 인식하고 이를 극복하려고 노력하였다. 즉 그는 비교 역사 언어학의 철학적·이론적 방법론의 한계를 극복하기 위하여 고군 분투하였던 것이다. 이 같은 상황 속에서 소쉬르는 라이프니쯔의 단자론에 기초한 당대의 언어관과 역사주의적인 연구 방법에 제동을 걸었고 무엇보다도 언어학을 기호학의 기초 위에 세움으로써 자연 과학 속에서 그 방법론을 차용한 당대의 언어학을 비판하였다.[78] 필자는 본장에서 언어학과 기호학의 관련성을 형식의 개념을 통해 모색하고 아울러 기호와 그 체계에 관해 살펴보고자 한다.

　소쉬르의 기본 개념들은 옐름슬레우가 말한 바와 같이 당시대 언어학의 영향과 그에 대한 반응을 통해 이해될 수 있다. 한걸음 더 나아가 소쉬르는 다양한 학자들의 유사 개념이나 생각들을 자신의 이론 속에 체계화하였는데, 여기에 그의 독창성이 있다. 소쉬르의 언어관의 핵심은 앞서 살펴본 랑그/빠롤, 공시태/통시태의 구분과 함께 랑그 자체에 대해 가졌던 그의 몇 가지 관점에 들어 있다. 소쉬르는 언어학의 유일한 연구 대상인 랑그가 지니고 있는 핵심적

---

78) 예를 들어 슈테터는 소쉬르 사고의 독창성을 19세기 언어학에 대한 인식론적인 비판 속에서 찾는다. 그 결과 소쉬르의 언어학은 자연 과학이 아닌 해석학의 토대 위에 서게된다. Ch. Stetter, "La fonction des réflexions sémiologiques dans la fondation de la linguistique générale chez F. de Saussure," *Kodika/Code*, 1978, 9-20쪽 참고.

인 특징을 형식 forme이라고 보았다.

　형식이라 함은 이데아 세계와 감각 세계에 대한 플라톤의 구분을 아리스토텔레스가 형상 forme과 질료 hylé(혹은 matière)라고 다시 구분하면서 생겨난 개념이다. 수동적인 가능태로서의 질료에 비하여 형상은 능동적인 현실태로서 질료가 실현하고자 하는 목적이 된다. 그러한 개념이 칸트의 인식 이론에서는, 질료는 단순히 대상이나 경험과 관계되는 것인 데 비하여 형식은 주체, 즉 인식 작용의 구조와 관계된다. 개념이 게슈탈트 심리학에서 〈정신에 관계되는 사실들에 대해 참다운 의미를 부여하는 총체〉[79]의 개념으로 사용되면서 총체성 totalité 내지 구조 structure와 동의어적으로 쓰이게 되었고 그러한 생각이 20세기 구조주의에 영향을 끼쳤다.

　소쉬르는 언어를 우리의 생각 pensée과 그것을 표현하는 소리 son를 중심으로 설명한다. 생각과 소리는 성운 nébuleuse에 비유되는데, 이 둘의 만남은 기호라고 부르는 언어체를 구성한다. 이렇게 결합된 생각과 소리는 종이의 앞면과 뒷면처럼 서로 불가분의 관계를 맺는다. 데 마우로의 주석에 따르면 언어로 실현되지 않은 사고는 〈무정형 amorphe〉으로, 사고와 소리는 오직 기호에 의해서만 하나로 묶여진다. 이때 이 결합이 산출하는 것은 실질이 아니라 형식이다. 실질이 구체적인 의미 및 음성적인 연속체라고 한다면 형식[80]은 이 같은 연속체를 재단 découper한 것이다. 예를 들면

---

79) Fouliqué, *Dictionnaire de la Langue Philosophique*, P.U.F., 1978, 289쪽.
80) 형식은 구체적인 의미와 소리가 그것으로 인지되게끔 하는 일종의 심리적 토대이다. 가령 Nacht/Nächte의 쌍에서 보듯, 이 둘의 구별은 오로지 차이 différence에서 비롯된다. a/ä, ø/e의 차이, 곧 대립이란 결국 음소 구조라는 전체성에 토대를 둔 관계망 réseaux de relations의 문제와 직결된다. 소쉬르가 〈랑그에는 차이말고는 아무것도 없다〉라고 한 것은 이처럼 기호 체계는 요소와 요소간의 상관적 차이, 곧 관계망이라는 것을 가리킨다. 형식이 관계의 체계라는 인식은 언어 요소의 기능 방식이 부정적 가치 valeurs néga-

〈table(식탁)〉이라는 단위는 /t/, /a/, /b/, /l/, /e/의 음소들의 결합에 의한 기표와 〈식탁〉이라는 의미가 결합된 것으로서, 그것은 〈책상〉, 〈사무용 탁자〉, 〈회의용 탁자〉, 〈컴퓨터용 탁자〉 등 많은 탁자들 가운데 오로지 〈식탁〉만 구분하여 의미하는 것이다. 그리하여 동일 언어권의 화자들은 〈table〉이라는 기표와 기의의 결합이 형성하는 기호를 인지하고, 대화자의 의사 소통에서 서로 그것을 사용하여 대화를 나눌 수 있게 된다. 그러한 의미에서 〈랑그는 형식이고 실질이 아니다〉.[81]

〈형식〉이라는 개념을 음미해보면 여러 가지 다양한 개념과 연결된다. 첫째, 관계 rapport, 차이 différence, 어가 valeur 등의 개념과 연결된다.[82] 〈table〉은 음성 면에서 t를 s로 대치하면 sable(모래), k로 대치하면 cable(케이블)이 된다. 환언하면 t는 s나 k와 대립적인 차이를 보여주고 있는 것이다. 의미 면에서 볼 때 〈식탁〉은 그것을 포함하는 〈탁자〉에 관계되는 어휘 장 champ lexical 속에서 〈+식사를 위한〉이라는 어가에 의하여 다른 유사한 단어 내지 기호들과 대립, 구분된다. 둘째, 형식은 언어 단위 내지 언어 기호를 재단, 분절하며 그 언어 기호들을 잠재적으로 포괄한다. 형식이 드러내는 것은 결국 기표와 기의가 결합된 기호들이고, 그것들은 특정한 사회에서 통용되는 언어 기호로서 기능하게 된다. 셋째, 형식은 체계 système와 구조 structure의 개념을 내포하고 있다. 언어적 형식은 질서와 상통하는 기준으로 작용하여 체계를 구성하는 기호들을 체계화하게 된다. 또한 소쉬르 자신은 〈체계〉라는 용어를 〈구조〉의 의미로도 사용하기 때문에 그의 형식 개념은 이들 두 개념과 밀접한 연관을 갖게 된다. 그리하여 결과적으로 〈랑그가 형식〉

---

tives의 문제라는 판단과 다르지 않다.
81) *Ibid.*, 169쪽. 이러한 생각은 훔볼트에서도 찾아 볼 수 있다.
82) J. P. Broncart, *Théories du Langage*, P. Mardaga, 1977, 114쪽 참고.

이라는 언술은 〈랑그는 기호의 체계〉라는 표현과 동연적 coexstensif이고 동의어적인 의미를 지니게 된다.

형식으로서의 랑그는 기호들의 체계로서 존재한다. 하나의 기호는 다른 기호와의 대립에 의해서 그 가치를 부여 받는다. 이 같은 대립적 가치의 창출은 기호들이 하나의 체계로서 존재한다면, 또한 랑그가 언어학의 특권적인 연구 대상이라고 한다면, 언어학은 다름 아닌 바로 기호학의 기초 위에 세워져야 한다. 소쉬르는 『강의』의 33~35쪽에서 이들의 관계를 언급한다. 〈우리가 랑그의 참다운 성질을 발견하고자 한다면 우리는 랑그가 같은 차원의 다른 체계들과 함께 지니고 있는 공통점을 바탕으로 그것을 고찰하여야 한다.〉〈랑그는 생각을 표현하는 기호들의 체계이다. 그러한 점에서 랑그는 문자, 점자, 알파벳, 상징적 의식, 예절 형식, 군 신호 체계, 기타 등등과 유사하다. 단지 랑그는 그러한 체계들 중에서 가장 중요하다.〉 소쉬르는 랑그가 다양한 기호 체계 가운데 특권적 위치를 차지하고 있다는 점을 분명히 밝히지만, 그럼에도 불구하고 근본적으로 다른 특성을 지니는 것은 아니라는 생각을 아울러 가지고 있었다.

소쉬르는 이러한 다양한 기호 체계들간의 공통점과 차이점을 연구하는 별도의 학문이 생겨날 것임을 예고하면서 〈그 학문은 사회 생활내에서 기호들의 삶을 연구하게 될 것이다. 그 학문은 사회 심리학의 일부를, 따라서 일반 심리학을 형성할 것이다〉라고 하였다. 여기에서 강조되는 심리학은 그 당시 심리학의 중요성을 반영하는 것이라고 말할 수 있다. 그러면서 그러한 테두리에서 기호와 관련되는 학문을 〈기호학 sémiologie〉이라고 부르고 또한 기호가 희랍어의 〈sémeîon〉에서 나왔음을 부연하고 있다. 이 기호학의 임무는 〈기호가 무엇으로 구성되는가〉, 〈어떤 법칙이 기호들을 지배하는가〉 등의 문제를 우리에게 가르쳐 주는 것이다. 소쉬르의 이러한 주장을 제일 먼저 받아들인 사람으로는 제네바대학의 학장이었던 나빌 Adrian Naville이 있다. 그는 1901년 「학문의 새로운 분류 Nouvelle classification des sciences」에서 기호학을 소개하였다.[83] 그 뒤 이러한 개념의 기호학은 뷔쌍스 Eric Buyssens로부터 프리에토 Louis Prieto, 바르트 등의 학자들에 의해 심화되었다.[84]

소쉬르에게 있어 기호학 개념은 사회 심리학, 일반 심리학 등과 얽혀 있어서 우리로서는 그 성격을 분명하게 규정하기 어려운 면이 있다. 어느 정도 분명한 것은 앞서 살펴본 바와 같이 그것이 의사 소통에 관계되는 다양한 기호 체계들을 포용하게 되고 언어학도 기호학의 일부가 된다는 것이다.[85] 〈기호학이 발견하게 될 법칙은 언어학에 적용될 수 있을 것이며, 그렇게 함으로써 언어학은 인간에 관련되는 사실들 전체 속에서 확연히 규정된 영역에 병합될 것이다.〉 그러면서도 소쉬르는 랑그가 기호학내에서 특별한 위치를 차지하고 있다고 부연한다. 왜냐하면 〈기호학적 문제의 성질을 가장 잘 이해할 수 있게 하는 것은 랑그뿐이기 때문이다〉. 그런데 과연 어떠한 의미에서 그러한지를 구체적으로 밝히고 있지 않아, 우리로서는 소쉬르의 생각을 정확하게 포착하기가 어렵다.

랑그가 기호 체계의 하나이고 랑그와 언어학이 기호학의 성격을 이해하는 데 기여할 것이라는 생각은 쉽사리 받아들일 수 있지만, 아직도 기호학이 발견하게 될 법칙이 언어학에 크게 기여하였다고는 할 수 없다. 따라서 기호학의 법칙이 언어학에 적용될 것이라는 소쉬르의 주장을 완전히 수긍하기는 어렵다. 그렇다고 기호학이 언어학의 일부라는 바르트의 주장에도 쉽사리 동조하기 어렵다. 사실 그 두 가지 중에서 어떤 것이 어떤 것에 포함되느냐 하는 점이 가

---

83) Mounin, *Saussure*, 23쪽 및 *C.L.G.*, 352쪽, 주) 9.
84) *C.L.G.*, 427쪽, 주) 73.
85) *C.L.G.*, 33쪽. 〈언어학은 이 일반 학문의 일부에 지나지 않는다.〉

장 중요한 문제는 아니다. 분명한 것은 랑그가 기호학의 하위 체계이기 때문에 랑그에 관계되는 언어학이 기호학을 포괄할 수는 없다는 사실이다. 그러나 그렇다고 기호학이 언어학을 자동적으로 하위 체계로 포함할 수도 없다. 한 가지 가능성은 기호학과 기호 체계를 연구하는 메타 기호학이 존재하여 그것이 언어학과 기호학을 모두 하위 체계로 거느리게 되는 것이다. 현재로서는 언어학과 기호학은 상동적인 관계에 있으면서 서로 직접·간접의 영향을 주고 받는 형편이라고 하겠다.

　기호에 관한 소쉬르의 관점을 자세히 살펴보기 전에 어째서 언어학에 대한 강의에서 그가 〈단어〉 혹은 〈언어적 단위〉라는 용어 대신에 〈기호〉라는 용어와 개념을 도입했는가에 대한 문제를 제기해볼 수 있다. 이 문제에 대해 소쉬르는 랑그가 기호학을 구성하는 체계 중의 하나이기 때문에 다른 기호 체계들을 연구하는 발판을 구축하기 위해서는 〈기호〉라는 용어를 도입하여 랑그를 검토하여야 한다고 생각하였을 것이다. 그러나 다른 문제도 생각하였을 것이라고 추론할 수 있다. 그 중 한 가지는, 랑그에 대한 연구를 문자에서 출발하지 않고 소리와 개념을 연결하기 위해서 종래의 언어적 단위인 〈단어〉나 〈낱말〉보다 기호를 택해야 한다고 생각하였으리라는 점이다. 둘째, 단어는 의미 면에서 일정한 의미를 가진 것과 일정한 의미 없이 문법적 기능만을 수행하는 것도 있다. 또한 한 개 이상의 단어가 모여야만 하나의 의미 단위를 이룰 수 있는 것들도 있다. 게다가 단어는 다양한 문법 범주에 관련되고 어원과 의미 변화 문제 등을 제기함으로써 결국은 문법의 테두리를 벗어나지 못하게 하는 데 비하여, 기호는 언술 상황에서 담화 속에서 맡고 있는 기능의 문제와 결부되기 때문에 문법적 문제를 벗어나 직접 기호학적인 문제를 제기한다고 보았기 때문일 것이다. 셋째, 종래의 언어학은 음성 변화에만 치중하여 언어의 참된 단위를 바르게 파악하지 못했기 때문이다. 소쉬르는 언어의 기본 단위를 기표와 기의의 결합인 기호로 보았는데, 이렇게 함으로써 그는 19세기 언어학이 갖는 결함을 보완할 수 있으리라 생각하였을 것이다.

4.1. 기호의 원리

소쉬르의 기호 이론은 명목론에 대한 비판에서 출발한다. 명목론에 따르면 기호는 사물과 명칭의 결합으로 구성된다. 소쉬르는 이 같은 입장에 대해 양면적인 태도를 취한다. 한편으로 그는 기호가 사물과 명칭의 단순한 결합이 아님을 지적하면서 명목론을 비판하고, 다른 한편 명목론이 제시하는 기호의 이원적 특성을 다른 의미에서 수용한다. 즉 기호는 사물과 명칭이 아닌 개념과 청각 영상의 결합을 가리키게 된다. 이와 같은 과정을 거쳐 기호는 심적 실체 entité psychique가 된다. 이처럼 소쉬르는 명목론에 대한 비판을 통해 자신의 기호 이론을 구축한다.

그런데 여기에는 한 가지 분명하지 않은 문제가 있다. 해리스 Harris[86]가 바르게 지적하고 있듯이 우리는 소쉬르의 비판의 화살이 철학 전통 속에서 구체적으로 누구를 향해 있는지를 가늠하기는 어렵다. 다시 말해서 소쉬르는 자신의 논적을 분명하게 설정하지 않았다. 이에 대해 해리스는 나름대로 타당한 설명을 제시해 준다. 그에 따르면 소쉬르의 논적은 명목론적 철학 전통이 아니라 이 같은 전통 속에 뿌리를 두고 있는 19세기 역사 언어학이라는 것이다. 사실이 그러하다면 우리는 소쉬르의 기호 이론을 19세기 역사 언어학의 철학적 입장에 대한 비판의 측면에서 고찰해야 한다. 소쉬

---

86) R. Harris, *Reading Saussure*, Open Court, 1987, 56-57쪽.

르는 이 같은 비판을 통해 기호 체계를 바탕으로 하는 언어 이론을 세웠던 것이다. 이러한 소쉬르의 이론을 기호의 원리와 체계의 측면에서 고찰해보자.

앞서 간략하게 언급한 바 있듯이 기호는 개념과 청각 영상의 결합으로 구성된 심적 실체이다. 소쉬르는 세 번째 강의에서 개념과 청각 영상 대신에 기의와 기표라는 용어를 사용함으로써 이 둘의 대립적 특성과 아울러 통일성을 나타내려 하였다.[87] 기표와 기의의 결합으로 형성된 기호는 다음과 같은 두 가지 기호학적 원리를 준수한다. 첫 번째 원리는 기표와 기의의 관계에 관한 원리이다. 소쉬르는 자의성의 원리로서 이 같은 관계를 특성화한다. 두 번째 원리는 기표의 선형적 특성을 가리킨다. 여기에서 우리는 첫 번째 원리가 기호의 구성 원리인 반면, 두 번째 원리는 오직 기표에 해당한다는 사실에 주목할 필요가 있다.[88]

먼저 기호의 자의성의 원리부터 살펴보자. 이 원리는 기표와 기의의 자의적 관계에 관한 원리로서 이 둘의 관계가 자연적이지 않다는 것을 뜻한다. 다시 말해서 기표와 기의는 어떤 본질적인 연관이 아니라 협약적 관계로 구성된다. 예를 들어 기표 /s-ö-r/와 〈누나〉라는 뜻 사이에는 협약적 관계 이외에 어떤 본질적인 연관 관계가 존재하지 않는다. 한 마디로 기호의 자의성은 기호의 협약적 특성을 가리킨다. 벵베니스트[89]는 그의 비판을 통해 기표와 기의의 관계가 자의적인 것이 아니라 필수적 nécessaire임을 주장하였다. 그

---

87) *C.L.G.*, 99쪽.

88) 이와 관련하여 아리베의 논평 참조: 〈C'est bien, selon ce fragment, le signifiant, et lui seul, qui est affecté par le caractère linéaire〉(M. Arrivé, *op. cit.*, 55쪽).

89) E. Benveniste, *Problèmes de linguistique générale I*, Gallimard, 1966, 51쪽.

에 따르면 자의성의 원리는 기표와 기의의 관계가 아닌 전체로서의 기호와 사물과의 관계에 한해서만 유효하다. 우리는 기표와 기의의 관계가 필수적이라는 벵베니스트의 주장에 동의하지만, 자의성의 원리가 전체로서의 기호와 사물간의 관계에 관한 원리는 아니다.

소쉬르는 기호의 구성 요소 가운데 사물을 배제시킴으로써 기호를 심적 실체로 만들었다. 따라서 기호의 자의성의 원리는 사물이 배제된 기호의 원리인 것이다. 그렇다면 기표와 기의의 관계가 필수적이라는 벵베니스트의 주장과 이 관계가 자의적이라는 소쉬르의 주장은 여전히 충돌하고 있지 않은가? 사실상 이 같은 충돌은 벵베니스트에게만 존재한다. 왜냐하면 소쉬르에게 있어서 자의성의 원리는 기표와 기의의 필연적 관계에 아무런 장애가 되지 않기 때문이다. 소쉬르는 기호의 자의성의 원리가 화자의 자유로운 선택을 의미하지 않는다고 주장한 바 있다.[90] 다시 말해서 특정 화자에게 있어서 기표와 기의의 관계는 사회로부터 부여된 것이고 그러한 한에서 필수적인 것이다. 소쉬르가 기표와 기의의 관계가 자의적이라고 말할 때, 그는 기호의 〈일반적〉 본성을 염두에 두었던 반면 벵베니스트는 〈특정〉 사회 속에서 통용되는 기호에 관해 언급했던 것이다. 다시 말해서 소쉬르와 벵베니스트는 동일한 차원에서 기호의 본성에 관해 언급하지 않았다.

이상을 종합해보면 소쉬르의 자의성의 원리는 기표와 기의의 협약적 관계와 필수적 관계를 모두 포괄하고 있는 원리이다. 한마디로 기표와 기의는 사회적 협약에 의해 필수적으로 결속되어 있다. 이렇게 해서 형성된 기호는 상징과 구분된다. 기호와는 달리 상징은 어느 정도 자연적인 흔적을 지니고 있다.[91] 예컨대 평형 상태의

---

90) *C.L.G.*, 101쪽.
91) 다음의 유명한 문구를 인용해보자: 〈Le symbole a pour caractère de n'être jamais tout à fait arbitraire; il n'est pas vide, il y a un rudiment de lien

저울은 정의의 상징인데, 그것을 전차로 바꾼다면 상징 관계는 깨어지게 된다. 그 이유는 〈저울〉이 적어도 서구 사람들의 의식 속에서 정의의 상징으로 작용하고 있기 때문이다. 의성어의 경우 기표와 기의의 관계가 유연적이라는 반론을 제기할 수 있겠으나, 첫째, 그 수가 극히 제한되어 있고, 둘째, 나라마다 의성어의 기표가 서로 다르고—예컨데 개 짖는 소리, 닭 울음 소리 등의 의성어적 차이—, 셋째, 의성어의 형태 및 음성학적인 변화에 의하여 초기의 의성어적 성질이 변모되는 경우가 많기 때문에 그 중요성은 극소화될 수 있다. 이 같은 논증을 바탕으로 소쉬르는 기호의 자의성을 고수한다.

우리는 여기에서 용어상의 또 다른 문제를 제기할 수 있다. 상술한 바와 같이 기호는 그 자의적인 특성으로 인해 자연적인 흔적을 지닌 상징과 구분된다. 그런데 흥미롭게도 이 같은 구분이 소쉬르의 전설에 관한 연구에서 소멸 또는 희박해 진다. 특히 소쉬르의 강의와 전설에 관한 연구가 거의 동시대에 이루어 졌다는 사실을 놓고 볼 때 기호와 상징에 대한 소쉬르의 이중적 태도는 호기심을 자극하기에 충분하다. 이 같은 호기심을 충족시키기 위해 아리베는 그의 저서 『언어학과 정신 분석학』에서 이 둘의 관계에 대해 천착한다. 그의 결론에 따르면 〈기호와 상징은 포착 불가능한 동일한 대상에 대한 서로 교환 가능한 명칭이다〉.

소쉬르의 전설에 관한 연구는 수사본으로 오랫동안 베일에 가려진 채 일군의 몇몇 학자들(스타로빈스키, 토도로프, 실비오 아발, 엥글러, 아리베)에 의해 연구된 바 있다. 반면 마리네띠 Anna Marinetti와 멜리 Marcello Meli는 이 연구의 상당 부분을 출판함으로써 일반 독자들도 접근 가능하게 되었다. 우리는 이를 바탕으로 기

---

naturel entre le signifiant et le signifié〉(*C.L.G.*, 101쪽).

호와 상징에 관하여 간략하게 살펴보고자 한다.

먼저 지적해 두어야 할 사항은 소쉬르의 전설에 관한 연구가 그의 기호학에 대한 광범위한 프로그램의 일부를 구성한다는 점이다. 소쉬르에 따르면 〈그들(전설의 상징들)은 모두 기호학의 소관 사항이다〉. 이 점에서 강의의 기호와 전설의 상징은 공통의 연구 대상을 구성한다. 다만 용어상의 차이만을 나타낼 뿐이다. 또한 전설의 상징은 강의의 기호와 마찬가지로 변천 vicissitudes의 운명에 직면한다. 이로 인해 상징은 그 정체성 identité의 위기를 맞게 된다. 이 같은 위기는 두 가지 시련을 통해 극명하게 나타난다. 즉 상징은 시간의 시련 épreuves du temps과 사회화의 시련 épreuves de la socialisation을 겪게 된다. 『강의』의 기호 또한 이 같은 두 시련 속에서 자신의 기호학적 삶을 영위해 간다. 다만 『강의』에서는 정체성의 위기가 공시태의 상대적인 안정성을 통해 잠정적인 보장을 받을 뿐이다.

기호와 상징의 이와 같은 유사성은 그들의 체계적인 특성 속에서도 찾아 볼 수 있다. 앞서 언급한 바 있듯이 기호의 가치는 비단 기의와 기표의 결합에 의해 결정될 뿐만 아니라, 또한 다른 기호들과 맺는 관계에 의해서도 결정된다. 소쉬르는 전설에 대한 연구에서, 상징의 정체성을 역사와 전설의 일치 coïncidences 속에서 찾는 듯하지만 이 같은 일치의 한계를 분명하게 인식하고 있다. 오히려 상징의 정체성은 전설의 외부가 아닌 내부, 즉 다양한 상징들과의 관계 속에 놓여 있지 않을까 하는 생각이 지배적이다. 바로 이와 같은 이유로 해서 소쉬르는 하나의 상징이 다른 상징들과 맺는 관계에 주목한다. 예를 들어 전설의 한 인물의 정체성을 규정할 때 비단 그 사람의 이름뿐만 아니라 지위, 성격, 역할, 행위 등을 고려하는 것이다.

이상에서 우리는 아리베가 내린 것과 동일한 결론에 도달한다. 즉 『강의』의 기호와 전설의 상징은 명칭만 다를 뿐 사실상 두 연구 속에서 동일한 개념으로 혼용되고 있다는 사실이다. 그러나 우리는 단도 직입적으로 다음과 같은 질문을 던질 수 있다. 전설의 상징은 언어의 기호와 마찬가지로 자의적인가? 언뜻 보기에 전설의 상징은 역사적 배경 fond historique으로부터 자유롭지 못하다. 한 마디로 역사는 전설의 외적 고리 crochet extérieur이다. 그렇다면 전설의 상징은 언어의 기호와는 달리 자의적이지는 않지 않은가? 그런데 우리는 여기서 다음과 같은 사실에 유의해야 한다. 비록 소쉬르가 전설에 대한 연구에서 연구 가설로 전설의 외적 고리를 상정하고 있다 하더라도 이에 준하는 어떤 구체적인 결론에 도달하였다고 볼 수는 없다. 오히려 소쉬르는 연구가 진행됨에 따라 전설과 역사가 아니라 한 전설의 다양한 텍스트들을 비교 연구할 필요를 절감하게 된다. 이 때 역사는 전설의 다양한 텍스트에 대한 하나의 콘텍스트를 구성할 뿐이다. 다시 말해서 전설은 역사적 고리로부터 상대적인 자유를 보장받는다. 즉 전설을 구성하는 상징은 역사적 의도 intentionalité와 지시 référence로부터 어느 정도 자유롭다. 그리고 바로 이와 같은 의미에서 전설의 상징은 랑그의 기호와 동일한 운명, 즉 변천의 운명의 지배 하에 놓이게 된다.

다음으로 소쉬르가 기호의 제2원리라고 부르는 기표의 선형적 특성에 대해 살펴보자. 소쉬르에 따르면 〈청각적인 성질을 지닌 기표는 시간 속에서 전개되고 시간이 부여하는 특성들을 지니게 된다. 즉, (1) 그것은 길이로 나타낸다. (2) 그것의 길이는 단일 차원 속에서 측정 가능하다. 그러므로 그것은 선이다〉.[92] 여기서 보듯이

---

92) 소쉬르에게서 〈선형성〉이란 개념은 본래 인간은 〈동시에〉 두 음소를 말할 수 없다라는 생각에서 나왔다. *C.L.G.*의 데 마우로의 주) 145 참조.

기표의 선형적 특성은 첫째, 청각적 성질과 관련되어 있고, 둘째, 시간의 전개와 관련되어 있다. 청각적 성질은 기표가 빠롤 속에서 구체적으로 실현되었을 때 드러나는 성질이다. 또한 시간의 전개는 오직 빠롤 속에서만 가능하다. 따라서 기표의 선형적 특성은 한마디로 빠롤의 영역 속에서 타당한 원리이다. 이상을 종합해보면 기호의 제2원리는, 첫째, 기표와 관련된 원리이고, 둘째, 빠롤의 영역 속에서 적용되는 원리이다.

야콥슨은 음소의 변별 자질들이 동시 다발적으로 존재한다는 사실을 들어 소쉬르의 선형적 원리가 갖는 한계를 지적한 바 있다.[93] 그러나 그의 비판은 소쉬르의 주장과 사실상 아무런 관련이 없다. 왜냐하면 소쉬르의 선형적 원리는 기표의 원리이지 변별 자질들의 원리가 아니기 때문이다. 사람들은 또한 문장의 구조가 어떻게 선형적일 수 있느냐고 반박할 수도 있다. 사실상 문장의 구조는 호케트의 상자나 촘스키의 나무 그림으로 표현될 수는 있어도 하나의 선으로 나타나기는 불가능하다. 그러나 이 같은 반론은 소쉬르의 선형적 원리가 빠롤에 속한 원리임을 간과하고 있다. 다시 말해서 기표의 선형적 특성은 문장의 표층 구조를 나타낸다. 반면 통사 관계는 문장의 심층 구조를 나타내며 빠롤이 아닌 랑그에 속한 관계이다. 아나그람의 연구에서 소쉬르는 기표의 선형적 특성을 요소들의 계기성 consécutivité des éléments으로 표현한 바 있다.[94] 소쉬르는 이 같은 특성을 〈단어에 대한 유익한 모든 성찰의 중심 원리〉라고 강조한다.[95] 다시 말해서 기표의 선형적 특성은 단어나 문장의 근본 구조를 나타내는 것이 아니라 이 같은 구조에 이르는 출발

---

93) R. Jakobson, *Essais de linguistique générale*, Minuit, 1963, 48쪽, *Essais de linguistique générale*, Minuit, 1973, 137-138쪽.
94) J. Starobinski, *Les mots sous les mots*, Gallimard, 1971, 46-47쪽.
95) *Ibid.*, 47쪽.

점이 된다. 이상에서 살펴본 기표의 선형적 특성은 자의성의 원리와는 달리 언어 기호에만 한정된다. 예를 들어 시각 기호의 경우 다차원적 특성—그림이나 조각—을 지닌다. 반면 언어 기호는 그 청각적 특성으로 인해 일차원에 속한다.

4.2. 기호의 체계—연상 축과 통합 축

지금까지 우리는 기호의 원리에 관해 살펴보았다. 그러나 기호는 단일자로서 존재하지 않으며 항상 다른 기호와의 관계 속에서만 존재한다. 다시 말해서 기호는 하나의 체계를 이룬다. 사람들은 흔히 산이 모여 산맥이 되듯 기호가 모여 기호 체계를 형성한다고 생각한다. 그러나 사실은 산맥이 뻗어나온 것을 나중에 사람들이 임의적으로 산이나 계곡 등으로 부르는 것이다. 마찬가지로 우리는 기호 체계 속에서 기호를 인식할 수 있다.

언어학에서 〈체계〉 개념이 도입된 것은 18세기 후반부터라고 한다. 물론 천문학이나 해부학, 신경 의학, 정치학 등에서는 더 일찍부터 체계 개념이 도입되었다. 이어 19세기초 보프를 비롯한 여러 언어학자들이 체계라는 용어를 사용하기 시작하였다. 소쉬르 또한 그의 석사 논문에서 〈체계〉라는 용어를 사용하였다. 메이예는 〈상호 의존 관계에 있는 요소들의 총체〉라는 개념으로 사용하였는데, 그것은 오늘날의 관점에서 본다면 〈체계〉보다는 〈구조〉의 개념에 가깝다. 반면 소쉬르는 체계 개념을 〈조직화된 전체〉라기 보다는 〈요소들의 관계〉라는 의미로 사용하였다. 이 같은 관계는 부정적, 차별적, 대립적 관계로 나타난다. 이를 통해 기호의 고유한 어가가 결정된다. 이처럼 소쉬르의 체계 개념은 관계, 어가 등의 개념과 밀접한 관계를 갖는다. 소쉬르는 자신의 체계 개념을 연상 축/통합

축의 구분을 통해 보다 구체적으로 설명한다. 특히 이 구분은 소쉬르 언어학의 분석 모형으로서 이해될 수 있다. 따라서 필자는 소쉬르 기호 개념의 확장 가능성을 여기에서 찾고자 한다.

언어가 기호의 체계로서 간주되고 실제로 그렇게 기능할 수 있는 것은 기호들이 일정한 원칙에 의하여 조직화되기 때문이라고 하겠다. 소쉬르는 기호가 횡적으로 다른 기호들과 함께 하나의 언어 단위를 구성하는 요소로서 기능할 때 통합의 축을 형성한다고 하고, 종적으로 눈에 보이지 않는 다른 언어적 요소를 연상하게 할 때에 연상의 축을 이룬다고 설명한다.

그러나 통합의 축이나 연상의 축을 이해하기 위해서는 소쉬르의 핵심 개념인 차이와 대립의 개념에서 출발하여 치환 개념과 연결시켜 살펴보는 것이 필요하다. 차이는 앞에서 간단히 언급한 바와 같이 유사성 ressemblance을 바탕으로 성립된다. 구체적으로는 언어 단위를 구성하는 요소 중의 하나를 다른 요소로 치환했을 때[96] 의미의 차이를 보여 준다면 그 두 가지는 대립적인 차이를 보여 주는 개별적인 언어 단위라고 판정한다. 예컨데 〈don〉이 되기도 하고 〈ton〉이 되기도 할 때, 유성음 여부에 의한 한 가지 자질의 차이는 음소 /d/와 /t/의 차이를 만들어 내고 두 음소의 차이는 두 기호의 차이를 만들어 내기 때문에 두 음소는 각각 개별적인 음소 단위라는 판정을 받게 된다. 환언하면, 그 두 가지 중 하나의 음소를 다른 음소로 대치하면 두 개의 다른 기호를 생성할 수 있기 때문에

---

96) 구조주의 언어학에서 〈대치 commutation〉는 음소, 형태소, 통합체의 기표를 구성하는 요소 중에서 하나를 다른 하나로 바꿈으로써 기의의 변화를 일으키는 것인데, 기의를 구성하는 요소를 바꿈으로써 기표의 차이를 만들어 내는 계열체적인 변화를 가리킨다. 그에 비하여 〈치환 substitution〉은 문장의 한 부분을 바꿔 다른 문장으로 만드는 것을 나타내고, 〈교체 permutation〉는 통합의 축을 구성하는 두 요소의 순서를 바꾸는 것을 의미한다.

두 음소는 각각 개별적인 단위인 것이다. 그러한 차이 개념을 두 가지 축에 투영시킨 것이 통합적 관계와 통합의 축, 연상의 관계와 연상의 축을 형성할 수 있게 한다.

우선 『강의』를 통하여 그 두 가지 개념에 대해 알아보자. 단어 또는 언어 기호들은 문장이나 언술 속에서 선형적 linéaire 특성을 보여준다. 선형적이란 동시에 두 개의 음소 또는 언어적 요소가 나타날 수 없고 하나씩 연결되며 전개된다는 것을 의미한다. 그러한 요소들은 일정한 원칙에 의하여 결합되면서 문어의 경우이든 구어의 경우이든 하나씩 차례로 발화되거나 쓰여지고, 그렇게 이루어진 연쇄는 서로 관계 있는 것들끼리의 결합에 의하여 일정한 길이 étendue를 지니는 단위를 형성하는데, 그것을 통합체 syntagme라고 부른다.[97]

통합체는 몇 개의 단어들로 이루어지거나 구 locution, 절 proposition 등으로 이루어질 수도 있다. 예컨데 〈contre tous(모든 사람에 대항하여)〉, 〈la vie humaine(인간의 생애)〉, 〈Dieu est bon(하느님은 선하시다)〉, 〈S'il fait beau temps, nous sortirons(날씨가 좋으면 우리는 외출하겠다)〉 등. 그러나 소쉬르는 하나의 단어도 통합체가 될 수 있음을 우리에게 상기시켜 준다. 즉 〈re-lire(다시 읽다)〉, 〈contre-maître(직공장)〉 등과 같은 복합어나 파생어의 경우가 이에 해당된다.[98]

소쉬르는 언어를 건축에 비교하면서 통합체는 건축물의 〈대들보 architrave〉에 해당한다고 보았다. 대들보는 기둥들에 의하여 받쳐지고 있다. 그는 대들보를 떠받치고 있는 기둥을 보는 순간 그 자리에 없는 다른 기둥들을 연상시킨다고 설명한다. 예컨데 도리아식

---

97) *C.L.G.*, 170쪽.
98) *Ibid.*

기둥을 보면 이오니아식 또는 코린트식 기둥을 연상하는 등등의 관계를 들 수 있다. 그래서 현장에 있는 기둥과 그것이 연상하게 하는 다른 기둥들은 연상의 관계를 맺고 있다. 여기에서 기둥을 기호로 바꾸면 바로 언어의 문제로 돌아오게 된다. 통합체는 연결되어 있는 기호들 상호간의 관계를 다루기 때문에 공존적 관계 rapport in presentia를 이루는 데 비하여 연상 관계는 현장에 부재하는 관계 rapport in absentia를 전제로 성립한다.

그러므로 통합체는 통사론적 구문을 구성하는 단위로서, 그 단위는 하나의 단어일 수도 있고 문장 전체일 수도 있다. 이 경우 통합체를 구성하는 요소들 사이에는 밀접한 관계가 있어야 하며, 통사론적 관계가 없는 요소들이 하나의 통합체를 구성할 수는 없다. 그러나 통합체의 단위가 일정하지 않고 다양하기 때문에 통합체의 단위를 설정하는 것은 자동적인 분석 원칙에 의하여 이루어질 수 없고 통사론적 또는 의미론적 관점에서 언술을 재단함으로써 통합체의 단위가 결정된다.

통합체 개념의 당위성에는 이론의 여지가 없으나 위에서 본 바와 마찬가지로 단위의 설정에 있어서 일정한 원칙이 없다는 점이 문제점으로 지적될 수 있다. 그와 연관하여 또 한 가지 문제점은 통합체가 랑그에 속하느냐 아니면 빠롤에 속하느냐에 관한 문제이다. 소쉬르는 문장이나 언술을 빠롤에 속한다고 보았다. 그러나 그렇다고 모든 통합체가 빠롤에 속한다고는 할 수 없고, 오히려 그 반대로 대부분의 통합체는 랑그에 속한다는 것이다. 예컨데 통합체로 간주되는 단위들은 대부분 〈avoir mal à la tête(머리가 아프다)〉, 〈à quoi bon?(무슨 쓸 데가 있나?)〉 등과 같이 관용적인 표현, 술어적인 관용구 등의 표현들이 많은데 그것들은 모두 용법이 공식화된 표현들로서 랑그에 속한다는 것이다. 개인의 창의에 의하여 생성되는 단어들은 빠롤에 속한다고 주장할 수 있겠지만, 그 경우에도 대부분이 유연적 motivé인 원칙에 따라 형성되었기 때문에 빠롤의 성격보다는 랑그의 성격이 더 강하다는 것이다. 예컨데 〈décorable(장식 가능한)〉에다 부정의 접두사 〈in-〉을 첨가시켜 〈indécorable(장식 불가능한)〉이라는 단어=기호를 누군가가 만들었을 경우 그것은 빠롤의 행위로 간주될 수 있겠지만, 사실은 〈tolérable(용서할 수 있는)〉에다가 부정의 접두사 〈in-〉을 첨가하여 〈intolérable(용서할 수 없는)〉이라는 기호가 만들어진 예를 유추적으로 따른 것이기 때문에 랑그적인 면이 강하다는 것이다.[99]

결론적으로 소쉬르는 통합체를 단정적으로 정의할 수는 없고 통합체는 랑그적인 면과 빠롤적인 면을 동시에 가지고 있으며 그것을 분명히 구분하기는 어렵다고 고백한다. 이러한 소쉬르의 고백은 비단 통합체의 문제뿐만 아니라 특히 랑그와 빠롤의 문제를 중심으로 한 소쉬르 이론의 전반에 걸친 새로운 이해에 중요한 단서를 제공한다고 하겠다.

공존하는 요소들의 횡적인 유대 관계 solidarités를 중심으로 이루어지는 통합체는 연속적인 선형 linéaire의 형태를 취하는 데 비해 연상 관계는 화자의 정신 속에서 하나의 요소가 다른 요소와 맺고 있는 관계를 의미한다. 그리고 그러한 연상의 관계를 맺고 있는 요소들을 연상적 요소 그리고 전체적으로는 연상 그룹이라고 부른다.

따라서 연상적 요소는 통합체와는 달리 선형적이 아니고, 연상 그룹을 구성하는 요소에는 수적인 제한이 없으며 개인의 기억력과 연상 기능에 따라 그 수는 물론 종류도 매우 다양할 수 있다. 소쉬르는 〈Enseignement(교육)〉을 예로 들어 연상 관계를 설명하고 있다.

---

99) *Ibid.*, 172-173쪽.

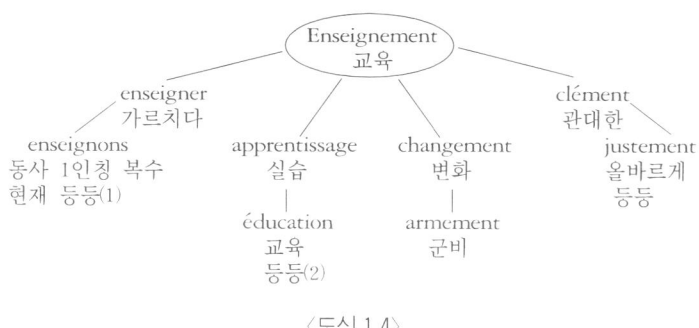

〈도식 1.4〉

이상에서 소쉬르는 〈Enseignement〉의 연상 관계를 네 가지 그룹으로 나누어 고찰한다. 첫째 그룹은 어근 enseign-를 중심으로 형성되어 있다. 둘째 그룹은 enseignement의 기의와 유추적 관계에 놓인 어휘들을 중심으로 구성되어 있다. 셋째 그룹은 접미사 -ment을 중심으로 묶여져 있다. 끝으로 넷째 그룹은 순수하게 기표들의 연상 관계만을 통해 형성되어 있다. 프라이 H. Frei는 소쉬르의 기호 이론이 기표와 기호의 결합인 기호에 그 바탕을 두고 있다는 점에 착안하여 첫째 그룹과 셋째 그룹만을 언어학적으로 타당한 그룹으로 간주한다. 반면 순수 기의와 기표의 연상 관계로만 묶여진 둘째 그룹과 넷째 그룹은 분석에서 제외시킨다.[100] 이에 반해 고르돈 W. Terrence Gordon은 다양한 문법적 관계를 통사 기능으로 일원화하고 기의의 유추 관계와 청각 영상의 집합을 적극 수용하여 연상 관계를 보다 체계화한다.[101] 프라이의 관점이 언어학에 한정되어 있는 반면 고르돈은 심리적 관점에서 순수 기의와 기표의 연상 관계도 고려에 넣는다. 그는 기의의 유추 관계 AS, 통사적 기

---

100) H. Frei, "Ramification des signes dans la mémoire," *C.F.S.*, no. 2, 1942.

101) W. T. Gordon, "Rapports associatifs," *C.F.S.*, no. 33, 1979.

능 FSC, 청각 영상의 집합 CA이라는 조작적 개념을 바탕으로 가능한 모든 연상 관계를 여섯 가지 분류로 나눈다.[102]

> Trace(nom), traceur, traceret, etc: (AS)+(FSC)+(CA)
> Enseignement, enseigner, enseignons, etc: (AS)+(CA)
> Enseignement, apprentissage, éducation, etc: (AS)+(FSC)
> Enseignement, changement, armement, etc: (FSC)+(CA)
> Enseignement, clément, rapidement, etc: (CA)
> Mois, mensuel etc: (AS)

그는 세 가지 준거를 바탕으로 모든 연상 관계를 설명할 수 있다고 주장한다. 그러나 우리는 무엇보다도 소쉬르 자신이 이 같은 연상 관계를 체계화하거나 도식화하지 않았다는 사실을 주목할 필요가 있다. 왜냐하면 소쉬르가 구상한 연상 관계는 사실상 제한이 없기 때문이다. 고르돈의 도표가 아무리 논리적으로 완벽하다 하더라도, 예를 들어 하나의 음소 a가 Apollo를 연상—아나그람에서는 이 같은 연상이 가능하다—시키는 경우를 포함할 수는 없다. 그런데 사실상 이와 같은 현상은 얼마든지 가능하다. 소쉬르는 이 같은 문제를 아나그람의 연구에서 다루고 있다. 다만 여기에서 우리가 주목해야 할 사항은 연상 관계가 비한정적으로 랑그 전체에 뻗어 있다는 점이다. 연상 관계는 소쉬르 이후 구조주의 언어학자들에 의해 계열 관계로서 재수용되었다. 그러나 계열 관계는 문법적 관계에 한정됨에 따라 소쉬르의 연상 관계가 갖는 생산성을 잃게 되었다. 비록 계열체의 분석이 기호의 성질을 밝히는 데는 유익하지만 텍스트 분석, 특히 상관 텍스트성 intertextualité이나 잠재 의식 등과 관련된 현상을 설명하는 데는 계열체보다 연상 관계 개념이

---

102) *Ibid.*, 39쪽.

더 적합하다고 하겠다.

4.3. 아나그람 연구

본 장에서 우리는 소쉬르의 아나그람에 대한 연구를 텍스트 기호학의 측면에서 재조명하고자 한다. 스타로벵스키가 1964년 《메르퀴르 드 프랑스 *Mercure de France*》지에 「페르디낭 드 소쉬르의 아나그람」을 발표하면서 이 연구는 인문·사회 과학 전반에 걸쳐 큰 반향을 불러일으키게 되었다. 스타로벵스키의 『단어 속의 단어』는 1964년 이후 그가 발표했던 일련의 논문들을 모아 한 권의 책으로 펴낸 것이다. 스타로벵스키는 이 책에서 아나그람에 관한 소쉬르의 미완의 원고들 가운데 일부를 소개하면서 간략하면서도 짜임새 있는 주석을 덧붙였다. 소쉬르의 아나그람에 대한 발견이 인문·사회 과학 영역에 끼친 영향을 바르게 평가하기 위해서 우리는 당시 지식 사회의 지각 변동에 유념해야 한다. 『단어 속의 단어』는 60년대 구조주의 패러다임이 70년대 후기 구조주의 패러다임으로 대체되던 시기에 출판되었다. 역사보다는 구조에, 빠롤보다는 랑그에, 실질보다는 형식에 우위를 두었던 구조주의는 구조의 생성과 역동성, 물질적 토대의 문제를 재고하지 않을 수 없었다.

바로 이와 같은 시점에서 발표된 소쉬르의 아나그람에 대한 연구가 인문·사회 과학 분야에서 관심을 끌었던 것이다. 여기서 우리는 소쉬르가 또 한번 겪게 되는 운명의 아이러니를 발견하게 된다. 사후 저작인 『일반 언어학 강의』로 구조주의의 창시자로 추앙받았던 소쉬르는 아나그람에 관한 연구를 통해 또다시 후기 구조주의의 선봉에 오르게 되었던 것이다. 이 같은 맥락에서 우리는 아론 Aron이 사용한 〈소쉬르의 제2의 혁명〉이라는 표현을 이해할 수

있을 것이다.[103]

　소쉬르의 아나그람 연구는 문학 이론, 정신 분석학, 언어학 등의 분야에서 비판·수용되었다. 문학 이론의 영역에서는 크리스테바 Kristeva가 통일된 이론을 제시하였고, 정신 분석학 영역에서는 레이 J. M. Rey와 아담 J. M. Adam이 프로이트와 라깡 Lacan의 이론을 바탕으로 소쉬르의 아나그람을 새롭게 조명하였다. 언어학 영역에서는 분데를리가 소쉬르의 『일반 언어학 강의』와 아나그람 연구를 비교·분석함으로써 소쉬르 사고의 일관성에 관한 문제를 제기하였다. 크리스테바는 《뗄 껠 Tel quel》지 29호에 「파라그람의 기호학을 위하여」라는 논문을 발표함으로써 소쉬르의 아나그람에 대한 연구를 일반 문학 이론으로 확장시킨다. 그는 소쉬르의 아나그람 이론으로부터 다음과 같은 세 가지 중심 테제를 끌어낸다. 첫째, 시어는 일상 언어의 무한한 가능성으로 존재한다. 따라서 문학 이론의 목표는 이 같은 가능성을 밝히는 데 있다. 둘째, 문학 텍스트는 글쓰기와 독서라는 이중적 구조를 지닌다. 글쓰기는 무에서 유로의 창조가 아니라 다른 텍스트에 대한 독서를 바탕으로 이루어진다. 한마디로 문학 텍스트는 서로 다른 담론들의 대화이다. 이 테제를 바탕으로 크리스테바는 소쉬르의 아나그람을 상관 텍스트성으로 확장시킨다. 셋째, 문학 텍스트는 결합망으로 이루어져 있다. 이 망은 문학 텍스트의 생성 메카니즘을 보여준다. 파라그람은 이 같은 생성 메카니즘을 밝히는 것을 목표로 한다. 이처럼 크리스테바는 문학이론의 전반을 소쉬르의 아나그람에 대한 성찰을 바탕으로 재구성한다.

　레이는 「소쉬르와 프로이트」[104]에서 소쉬르의 아나그람에 대한

---

103) T. Aron, "Une seconde révolution sausurienne?," *Langue Française* 7, 1970.
104) J. M. Rey, *Parcours de Freud*, Paris Galilée, 1974.

연구를 정신 분석학적 관점에서 고찰한다. 주지하다시피 소쉬르의 아나그람은 신의 이름이 중심 테마로 형성되어 있다. 그런데 신의 이름은 감히 직접 부를 수 없는 신성에 해당한다. 아나그람은 이 같은 신성을 직접 침해하지 않으면서도 신의 이름을 부를 수 있는 좋은 방편을 제공해 준다. 레이는 이 같은 아나그람의 기능과 프로이트에 의해 밝혀진 무의식의 작업을 연결시킨다. 무의식이 이동 dé-placement과 압축 condensation의 과정을 통해 우회함으로써 의식의 감시망을 피하는 것과 마찬가지로 아나그람은 신의 이름을 구성하는 음절들을 텍스트 전체에 분산시킴으로써 시인으로 하여금 신성 모독의 위험으로부터 벗어나게 해준다. 다만 프로이트와 소쉬르의 차이점은 이 같은 우회의 방식을 전자는 무의식의 영역에서, 후자는 의식의 영역에서 설명하고자 했다는 데 있다.[105] 아담은 라깡의 정신 분석학 이론에 기초해서 소쉬르의 아나그람을 재조명한다. 「아나그람 혹은 해체」라는 제하의 논문에서[106] 그는 아나그람이 첫째, 기표에 의한 기의의 전복, 둘째, 기표에 의한 주체의 전복을 초래한다고 주장한다. 아나그람의 구조가 암시하고 있는 의미 질서의 전복은 라깡에 의해 재조명된 프로이트의 정신 분석학의 입장을 그대로 반영해주고 있다고 할 수 있다. 아담은 특히 아나그람과 꿈의 왜곡된 구조에 주목함으로써 아나그람의 연구와 정신 분석학의 연관성을 강조한다.

소쉬르의 아나그람에 대한 언어학계의 반응은 크게 두 가지로 나뉜다. 라스띠에 Rastier는 1970년 「사투르누스에 관하여」라는 논

---

105) 아리베는 소쉬르가 아나그람 연구를 중단할 수밖에 없었던 이유를 캐물으면서 무의식적 문제와의 조우 가능성을 열어 놓는다. 이 문제와 관련하여 아리베의 문헌을 참조. M. Arrivé, *Linguistique et psychanalyse*, Meridiens Klincksieck, 1987, 10-11쪽.
106) J. M. Adam, *Linguistique et Discours littéraire*, Larousse, 1976.

문에서 소쉬르의 아나그람에 대한 연구가 근본적으로 실패할 수밖에 없음을 지적한다.[107] 왜냐하면 아나그람의 이론과 그 대상 사이에는 좁혀질 수 없는 실재적인 간격이 존재하기 때문이다. 주지하다시피 소쉬르의 아나그람은 문자가 아닌 음소에 그 바탕을 두고 있다. 그런데 과연 어떻게 음소의 정확한 발음을 결정할 수 있느냐 하는 점이 문제가 된다. 또한 아나그람의 대상이 되는 시의 테마도 사실상 시를 판독하는 사람의 자의에 맡겨지는 경우가 허다하다. 결국 소쉬르의 이론은 그 자체로서 아무리 타당성을 지니고 있다 할지라도 실제로는 증명 불가능한 것이 되어 버리고 만다. 이 같은 부정적인 반응은 죠르즈 무냉에서도 찾아볼 수 있다. 그는 별 논증이나 설득력 없이 〈20세기 언어학〉에서 소쉬르의 아나그람에 대한 연구가 완전히 잘못된 것임을 지적하고 있다. 비록 라스띠에의 주장처럼 소쉬르의 연구가 실제로 증명 불가능한 것이 된다 할지라도 우리는 이 연구와 일반 언어학 이론과의 관련성을 이론적인 측면에서 고찰할 수 있을 것이다. 바로 이 같은 관점에서 분데를리는 소쉬르의 『일반 언어학 강의』와 아나그람의 연구를 비교·분석하였다. 『강의』는 일상 언어를 그 대상으로 하는 반면 아나그람은 시어를 그 대상으로 한다. 일상 언어에 적용되는 규칙이 시어에서는 굴절된다. 예를들어 기표의 선형적 특성이나 기표와 기의의 필연적 관계, 음소의 형식적 측면은 아나그람에서 그 법칙성을 잃게 된다. 즉 기표는 텍스트 전체 속에서 분산되고 기표와 기의의 필연적 관계는 이로 인해 끊어지게 된다. 또한 아나그람에서 음소는 형식이 아니라 하나의 실질로서 취급된다.[108] 분데를리는 이 같은 굴절 현

---

107) 여기에 등장하는 라스띠에는 라티니스트인 프랑소와즈 라스띠에 Françoise Rastier이다. 물론 의미론자인 프랑소와즈 라스띠에 François Rastier와는 동명이인이다.

108) Wunderli, "Saussure et les anagrammes," *T.L.L.*, X.1, 1972.

상을 시어가 갖는 특수성으로 규정한다. 그런데 그에 따르면 시어는 일상 언어에 부가적이기 때문에 결국에 가서는 일상 언어를 전제하고 또한 필요로 한다. 예를 들어 아나그람에 의해 감추어진 신의 이름은 일상 언어의 차원으로 돌아오면 그 단일성을 회복하고 일반 언어학의 원리의 지배 하에 놓인다. 따라서 일반 언어학의 원리는 아나그람 속에서 완전히 깨지는 것이 아니라 잠시 유보되는 것일 뿐이다.

우리는 이상에서 아나그람의 연구가 인문·사회 과학에서 어떻게 비판, 수용되었는가를 간략하게 살펴보았다. 우리는 앞으로의 논의 속에서 아나그람을 바탕으로 문학 이론을 재구축하거나 텍스트의 무의식을 밝혀내고자 시도하지는 않을 것이다. 또한 『강의』와 아나그람의 연구를 전반적으로 고찰하지도 않을 것이다. 다만 우리는 『강의』에서 소개된 연상 관계 개념을 바탕으로 아나그람과의 연계 하에 재조명함으로써 소쉬르의 사고 속에서 문학 기호학의 가능성을 검토하고자 한다. 논의를 구체적으로 진행하기에 앞서 소쉬르가 발견한 아나그람의 원리에 관해 간략하게 살펴보자.

소쉬르는 사투르누스 시의 두운법을 연구하다가 그것이 보다 일반적인 시의 법칙의 일부에 지나지 않는다는 사실을 발견한다. 그는 1906년 7월 14일 메이예에게 보내는 편지 속에서 그가 발견한 시의 일반적 법칙을 일목 요연하게 설명한다. 이 법칙은 다음과 같은 두 가지 형태로 제시된다.

하나의 모음이나 자음은 항상 대상 모음이나 자음을 수반하게 되는데, 이를 통해 시를 구성하는 모든 음들은 항상 짝수를 이루게 된다. 소쉬르는 이 같은 현상을 〈쌍의 법칙 loi de couplaison〉으로 설명한다. 예를 들어 한 시에서 등장하는 a, e, o 등의 음들은 2a, 4e, 6o 등과 같은 짝수로 나타난다. 그런데 어떤 음들은 자기 짝을 찾지 못하는 경우가 발생하는 수가 있다. 이럴 경우 이 음은 시의 다음 소절에서 보상을 받게 된다. 결국 시 전체를 놓고 본다면 여전히 짝수를 유지하게 된다. 소쉬르는 이 같은 현상을 〈보상의 법칙 loi de compensation〉으로 일반화한다. 위의 두 법칙은 고대 시에 엄격하게 적용된다. 소쉬르는 이 두 법칙을 다음과 같은 세 가지 조건 속에서 고찰한다.

(1) 첫째 조건은 단음과 관련되어 있다(예를 들어 a, e, i 등).

(2) 둘째 조건은 중음 diphone이나 다음 polyphone과 관련되어 있다(예를 들어 ci, pi, io 등).

(3) 셋째 조건은 아나그람과 관련되어 있다. 중음은 하나의 음절을 이루는데, 이 같은 음절은 다시 하나의 단어를 형성한다. 예를 들어 위의 중음을 결합하면 Scipio(ci+pi+io)라는 고유 명사를 얻게 된다.

첫째 조건에 따르면 시를 구성하는 모든 단음들은 항상 짝수로 쌍을 지어 나타나야 된다. 그런데 사실상 그러한 경우가 드물고 그럴 때마다 보상되어야 하는 음들이 계속 늘어난다. 또한 보상의 범위도 시의 한 소절에서 다음 소절로 계속 이어져 결국에 가서는 텍스트 전체가 보상 범위가 된다. 이와 같은 이유로 인해 소쉬르는 단음보다는 중음이나 다음에 주목하게 된다. 그런데 소쉬르는 반복되는 중음이 한 단어의 음절을 이루고 있다는 사실을 발견하게 된다. 이 같은 단어는 주로 신이나 영웅의 이름, 또는 특정 장소의 명칭이다. 이와 같은 과정을 거쳐 소쉬르는 아나그람의 연구에 몰두하게 된다. 그는 사투르누스 시 속에서 발견된 아나그람의 법칙이 다른 시에도 적용되는지 확인하기 위하여 호머, 비르길리우스, 루크레티우스, 호라티우스, 세네카, 오비디우스, 폴리티아누스, 토마스 존슨, 로사티, 파스콜 등에 대한 연구를 시작한다. 그런데 놀랍게도 시대를 초월하여 아나그람 법칙이 항상 적용되고 있음을 발견한다. 그는 이 같은 발견 앞에서 과연 시인이 아나그람의 법칙을 의식하고 시작(詩作) 행위를 했는지를 묻는다. 만약 의식하고 있었다면—소쉬르는 이 같은 전제를 끝까지 고수한다—, 이 같은 보편적인 법칙을 소개해 주는 안내서나 이론서가 존재했어야 한다. 그러나 그와 같은 이론서는 존재하지 않는다. 그렇다면 시인이 무의식적으로 아나그람의 법칙을 따랐다는 가정을 세울 수 있다. 그런데 무의식적 과정이 어떻게 보편적인 법칙이 될 수 있겠는가? 소쉬르는 프로이트의 무의식에 대해 알지 못했다. 여기서 그의 연구는 아쉽게도 중단되고 만다.

이상에서 살펴본 아나그람의 연구가 갖는 의의는 다음과 같이 세 가지로 나누어 살펴볼 수 있다.

첫째, 소쉬르의 아나그람 연구는 다음과 같은 세 가지 측면에서 전통적인 아나그람의 틀을 벗어난다. 즉,

(1) 소쉬르의 아나그람은 문자가 아닌 음소로 이루어져 있다.

(2) 여기에서 음소는 독립적으로 존재하지 않으며 무리를 형성한다.

(3) 소쉬르의 아나그람은 하나의 블럭을 형성하지 않고 텍스트 전체에 분산되어 있다.

둘째, 소쉬르의 아나그람은 구조주의에 대한 비판의 관점에서 수용되었다. 구조주의에 대한 비판은 크리스테바를 중심으로 하는 텍스트 생성의 문제와 기표에 의한 기의의 전복이라는 의미 질서 해체의 문제와 관련된다.

셋째, 아나그람의 연구는 기호학적 관점에서 그 의의를 찾아볼 수 있다. 주지하다시피 소쉬르는 지시의 문제를 배제시킴으로써 기호를 구성하였다. 그런데 아나그람의 중심 테마는 기표와 기의의

결합이라기 보다는 기표와 지시의 결합이다. 소쉬르는 『강의』에서 고유 명사의 문제를 언급하지 않았다. 그런데 아나그람의 연구에서는 이 문제가 중심 테마로 부상한 것이다. 만약 소쉬르의 사고의 일관성을 구축하고자 한다면 소쉬르의 기호학과 지시의 문제를 재검토해야 할 것이다.

우리는 아나그람의 연구가 갖는 세 번째 의의에 초점을 맞추어 논의를 진행시키고자 한다. 이를 통해 우리는 소쉬르의 기호 이론이 지시(고유 명사)와 (기표의) 실질의 문제를 재수용할 필요가 있음을 강조하고자 한다. 소쉬르의 아나그람은 고유 명사를 구성하는 음소들에 대한 작업을 바탕으로 이루어져 있다. 그리고 시인은 이 음소들에 다양한 조작을 가함으로써 하나의 시를 구성한다. 이 때 이 음소들은 시인들에게 다양한 연상들을 촉발시킨다. 예를 들어 Apollo를 구성하는 A나 Pol 등의 음절들은 이들을 포함하고 있는 AMPLOM을 연상시킬 수 있다. 또한 종성 O는 이를 포함하고 있는 VICTOR를 연상시킬 수 있는데, 이와 같은 과정을 거쳐 형성된 DONOM AMPLOM VICTOR라는 시구(詩句)는 Apollo를 아나그람한 것이 된다. 우리는 하나의 음이나 음절을 통해 촉발된 연상이 소쉬르가 enseignement의 연상 관계를 분석하면서 네 번째 부류로 묶었던 순수 기표들의 무리에 해당된다고 볼 수 있다. enseignement과 clément은 기표 -ment/mã/이 촉발되는 연상 관계로 묶여 있다. 마찬가지로 AMPLOM VICTOR도 APOLLO와 연상 관계를 이룬다. 다만 이 둘의 차이는 첫째, 전자가 하나의 음절을 이루는 기표를 통해 형성된 관계라면 후자는 보다 더 하위 단위인 음소 하나하나가 문제시 된다는 점이다. 둘째, 전자보다 후자는 더 복잡한 환경 속에서 등장한다. 즉 APOLLO를 구성하는 음소들은 APOLLO VICTOR라는 시구 속에 흩어져서 존재한다. 셋째, 전자의 경우 clément을 구성하는 기표 -ment/mã/은 마치 접미사인 듯한 착각을 불러일으키는데, 이와 같은 착각이 enseignement과의 연상 관계를 주도하고 있다. 반면 후자의 경우는 APOLLO라는 하나의 고유 명사가 연상을 주도한다. 고유 명사는 기표와 기의의 결합이 아니라 기표와 지시의 결합으로 구성되어 있다. 이 같은 지시는 다양한 연상을 불러일으키는 매체가 된다. 예를 들어 APOLLO는 단지 신의 이름을 가리키는 것뿐만 아니라 이 이름과 관련된 다양한 연상들을 촉발시킨다. 이 같은 연상들은 단순한 의미론적 관계를 넘어서서 존재하고 우리는 이들의 문화적 맥락 속에서 그 연상들을 관찰해야 한다. 끝으로 전자가 형식으로서의 기표를 통해 형성된 관계라면, 후자는 질료로서의 기표를 통해 구성되어 있다. 즉 기표는 더 이상 형식이 아닌 실질로서 존재한다. 시인은 이와 같은 질료로서의 기표를 최대한 활용하여 아나그람을 구성한다. 이상과 같은 차이에도 불구하고 이 둘은 연상 관계라고 하는 동일한 심리적 과정에 의해 관련을 맺고 있다.

우리는 연상 관계 개념을 바탕으로 『강의』와 〈아나그람〉의 관계를 고찰하였다. 우리는 논의를 마무리하면서 텍스트 기호학이 갖추어야 할 두 가지 조건들을 언급하고자 한다. 첫째, 텍스트 기호학은 〈지시〉의 문제를 의사 소통이나 텍스트 차원에서 포괄할 수 있어야 한다. 앞으로 살펴보겠지만 카프트 아르또 Marie Claude Capt Artaud는 관여성의 원리를 통해 〈지시〉의 문제를 재고한다. 둘째, 텍스트 기호학은 형식적 차원의 근저에 놓인 실질의 문제를 고려해야 한다.

5. 문학 기호학의 가능성

소쉬르의 문학 기호학 내지 문학 텍스트에 대한 관심이 음성적인 요소나 문자 수수께끼에 한정된 것은 아니라는 증거들이 있다. 그는 「니벨룽겐」 연구의 서두에서 다음과 같이 적고 있다: 〈……기호는 일단 기호가 되는 순간부터 그것의 어가는 대중이 정한다. 따라서 기호의 정체 identité는 결코 한정될 수가 없다.〉[109] 또한 아발레는 엥글러의 방대한 고증본『강의』에 대한 검증을 통하여 통설본 역할을 하는『강의』에서와는 달리 소쉬르의 기호 개념이 확고 부동한 의미 단위 unité irréductible가 아니라 가변적이며 〈자유 연상 association〉의 결과로서 받아들여져야 한다고 주장하고 있다.[110]

소쉬르의 제자이며『강의』의 편집자인 바이와 세슈에도 문체론에 많은 관심을 가졌고 그 분야에 상당한 기여를 하였다.[111] 소쉬르의 언어 이론을 계승한 구조주의도 내재성 immanence, 관여성 pertinence, 구성 요소 상호간의 관계 등을 중심으로 작품성 littéralité 분석에 상당한 기여를 하였다. 또한 카프트 아르또는 이와 같은 구조 언어학의 핵심 개념 가운데 관여성을 바탕으로 수사학의 문제를 새롭게 조명한다. 그녀의 이론이 갖는 독창성은 이 관여성의 개념을 의사 소통의 차원으로 확장시킨 데서 찾아볼 수 있다. 그녀는 구체적인 상황 속에서 나타나는 수사학적 효과를 이같이 확장된 관여성의 개념을 바탕으로 설명한다. 그녀의 이론을 바르게 이해하기 위해서는 어떠한 과정을 거쳐 관여성의 원리가 의사 소통의 차원으로까지 확장될 수 있는지에 대한 대답이 선행되어야 한다. 그런데

---

109) *Ibid.*, 15쪽.
110) Ch. Bouagis et al., *Essais de la théorie du texte*, Galilée, 1973, 40쪽.
111) Ch. Bally, *Traité de stylistique française*, vol. 2, Heidelberg, 1909.

놀랍게도 그녀는 바로 소쉬르의 자의성의 원리를 바탕으로 이 같은 작업을 수행한다. 만약 그녀의 이 같은 시도가 타당한 것이라면 우리는 자의성의 원리에 바탕을 둔 소쉬르의 기호학을 단지 랑그의 차원에서뿐만 아니라 빠롤—담화 또는 텍스트—의 차원에서도 살펴보아야 할 것이다. 우리는 카프트 아르또의 저서[112]에서 소쉬르의 언어 이론이 어떻게 텍스트 기호학에 기여할 수 있는가를 살펴보고자 한다.

소쉬르의 구조주의가 60년대 서구의 지식 시장에서 발휘했던 이론적·방법론적인 구매력을 벌써 상실한 지 오래된 현 시점에서 카프트 아르또는 대담하게도 서문에서 〈소쉬르에게로의 회귀〉[113]를 부르짖는다. 그녀가 다시금 서구의 지식 시장에 내놓은 소쉬르의 개념적 상품은 다름 아닌 〈자의성의 원리〉, 〈어가 개념〉, 〈랑그/빠롤의 구분〉 등이다. 그녀는 이미 식상한 듯해 보이는 이들 개념들을 새롭게 단장해서 내놓는다. 앞으로 살펴보겠지만 그녀는 〈자의성의 원리〉를 기표와 기의 관계의 원리로 보기 보다는 실제 세계의 재단이라는 측면에서 고찰한다. 한마디로 〈자의성의 원리〉는 〈가치의 개념〉과 깊은 연관을 맺고 새롭게 등장한다. 그런데 실제 세계의 재단은 단지 의미론적 차원에서만 이루어지는 것이 아니라 구체적인 의사 소통의 차원 속에서도 이루어진다. 따라서 가치의 개념과 결부된 자의성의 원리는 랑그의 차원을 넘어서서 빠롤의 차원에서도 적용된다.

카프트 아르또는 이렇게 재해석된 소쉬르의 개념 체계를 바탕으로 문학 이론을 새롭게 조명한다. 그녀의 이론의 큰 줄기를 설명하면 다음과 같다. 그녀는 소쉬르의 랑그/빠롤의 구분을 바탕으로 시

---

112) M. C. Capt Artaud, *Petit Traité de Rhétorique Saussurienne*, Droz, 1994.
113) *Ibid.*, 16쪽.

학과 수사학의 근본적인 경계를 설정한다. 시적 효과가 발생하기 위한 필요 조건은 한 언어 공동체를 구성하는 구성원들 사이에 이 같은 효과를 읽을 수 있는 일반적인 해석 능력의 존재이다. 그리고 이 해석 능력은 랑그의 소관 사항이 된다. 즉 어떤 상황적 변수에 관계없이 동일한 방식으로 시적 효과를 감지할 수 있어야 한다. 예를 들어 〈Love is a journey〉라는 표현이 시적 효과를 나타낸다고 하자. 이 때 love와 journey는 동일한 시적 의소를 공유하고 있어야 한다. 사랑은 일종의 모험이고 여행 또한 그러한 속성이 있다면 바로 /모험적/이라는 시적 의소가 공통 분모가 된다. 일반 화자들은 위의 표현이 갖는 시적 효과를 감지하기 위해 이 같은 공통 분모를 판독할 수 있는 해석 능력을 보유하고 있다. 바로 이와 같은 의미에서 시학의 문제는 랑그의 소관 사항이 된다. 반면 수사학의 문제는 구체적인 의사 소통의 상황을 전제로 한다는 의미에서 빠롤의 영역에 속하게 된다. 예를 들어 〈날씨가 참 좋군〉이라는 발화체를 보자. 만약 상황이 전개되지 않는다면 위의 발화체는 날씨가 참 좋다는 의미 해석만을 받게 된다. 그런데 실제 상황이 천둥과 번개가 치는 험상궂은 날씨라고 가정해보자. 이 상황에서 위의 발화체는 반어법적인 해석을 받아야 마땅하다. 이처럼 수사학적 효과는 구체적인 상황을 전제한다. 바로 이와 같은 의미에서 카프트 아르또는 수사학의 문제를 빠롤의 관점에서 보자고 제안한다.

그렇다면 카프트 아르또가 말하는 수사학적 상황이란 어떤 것인가? 그녀는 프리에토의 이론을 바탕으로 수사학적 상황의 특성들을 고찰한다. 송신자는 발화 이전에 〈자신이 말하고자 하는 바〉가 무엇인지 알고 있다. 환언하면 자기가 나타내고자 하는 의미 sens를 알고 있다는 말이 된다. 마찬가지로 수신자도 〈주어질 수 있는 의미〉에 대한 지식을 바탕으로 상대방의 빠롤을 이해하고자 한다. 그리하여 양자 사이에는 〈상호 이해 체계〉가 형성되는데, 그것은 아리스토텔레스의 수사학적 용어로는 토포스 topos, 즉 〈공통의 토대〉가 된다. 프리에토는 그것을 〈선재적 부류 classement préalable〉라고 부른다. 말하자면 기표와 기의의 관계는 일차적으로 랑그의 차원 속에서 이해될 수 있지만, 실제로는 그것이 개입되는 빠롤 행위, 즉 의사 소통이나 담화의 차원에서 이해되어야 하는데, 의사 소통이나 담화의 교환이 이루어질 수 있기 위해서는 사전에 공통의 토대가 존재한다는 것이 전제가 된다는 것이다. 환언하면 먼저 상호 이해가 가능한 토대가 먼저 있고, 그 테두리내에서 화자는 자신의 생각=기의를 나타내는 기표를 찾아낸다는 것이다. 바로 이와 같은 과정을 통해 언술 행위가 이루어진다. 〈기의는 개별 기표에 상응한다는 뜻에서 개별적인데, 그 기의는 실재=현실―즉 의미들―에 대한 자의적 재단을 실현한다.〉[114]

이상을 정리하면 의사 소통의 상황은 다음과 같은 특성들을 지니고 있다. 첫째, 의사 소통이 가능하기 위해서는 화자와 대화자 사이에 공통의 이해가 전제된다. 둘째, 화자는 자신의 생각을 표현하기 위해 적당한 표현 수단을 찾는다. 적당한 표현 수단을 찾는 순간 그는 자신의 생각을 뚜렷하게 표출할 수 있게 된다. 〈뚜렷한 생각〉은 바로 기표와 기의의 자의적인 결합을 통해 형성된다. 이처럼 우리는 언술 행위를 자의성의 원리를 바탕으로 설명할 수 있다. 셋째, 최종적인 의미 형성에는 기의뿐만 아니라 언어 행위를 둘러싸고 있는 구체적인 상황이 개입한다. 이렇게 볼 때 담화에서 기호의 자의성과 언어 외적 extra-linguistique 요소의 중요성이 크게 부각된다.

카프트 아르또의 독창성은 기호의 자의성에 대한 새로운 해석을

---

114) *Ibid.*, 21쪽.

제시하였다는 점에서 주목할 만하다.[115] 그는 소쉬르의 자의성을 선험적 원리로 이해하기 보다는 방법론적으로, 전략적으로 이해하고자 한다. 그는 기호의 자의성에 두 가지 측면이 있다고 본다. 첫째 측면은 그것이 기호의 내적 관계의 본성과 관련을 맺고 있다는 점이다. 기표와 기의의 관계가 자의적이라는 원리는 기표와 기의가 자연적이거나 인지적 연관성을 통하여 결합된 것이 아니라 단지 우연적 결합에 의하여 기호로서 성립된다는 것이다. 카프트 아르또에 따르면 작가는 기호의 자의적 특성을 덜 자의적으로 만들어야 한다고 말한다. 둘째 측면은 기의는 기표와 연관을 맺으면서 실제의 세계 le réel를 언어학적으로 재단한다는 것이다. 예를 들어 〈개〉와 〈늑대〉는 각각 서로 다른 개체들을 지칭하지만 만약 늑대라는 어휘가 사전에서 사라진다면 이를 보완하기 위해 바로 〈개〉라는 표현이 늑대를 지칭하는 수단으로 전용될 가능성이 높다. 이때 〈개〉라는 어휘가 지니는 의미의 장에 /늑대/라는 의소가 포함된다. 이처럼 자의성의 원리는 어가의 개념을 바탕으로 실제 세계를 재단하는 원리로 이해될 수 있다. 그런데 이 어가는 개와 늑대의 경우처럼 사전적 의미로 주어지는 경우도 있지만 각 개인에 따라 다르게 표출될 수도 있다. 이 때 상황적 요소가 갖는 중요성은 더욱 크게 부각된다. 이처럼 카프트 아르또는 어가의 개념에 바탕을 둔 자의성의 원리를 랑그의 차원에서뿐만 아니라 빠롤의 차원에서도 적용 가능한 것으로 설명한다.

    이렇게 보면 자의성의 원리는 기표와 기의의 관계에서 출발하여 실제 세계의 언어학적 재단 découpage 방식과 관련된다. 실제 세계의 재단은 어가에 대한 지식을 전제로 하기 때문에 결과적으로 자의성의 원리는 의사 소통 내지 담화가 이루어지는 실제 세계와 관

---

115) *Ibid.*, 18쪽.

련되는 어가 문제와 결부된다. 언술 속에 있는 기호의 의미는 언어 내적인 기의와 어가가 화자의 의도와 결합되어 드러나는 공시적 의미 connotation로 귀착된다. 이러한 논리를 바탕으로 카프트 아르또는 기호의 자의성을 언어 외적 의미의 세계를 재단하는 원리로 삼고, 그러한 방법으로 피지시 référent의 세계를 언어내적 원리인 기호의 자의성 원리 체계 안으로 끌어들인다. 그는 이러한 전개를 통하여 〈의미의 이중적 개념 double conception du sens〉이라는 원리를 설정하고 공시 connotation 개념을 그와 직접 연결시킨다.

〈connotation〉은 〈dénotation〉과 쌍을 이루는 개념으로서 철학에서는 〈내포〉와 〈외연〉으로 이해된다. 철학에서는 주어진 개념을 충족시키는 모든 성질을 그 개념의 〈내포〉라고 한다. 그에 비하여 어떤 개념이 적용되는 대상의 집합을 〈외연〉이라고 한다.[116] 내포와 외연은 서로 반비례하기 때문에 내포가 넓으면 외연은 그만큼 줄어들고 반대로 외연이 넓으면 내포는 그만큼 좁아진다.

철학적 개념인 내포와 외연을 언어학에 도입한 언어학자로는 옐름슬레우 L. Hjelmslev를 들 수 있겠다. 다음 장에서 더 자세히 언급하겠지만 그의 〈connotation〉과 〈dénotation〉은 〈암시적 의미〉와 〈지시적 의미〉로 번역될 수 있다. 그러나 대체적으로 〈공시〉, 〈외시〉라고 번역되고 있는데, 이러한 역어도 문제가 없는 것은 아니기 때문에 그 의미를 정확하게 파악하는 것이 필요하다. 〈공시란 랑그적인 의미인 기의와 결부되어 넌지시 떠오르는 의미〉이다. 그에 비하여 〈외시는 객관적으로 드러나는 구체적인 의미〉이다. 전자는 기본 의미에 첨가되는 의미라고 하여 〈부가적 의미〉라 부른다. 그레마스는 공시를 기호학적 구조를 이루는 랑그와 관련하여 변이체 variante로 간주한다. 공시 의미에 대해 깊이 연구한 케르브라트 오

---

116) 『철학 사전』, 중원문화사, 1987 참고.

레키오니 Kerbrat Orecchioni[117]도 공시를 기본 정보에 대한 잉여적 의미라고 보면서 반어법과 방언의 변이음뿐만 아니라 비유법과 아나그람까지도 공시 속에 포함시킨다.[118]

소쉬르는 〈공시〉라는 용어를 사용하지는 않았지만, 『강의』의 어가에 관한 부분에서 유사한 개념들을 표현하는 동의어들은 서로 상대방 언어 기호의 영역을 한정한다고 하면서 그 예로 〈두려워하다〉의 기의를 갖는 세 동사—redouter, craindre, avoir peur—를 들고 있다. 그는 이 세 가지 기호들의 어가는 상호 대립 관계로부터 나온다고 설명하였는데,[119] 그 대립 관계는 바로 어가로부터 비롯되는 것이고 그것이 또한 공시적 의미를 드러내는 요소이다. 카프트 아르또는 〈죽다〉의 기의를 나타내는 세 가지 기호—(1) mourir, (2) décéder, (3) crever—에 대해 고찰하면서 공시적 의미에 대해 언급한다.[120] 이 세 단어는 외시적 의미 sens dénotatif는 동일하지만 공시적 개념은 다르다. 공시적 차이를 보면,

(1) mourir: 생존의 끝・마감,

(2) décéder: 개인의 호적상의 소멸,

(3) crever: 동물적인 의미에서의 육체에 일어난 사고

등의 부수적인 의미=공시=어가를 갖는다.[121] (1)은 단순히 인생을 마쳤다는 의미로도 쓰이지만 〈자신의 운명을 짊어지고 인생을 살아 가다가 종말을 맞이한 떳떳한 죽음〉을 나타내는 경우가 많고, (2)는 생자로서 권리나 의무에서 벗어난 상태, (3)은 육신을 너무

---

117) K. Orecchioni, *La Connotation*, P.U.L., 1977, 15쪽.

118) Capt Artaud, *op. cit.*, 37쪽.

119) *C.L.G.*, 160쪽.

120) 본래 이에 대한 연구는 기호학과 시학에 대한 공동 연구 그룹인 〈뮈 그룹〉에서 제기하였다.

121) Capt Artaud, *op. cit.*, 34쪽.

혹사하다가 터지거나 찢어져 죽은 뉘앙스를 담고 있다. 따라서 어가를 참고한 기의를 표시한다면 (1) 죽다, 돌아가시다, (2) 서거하다, (3) 뒈지다 등이 된다. (1)은 가장 일반적인 낱말이고 (2)는 가치 중립적이고 문어체적이며 (3)은 구어체적이고 천박스러우며 죽은 사람에 대해 경멸적인 뉘앙스를 나타낸다.

카프트 아르또는 이처럼 어가 개념에 바탕을 둔 내포를 의사 소통의 맥락에서 이해된 자의성의 원리, 즉 의미의 재단의 문제로서 기의와 화자가 전달하고자 하는 바로서의 언어 외적 의미 사이에서 이루어진 것으로 이해한다. 화자는 발화하기 이전에 이미 전달하고자 하는 의미를 어떤 방식으로든지 인식하고 있다. 그는 자신의 의도를 전달하기 위해 사용 가능한 랑그의 요소들을 검토한 후 그 중에서 자신의 의도에 가장 부합되는 요소를 선택해서 자신의 뜻을 상대방에게 전달한다.

카프트 아르또는 이 같은 의사 소통의 과정을 설명하기 위해 프리에토로부터 지향적 의미 notatif와 잠재적 의미 connotatif라는 개념을 차용한다. 지향적 의미는 화자가 전달하고자 하는 의미를 가리키고 잠재적 의미는 지향적 의미를 전달하는 데 필요한 다양한 수단들을 가리킨다. 요약한다면 카프트 아르또는 내포를 의사 소통의 상황 속에서 화자의 선택과 관련된 유용성 utilité의 문제로 이해한다. 예를 들어 한 배우가 TV 인터뷰에서 〈J'aime faire la bouffe〉라고 말했다가 곧바로 자신의 말을 정정해서 〈J'aime cuisiner〉라고 말했다고 하자. 지향적 의미의 측면에서 보면 이 두 발화체는 등가치하다. 즉 파트릭 뒤퐁 Patrick Dupond(배우의 이름)은 음식 만드는 것을 좋아한다는 것을 뜻한다. 그러나 다른 각도, 즉 위의 두 언술이 내포하고 있는 유용성의 측면, 다시 말해서 음식을 만드는 방식이나 먹는다는 것의 본질의 측면에서 본다면 서로 다른 뜻을 갖고 있다. 화자는 이처럼 자신의 선택이 갖는 유용성을 염두에 두고 자신이 전달하고자 하는 의미에 가장 적합한 표현을 사용한다. 마찬가지로 mourir, décéder, crever 등의 지향적 의미는 등가치하지만 앞서 살펴보았듯이 화자의 선택과 관련된 유용성의 측면에서 본다면 이들 가운데 어느 한 가지의 선택은 다양한 효과를 나타낼 수 있다.

카프트 아르또의 공시의 유형 분류는 의사 소통을 전제로 이루어지고 있다. 우선 의도성 유무를 중심으로 나눈 후 의도적 공시를 암시적, 명시적, 기능적 공시 등의 세 가지로 세분하고 있다.

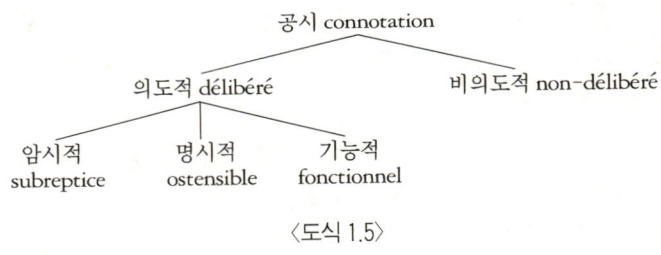

〈도식 1.5〉

- 비의도적 공시: 지향적 의미 notatif[122]와 잠재적 의미 connotatif가 자연스럽게 일치할 경우의 의미를 가리킨다.
- 의도적 공시: 화자가 지향성 의미와 잠재적 의미의 차이를 인식하고 이를 의사 소통 상황에 반영한다.
- 암시적 공시: 화자는 자신이 선택한 기의가 대화자에게 가능한 선택으로서 인식되기를 바라는 것이 아니라 유일한 선택으로서 받아들여지기를 원한다. 이에 속하는 어법으로서 완곡 어법, 과장법, 곡언법 등이 있다.
- 기능적 공시: 시적 언어나 과학적 언어가 이 부류에 해당된다. 이

---

122) 프리에토의 용어로서 〈지시적 의미〉와 같은 개념이다.

두 가지 언어에서는 언어학적 차원의 의미와 지향적 차원의 의미 사이에 일치가 이루어진다는 점에서 공통점이 있다. 그러나 과학적 언어의 경우 기호의 의미는 완전히 한정되고, 기능적 공시 현상은 극히 일부 기호에만 작용한다. 그에 비해 시적 언어는 기호의 층위뿐만 아니라 통합체의 층위에서도 이루어진다. 왜냐하면 일반적인 기호들도 통합에 의하여 아주 새로운 의소들을 창출해 내기 때문이다.[123]

카프트 아르또의 공시의 유형적 분류는 의도적 공시에서 암시적 공시와 명시적 공시를 수사학적 차원 le rhétorique으로, 그리고 기능적 공시를 시적 차원 le poétique으로 분류한다. 그녀는 의사 소통 행위와 관련해서 시적 차원의 의사 소통이나 수사학적 의사 소통 모두 일탈 행위 anomalie의 범주에 속한다고 규정한다. 그녀는 구조주의 문학 이론에서 보이는 그 두 가지 차원의 일탈에 대한 혼돈을 비판하면서 그 두 차원을 소쉬르의 랑그/빠롤의 이분법에 비추어 이해할 것을 제안한다. 즉 시적 행위란 랑그의 내적 규범에 위반되는 일탈 행위로서 이와 같은 일탈 행위는 정상적인 의사 소통에서는 거의 찾아볼 수 없는 시적 의도가 개입됨으로써 발생한다. 예컨데 말라르메의 시구 〈Le ciel est mort 하늘은 죽었다〉에서 〈하늘〉은 /무생물/의 자질을 가졌고 〈죽었다〉는 생물의 자질을 전제로 한다. 이와 같은 이질적인 자질의 결합은 정상적인 의사 소통에서는 찾아볼 수 없고 시적인 맥락에서만 이해될 수 있다. 이때 이 시구를 해석하기 위해서는 〈하늘〉에 /생물적/ 자질을 부여하든지 아니면 〈죽었다〉에 /무생물적/ 자질을 부여함으로써 가능하다. 이와 같은 시적 비정상성은 주어진 문화권내에 속하는 화자들이 언어 능력 compétence이나 직관을 통해 짜여진 체계를 구성하

---

123) Capt Artaud, *op. cit.*, 57-61쪽.

는 의소들 사이에서 발생한다.

　이러한 사실을 바탕으로 카프트 아르또는 시적 차원을 랑그의 영역에 속하는 것으로 규정한다. 수사학적 차원의 비정상성은 단어의 의미를 구성하는 의소들 사이에서 발생하는 것이 아니라 언술이나 담화가 산출되는 상황과 관련된다. 담화의 수사학적 상황에 따라 발생될 수 있고 중화되어 없어질 수도 있다. 여기에서 상황적 요소란 화자의 의도와 이에 대한 대화자의 암묵적 인식을 전제로 하는 화용론적 인식을 가리킨다. 말하자면 수사학적 차원의 효과가 발생하기 위해서는 화자와 대화자 사이에 일종의 암묵적인 합의와 인식의 일치가 선행되어야 한다. 이러한 상황에 대한 고려는 수사학적 차원의 현상들을 빠롤에 귀속시키는 결과를 가져온다. 그리고 이 경우 의미의 이중적 개념이 전제가 된다.

　지금까지 살펴본 바와 같이 카프트 아르또는 소쉬르 언어학의 핵심적 개념들—자의성의 원리, 어가의 개념, 랑그/빠롤의 구분 등—을 의사 소통의 맥락 속에서 재해석함으로써 이를 바탕으로 시학과 수사학의 경계 획정의 문제, 내포의 문제 등을 새롭게 조명한다. 논의를 진행하는 가운데 우리는 소쉬르의 기호 이론이 랑그의 기호학을 넘어서서 빠롤—담화 혹은 텍스트—의 기호학으로 확장될 수 있음을 지적하였다. 이렇게 놓고 볼 때 서문에서 카프트 아르또가 주장했던 〈소쉬르에게로의 회귀〉는 시대 착오적인 발상은 결코 아니다.

6. 문학 텍스트 분석의 가능성

　우리는 지금까지 크게 소쉬르의 언어 이론과 기호 이론으로 나누어 살펴보았다. 그 이유는 앞서 간략하게 언급한 바 있듯이 소쉬르의 언어학이 기호학의 토대가 되기 때문이다. 부연하자면 언어 단위는 담화나 텍스트에서 기호 단위로서 존재한다. 언어 기호는 기표와 기의의 자의적인 결합을 통해 형성된 단위이다. 카프트 아르또는 자의적인 결합을 단순히 관계의 측면에서 고찰하지 않고 다양한 의사 소통의 상황 속에서 화자가 취할 수 있는 효과적인 전략으로 이해한다. 이렇게 함으로써 그녀는 소쉬르의 기호학을 랑그의 기호학에서 빠롤의 기호학으로 확장시킬 수 있는 가능성을 열어 놓는다. 이 때 기표와 기의의 사회적, 필연적 매듭은 다양한 의사 소통의 상황이 안고 있는 개별성, 우연성으로 인해 한결 느슨해진다. 우리는 그와 같은 예를 아나그람에서 찾아 볼 수 있다. 여기에서 기표와 기의의 필연적인 관계는 끊어지고 기표는 더 작은 단위의 음소로 나뉘어진다. 이렇게 나뉘어진 음소는 더 이상 순수 형식이 아닌 일종의 실질로서 취급되며 텍스트 전체 속에 흩어져서 존재하게 된다. 이 분산된 음성 실질들은 특정한 연상을 주도하는데, 이것들은 이러한 아나그람의 대상인 시의 중심 테마이다.

  우리는 본 장의 논의를 통해 『강의』에서 등장하는 몇 가지 주된 개념들이 문학 텍스트 분석에서 어떻게 적용될 수 있는지를 살펴보고자 한다. 소쉬르의 이론이 갖는 단점이자 장점은 역설적으로 그것이 구체적인 분석 모형을 제공해주지 않는다는 데 있다. 어쩌면 그 이유는 소쉬르의 논의 자체가 방법론적이기 보다는 철학적이기 때문인지도 모른다. 따라서 그의 철학적 성찰 속에서 방법론적 개념을 끄집어 내는 것은 오늘날 소쉬르를 읽는 우리들에게 남겨진 과제이다. 필자는 나름대로 특히 통합 관계, 연상 관계, 어가 등의 개념을 통해 문학 텍스트의 분석 모형을 모색해보고자 한다.

  앞서 언급한 바와 같이 언어학자 중에서 소쉬르의 문학 텍스트 연구를 심각하게 받아들이는 사람은 거의 없다. 그것은 〈심야의 소쉬르〉의 연구라고 보기 때문인 것 같다. 사실 소쉬르가 자신의 문학 텍스트 연구를 출판하려고 했다는 징후도 없고, 『강의』에서 그에 대해 언급한 적도 없다. 또 기호 체계에 대한 구조주의 문학 비평에서도 거의 예외 없이 〈기호〉, 〈기표〉, 〈기의〉 등을 거론하면서도 그 개념들이 문학 텍스트 분석에 어떻게 작용하는지에 대해서는 별로 논의하지 않았다. 게다가 소쉬르의 문학 기호학에 대한 입장이 긍정적이든 부정적이든 그러한 연구는 『강의』와는 직접 관계가 없다는 생각이 보편적이다. 그러므로 『강의』와 문학 텍스트 연구 사이에는 직접적인 통로가 없는 셈이다.

그러나 필자는 『강의』가 문학 텍스트연구에 대한 가교 역할을 할 뿐만 아니라 『강의』에는 그에 대한 구성 요소가 망라되어 있다고 본다. 한마디로 소쉬르의 통합의 축, 연상의 축, 어가 등에는 문학 텍스트를 연구·분석하는 데 필요한 요소들이 내포되어 있다고 생각한다. 특히 〈계열의 축〉이라고 하지 않고 〈연상의 축〉이라고 한 것은 기호의 망을 문법적인 틀로 한정하지 않고 무한정 확장시킬 수 있는 장점을 지니고 있다.

먼저 소쉬르의 기호 개념부터 다시 음미해보자. 그의 언어 기호 개념의 핵심은 첫째, 그것이 〈사물과 명칭을 결합시키는 것이 아니라 개념과 청각 영상을 결합시키는 것〉[124]이라는 점이다. 둘째, 랑그는 근본 원칙에 있어서 〈개개의 사물에 해당되는 용어들의 목록〉, 다시 말하자면 어휘 목록 nomenclature이 아니라는 점이다.[125] 그런데 문제는 기표와 기의의 이원적 요소로 이루어진다는 점과, 기호가 지시 대상 référent을 그 자체내에 포함하지 않는다는 점을 각각

---

124) *C.L.G.*, 97-98쪽.
125) *Ibid.*, 97쪽.

따로따로 이해한다는 점이다. 그러나 그 두 가지는 하나의 공통 문제를 안고 있는 것이다. 즉 언어 기호의 특성은 지시 대상을 포함하지 않고 따라서 이원적이라는 사실이다. 이러한 사실은 우선 기호가 기표, 기의 그리고 지시 대상을 지니고 있는 삼원적 tripartite 요소로 구성되었다는 기호관을 거부한다는 의미를 지닌다. 사실 경험론과 실용 철학의 전통을 가진 영·미에서는 삼원적 기호관이 보편화되어 있다. 그리고 기호의 이원론과 삼원론을 주장하는 학자들은 아직도 종종 논쟁을 벌이고 있다.[126] 소쉬르는 언어 기호가 지시 대상을 완전히 거부하기 때문에 아니면 지시 대상의 존재를 미처 생각하지 못하였기 때문에 이원론을 편 것일까?

그에 대한 해답을 찾아보기 전에 희랍 사람들이 기호에 대해 어떤 생각을 가졌는지 생각해보자. 희랍인들에게 있어서 기호 sémeîon는 〈추론, 다른 것을 추론할 수 있게 하는 사물 또는 사실〉[127]을 가리킨다. 다시 말해서 〈어떤 귀결 conséquence을 이끌어낼 수 있게 하는 것〉이면 모든 것이 기호이다. 오디세이에서 율리시즈가 변장을 하고 자기 고을로 귀환했을 때에 아무도 그를 알아보지 못했는데, 에우리클레우스는 율리시즈의 상처를 보고 그를 알아본 유일한 사람이다. 그에게 있어서 율리시즈의 〈상처〉는 문제의 인물이 율리시즈임을 증명할 수 있는 〈기호〉인 것이다. 또한 언어 기호는 현실 속에 존재하는 사물과 대응된다. 〈기호는 기의 또는 지시 대상물과 동일 관계 rapport d'égalité ou d'équivalence에 있는 것이 아니라 반립 또는 귀결 관계 rapport d'implication에 있다.〉[128] 언어

---

126) F. Rastier, *La triade sémiotique, le trivium et la sémantique linguistique*, PULIM, Université de Limoges, 1990, 6-8쪽.

127) D. Miéville, *Approches sémiologiques dans les sciences humaines*, Payot, Lausanne, 1993, 16-17쪽.

128) *Ibid.*, 18쪽.

학적인 용어로 표현하자면 희랍인들에게 있어서 기호는 지시 대상물을 기호내로 끌어들인다는 말이다. 그런데 소쉬르는 지시 대상물을 기호 밖으로 밀어내고 기호를 지시 대상물로부터 떼어놓았다. 여기에 왜 그랬을까 하는 의문을 제기해야 할 것이다.

소쉬르는 『강의』 97쪽에서 기호를 설명하면서 〈나무〉와 〈말(馬)〉을 예로 들면서 그림을 보여주고 있다. 그 〈나무〉나 〈말〉 그림은 이 세상의 어느 나무나 말을 표상하지 않는다. 그러면서도 이 세상의 모든 나무와 말을 표상한다. 다시 말하자면 모든 담화, 텍스트, 학술서에 나오는 〈나무〉나 〈말〉들은 각기 다른 명칭을 개별적으로 가질 수 없다. 그렇게 되면 나무나 말 이름만 해도 무한 수가 되기 때문이다. 그 대신 하나의 언어 기호를 개개의 경우에 지칭함으로써 최소의 언어 기호로서 최대·무한 수의 지시 대상물들을 지칭할 수 있다. 하나의 기호는 개별 상황에서 특수성을 표현하는 데 쓰인다. 동일한 기호가 전자에서는 내포로서만 존재하고 후자에서는 외연으로서 기능한다. 랑그는 〈원자재〉로서, 담화나 텍스트는 그것을 사용하여 자기 세계를 구축한다. 전자에서는 지시 대상물을 논할 여지가 없고, 후자에서는 기호는 우선 지시 대상물—언어에 의한 가공물이기는 하지만—로서 기능한다. 사르트르는 그의 『상황 Situations』에서 언어와 문학에 대한 자신의 관점을 피력하면서 말한다: 〈낱말들은 시인에게 있어서 변모하는 현실을 포착하는 올가미이다.〉[129] 작가는 사전 속에 갇혀있거나 잠을 자는 단어들을 깨워 자신의 세계, 자신의 비전을 구축하는 데 사용한다. 사전 속의 단어는 보편적 의미만을 지니고 있으나 어떤 상황 속에서 쓰여진 단어는 보다 세분화된 의미와 지시 대상에 대한 지칭 작용을 수행한다.

---

129) J. P. Sartre, *Situations II*, Gallimard, 1960, 66쪽.

6.1. 통합의 축

통합 관계와 관련된 주된 논의는 이 관계를 어느 선까지 확장시킬 수 있으냐는 데 초점이 맞추어져 있다. 보통 통합 관계는 단어들 사이의 통합적 관계를 지칭한다. 예를 들어 〈모든 사람에 반대하여 contre tous〉에서 contre와 tous의 관계가 이에 해당된다. 그런데 소쉬르는 〈해체 défaire〉를 구성하는 하위 단위인 dé와 faire의 관계도 contre와 tous의 관계와 근본적으로 다르지 않다고 봄으로써 통합 관계를 단어들 사이의 관계뿐만 아니라 하위 단위들 사이의 관계에서도 유효한 것으로 주장한다. 단어의 하위 단위들로 세분된 통합 관계는 계속해서 단어의 상위 단위인 문장으로 확대된다. 예를 들어 소쉬르는 la terre tourne와 que vous dit-il? 등과 같은 굳어진 표현들도 통합 관계로 이루어졌다고 본다. 이처럼 우리는 통합 관계가 단어를 중심으로 하위 단위로 세분되고 상위 단위로 확장되어가는 것을 확인할 수 있다. 그런데 이 같은 확장은 과연 어디까지 이루어질 수 있겠는가? 소쉬르는 자신의 연구를 언어학적 단위에 한정시켰다. 우리는 여기에서 이 같은 관계가 언어학적 단위를 넘어서서 과연 텍스트 차원에서도 적용될 수 있는지를 검토해보고자 한다. 물론 우리는 통합 관계가 무분별하게 계속적으로 확장될 수 있다고 주장하지는 않을 것이다. 통합 관계는 연상 관계와 달리 동시 다발적으로 존재하는 것이 아니라 시간의 흐름에 따라 계열체의 연결에 의하여 전개되는 관계이다. 따라서 선재하는 단위는 후속하는 단위에 구속력을 발휘한다. 만약 통합 관계를 이같이 계열적인 구속력으로 간주한다면 이 관계는 비단 언어학적 차원뿐만 아니라 텍스트의 차원에서도 적용될 수 있을 것이다. 왜냐하면 하나의 텍스트는 무분별하게 쌓아올린 합성체가 아니라 일정한 의도에 의해

조밀하게 짜여진 구성체이기 때문이다. 논의를 구체적으로 하기 위해 플로베르의 『마담 보봐리』에서 한 부분을 검토해보기로 하자.

토스트읍의 결혼한 검역 의사 샤를르 보봐리는 어느 날 밤늦게 시급한 왕진 요청을 받는다. 약 600여 리 떨어진 베르또 마을의 루오 영감이 말에서 낙상하여 다리에 골절상을 당한 것이다. 밤중에 먼 길을 가 새벽에 루오 영감의 농장에 당도하여 그 영감의 딸 엠마의 안내를 받는다. 처음 보는 엠마는 〈푸른 메리노 모직의 옷을 입은 젊은 여인〉으로 소개된다. 그녀의 안내를 받고 2층에 가서 골절상을 비교적 간단히 치료했다. 샤를르는 환자의 환부에 댈 패드를 깁는 엠마의 손톱이 몹시 흰 것을 보고 놀란다. 그 손톱들은 보석상에서 본 상아보다 더 희고 윤기가 났으며 고운 형태로 다듬어졌다. 그 다음의 매력 포인트는 눈. 본래 갈색의 눈빛은 검고 짙은 속눈썹 때문에 검게 보였다. 그리고 그 시선. 그녀의 맑은 시선이 가슴에 직접 와 닿는 것 같았다. 그 다음 식당에 내려 가서 간단한 식사를 하면서 발견하는 것은 살이 도톰한 양 입술. 그리고 흰 깃 위로 솟은 목덜미와 머리카락. 두 덩이로 엮어 틀어올린 머리카락은 어찌나 결이 고운지 머리카락이 하나의 물결같아 보였다. 그리고 나서 떠나기 전 샤를르는 말 채찍을 들고 있다가 자기도 모르게 곡물 푸대 사이로 떨어뜨린다. 엠마가 성급히 그것을 끄집어 내려고 몸을 구부리고 잡으려 하자 샤를르도 가만히 있을 수 없어 자기도 엠마 가까이에서 손을 아래로 뻗다가 가슴이 엠마의 등을 스친다. 샤를르의 느낌은 생략되어 있고 엠마의 얼굴 묘사도 없다. 그럼에도 불구하고 시골뜨기 의사가 지금까지 느껴보지 못했던 흥분과 함께 관능적인 본능이 눈을 뜬다는 것을 직감하게 된다.

통합의 축 위에서 엠마와의 만남은 첫째 단순한 안내자의 모습, 둘째 희고 고운 손톱, 셋째 눈과 시선, 넷째 입술, 다섯째 물결치는 머리카락, 여섯째 자신의 가슴과 엠마의 등의 접촉으로 전개된다. 전반적이고 통일적인 묘사가 없이 지엽적인 부분을 거치면서 발견되는 신체 각 부분들은 점차 더 중요한 부분으로 옮겨 가지만 묘사가 한꺼번에 이루어지는 법은 없다. 그리고 본능적인 정욕에 대한 부분은 암시조차 없다. 그럼에도 불구하고 독자는 샤를르의 무의식 속에서 잠들어 있던 욕망이 눈을 뜨게 되었고 그것이 그의 운명을 좌우하게 될 것 같다는 예감을 받는다. 우리는 짧은 부분이나마 거기에서 플로베르의 작가로서의 천부적 재질을 확인할 수 있고 무엇보다 통합의 축이 텍스트를 분석하고 깊이 이해하는 데 중요한 역할을 할 수 있음을 실감하게 된다.

6.2. 연상의 축

연상의 관계를 바탕으로 이루어지는 연상체와 옐름슬레우의 계열체는 유사한 개념으로서 구조주의에서는 전자를 후자로 대체하여 쓰고 있고, 양자의 차이에 대해서는 소쉬르의 이론 부분에서 설명한 바 있다. 부연하자면 이론적인 면에서 계열체 개념이 일관성이 있으나 문학 텍스트 접근에서는 〈연상〉의 개념이 더 바람직하다고 볼 수 있다. 연상은 독서 행위에서 자연적으로 이루어지는 개념으로, 어떤 텍스트를 읽을 경우 우리의 머리 속에서는 읽는 내용의 이해와 함께 그에 관계되는 요소와의 대비, 융합 등이 동시에 생겨난다. 상관 텍스트성 intertextualité의 개념도 그러한 현상을 확대한 것이다. 따라서 기호에서부터 다양한 단위에 연상 개념이 적용될 수 있다.

예를 들어 맥주 업계에 〈태풍의 눈〉 역할을 한 〈하이트〉라는 상표를 보자. 글자가 아닌 발음만 보면 〈height〉, 곧 높이를 나타내지만 정작 회사가 강조하는 것은 〈깊이〉이다. Hit에 〈e〉를 붙여서 영어식으로 〈하이트〉라고 발음한다고 할 수도 있다. 그런가 하면 한국어의 〈하여튼〉의 방언식 발음 〈하이튼〉에서 〈ㄴ〉을 뺐다고 할 수도 있을 것이다. 그러나 객관적인 기의가 없으면서도 〈하이〉라는 음이 연상시키는 〈높음〉 또는 〈친근감〉이 은연중 긍정적인 이미지를 유발시켜 큰 성공의 원천이 된 것이다.

이 같은 연상 효과는 문학 텍스트 속에서 한층 더 섬세하게 표현되어 나타난다. 꼴레뜨 Colette의 유년 시절을 회상하는 작품 『끌로딘의 집 Maison de Claudine』을 보자. 주인공 〈나〉는 어느날 〈그 프레스비테르 presbytère는 내가 알고있는 가장 명랑한 분이지요〉[130]라고 하는 말을 듣는다. 그 말이 무슨 뜻인지는 모르지만 그 말에 매혹된다. 부모님께 그게 무슨 뜻이냐고 물어볼 엄두도 내지 못한 채 홀로 명상하기도 하고 그 말을 혼자 길고 꿈꾸는 듯한 어조로 발음하기도 한다. 〈일상 언어의 규범은 의사 소통과 절약성으로 이루어지고 음성 실질 substance phonique은 의미 작용에게 자리를 양보하고 자취를 감춘다. 기표는 투명한 것이다〉[131]라고 리오따르 Lyotard는 말한다. 우리는 정확한 기의를 모르는 채 주로 기표의 음성 효과에 의존하여 일상적 표현을 수행하는 경우가 생각보다 많다. 광고나 매스컴을 통해 유행하는 표현들 말고도 일상 생활 언어에서 사용하는 많은 의성어 계통 또는 의성어화한 표현들도 대개 그 기표가 환기시키는 연상 효과 때문에 사용된다. 꼴레뜨의 작품에서 /presbitɛr/라는 음절은 한편으로는 〈신비〉를 나타내는 /mistɛr/와의 유사 어미 때문에, 그리고 다양한 자음들 p, r, s, b, t 등 때문에 신비감과 비밀스러움 등을 연상시킨다. 그래서 주인공 〈나〉는 그 말의 발음과 함께 잠들고 밖에 나가서 〈너희들 모두 프레스비테르들이〉라고 외쳐보기로 한다. 그러다가 그것이 정말

---

130) J. M. Adam, "Maison de Claudine" de Colette, in *Linguistique et Discours littéraire*, Larousse, 1976, 28-35쪽에서 재인용.

131) J. F. Lyotard, *Discours, Figure,* Flammarion, 1971, 79쪽.

무슨 뜻인지 자신에게 물어보기로 하다가 〈아마 노랗고 까만 줄이 있는 달팽이의 학명〉일 것이라는 생각이 떠오른다. 그러던 중 어느 날 엄마에게 달팽이를 가지고 와서 〈이 프레스비테르 좀 봐〉라고 무심코 말한다. 그 단어가 성당의 사제관을 의미한다는 설명은 이제까지 주인공이 그 단어의 기표에 대해 가졌던 신비로움과 비밀스러움을 완전히 파괴해 버린다.

일상 언어에서도 화자와 청자가 의식하지 않은 채 교환하는 기표가 중요성을 갖는다. 그러나 문학 텍스트 중에서도 연극과 시에서는 음성 실질의 구형, 즉 어떻게 발음하고 읽느냐 하는 것이 작품의 성격과 인상을 바꾸는 역할까지 한다는 사실은 널리 알려져 있다.

6.3. 어가

앞서 우리는 통합 관계와 연상 관계가 비단 언어학적 영역에 국한된 관계가 아니라 보다 넓은 텍스트 차원으로 확장 적용될 수 있는 관계임을 문학 텍스트에 대한 분석을 통해 살펴 보았다. 주지하다시피 어가는 이 두 관계들의 상호 작용을 통해 형성된다. 따라서 어가 개념도 확장 적용될 수 있다. 카프트 아르또는 어가를 의사 소통의 차원 속에서도 유효한 것으로 설명함으로써 이 같은 확장 가능성을 제시해 주고 있다. 우리는 여기에서 텍스트적 맥락 속에서 어떻게 어가가 산출될 수 있는지를 살펴보고자 한다.

앞서 예를 들었던 플로베르의 텍스트 17쪽 마지막 단원에 〈말채찍〉에 관련되는 단어가 두 개 나온다. 하나는 통상적으로 쓰이는 〈cravache〉이고 다른 하나는 고급 말 채찍의 재료에서 나온 〈nerf de boeuf〉이다. 전자는 본래 터키어에서 슬라브어를 거쳐 차용되어 음운 변화에 의하여 불어화된 단어이다.[132] 후자는 〈힘줄+소〉의 합성어로서 소의 힘줄은 힘줄 중에서 가장 굵고 강하기 때문에 부유층에서 악세사리로도 지니는 물건이다. 그런데 리트레 사전에는 좀더 구체적인 설명이 나온다. 〈수소나 말의 목 뒤의 노랗고 탄력 있는 인대의 굵은 윗부분에 대한 저속한 명칭〉이 그것이다.[133] 왜 저속한가에 대한 설명은 없지만 그것이 암암리에 남성 성기를 상징한다는 의미에서 그런 표현을 쓴 것 같다. 플로베르가 한 단원 속에서 말채찍을 〈cravache〉라고 하지 않고 〈nerf de boeuf〉라고 한 데에는 몇 가지 이유가 있다고 추정된다. 첫째, 플로베르는 가능하면 같은 단어를 계속 쓰지 않고 동의어적인 다른 단어로 대체하는 경향이 강하다. 둘째, 후자, 즉 그 두 단어는 같은 기의와 같은 지시 대상물을 지시하지만 그중 합성어의 〈nerf〉는 황소의 특정 신체 부위 중 〈신경〉 내지 〈힘줄〉을 나타내면서 〈강인성〉, 〈핵심〉의 의소를 부가적으로 부여받는다. 그것은 은유에 의하여 〈말채찍〉을 지시하는데, 그 지시 대상물의 손잡이 부분은 〈발기된 남성 성기〉의 모습을 연상시킨다. 따라서 〈cravache〉와 〈nerf de boeuf〉는 지시 대상물은 같지만 그 기의와 연상에 의한 작용은 상당히 다르다. 셋째, 전자에서 후자로 바뀌지는 과정은 샤를르가 여성의 감각적인 아름다움에 무감각하던 상태에서 여성의 감각적 아름다움을 처음으로 발견하게 되고 떨어진 말채찍을 찾다가 신체의 민감한 부분이 상대방의 몸과 접촉하면서 이루어진다. 넷째, 그 〈물건〉을 엠마가 먼저 찾아서 샤를르에게 건네주는 것은 상징적 의미를 지닌다. 한마디로 엠마가 잠자고 있는 샤를르의 〈남성다움〉을 그에

---

132) O. Bloch, & W. Wartburg, *Dictionnaire Etymologique*, P.U.F., 1960, 165쪽.

133) J. M. Adam, *Linguistique et Discours littéraire*, Larousse, 1976, 123쪽에서 재인용.

게 확인시켜주고 일깨워준다는 의미를 갖는다. 다섯째, 〈황소〉와 〈보봐리 Bovary〉라는 고유 명사와의 관계이다. 〈보봐리〉는 라틴어에서 〈소〉와 관계있는 파생어이다.[134] 그리고 샤를르에게는 성격적으로 〈황소〉처럼 성실하지만 우직하고 섬세하지 못한 면이 있다. 또한 작품이 전개되는 노르망디 지방은 프랑스 제일의 목축 중심지여서 소와 깊은 인연이 있는 지방이다. 따라서 〈황소의 힘줄〉과 주인공 보봐리, 그를 둘러싼 환경 사이에는 〈황소성〉이라는 동위소가 존재한다. 따라서 엠마와의 만남을 통하여 샤를르의 몸과 마음에 일어나는 변화에 대한 언급을 작가가 일절 생략하는 것은 그렇게 함으로써 독자의 상상력을 한층 더 자극할 수 있기 때문이다. 그리고 작품의 작은 부분이나마 그에 대한 분석을 통하여 플로베르가 작품 속에 나오는 작은 소품에서부터 주인공의 이름까지 세세한 배려와 의도를 바탕으로 명명하고 구조화한다는 것을 다시 한번 실감하게 된다.

소쉬르의 어가 개념은 담화나 텍스트 속에서 기본적인 의미인 기의가 지시 대상물, 상황 의미와 관계하면서 비유, 공시 등의 의미 작용을 일으키게 되고 결과적으로 텍스트의 의미를 확대, 심화시키는 역할을 한다는 데로 확장된다.

우리는 지금까지 『강의』에서 등장하는 〈통합 관계〉, 〈연상 관계〉, 〈어가〉 등의 개념에 탄력성을 부여함으로써 이들 개념들이 구조 언어학이 부여했던 한계를 넘어서서 적용될 수 있음을 구체적인 자료 분석을 통해 살펴보았다. 물론 소쉬르의 이론은 언어학적 영역 속에서 타당한 이론이다. 그러나 한 이론이 드러내는 진리성은 자신의 영역을 뛰어넘어 적용될 수 있는 일반성을 아울러

---

134) 아담은 그의 저서 『언어학과 문학 담론 Linguistique et Discours littéraire』 123쪽에서 그에 대해 설명하고 있다.

보유하고 있다.

7. 맺는 말

　소쉬르는 언어학의 방법론을 혁신한 언어학자이면서 언어학 그 자체만을 위하여 연구한 것이 아니라 장차 태어날 기호학의 선도적 학문으로서의 언어학을 연구하였다고 하겠다. 따라서 그의 언어학은 기호학과의 관련성을 떠나서는 생각될 수 없고, 기호학은 언어학이라는 전제 없이 성립될 수 없다. 그가 〈단어〉라는 용어를 기호로 대체하고 랑그를 〈기호 체계〉라고 한 것이 모두 그의 그러한 관점을 대변한다. 또 그러한 전망에서 기호를 상징과 구분하면서 기호의 조직화를 위하여 통합적 축, 계열적 축을 고안하였다. 그의 연구는 결과적으로 다양한 기호학 분야에서의 의사 소통 현상, 보다 구체적으로 말한다면 담화나 텍스트의 형성과 분석을 위한 이정표를 세웠다고 볼 수 있겠다. 그러나 역설적으로 소쉬르는 개인에 의한 구체적 언어 형식인 빠롤을 소홀히 한 것으로 인해 그의 언어학이나 기호학이 결국 현실적이 아니고 관념적이지 않느냐 하는 의구심을 불러일으키고 있다.

　언어 연구에서 빠롤을 제외시키는 것이 소쉬르가 가지고 있던 최종적인 생각은 아니라고 판단된다. 왜냐하면 랑그에 대한 연구는 랑가쥬와 빠롤에 대한 연구의 전단계로서 추구되었다고 하는 증거들이 있기 때문이다. 가령 그의 『강의』 27쪽에 있는 의사 소통에 관련된 도식과 그에 대한 설명을 살펴봐도 그러한 생각을 읽을 수 있다. 그는 〈랑가쥬 전반에서 랑그에 해당하는 영역을 찾아내기 위해서는 빠롤의 회로를 재구성할 수 있게 하는 개인의 언어 행위를 고찰해야 한다. 그 행위에는 최소 두 사람의 존재가 전제된다〉고 지적한다.

결과적으로 소쉬르의 깊은 생각을 모두 알아낸다고 하는 것은 불가능한 일이다. 따라서 어떤 일방적인 결론을 내린다면 독단에 빠질 우려가 있다. 그러나 분명한 것은, 그가 우선 가변적이고 현실적인 언어 현상보다는 규명 가능한 일반 원리를 포착하려 하였다는 것이고, 그러한 점에서 그의 관점은 플라톤에서 시작하여 중세 실념론자 réalistes의 전통을 잇는 관념적 전통과 연결된다고 볼 수 있다. 물론 그의 에스프리가 아리스토텔레스적인 전통과 결부되는 영·미의 경험론적 실용주의와 어떤 차이를 보여준다는 의미에서 그렇게 평가할 수도 있다. 그러나 그의 연구는 자신이 숙고한 단계를 따라서 진행된 것이기 때문에, 그를 어떤 결정론적인 틀 속에 가두어 놓을 수는 없을 것이다. 그의 공로는 언어와 기호, 그리고 텍스트 연구에 이르는 길을 열어 주었다는 데 있다고 보아야 할 것 같다.

참고 문헌

Adam, J. M., *Linguistique et Discours littéraire*, Larousse, 1976.
Arrivé M., *Linguistique et psychanalyse*, Meridiens Klincksieck, 1987.
_____, *Langage et psychanalyse, linguistique et inconscient*, P.U.F., 1994.
Amsterdamska, O., *School of Thought*, D. Reidel Publishing Company, 1987.
Aron, T., "Une seconde révolution sausurienne?" *Langue Française* 7, 1970.
Bally, Ch., *Traité de stylistique française*, vol. 2, Heidelberg, 1909.
Benveniste, E., *Problèmes de linguistique générale I*, Gallimard, 1966.
Bouquet, S., *Introduction a la lecture de Saussure*, Payot, 1997.
Broncart, J. P., *Théories du Langages*, P. Mardaga, 1977.
Bloch O. & Wartburg W., *Dictionnaire Etymologique*, P.U.F., 1960.
Bouagis Ch. et al., *Essais de la théorie du texte*, Galilée, 1973
Capt Artaud, M. C., *Petit Traité de Rhétorique Saussurienne*, Droz, 1994.
Doroszewski, W., "Quelques remarques sur les rapport de la sociologie et de la linguistique: E. Durkheim et F. De Saussure," *Essais sur le langage*, Minuit, 1969.
Fouliqué, *Dictionnaire de la Langue Philosophique*, P.U.F., 1978.
Frei, H., "Ramification des signes dans la mémoire," *C.F.S.*, no. 2, 1942.
Gadet, *Saussure, Une science de la langue*, P.U.F., 1987.
Gordon, W. T., "Rapports associatifs," *C.F.S.*, no. 33, 1979.
Greimas, A.-J., "L'actualisté du Saussurisme," *Le Français Moderne*, no. 1, 1956.

Harris, R., *Reading Saussure*, Open Court, 1987.
Jakobson, R., *Essais de linguistique générale*, Minuit, 1973.
_____, *Essais de linguistique générale*, Minuit, 1963.
Koerner, K., *Saussurean Studies*, Slatkine Genève, 1988.
Lyotard, J. F., *Discours, Figure*, Flammarion, 1971.
Miéville, D., *Approches sémiologiques dans les sciences humaines*, Payot, Lausanne, 1993.
Mounin, J., *Saussure ou le structuralisme sans le savoir*, Edition Seghers, 1968.
_____, *La linguistique du XXème siècle*, P.U.F., 1972.
_____, *Saussure*, Seghers, 1968.
Orecchioni, K., *La Connotation*, P.U.L., 1977.
Paul, H., *Prinzipien der Sprachgeschichte*, 1er éd., Halle, 1880.
Prechtl, P., *Saussure*, Junius, 1994.
Rastier, F., *La triade sémiotique, le trivium et la sémantique linguistique*, PULIM, Université de Limoges, 1990.
Rey, J. M., *Parcours de Freud*, Galilée, 1974.
Sartre, J. P., *Situations II*, Gallimard, 1960.
Saussure, F., *Cours de linguistique générale*, Edition critique par Roudolf Engler, t. 1, Otto Harrassowitz-Wiesbaden, 1968.
_____, *Cours de linguistique générale*, Payot, 1972.
_____, *Cours de linguistique générale*, Edition critique par Roudolf Engler, 1974.
Sheerer, *Ferdinand de Saussure: Rezeption und Kritik*, Darmstadt, 1980.
Shuhardt, *Avant Saussure*, 1978.
Starobinski, J., *Les mots sous les mots*, Gallimard, 1971.
Stetter, Ch., "la fonction des réflexions sémiologiques dans la fondation de la linguistique générale chez F. de Saussure," *Kodika/Code*, 1978.
Thibault, P., *Re-reading Saussure*, Routledge, 1996.
Wunderli, "Saussure et les anagrammes," *T.L.L., X.1*, 1972.
『철학 사전』, 중원문화사, 1987.
코즈리우, 「게오르그 폰데어 가벨렌츠와 공시태 언어학」, *Word vol. 23*.

장병기, 「소쉬르 연구」, 『한글』 제173,174호 어우름(합본호), 한글학회, 1981.
황경자, 「소쉬르 연구(2)」, 『한글』 제167호, 한글학회, 1980.
이정, 「소쉬르 연구(3)」, 『한글』 제167호, 한글학회, 1980.

제2장 옐름슬레우:
소쉬르의 계승과 기호학의 조직화

1. 이론의 세 가지 면모
2. 언어와 랑그, 언어학과 기호학
3. 체계와 과정
4. 관계와 함수 기능
5. 기호 체계
6. 외시와 공시
7. 텍스트 분석
8. 맺는 말

개요

- 이론의 형성 과정에서 자연 과학, 특히 수학과 논리학에 대해 친화력을 느낀다.
- 경험주의 원칙을 따르고 방법론적으로 연역법을 적용함으로서 모순적이라는 인상을 주지만 그 두 가지는 서로 보완적으로 작용한다.
- 소쉬르의 랑그/빠롤의 구분이 불충분하다고 생각하여, 도식/규준/관용/언어 행위의 4단계로 나눈다.
- 언어 연구의 일차적 중요성은 체계=계열체보다 과정=통합체=텍스트에 있고, 텍스트를 구성하는 요소=기호들은 서로 일정한 관계를 맺고 있다.
- 과정과 체계는 각기 한정 관계, 상호 의존 관계, 들러리 관계를 포함하고 있다.
- 텍스트를 구성하는 기호는 표현=기표, 내용=기의로 구성되고 그 각각은 형식과 실질의 층위로 나뉘어 분석된다.
- 표현과 내용은 합하여 새로운 기호의 기표로 기능하면서 새로운 기의를 부여받을 수 있다. 이것을 공시 connotation라 하고 반대로 표현과 내용이 특정한 기의로 굳어질 때 메타 언어가 된다.
- 기호는 텍스트를 구성하면서 그보다 작은 비기호 non-signe로 분석될 수 있다. 비기호는 비자립적인 자질로서 새로운 기호를 만드는 토대가 된다.

1. 이론의 세 가지 면모

1.1. 소쉬르의 계승 및 발전

소쉬르가 서거한 후 그의 제네바대학 교수직을 물려받고 제네바 학파를 이끌었던 바이 Charles Bally는 1943년 자신이 사망하기 얼마 전에 덴마크의 언어학자 옐름슬레우에게 편지를 보낸다. 그는 〈당신이야말로 소쉬르가 『일반 언어학 강의』에서 피력한 그의 이상을 끊임없이 추구하십니다〉[1]라고 하면서 소쉬르의 직계 제자 이상으로 옐름슬레우가 소쉬르의 언어 사상을 계승·발전시킨 데 대하여 감사를 표했다. 그 편지가 시사하는 것처럼, 〈언어학의 참으로 유일한 목적은 랑그를 내부적으로, 그리고 있는 그대로 고찰하는 것이다〉[2]라는 소쉬르 『강의』의 마지막 구절은 코펜하겐 학파의 내재주의 Immanentisme적 언어관과 일치한다.

옐름슬레우는 『언어의 구조적 분석』[3]에서, 소쉬르가 현대 언어학의 창시자이면서 구조주의적 접근 방법을 처음으로 주창하였음을 상기시켜 준다. 그는 구조주의적 접근 방법이란 〈구성 단위간의 관계를 중심으로 언어에 대해 과학적으로 기술하는 것〉[4]이라고 정의한다. 그리고 〈직접적인 관계에 의하여 좌우되거나 관계로부터 연역되는 특성 외에는 그 어느 것도 고려되지 않는다〉[5]고 부연한다.

---

1) Hjelmslev, *Prolégomènes à une théorie du langage*, Les Edition de Minuit, 1971, 39쪽. 이하 이 책은 *P.T.L.*로 표기한다.
2) *C.L.G.*, 1972, 317쪽. 이 구절은 실제로 소쉬르가 그대로 말한 것이 아니라 그의 언어 사상이 그러한 관점을 바탕으로 삼고 있다는 의미에서 『강의』의 편집을 맡았던 세슈에 Schechehaye 등이 써넣은 것으로 밝혀졌다.
3) *P.T.L.*, 34-43쪽에 재수록.
4) *Ibid.*, 34쪽.

바꿔 말하면 언어 요소의 본질이나 성질에 의하여 그것을 정의하거나 명명하는 것은 그 요소를 정확하게 파악하거나 기술하는 길이 아니라는 것이다. 그는, 음성 단위나 의미 작용은 개별적으로 포착할 수 있는 것이 아니고 주어진 담화의 연쇄 속에서 그것들이 다른 것들과 맺고 있는 관계를 통하여 그것들을 정의한다[6]는 사실을 처음으로 보여준 것이 소쉬르라고 강조한다. 어떤 언어가 지니고 있는 체계를 구성하는 것이 그 관계이고, 바로 그러한 관계에 의하여 한 언어를 다른 언어와 구별할 수 있게 된다.

이러한 관계의 개념을 소쉬르는 어가 개념과 연결시켰고,[7] 옐름슬레우는 소쉬르의 어가 개념에 착안하여 〈나무〉와 〈숲〉에 관계되는 유럽 언어들간의 상관 관계를 분석하기도 하였다. 한마디로 옐름슬레우는 소쉬르의 언어에 대한 관점과 접근 방법 등에서 자신이 고민하면서 모색하던 문제에 대한 해결 가능성을 발견하였고, 그를 자신이 추구하고자 하는 구조주의적 언어학의 유일한 길잡이로 삼게 된다.

옐름슬레우는 소쉬르의 제자들보다 더 충실한 제자일 뿐만 아니라 〈소쉬르보다도 더 소쉬르적인〉 언어학자라고 할 수 있다. 왜냐하면 그는 소쉬르 이론을 단순히 계승·보존하는 것으로 만족하지 않고 소쉬르가 제시한 개념·방법들을 발전시키고 심화시켰기 때문이다. 기호를 언어 구성 요소로 보는 것으로부터 시작하여 소쉬르의 시니피앙 signifiant, 시니피에 signifié를 〈표현 expression〉, 〈내용 contenu〉으로 대체하여 받아들이고, 한걸음 더 나아가 그것들을 〈형식〉과 〈실질〉을 바탕으로 네 가지로 나누어 더욱 깊이있게 분석한 것도 그러한 사실을 뒷받침해 준다. 소쉬르가 〈랑그는 형식이

---

5) *Ibid.*
6) Saussure, *op. cit.*, 176쪽.
7) *Ibid.*, 158쪽.

고 실질이 아니다〉[8]라고 하면서 형식 위주의 언어관과 기호관을 가졌던 것은 널리 알려진 바이다. 그러나 옐름슬레우는 형식과 실질이 대립적이면서도 보완적인 면을 가지고 있고, 양자는 서로 불가분의 관계를 형성한다고 보았다. 그리하여 그는 표현의 형식과 함께 표현의 실질을 고찰하였고, 내용의 형식을 내용의 실질과 결부시켜 의미론 연구에 중요한 역할을 하게 된다. 소쉬르의 어가 개념도 기호 내용의 실질 연구에 도입된다.

1.2. 언리학

스승의 원고에 대한 주석학적인 연구에 몰두한 제네바의 소쉬르 제자들 이상으로 옐름슬레우가 그의 언어학 이론을 계승·발전시켰다는 사실은 아무도 부정할 수 없다. 옐름슬레우의 연구는 1960년대 유럽의 구조주의 개화에 밑거름 역할을 하였고, 소쉬르 이론의 확산과 그에 대한 재평가에도 크게 기여하였다. 그러나 소쉬르를 통하여 옐름슬레우를 이해하는 데에는 한계가 있으므로, 그를 이해하기 위해서는 먼저 그의 이론이 북유럽의 사상적·지적 전통 속에서 형성되었음을 유의하여야 할 것 같다.

옐름슬레우는 실험 과학이 급속도로 발전하던 시기에 성장하였다. 그 시기는 곧 오랫동안 부동의 권위를 누리던 고전적인 자연과학 이론이 체계적인 실험을 통해 무너지고 새로운 이론으로 교체되던 시대였다. 그는 막스 플랑크 Max Plank의 양자 역학 이론, 생물학에서 유전형 이론 등에 이르는 새로운 과학 이론과 게슈탈트 심리학 등에 상당한 관심을 표명하였다. 그는 린데켄스 Lindekens가 밝힌 대로 인문 과학과 자연 과학의 방법론이 근본적으로 다르지

---

8) *Ibid.*, 169쪽.

않다고 믿었다.[9] 그러한 믿음은 당시의 새로운 과학에 대한 그의 관심과 밀접한 관계가 있다. 그는 자연 과학에서와 마찬가지로 언어학에서도 상수 constante 내지 불변소가 있어서 그것을 우선적으로 밝혀야 한다고 생각했는데, 그가 언어학에서 형식과 도식 schema을 중시한 것도 그러한 관점과 관련이 있다고 본다. 그는 또 훗설 Husserl의 현상학과 논리학에서 큰 영향을 받은 탓에『언어 이론 서설 Prolégomène à une théorie du langage』을 비롯한 저서와 글에서 논리와 논리학적인 원칙에 대해 강조하고 있다. 가령, 그의 언어 이론 형성에 중요한 개념으로 작용한 관계적 개념 concepts relationnels, 속(屬)개념 concepts génériques 등이 그러한 예이다. 그밖에도 옐름슬레우는 폴란드의 타르스키 Tarski의 철학과 언어학 연구에 깊은 관심을 가졌는데, 그의 언리학 Glossematique 이론이 타르스키의 사상과 유사성이 있다는 사실은 옐름슬레우 자신도 인정하고 있다.

언어학 분야에서는 소쉬르 이외에도 형식과 의미, 그리고 개념의 범주 설정 등을 제시한 사피어 Sapir의 언어 이론에 관심이 있었고, 트라이어 Trier와 바이스게르버 Weisgerber 등의 낱말 밭 이론도 그의 기호 개념 정립에 참고가 되었으며 구조주의 음운론을 체계적으로 제시한 트루베츠코이 Trubetzkoy의 이론에서도 여러 가지 시사받은 바가 많이 있다. 결과적으로 소쉬르의『강의』에 제시된 언어 이론의 틀이 옐름슬레우 자신의 생각을 담을 수 있는 틀이라고 생각하였지만 소쉬르의 개념은 추상적이고 세부적으로 미진한 면이 있어서 모든 것을 그대로 받아들일 수는 없었다.『언어의 구조적

---

9) 〈L'intérêt le plus marquant de la théorie hyelmslevienne réside précisément dans le dépassement d'une fausse dichotomie entre la science et l'humanisme.〉 R. Lindekens, *Hyelmslev*, 1975, 22쪽, Malmberg, *Signes et symboles*, Picard, 1977, 164쪽.

분석』에서 그는 소쉬르에 대한 자신의 생각을 분명히 하고 있다: 〈하지만 나는 언리학 이론 théorie glossématique을 소쉬르 이론과 혼동하여서는 안 된다는 사실을 강조하고 싶습니다. 소쉬르의 개념을 세부적으로 안다는 것은 어려운 일입니다. 그리고 나 자신의 접근 방법도 소쉬르 이론을 알기 몇 년 전부터 형태를 갖추기 시작하였습니다. 소쉬르『강의』를 읽고 또 읽고 나서 나의 여러 가지 생각들이 그 속에 있다는 것을 알았습니다. 그러나 나는 그의 이론을 나의 주관적인 관점에서 보게 되는데, 그것은 나로서는 어쩔 수 없는 일입니다. 그래서 나는 그의 이론에 대한 해석에 너무 깊이 들어가고 싶은 생각이 없습니다. 여기에서 소쉬르의 이름을 거론하는 것은 그 분의 저서에 대해 내가 큰 빚을 지고 있다는 것을 강조하기 위해서입니다.〉[10]

우리는 옐름슬레우의 저서에서 소쉬르와의 관계에 대해 몇 가지 사실을 확인할 수 있다. 첫째, 앞서 언급한 바와 같이 옐름슬레우는 기본적으로 소쉬르의 언어관에 깊이 공감하면서 그가 제시한 기호 관계 개념들을 깊이 있고 체계적으로 분석한다. 둘째, 그러나 소쉬르적인 개념을 포함하여 모든 사항을 자신이 창안한 언리학의 테두리 속에 편입시켜 검토·분석한다. 셋째, 대부분의 소쉬르의 용어들에 대해 옐름슬레우는 다른 개념을 부여한다. 예컨대 랑그, 체계, 형식, 실질들에 대해 보다 전문적인 개념을 부여하기 때문에 정확하게 그 내용을 밝혀야 하고, 또 일부는 시니피앙 → 표현, 시니피에 → 내용의 경우처럼 소쉬르의 용어를 다른 용어로 대체하고 그 밖에 많은 용어들을 옐름슬레우 자신이 창안하기 때문에 소쉬르와의 연관성에 대해서는 세심한 주의를 기울여야 한다.

---

10) Hjelmslev, *Essais Linguistiques*, Minuit, 1971, 39-40쪽.

1.3. 접근 방법

옐름스레우의 언어 이론 내지 기호 이론을 집약하는 것이 그의 언리학이지만 그 내용에 대해 알아보기 전에 그의 접근 방법 면에서의 특징, 그리고 이론의 전개 방법, 목표, 전략 등에 대해 이해하는 것이 유익할 것 같다.

1.3.1. 방법론과 원칙

옐름슬레우가 다른 언어학자들과 다른 점이 있다면 그것은 그가 언어 이론 이전에 자신이 가지고 있는 원칙이나 방법론을 강조한다는 점이다. 그는 언어 연구에서 가장 중요한 원칙은 경험주의 empiricisme라고 하며,[11] 방법론 면에서는 연역 내지 연역법을 주장한다. 연역법을 주장하는 이유로는 우선 전통적인 언어학이 귀납적인 방법을 따랐기 때문에 올바른 이론을 세우지 못하였다는 사실을 들고 있다. 예를 들면, 특정한 음성학적인 음 son에서 음소 phonème로, 그리고 특정 음소에서 음소의 범주로 따져 나가는 귀납적 방법은 부류 classe에서 구성 요소 composante로 나가는 것이 아니라 구성 요소에서 부류로 진행한다는 것이다. 그러한 움직임은 분석이나 명세화 spécifier가 아니라 종합화와 일반화로 가기 때문에 중세의 실념론 réalisme에 귀착하게 되고, 그것은 결과적으로 경험주의 원칙에 배치되어 단순률과 비모순률에 저촉이 된다는 것이다. 옐름슬레우는 그와 반대되는 방법을 따라야 한다고 말한다. 그것은 분석 대상의 텍스트를 하나의 다층적인 부류로 보고 그것을 구성 요소로 분석해 내려간다는 것이다. 그러한 방법을 그는 연역 내지 연역적

---

11) *P.T.L.*, 19쪽.

방법이라고 부른다.

여기에서 옐름슬레우의 용어 개념이 일반적 사용과 배치되면서도 그 나름대로의 정당성이 있음을 지적하여야 할 것 같다. 일반적으로 경험주의는 경험에 의존하는 인식 행위를 바탕으로 성립된다고 볼 때 그것은 현상을 경험적으로 조사하여 이루어지는 귀납법과 관계가 있다. 그에 비하여 연역 내지 연역법은 경험에 의하지 않고 명제로부터 논리적인 규칙과 절차를 따라 일정한 결론에 도달하는 방법을 의미한다.[12] 그러나 옐름스레우는 전통적인 정의를 토대로 경험주의나 연역법 등의 용어를 사용하는 것이 아니라 자신의 주관적인 의미 부여를 전제로 사용한다. 경험주의는 추상적 이론 전개를 피하기 위하여 구체적인 텍스트로부터 출발한다는 의미를 가지며, 연역 내지 연역법은 텍스트를 하나의 부류라고 간주하고 부류에서 구성 성분을 추출한 뒤 그것을 다시 부류로 간주하여 그로부터 구성 성분을 추출하는 방식을 계속해 나가는 것을 의미한다. 연역은 논리적 절차를 따라야 올바르게 추론해 나갈 수 있으며 추출되는 요소는 명시적이어야 한다. 실제로 옐름슬레우의 연역은 생성 문법에서의 〈생성〉과 같은 의미로 쓰인다.

1.3.2. 형식화

옐름슬레우의 주 저서인 『서설』을 주의 깊게 읽어보면 그의 의도가 명확하게 드러난다. 간단하게 요약하면 그것은 바로 언어와 언어 활동 전반을 구성하는 요소들을 체계적으로 조직화하자는 것이라고 할 수 있다. 옐름슬레우는 〈체계적 systématique〉이라는 용어를 계열의 축 paradigmatique으로, 〈조직화 organisé〉는 〈구조화

---

12) 『철학사전』, 중원문화사, 1987, 473쪽.

structuré〉의 의미로 쓰지만, 여기에서는 단순히 〈계층화〉와 〈상호 연관성〉이라는 의미로 파악하고자 한다. 전통적인 방식에 따르면, 언어 구성 요소에는 고유의 속성 propriétés이 있으므로 그것을 의미론적으로 정의함으로써 구성 요소를 고립적으로 파악했다. 그러한 방식을 옐름슬레우는 〈실념적〉이라 부르고 있다. 그에 비하여 그는 구성 요소를 개별적인 명칭 위주로 정의하는 것이 아니라 개개의 구성요소들을 〈계층화〉와 〈상호 연관성〉에 따라 서로 규정하게 한다. 그 결과 하나의 요소는 다른 요소들에 의존적 dépendant 이고 모든 구성 요소들은 상호 의존적이 된다. 환언하자면 총체를 구성하는 요소들은 위계 질서와 수평 질서에 의하여 논리적으로 조직화된다는 것이다. 옐름슬레우의 구상과 의도가 이론을 논리적으로 구축하는 데 있기 때문에 그의 이론에서는 자연적으로 논리학에서 차용한 개념들이 자주 쓰이게 된다. 〈계층화〉, 〈의존〉, 〈상호 의존〉도 논리적인 관점을 전제로 하는 것이고 그 밖에도 〈목적 보어〉로 해석되는 〈régime〉과 〈제사법 rection〉 등의 언어학적 용어(개념)도 논리적인 관계 정의에서 비롯되는 것이며, 철학적인 개념으로 받아들여지는 〈연역〉과 〈귀납〉 등도 모두 논리학적인 개념이라는 점은 두말할 나위도 없다.[13]

언어 이론을 논리적으로 체계화하는 것은 우선 〈명시적〉으로 기술하기 위해서이며, 또 가장 경제적으로 그리고 객관적으로 기술하기 위해서이다. 비유컨데 〈산문적〉으로 글을 쓴다는 것은 비경제적일 뿐만 아니라 글의 논지를 산만하게 하기 쉽다. 옐름슬레우의 논지 전개는 언제나 간략하면서 불필요한 군더더기가 전혀 없다. 왜

---

13) 〈현재 우리에게 중요한 것은, 언어의 연구는 텍스트의 기술을 논리학적인 용어를 사용하여 행할 것을 요구한다는 점에 대한 이해이다.〉 *P.T.L.*, 199쪽.

냐하면 그는 체계적이고 논리적인 이론 전개뿐만 아니라 가능한 한 형식화를 통하여 논지를 한층 집약하기 때문이다. 그런데 형식화의 가장 높은 단계는 수학적인 형식화이다. 옐름슬레우는 자연 과학과 인문 과학이 연구 방법 면에서 차이가 있는 것은 아니라는 확신을 갖고 있었다. 그에 따르면 인문 과학 분야인 언어학도 자연 과학처럼 기본적으로 수학적인 형식화를 바탕으로 이론을 구축할 수 있으며, 그러한 전제 하에 그는 언어를 기호의 집합으로 보고 언어 구성을 수학적인 형식으로 나타내려고 하였다. 논문에 따라서 보다 수학적인 틀을 갖춘 것—예컨대 「언어의 기본 구조 La Structure Fondamentale du Langage」—도 있고 일반 언어학적 논문이면서 수학적 개념이 핵심적인 역할을 하는 경우도 있다.

옐름슬레우는 자신의 언어 이론을 수학적인 형식화를 통하여 구체화하려고 하였다. 그러한 사실은 코펜하겐 학파의 언어 연구를 나타내는 〈언리학 glossématique〉이 혀·언어를 나타내는 〈glosse〉와 수학을 나타내는 〈mathématique〉를 축약·합성한 것이라는 점에서도 잘 드러난다. 일반적인 언어 연구인 〈언어학〉을 대신할 〈언리학〉은 그의 정의에 따르자면 〈순수한 구조적 언어 연구의 유형〉[14]이다. 어떻게 그러한 해석을 할 수 있을지, 또 〈구조적〉이라는 말을 어떻게 해석해야 할지 그의 설명을 들어보자. 〈언어에 대한 구조적 접근은 언어학과 관계없이 형성된 자연 과학의 흐름과 내밀한 관계를 갖는데, 이제까지 언어학자들은 그러한 사실에 유의하지 않았다. 아니 구조적 접근이라는 말보다 차라리 언어에 대한 기호 논리학 Logistique적인 연구라고나 할까. 이 이론은 애초에 수학에 대한 고찰에서 비롯되는데, 특히 화이트헤드 Whitehead와 버트란드 럿셀 Bertrand Russell 그리고 비엔나 학파의 논리학자들, 특히

---

14) Hjelmslev, *Essais Linguistiques*, Minuit, 1971, 39쪽.

시카고대학의 루돌프 카르납 Rudolph Carnap에 의해서이다. 그가 최근에 발표한 통사론과 의미론에 관한 연구들은 언어에 대한 언어학적 연구에 놀라울 만한 반향을 불러일으켰다. 그리고 『국제 통합 과학 백과사전』을 통하여 최근 논리학자들과 언어학자들 간에 일종의 접촉이 이루어졌다. 카르납은 먼저의 저서에서 '구조'를 내가 이제까지 주창해왔던 견해와 전적으로 일치하는 방향으로 정의하였다. 말하자면 순수하게 형식적이고 관계적인 사실로서 정의하였다.〉[15]

그는 수학의 발전에 깊은 관심과 이해를 가졌고 힐버트 Hilbert의 메타 수학과 수학의 부호 체계가 카르납과 타르스키에 영향을 끼친 것에 대해서도 소상히 알고 있었다.[16] 수학의 중요성은 옐름슬레우가 수학의 모형에 따라 이론을 전개한 데서도 잘 나타난다. 그는 이론 전개에 앞서 〈전제〉와 〈가설〉을 설정한다. 또한 〈원칙을 바탕으로〉 〈공리〉를 만들어내고 이론화 과정에서 연역적으로 생기는 〈정리〉는 어떤 조건이 충족되면 명제가 참이라는 결론을 내릴 수 있게 한다.[17] 그는 특히 〈계산 calcul〉과 〈함수 fonction〉에 상당히 비중을 둔다. 그는 〈이론은 계산으로 이루어〉[18]지고 〈언어 이론은 계산 작업을 수행한다〉[19]고 하였다. 또한 〈언어와 텍스트에 관한 비모순적 noncontradictoire이고 완벽한 기술로 인도하는 절차 procédure로서 가능한 것들을 다수 설정하는 것도 바로 계산〉이라고 하면서 자신의 언어학적 관점과 구도가 수학적인 틀에 바탕을 두고 있음을 보여주고 있다.

여기서 무엇보다 중요한 것은 〈함수〉 개념이다. 언어학에서 〈fonc-

---

15) *Ibid.*, 40쪽.
16) *P.T.L.*, 139쪽.
17) *Ibid.*, 24쪽.
18) *Ibid.*, 25쪽.
19) *Ibid.*, 28쪽.

tion〉이라 함은 〈기능〉으로 번역되고, 〈기능〉이 구조주의 언어학의 핵심 개념임은 잘 알려진 사실이다. 그러나 옐름슬레우의 언어 이론 형성이 수학적인 개념을 중심으로 이루어지기 때문에 그가 사용하는 〈fonction〉을 〈기능〉이라고 번역하기 보다는 〈함수〉라고 보아야 할 것 같다. 그 자신의 말에 따르면, 〈우리가 도입한 'fonction'이라는 용어는 논리적·수학적인 의미와 본래의 어원적 의미[20]의 중간쯤에 위치한다. 기능 개념은 근년에 언어학을 포함하여 일반 과학 분야에서 중요한 역할을 맡았다. 우리가 그 용어에 부여하는 의미는 형식 면에서 수학에서의 의미와 일치하지는 않으나 수학적인 함수에 보다 가깝다. 언어학에서 우리는 바로 그처럼 중계적 médiateur인 개념 용어를 필요로 한다〉.[21] 옐름슬레우 자신이 인정하고 있듯이 〈fonction〉이 꼭 〈함수〉 개념으로만 사용되는 것은 아니기 때문에 우리는 중화적인 의미에서 〈함수 기능〉이라고 번역하고자 한다. 나아가서 〈계산〉, 〈함수기능〉 등과 함께 〈함수기능자〉 등의 용어 사용은 그가 언어학을 〈언어의 대수학〉이라고 본다는 점을 분명하게 드러내 준다.

1.3.3. 분석과 기술(記述)

형식화 과정에 개입되는 논리학적 및 수학적 개념과 방법들은 옐름슬레우가 언어 이론을 보다 체계적, 합리적, 과학적으로 하기 위하여 도입하는 수단이다. 그의 목적은 어디까지나 언어 현상을 분석하는 데 있다. 분석이라 함은 하나의 전체로서 주어진 대상을 분해 décomposition하여 여러 가지 구성 요소들을 추출하여 그 상

---

20) 〈기능〉의 뜻.
21) *P.T.L.*, 49쪽.

호 관계를 밝히는 것이다. 이러한 의미에서는 분석이 분해와 동의어적이지만, 분해의 경우 어떤 일정한 원칙에 의한다는 전제가 없고, 또 분해된 요소간에 일정한 상관 관계가 있다는 보장을 할 수 없음으로 인해 서로 구분된다. 분석은 〈문장의 구성 요소를 구조적으로 재현 représentation〉하는 것을 목표로 하는 〈기술 description〉과 거의 동의어라고 할 수 있지만, 옐름슬레우는 〈기술〉을 일반적인 용어라고 간주하면서, 보다 전문적인 어의를 부여하는 〈분석〉을 위한 보조 개념으로 사용한다.

전통적으로 분석은 〈문법 분석 analyse grammaticale〉을 함의하고 있고, 그것은 문장을 구성하는 단어들의 품사와 기능을 설명하는 것으로 이루어진다. 아울러 문장의 종류, 주절과 종속절 등의 성질도 기술한다. 옐름슬레우도 전통적 분석을 거부하지는 않는다. 오히려 텍스트—소쉬르 용어를 빌리자면 통합체 층위—의 분석에 앞서 전통적 문법 개념에 의한 분석을 상기시킨 후 자신의 설명 방법을 제시한다.

텍스트 분석 결과만 가지고 볼 경우 옐름슬레우의 텍스트 분석은 미국 분포주의—특히 해리스 Z. Harris—의 분석과 가까운 면이 있다. 완성된 문장에 엄밀한 형식적 분석 방법을 적용하여 텍스트를 동일 문맥에 나타나는 요소로 나눈 뒤 일정한 등가 부류를 설정하는 해리스의 분석[22]은 옐름슬레우의 분석 결과와 유사하다고 할 수 있다. 그러나 옐름슬레우는 기표는 물론 의미에 관계되는 기의 분석에도 큰 비중을 두고 있고, 특히 구성 요소 상호간의 관계 설정과 분석이 언어 분석의 핵심이라는 점에서 해리스의 분석과 거리가 있다. 그에게 있어서 〈분석이란 문장을 단순히 나누거나 토막으로 자르는 것이 아니고,[23] 다른 대상들과 맺고 있는 균질적인 의존

---

22) *Dictionnaire de linguistique et des sciences du langage*, Larousse, 1994, 35쪽.

관계 dépendances homogènes를 통하여 대상을 기술하는 것〉[24]이기 때문이다.

2. 언어와 랑그, 언어학과 기호학

옐름슬레우의 언어관은 랑가쥬를 중심으로 이루어진다. 소쉬르는 언어를 〈다형적 multiforme이고 이질적 hétérodite〉이고 〈물리적인 동시에 생리학적이고 정신적〉이며 〈개인적인 영역과 사회적인 영역〉에 동시에 관계되기 때문에 그에 대한 〈통일성〉을 밝히기 어렵다고 생각하였다.[25] 그에 비하여 옐름슬레우는 랑가쥬란 의사 소통을 통하여 단순히 주고 받는 〈분절 언어〉일 뿐만 아니라 그 자체가 〈기호적 체계 système sémiotique〉라고 말하고 있다.[26] 〈기호적 체계〉란 기호에 의하여 성립되는 기호 체계 système de signes와 같은 말이다.[27] 그리고 기호 체계로서의 랑가쥬, 즉 언어는 구조를 형성한다는 것을 의미한다.[28]

언어를 구조로 생각한다는 것은 무엇을 의미하는가. 첫째는 언어가 내용 contenu과 표현 expression의 두 가지 면 plan을 가지고 있음을 나타낸다. 전자는 소쉬르의 용어로 시니피에, 즉 기의, 후자는 시니피앙, 즉 기표를 의미한다. 어째서 동일한 개념의 용어를 다르게 부르는가에 대해 옐름슬레우는 해명을 하지 않고 있다. 단지 용

---

23) *P.T.L.*, 36쪽.
24) *Ibid.*, 44쪽.
25) *C.L.G.*, 25쪽.
26) Hjelmslev, *Essais Linguistiques*, Minuit, 1971, 11쪽.
27) 소쉬르는 랑그를 기호 체계라고 하였다.
28) *P.T.L.*, 181쪽.

어의 개념 자체는 같다고 할 수 있지만 그에 대한 하위 구분을 통하여 자신의 이론 체계 속에 그 개념과 하위 구분을 포함시키기 때문에 결국 자신의 개념에 보다 적합한 용어를 선택하였다고 볼 수 있다. 둘째, 언어는 두 가지 양상 aspect을 가졌다. 그것은 과정 procès과 체계 système이다. 시간의 흐름과 함께 좌에서 우로 진행되는 소쉬르의 통합체 syntagmatique를 과정이라고 하고, 계열체 paradigmatique를 체계라고 부르는데, 이 경우에도 소쉬르의 용어를 그대로 쓰지 않는 것은 소쉬르와는 달리 그 두 용어를 이론적으로 보다 체계화하기 때문이다. 예에 대해서는 다음에 살펴보기로 하겠다. 그러면 언어와 랑그는 어떤 관계가 있을까.

우선 그는 〈랑그는 단순한 기호 체계로서 기술될 수는 없다〉[29]고 말한다. 그것은 무엇보다 랑그가 기호 체계가 아니라는 말이 아니라 기호를 구성하는 자질, 즉 형상소 figures로 구성된다[30]는 것을 의미한다. 그러나 랑그는 또 다른 성질을 가지고 있다. 즉 랑그의 구성 요소는 담화상에서 드러나는 음이나 의미가 아니라 〈담화 연쇄 chaîne du discours내에서 그리고 문법 계열체내에서 구성 요소들이 서로 맺고 있는 관계〉[31]인 것이다. 그 관계들이 랑그의 체계를 형성하는 것이며 한 언어와 다른 언어가 다른 것도 외형적으로 드러나는 음이나 의미 작용 등이 달라서라기보다 각 언어의 랑그 체계가 요소 상호간의 관계에 의하여 이루어지기 때문이다. 그래서 옐름슬레우가 이끄는 코펜하겐 학파의 언어학적 핵심은 바로 이와 같은 언어의 내재적 성질의 탐구에 있다. 종종 옐름슬레우가 언어와 랑그를 명확하게 구분하여 사용하지 않은 경우들이 있기 때문에 혼란이 생기기도 하지만, 분명한 것은 전자가 실제의 담화를 통하

---

29) *Ibid.*, 64쪽.
30) *Ibid.*
31) Hjelmslev, *Essais linguistiques*, Minuit, 1971, 37쪽.

여 드러나는 표면 구조라고 한다면 후자는 전자를 뒷받침하면서 언어 형식을 내포하는 심층적 개념이라는 사실이다.

그러면 랑그와 언어에 대한 옐름슬레우의 관점을 세부적으로 살펴보자. 랑그는 몇 가지로 세분해서 생각할 수 있다. 우선 사회적인 실현이나 구체적인 드러남 manifestation에서 떼어내 정의되는 순수 형식 forme pure을 상정할 수 있는데, 옐름슬레우는 그것을 도식이라고 부른다.[32] 이 도식 개념은 순수한 체계로서의 소쉬르의 랑그와 유사한 성격을 지니고 있다. 둘째, 구체적인 드러남은 여전히 고려치 않더라도 사회적 실현을 통하여 규정되는 구체적 형식이 있다고 보고 그것을 규준 norme이라고 부른다. 셋째, 사회에서 실제로 통용되는 관용적 언어의 총체로서 구체적인 언어 구사를 통하여 드러나는 언어의 측면을 관용 usage이라고 부른다.[33] 단지 실제 통용되는 언어에는 일시적으로 쓰이다가 자연 소실되는 부분이 상당히 많이 있다. 옐름슬레우는 도식, 규준, 관용의 구체적인 예로서 불어 자음 중에서 불어 음의 특징을 가장 잘 표출한다고 알려진 〈r〉음을 들어 설명하고 있다.[34] 그러나 그것에 대해 구체적인 언어 표현을 예시하지는 않았다.

이러한 구분은 언어에 대한 옐름슬레우의 관점을 보여주는 것으로서 소쉬르의 랑그/빠롤의 구분을 개선하였다고 받아들여지고 있다. 그러나 그러한 구분이 내포하고 있는 의미들이 충분히 검토되었다고 할 수는 없다. 이제 위의 세 가지 구분에 언어 행위 acte를 추가하여[35] 상호간에 이루어지는 관계를 통하여 그 구분이 지니고

---

32) *P.T.L.*, 135쪽, *Essais Linguistiques*, 82쪽. schéma의 번역으로는 결합과 구조를 합친 결구(結構)가 적합하다고 보지만 우리말 용어로서 사전에 있는 〈도식〉을 사용하기로 한다.
33) Hjelmslev, *Essais linguistiques*, Minuit, 1971, 80쪽.
34) *Ibid.*, 80-82쪽.

있는 유기적 성질에 대해 검토해보기로 하자.

언어의 질서를 가장 상위의 단계, 즉 순수 형식으로서의 도식에서 시작하여 규준이 설정되고, 그것을 바탕으로 언어 습관에 의한 관용이 형성되며, 그 밑에 개인의 언어 행위가 있다고 생각할 수도 있다. 그러나 그것은 언어 현실과 어긋나는 생각이다. 그와는 반대로 개인의 언어 행위가 관용적인 언어의 관용을 형성하고 그것이 언어적 규준을 정하게 하며, 언어의 규준을 형성하는 부분에서 상수적인 요소가 나타나고 그로부터 도식, 즉 언어의 순수 형식이 추출된다. 다시 말하자면 기본적으로 관용과 개인의 언어 행위 사이에는 밀접한 상호 연관성이 있다. 개인은 언어 습득 과정을 통하여 다른 사람들의 언어 사용, 즉 관용적 언어를 유추적으로 동화하여 자신의 개인적인 필요에 부응하는 언어적 표현을 만들어낸다. 개인의 언어 사용에는 일반적인 관용을 그대로 따르는 부분과 개인적인 창의에 의한 부분이 있고, 후자는 일반적인 관용으로 편입되는 부분과 그 순간 자연 소멸되는 부분이 있다. 언어 행위와 관용은 논리적으로 그리고 실제적으로 규준에 선행한다. 따라서 규준은 언어 행위와 관용으로부터 생겨난다. 옐름슬레우는 관용과 언어 행위가 규준보다 선행하면서도 규준이 관용과 언어 행위를 규정한다고 설명한다.[36] 물론 일반적으로 우리의 언어 사용은 규준에 따르고 있지만, 결국 규준은 고정 불변적인 것이 아니고 언어 행위와 관용의 지배를 받아 변한다고 볼 수 있다.[37] 이는 촘스키 Chomsky가 말하

---

35) *Ibid.*, 84쪽.

36) *Ibid.*, 84쪽.

37) 〈규준은 자연 언어에서 개인의 언어 사용 및 사회적 언어 사용, 그리고 상당히 엄격한 관찰을 바탕으로 만들어진 모형 modèle을 가리킨다.〉 Greimas & Courtés, *Sémiotique: Dictionnaire Raisonné de la théorie du langage*, Hachette, 256쪽.

는 〈가용성 acceptability〉의 개념과 매우 유사하다.[38]

옐름슬레우의 용어 개념들을 소쉬르 및 촘스키의 용어들과 연결시켜 보면 다음과 같은 대비 관계를 볼 수 있을 것 같다.

〈도식 2.1〉

	옐름슬레우	소쉬르 · 촘스키
1	도식	랑그
2	규준	가용성 내지 문법성
3	관용	일상적 언어
4	언어 행위	빠롤, 언어 수행

이 도표에서 확인할 수 있는 것은 옐름슬레우가 생각한 구분과 소쉬르나 촘스키의 구분이 정확하게 일치하지 않는다는 점, 소쉬르는 커다란 윤곽만 구분하여 짜임새가 덜하고 촘스키는 자신의 필요에 따라 필요한 개념을 지칭할 용어를 만들어내기 때문에 언어 현상 전반을 구분하는 것에는 특별한 관심이 없는 것 같다. 그에 비하면 옐름슬레우의 구분은 언어 사용과 체계 전반을 포괄하는 구분을 짜임새 있게 보여준다고 하겠다. 그와 함께 그의 구분은 체계적인 단계를 시현하고 있다. 언어 행위로부터 도식에 이르는 길은 추상화로의 단계를 나타내고 도식에서 언어 행위로의 길은 실용화로의 단계를 나타낸다. 그러나 유의하여야 할 점은, 이러한 구분은 언어학적인 관점을 바탕으로 이루어졌다는 사실이다. 다시 말하자면 언어학적인 관점은 기호학적인 관점과 밀접하게 연결되면서 전자는 후자를 뒷받침한다.

언어학적인 관점에서 랑그는 순수 형식으로서 도식이라고 간주되지만 기호학적인 면에서 랑그는 하나의 기호체 une sémiotique이

---

38) Chomsky, *Aspects of the Theory of Syntax*, MIT Press, 21쪽.

다. 그런데 기호체로서의 랑그는 다른 기호체—즉 표현과 내용을 지니는 의미 체계—들과 다른 점이 있다. 왜냐하면 소쉬르도 지적한 바와 같이 랑그만이 다른 모든 기호체들을 번역할 수 있기 때문이다.[39] 보다 전문적으로 정의한다면 기호체는 〈하나의 계층 구조 hiérarchie로서 그 구성 요소 composante들은 차후에 상호 관계에 의하여 규정되는 부류로 분석되며, 그 결과로 드러난 부류들은 상호 교체에 의하여 규정되는 파생체 dérivé로 분석될 수 있게 한다〉.[40] 옐름슬레우는 〈sémiotique〉를 의미 체계라는 뜻의 〈기호체〉와 기호 체계에 대한 연구를 뜻하는 〈기호학〉의 의미로 사용하고 있고, 기호 체계들을 총괄하는 의미로서 소쉬르가 〈기호학 sémiologie〉이라고 부르는 것에 대해 옐름슬레우는 개별 기호체 sémiotique의 상위에 있다는 뜻에서 〈메타 기호학 métasémiotique〉이라고 하고 있다.

3. 체계와 과정

기호학적인 관점에서 기호체를 〈계층 구조〉라고 정의하는 것은, 하나의 문장이나 주어진 언술을 분석함에 있어서 우선 그것이 표현의 국면과 내용의 국면이 있다는 것, 그리고 무엇보다 그것을 구성하는 성분은 기능을 중심으로 단순히 재단 découper하여 주요 구성 성분을 드러나게 하는 것으로 만족하지 않고 개개의 성분을 보다 하위 단위로 분석한다는 것을 가리킨다. 이러한 분석은 촘스키의 생성 문법에서 다시 쓰기 규칙 rewriting rules을 통하여 문장을 구

---

39) 〈랑그는 다른 모든 기호체들을 번역할 수 있는 기호체이다.〉 *P.T.L.*, 138쪽.
40) *Ibid.*, 135쪽.

성하는 하위 범주의 구성 요소까지 모두 도출해내는 것과 유사한 의도를 내포하고 있고, 특히 의존 문법의 기본 개념과 매우 유사한 면이 있다.[41] 기호학적인 기호체의 분석에 앞서서 제기되는 문제는 구조로서 언어를 구성하는 두 가지 양상, 즉 체계 système 와 과정 procès의 문제이다.

언어는 텍스트의 형태로 제시되고 이 때 텍스트는 일반적인 의미에서의 문장, 담화, 언술 등을 대표한다. 그리고 텍스트의 전개를 과정이라고 부르며, 과정을 구성 성분으로 분석할 수 있게 해주는 것이 체계이다. 일반적으로는 체계가 〈조직〉 또는 〈구조〉의 의미로 사용되지만 옐름슬레우는 〈체계〉를 〈계열체 paradigme〉의 의미로 사용하고, 그의 〈과정〉은 소쉬르의 〈통합체 syntagme〉의 의미로 사용한다.[42] 그러므로 언어 이론은 텍스트의 전개 과정을 통하여 나타나는 음운 체계, 의미 체계, 문법 체계를 연구한다.[43] 텍스트를 과정이라고 볼 때 과정은 일정한 수의 구성 요소로 이루어진다. 매번 새로운 결합을 형성하는 그 요소들은 몇 가지 상이한 부류로 나뉘어지는데, 그 부류들은 결합에 있어서 동질성 homogénéité 여부에 의하여 판별된다. 동일한 결합 방식을 보여주는 부류의 구분은 그 부류들의 결합 가능성을 산출할 수 있게 해준다.[44] 그러나 결합 가능성에 대한 계산이 곧 현실적인 담화나 언술로 실현되는

---

41) Hays, "Dependancy theory: A formalism and some observation," *Language 40*, 1964, 511-525쪽.
42) 옐름슬레우는 〈체계〉를 〈랑그〉와 동의어로 사용한다. 왜냐하면 모든 체계, 즉 계열체의 총체는 랑그를 구성하기 때문에 논리적으로는 그 두 가지가 같다고 볼 수 있기 때문이다. 그러나 이러한 의미에서의 랑그는 일반적인 의미에서의 랑그와 혼동할 수 있기 때문에 가능한 한 사용을 피하고자 한다.
43) *P.T.L.*, 17쪽.
44) *Ibid.*, 16쪽.

것은 아니고 결합 가능성 중에 일부만 실제로 표현된다.

그러므로 주체가 처한 상황이나 추구하는 목표를 위해 전개하는 행위를 보여주는 텍스트 내지 과정을 분석하기 위해서는 우선 부류를 구분하지 않으면 안 된다. 옐름슬레우가 부류에 대한 정의에서 지적하는 것은 단지 다른 구성 요소들과의 결합 가능성뿐이고 그레마스의 기호학 사전에서는 그것을 〈계열체〉라고 보고 있다.[45] 물론 비교적 간단한 문장에서는 부류가 형태론적 단위로서 계열체라고 할 수 있는 경우도 있지만 보다 복잡한 문장에서 부류는 구 syntagme 또는 절 proposition이 될 수도 있다. 그와 반대로 한 단어의 표현, 즉 기표도 텍스트가 될 수 있고 그 하위 부류인 개별음이 부류로 작용할 수도 있다.[46] 가장 중요한 것은 텍스트가 전개 과정을 통하여 일차적인 구성 요소인 부류로 나뉘어지고 나서 그 부류가 그 하위 단위인 구성 요소 composante로 구분되고 구성 요소 또한 그것을 구성하는 성분으로 구분되는 연역적인 전개 과정을 보여 준다는 점이다.[47]

결국 텍스트 분석은 텍스트에 대한 〈발견 절차 procédure de découverte〉에 해당하고 그 절차를 통하여 주어진 텍스트에 대한 일관성있는 기술을 할 수 있게 된다. 그러나 횡적으로 전개되는 텍스트의 분석 그 자체는 구성 요소의 표출을 통하여 체계, 즉 계열체를 드러나게 한다. 계기의 축 in presentia을 바탕으로 계층적 구조를 형성하는 텍스트를 뒷받침하는 것은 부재의 축 in absentia[48]을 형성한다. 텍스트는 그것이 어떤 구성 요소로 구성되었다 해도 모든 체계 내지 계열체를 포함할 수 없기 때문에 그 자체가 랑그와

---

45) Greimas & Courtés, *op. cit.*, 37쪽.
46) *P.T.L.*, 53쪽.
47) *Ibid.*, 35쪽.
48) *C.L.G.*, 171쪽.

동의어적으로 사용될 수 없다. 그에 비하여 체계를 구성하는 계열체들의 총체는 그 자체가 모든 문법 범주들을 다 포함하고 있기 때문에 그 자체가 랑그가 된다. 이러한 주장은 논리적인 면에서 적합하지만 일반적으로 받아들여지지는 않았다. 앞서 소쉬르 부분에서 설명한 바와 같이 소쉬르의 연상의 축을 옐름슬레우는 계열의 축으로 대체함으로서 형태론적 내지 통사론적 일관성을 확립할 수 있었다. 그리고 텍스트 내지 과정도 소쉬르의 통합의 축을 명칭만 바꾼 것은 아니며 개념만 설정한 것은 더욱 아니다. 그는 텍스트를 구성하는 기호보다 상위의 부류 및 구성 요소들이 결합에 있어서 서로 맺고 있는 관계의 성격을 정립하고자 한 것이다. 그것은 텍스트의 언어학적 구성에 대해 논리적으로 정의하고 기호학적인 조명을 가하고자 했다는 의미를 갖는다.

4. 관계와 함수 기능

언어의 중요성은 일차적으로 체계보다 과정 내지 텍스트의 중요성을 의미한다. 그리고 과정은 좌에서 우로 전개되는 텍스트의 형태를 띠고[49] 텍스트는 앞에서 설명한 바와 같이 부류와 그 하위 구분인 구성 요소로 이루어진다. 그런데 부류나 구성 요소들의 이와 같은 전개는 그 요소들 상호간의 결합을 통해서 이루어지며 결합은 요소들의 순서[50]와 결합되는 요소들간의 관계 정의를 토대로 이루어진다.[51]

---

49) *P.T.L.*, 199쪽.
50) *Ibid.*, 193쪽.
51) Bronckart, *Théories du langage*, Pierre Mardaga, 1977, 163쪽.

텍스트를 구성하는 요소들은 요소들 상호간에, 그리고 개별 요소와 텍스트 전체와의 관계에서 의존 관계 rapports de dépendance를 유지하고 있다.[52] 옐름슬레우는 구성 요소 상호간에 형성되는 그러한 의존 관계를 과학적으로 기술하는 것이 바로 언어학의 목표라고 생각한다.[53] 우선 의존 관계에는 상호 의존 관계 interdépendance와 일방적 의존 관계를 나타내는 한정 détermination의 두 가지가 있다. 구성 요소들이 서로 상호 전제 관계가 없이 느슨한 의존 관계를 형성할 때는 들러리 constellation라고 한다.

한정의 관계는 구성 요소 중의 하나가 다른 것을 전제로 할 수는 있어도 후자가 전자를 전제로 할 수는 없다. 그리고 과정에 있어서 상호 의존 관계는 유대성 solidarité이라고 부르고 체계에 있어서의 상호 의존성은 상보성 complémentarité이라 부른다. 과정에 있어서 구성 요소 사이의 한정은 선택 sélection이라고 하고, 체계에서 구성 요소 사이의 한정은 특화 spécification라고 한다. 그리고 과정에 있어서의 들러리는 연결 관계 combinaison라고 하고 체계의 들러리는 자율 autonomies이라고 한다.

위에서 제시된 용어 개념을 정리하면 다음과 같다.

구성 요소들간의 관계		
한정 관계	일방적 의존 관계. 한 요소가 다른 요소를 전제.	과정의 한정: 선택 관계 체계의 한정: 특화 관계
상호 의존 관계	상호적 의존 관계. 한 요소가 다른 요소를 전제로 하지 않음.	과정의 상호 의존: 유대 관계 체계의 상호 의존: 상보 관계
들러리 관계	느슨한 의존 관계. 상호 의존 관계가 없음.	과정의 들러리: 연결 관계 체계의 들러리: 자율 관계

〈도식 2.2〉

---

52) *P.T.L.*, 36쪽.
53) 관계 내지 의존 관계 위주의 언어관은 소쉬르에게서 물려 받았다. *Ibid.*, 37쪽.

옐름슬레우가 구성 요소들간의 관계를 설정하는 방식은 일반적인 규정을 한 다음 다시 과정과 체계를 별도 용어로 개별적인 개념 정의를 하기 때문에 혼동을 초래할 수도 있고, 특히 구체적인 예를 들지 않기 때문에 추상적인 인상을 줄 수 있다.

종래에 이러한 현상은 문법의 테두리 안에서 설명되었지만 다양한 층위에서 설명되었기 때문에 일관성이 없었다. 가령 하나의 단어 〈travailleur(일꾼)〉은 〈노동〉을 뜻하는 형태소 〈travail-〉와 〈사람〉을 뜻하는 형태소 또는 접미사 〈-eur〉 사이에 연대성에 의한 상호 의존적 결합이 있는 것으로 보았다. 그 단어가 완전히 자립적인 단어로 기능하기 위해서는 그 앞에 관사가 필요하고 복수가 올 경우에는 복수 표지 〈s〉가 첨가되며 그 뒤에 동사가 올 경우 명사와 일치가 있어야 한다. 그런데 단어를 구성하는 접두사와 어간의 관계를 살펴보면 접두사는 어간 없이는 존재할 수 없기 때문에 어간에 의존하는 데 비하여 어간은 접두사 없이 존재할 수 있다. 가령 〈회전, 순회〉를 의미하는 〈tour〉는 그 자체로서 기능할 수도 있고 〈반복〉을 의미하는 접두사 〈re〉와 함께 쓰여 〈돌아옴, 귀환〉의 의미인 〈retour〉가 될 수도 있다. 여기에서 〈re〉는 단독으로 쓰일 수 없기 때문에 〈tour〉와의 관계에서 선택 관계가 성립한다. 들러리의 경우에는 서로의 관계가 필수적이 아닌 관계로서, 가령 동사에 따라서 어떤 동사는 장소의 상황 보어는 필요로 하되 양태, 또는 시간의 상황 보어는 반드시 필요로 하지 않을 경우 양자 사이에는 들러리 관계가 이루어진다.

이상 과정에 관계되는 예들을 보았는데, 체계의 경우는 같은 범주에 속하는 구성 요소 상호간의 관계로서 옐름슬레우 자신은 그에 대한 구체적인 설명을 하지 않았지만, 필자의 생각으로는 체계내에서의 특화 관계와 상보 관계는 구성 요소들의 의미론적 성질을 토대로 하고 자율 관계는 통사론적 관계를 토대로 한 것으로 판단된다. 그리고 구성 요소들의 성질을 중심으로 볼 때에 한정 관계를 이루는 요소의 하나는 불변체 constante로서 한정을 받기 때문에 피한정체 déterminée이고 그에 비해 다른 하나는 가변체 variable로서 그것은 불변체를 한정하는 한정체가 된다. 그 반면 상호 의존 관계의 요소들은 모두 불변체들이고 들러리 관계를 형성하는 요소들은 가변체들이다.[54] 이러한 사실을 다시 도표로 집약해보자.

〈도식 2.3〉

관계	구성 요소
한정 관계	불변체(피한정체)+가변체(한정체)
상호 의존 관계	불변체+불변체
들러리 관계	가변체+가변체

한가지 첨가해야 할 사항은 한정 관계가 과정과 체계로 나뉘어지면서 각각 선택 관계와 특화 관계로 되기 때문에 피한정체에도 〈선택받은 요소 sélectionnée〉와 〈특화받은 요소 spécifiée〉, 그리고 한정체에도 〈선택하는 요소 sélectionnante〉와 〈특화하는 요소 spécifiante〉로 나뉘어진다는 점이다. 또 과정에서는 구성 요소들이 결합에 의하여 연결된다는 의미에서 〈연접 관계 conjonction〉라고 부르고, 그에 비해 체계에서는 한 가지 요소가 과정속에 들어가면 다른 요소는 배제된다는 의미에서 이접 관계 disjonction이라고 하면서, 아울러 전자를 단순히 〈관계 relation〉, 후자를 〈상관 관계 corrélation〉라고 부르기도 한다.[55]

이러한 용어들은 모두 옐름슬레우가 창안한 것으로서 그중 일부

---

54) *Ibid.*, 51쪽.
55) *Ibid.*, 52쪽.

개념은 언어학에 도입되었으나 대부분 일반화되지는 못하였다. 그 이유는 옐름슬레우의 용어들이 전통 문법의 용어에 더 익숙한 사람들에게는 생소하게 느껴졌고, 또 일반 개념을 지닌 용어―예컨대 선택, 특화, 과정, 체계 등―에 특수한 개념과 의미를 부과하여 메타 언어를 만들었으나 그 메타 언어는 옐름슬레우의 이론을 체계적으로 소화한 사람만이 그것을 조작할 수 있고, 또 옐름슬레우의 이론 내지 언리학의 테두리내에서만 그 개념들이 사용되었다는 데 있는 것으로 여겨진다.

그러나 옐름슬레우가 이론을 위한 이론을 위하여 불필요한 개념을 만들어냈다고 생각하면 그것은 근본 취지를 이해하지 못했음을 드러내는 것이다. 그의 메타 언어는 종합적이며 경제적이고 효율적이라는 장점을 가지고 있다. 예컨대 한정 관계나 상호 의존 관계, 선택, 특화, 연대성, 상보 등 용어 개념들은 종래의 형태론, 통사론, 의미론, 음운론 등 다양한 층위에서 개별적으로 설명하던 사항이나 문체들을 서로간의 공통점을 중심으로 종합적으로 단순화하여 효과적으로 설명한다는 사실에 주목하여야 한다.

옐름슬레우의 접근 방법의 특징은 그가 관계를 중심으로 언어적 사항이나 구성 요소들을 분석한다는 사실이다. 위에서 살펴본 용어들은 모두 다른 요소들과의 관계를 바탕으로 만들어졌다. 관계는 의존 관계와 상호 (의존) 관계 및 들러리 관계로 나눌 수 있는데, 그러한 관계를 옐름슬레우는 〈fonction〉이라고 부른다.[56]

보다 구체적으로 함수 기능은 〈분석의 조건을 충족시키는 의존 관계〉라고 정의된다. 여기에서 〈분석의 조건〉이란 텍스트 형태로

---

56) 〈함수〉와 〈기능〉의 두 가지 개념을 동시에 나타내기 위해서는 〈함수-기능〉이라고 하는 것이 옳다고 하겠으나, 두 개념이 하나로 통합되었다는 의미에서 〈함수 기능〉으로 표기하고 있다.

제시된 과정의 구성 요소들을 큰 단위에서 작은 단위로 내려간다는 뜻을 내포하고 있고, 〈의존 관계〉라 함은 구성 요소들 사이에서 형성되는 계층적 관계를 의미한다. 말하자면 앞에서 관계로 정의되던 사항들이 모두 함수 개념으로 대체되는 것을 말한다. 따라서 부류와 그것을 구성하는 구성 요소들간에 함수 기능 관계가 성립한다. 한정 관계는 불변체와 가변체 간의 함수 기능 관계가 되고, 상호 의존 관계는 두 개의 불변체간의 함수 기능 관계로 정의된다. 그리고 들러리 관계도 두 개의 가변수간의 함수 기능 관계 체계가 과정의 기초가 되고, 체계를 규정하는 것이 과정이기 때문에[57] 체계와 관계되는 개념들도 모두 함수 기능에 의한 관계로 규정된다. 그리고 이러한 함수 기능 관계는 문장형 텍스트뿐만 아니라 음소의 연쇄로 이루어지는 기호의 표현—즉 기표—이 구성하는 텍스트에도 적용된다.[58] 이제 앞에서 제시된 도표들을 함수 기능 관계로 다시 종합할 수 있다.

함수 기능 관계		연접 관계(과정)	이접 관계(체계)
상호 결집 관계	한정 관계	선택 관계	특화 관계
	상호 의존 관계	연대 관계	상보 관계
	들러리 관계	조합 관계	자율 관계

〈도식 2.4〉[59]

함수 기능의 도입은 과정과 체계를 구성하는 요소들도 함수 기능을 구성하는 요소로 간주하도록 하고, 그 결과 함수 기능에 참여

---

57) *P.T.L.*, 55쪽.
58) *Ibid.*, 53쪽.
59) *Ibid.*, 57쪽.

하는 구성 요소들은 모두 함수 기능자 fonctif가 된다. 이러한 함수 기능 개념을 도입한 것은 기본적으로 옐름슬레우가 텍스트를 상수와 변수로 이루어지는 함수와 유추적인 성격을 가졌다고 보았기 때문이다. 소쉬르가 언어를 바둑판에 비유하였듯이 옐름슬레우는 텍스트를 수식과 상동적인 구조로 파악했던 것이다.

물론 언어를 추상적인 구조로 파악할 경우 일종의 방정식과 유사한 면이 있다고 할 수 있다. 그런데 $y = f(x)$에서 y가 x의 함수라고 한다면 텍스트 분석에서는 이미 구성 요소가 주어져 있기 때문에 변수의 개념이 도입되기 어렵다. 따라서 함수 개념 자체가 언어 형식 규명에 생산적인 효율성을 보여 준다고 주장하기는 어려울 것 같다. 그보다는 구성 요소 상호간의 층위와 관계 분석이 보다 현실적이고 적절한 방법론으로 이끌어 갈 수 있는 것으로 여겨진다. 램 S. Lamb의 성층 문법 stratificational grammar은 옐름슬레우의 문법관을 심화시킨 이론으로서, 비록 언어학자들에게서 지속적인 호응은 받지 못하였으나 이론적인 면에서 상당한 타당성을 인정받고 있다.

5. 기호 체계

옐름슬레우는 과정 내지 텍스트의 하위 구분을 부류로 하고, 부류는 구성 요소로 분해된다고 설명하면서 구성 요소가 무엇으로 구성되느냐에 대해서는 구체적으로 언급하지 않았다. 또한 그에 앞서 부류와 구성 요소가 무엇이냐에 대해서도 구체적인 언급이 없었다. 구성 성분 상호간의 관계를 함수 기능으로 설명하는 것으로 미루어 보아, 아마도 부류는 일차적 구성 성분 constituant으로서 문장이 절 또는 구 내에서의 주요 기능을 담당하는 요소로 간주되어야 하고, 구성 요소는 부류를 분석했을 때 그것을 구성하는 성분으로 보아야 할 것 같다. 옐름슬레우가 그러한 요소들이 무엇이냐에 대해 구체적으로 거론하지 않은 것은 과정 내지 텍스트가 문장일 경우도 있고 절이나 구일 수도 있으며 혹은 더 작은 단위일 수도 있기 때문이다. 그리고 보다 중요한 것은 구성 단위가 무엇이냐 하는 것보다 구성 요소들 상호간의 관계와 그것을 함수 기능으로 파악하는 것에 더 큰 비중을 두었던 것이다. 그러한 관점은 언어 이외의 기호 체계 분석에서도 필요한 것이다.

옐름슬레우는 텍스트를 보다 작은 성분과 단위로 분석해 내려가면서 기호에 도달한다. 기호는 다른 요소들과는 달리 텍스트를 구성하는 구체적 단위이다. 그러나 텍스트를 구성하는 요소가 일정하지 않은 것과 마찬가지로 기호의 크기와 구성 요소 또한 일정하지 않다. 말하자면 문장이나 절 등이 복잡한 구조적 형태를 보일 때도 있고, 그런가 하면 감탄사나 동사의 명령형과 같은 한 단어로 이루어지는 경우도 있다. 그렇다고 단어가 궁극적인 기호는 아니다. 이 점에 대해 소쉬르와는 달리 옐름슬레우는 분명한 태도를 밝히고 있다.[60]

기호에 대한 이해는 우선 단어와의 구분에서 시작된다. 한 마디로 단어는 개별화되어 사전에 표제어로 들어가는 언어적 단위이다. 그것은 그 내부에 접두사, 접미사, 어간, 문법소 그리고 동사의 경우 굴절어미 등을 포함할 수 있다. 가령 〈prix inbattables(최저가)〉라고 하는 표현은 〈Prix(가격)〉 그리고 〈in-batt-able-s〉이라는 다섯 개의 기호로 이루어진다. 옐름슬레우는 기호의 특징으로서 그것이 의미를 가졌다고 지적하지만,[61] 그것은 오해를 낳을 여지가 있다. 그보다는 단순히 〈정보적 요소〉라고 하는 것이 좋을 것 같

---

60) *Ibid.*, 61쪽.
61) *Ibid.*

다. 왜냐하면 기호의 〈의미〉에는 의미론적 의미만 있는 것이 아니라 문법적인 요소도 있기 때문이다. 따라서 구체 명사라고 분류하는 〈황소〉, 〈자동차〉, 〈산〉과 같은 기호들의 의미가 더 무게가 있는 것은 아니다. 따라서 전통 문법에서 구분하는 〈실어(實語)mot plein〉와 〈허어(虛語) mot vide〉의 구분이 필요없게 된다.

〈실어〉와 〈허어〉의 구분이 불필요한 것은 문법적인 요소도 당당하게 기호가 될 수 있다는 사실 때문만이 아니다. 어휘적 기호도 문법적 기호와 마찬가지로 어떤 문맥 속에 들어가야만 정확한 의미를 부여받게 되기 때문이다. 〈산〉은 단독으로 쓰이는 경우보다 다른 기호와의 결합에 의하여 어떤 의미를 형성한다. 〈푸른 산〉이 있는가 하면 〈벌거벗은 산〉도 있고 〈높은 산〉, 〈낮은 산〉이 있다. 또 우리 말의 조사는 어떤 것을 쓰느냐에 따라 함께 쓰인 체언의 의미론적 적용 범위가 개별화, 또는 보편화될 수 있고 축소될 수도 있다.

의미론적으로 기호는 그 자체가 하나의 텍스트를 이룬다. 앞서 예로 들었던 〈inbattables〉의 〈s〉는 〈복수 표지〉라는 의미의 표현, 즉 시니피앙이다. 다시 말하자면 기호는 음소들의 횡적인 연결에 의하여 구성되며, 어떤 경우에는 단일 음소 또는 발음되지 않는 문자로도 구성되는 표현, 즉 시니피앙의 형태로 제시된다. 따라서 기호의 분석은 그것이 횡적으로 전개되는 텍스트적인 표현과 그것의 내용, 즉 시니피에로 구성된다는 것을 보여주고 그러한 원칙은 이미 소쉬르가 제시한 바 있다. 그러나 옐름슬레우는 이제까지 살펴본 사항 이외에도 기호의 성질에 관해 세 가지 중요한 사항을 분석하고 있다. 첫째, 기호를 구성하는 표현과 내용을 함수 개념으로 설명한다. 둘째, 표현과 내용을 실질 substance과 형식의 두 개의 층위로 나누어 그 두 가지가 표현과 내용의 분석을 심화시킨다. 셋째, 새로운 기호가 계속 구성 construire될 수 있는 것은 그 수가 한정된 비기호 non-signes 덕분이다.

첫째 사항에 대해 살펴보자. 흔히 〈기호란 그 기호 밖에 존재하는 어떤 내용의 표현이다〉라고 정의된다. 그러나 보통 사람은 물론 나아가서 인식론자들과 논리학자들 사이에까지 널리 퍼진 이러한 기호관은 언어학적으로는 별 타당성이 없다고 할 수 있다. 소쉬르와 바이스게르버 같은 이들이 지적한 대로, 기호는 표현과 내용이 결속되므로써 생성되는 실체이다. 이러한 정의는 기호란 지시 대상물 référent과는 직접적인 관계가 없고, 소쉬르적인 기표와 기의로 구성된다는 정의를 전제로 한다. 옐름슬레우는 이 때 표현과 내용은 불가분의 함수 기능 관계를 형성한다고 설명한다. 그리고 함수 기능을 형성하는 표현과 내용은 각각 함수 기능자 역할을 하고, 양자는 합하여 기호적인 함수 기능 fonction sémiotique을 만들며, 기호적인 함수 기능과 두 가지 함수 기능자 사이에는 연대적 관계가 형성된다는 것이다.[62]

기호에 있어서 함수 기능, 함수 기능자, 기호적 함수 기능 등의 개념의 도입은 일반적인 면에서 기호 의미의 이해에 직접적인 도움을 주는 것은 아니지만 텍스트의 형식화나 전산화에는 큰 도움을 줄 수 있다. 옐름슬레우의 함수 기능 개념을 참고로 기호를 구성하는 요소들을 풀이한다면 〈표현이란 어떤 내용의 표현〉임을 의미한다. 마찬가지로 〈내용이란 어떤 표현의 내용〉임을 나타낸다. 따라서 표현이나 내용은 그 자체로서 개별적으로 혹은 독립적으로는 존재할 수 없다. 왜냐하면 그 두 가지는 서로서로 상호전제적인 조건이 되기 때문이다. 내용에 대해 한 가지 유의할 사항은 내용이 〈개념 concept〉이나 〈생각 pensée〉과는 다르다는 사실이다. 영·미의

---

62) *Ibid.*, 65쪽.

기호학과 초기 소쉬르에게서는 〈개념〉이 〈기의〉를 나타내는 것으로 쓰이지만, 〈개념〉은 원래 철학적인 정의, 그리고 메타 언어적인 지칭에 쓰인다.[63] 그리고 생각이란 소쉬르도 언급한 바와 마찬가지로[64] 구체적으로 재단되지 않은 연속체적인 성격을 가졌기 때문에 내용이 될 수 없고, 따라서 함수 기능자로 작용할 수 없다. 그것은 내용을 에워싸는 실질의 바탕이 될 수 있을 뿐이다.

둘째 사항에 대해 살펴보면, 어째서 표현과 내용은 실질과 형식의 층위를 필요로 하는가이다. 〈밥 짓는 쌀〉을 우리는 〈쌀〉이라고 발음하지만 지방에 따라서는 〈살〉이라고 발음하기도 하고, 또 장음화하여 〈싸알〉이라고 발음할 수도 있다. 이것은 내용으로서의 〈쌀〉에 대한 표현이 다양하다는 말이며, 이러한 표현의 다양성은 실질의 문제에 속하고 발음의 원칙은 표현의 형식에 속한다. 만약 표현의 실질만 있다면 의사 소통이 이루어지기 어려운데, 이는 〈살〉, 〈쌀〉 또는 〈싸알〉 등의 표현이 모두 〈쌀〉이라는 내용을 가리킨다는 기준을 갖지 못하기 때문이다. 그러나 실제로 그것이 〈쌀〉을 가리킨다는 것을 모두가 아는 것은 〈쌀〉이라는 발음이 그것의 표현의 형식이라는 것을 알기 때문이다. 유의할 점은 형식은 실제가 아니라 원칙이라는 점이다.

이러한 관점에서 볼 때 내용도 마찬가지이다. 〈내용〉은 흔히 〈의미〉와 동의어적으로 받아들여진다. 그러나 어떤 사람의 발음에 대해 다른 사람이 〈그 말은 아무 의미가 없다〉고 말하는 경우, 자신을 기준으로 한 의미가 없다고 해도 그 발언에는 나름대로의 내용은 있는 법이다. 의미는 언어마다 다르게 분절된다. 이 말은 언어가 각각 다르다는 말이 아니라 언어마다 기호의 영역이 다르다는

---

63) Greimas & Courtés, *op. cit.*, 57쪽.
64) *C.L.G.*, 156쪽.

말이다. 가령 우리는 〈정원의 나무〉도 〈나무〉라고 하고, 〈땔감의 나무〉도 〈나무〉라고 한다. 그러나 〈나무들이 많은 곳〉은 〈숲〉이라고 한다. 하지만 불어로 〈정원의 나무〉는 〈arbre〉이고 〈땔감 나무〉는 〈bois〉이며 〈숲〉은 〈forêt〉이다. 그런가 하면 〈bois〉도 〈숲〉을 가리킨다. 그런데 덴마크 어에서는 〈trae〉가 〈나무〉와 〈목재〉, 〈skov〉는 〈목재〉와 〈숲〉을 의미한다. 이러한 것을 도식화하면 다음과 같다.

〈도식 2.5〉

우리말	불어	덴마크 어
나무	arbre	trae(나무, 목재)
나무, 숲, 목재	bois	skov(목재, 숲)
숲	forêt	

이 도식을 보면 불어의 〈bois〉는 우리말로 문맥에 따라 〈나무, 목재, 숲〉 등이 될 수 있는 데 비해 〈arbre〉와 〈forêt〉는 〈나무〉 및 〈숲〉 한 가지 의미만 가졌고 덴마크 어의 〈trae〉는 불어로 〈arbre〉 또는 〈bois〉가 되고 〈skov〉는 〈bois〉 또는 〈forêt〉가 된다. 이러한 의미 분절을 소쉬르는 어가 valeur 개념으로 설명하였고, 바이스게르버 등의 어휘 의미론에서는 어휘 장 또는 낱말 밭 champ lexical 의 테두리에서 설명되었다. 그런데 옐름슬레우는 이러한 의미의 문제를 내용의 실질, 내용의 형식의 문제로 나누어 보다 체계적인 접근을 시도한다.

의미 영역은 형식을 위한 바탕, 즉 내용의 실질이 되고, 내용의 실질은 분절에 의하여 내용의 형식을 만들어낸다. 그리고 언어마다 의미는 상이한 양상으로 구조화된다. 어떠한 언어를 기준으로 삼을 때 그 언어의 의미 분절이 바로 내용의 형식이 되고, 다른 언어들의 의미 분절은 내용의 실질이 된다. 이렇게 보면 실질과 형식은 상대적인 성격을 가졌다고 할 수 있다. 옐름슬레우가 강조하는 것은 우선 언어적 내용은 그 속에 내용의 형식을 담고 있고, 내용 형식은 의미와 별개로서 의미를 내용의 실질로 전환시킨다는 사실이다.[65]

또 한 가지 강조하는 것은 이 경우에도 함수 기능 관계가 개입된다는 것이다. 두 가지 함수 기능자 중의 하나인 내용에 형식을 부과하여 내용의 형식으로 만드는 것은 기호적 함수 기능이다. 다시 말하자면 내용의 실질을 구성하는 것은 일종의 연속체이고, 그것을 분절하여 내용 형식으로 만드는 것이 바로 기호적 함수 기능인 것이다.

기호의 분석에 의하여 드러나는 네 가지 층위에서 표현의 실질과 내용의 실질은 표현의 형식과 내용의 형식에 의존하게 되고, 또한 표현의 형식과 내용의 형식은 표현의 실질과 내용의 실질을 바탕으로 하여 표출된다.

〈도식 2.6〉

표현	실질
	형식
내용	형식
	실질

옐름슬레우는 그러한 관계를 다음과 같이 나타낸다. 흰 벽에 조명을 비추고 그 위에 그물을 덮어 보자. 그러면 그물망은 벽을 분절시키게 된다. 이 경우 흰 벽은 실질이고 그물에 의하여 칸의 형태로 분절되는 단위는 각각 형식이 된다는 것이다. 이렇게 하여 최종적으로 드러나는 것은 결국 표현의 형식과 내용의 형식인 것이

---

65) *P.T.L.*, 70-71쪽.

다. 아울러 그 두 가지 층위는 기호적 함수 기능이 만들어내는 함수 기능자가 된다. 또한 그 두 가지 층위 내지 함수 기능자는 연대적 관계를 형성한다.

이제 세 번째 사항에 대해 알아보자. 어떻게 새로운 기호들이 계속 생성될 수 있는가. 우리는 매일처럼 새로운 기호, 단어들이 만들어지는 것을 본다. 전기 세탁기, 냉장고, 텔레비전 등은 새로울 것이 없는 어휘들이다. 그러나 삐삐, VCR, 586 등을 비롯한 전자 제품에서부터 오렌지족, 구세대 등을 보면, 우리가 그 어원적인 뜻을 정확하게 알고 그 단어들을 쓰는 경우는 오히려 드물다. 그래도 대충 뜻을 짐작하기 때문에 그런 단어들을 사용하여 일상 대화를 나눈다. 그런데 먼 산속에서 수도하는 도사가 서울에 온다면 대화에 여러 가지 어려움을 느낄 것이고, 외국에서 책으로 한국어를 열심히 공부한 외국인이 갑자기 서울에 와서 20대 학생들과 대화를 나눈다면 언어 외적인 문제, 문화적인 문제와 결부된 표현들의 이해에 큰 어려움을 느낄 것이다.

어휘론에서는 하나의 단어—그것이 신조어이든 아니든 관계없이—는 어간의 접두사, 접미사 등이 첨가된 파생어 또는 합성어라고 설명한다. 그런데 옐름슬레우는 그러한 요소들을 모두 기호라고 부르면서 기호를 비기호 non-signes와 대립시킨다. 그렇다면 비기호란 무엇인가.

비기호는 〈기호가 아닌 것〉을 가리키는 것이 아니라 〈비록 기호는 아닐지라도 기호를 만드는 데 기여하는 요소〉라고 정의할 수 있다. 옐름슬레우는 그러한 의미에서 비기호를 형상소 figures[66]라고

---

66) figures 개념은, 가령 Ricoeur의 『은유의 규칙 The Rule of Methaphor』의 〈은유는 성장한다〉라는 명제처럼 어휘 성장이나 신조어 생성을 가리키기 위한 개념이라기 보다는, 어휘의 무한 목록은 음절/음소/의소 등의 유한 목록이라는 경제적 구조로 분석될 수 있다는 점을 가리키는 개념으로 보여진다.

부르기로 한다.[67] 비기호는 기호를 구성하는 요소 분석을 추상적인 단위로까지 이끌고 가서 얻은 요소를 가리킨다. 이에 대해서는 아마도 음소의 정의를 통하여 유추적으로 이해하는 편이 쉬울 것 같다. 가령 /P/라는 음소는 단순히 [p]라는 음가를 가졌다고 설명하지 말고, 한 걸음 나아가 그 변별적인 특징을 가지고 기술해보자. 그러면 (1) 두 입술을 닫았다가, (2) 두 입술을 벌리면서 숨을 밖으로 몰아 쉬며 내는 소리이면서, (3) 성대가 울리지 않는 무성음이고, (4) 비음이 아니다라고 정의할 수 있다. 이 경우 네 가지 특징은 변별적인 자질로서 그 하나하나의 자질은 자립적으로 음소를 만들지는 못하지만, 모이면 하나의 음소를 만든다. 그리고 여러 가지 자질 중에서 한 가지를 다른 것으로 바꾸면 다른 음소가 될 수 있다. 예컨데 (3)의 무성음을 유성음 자질로 바꾸면 /b/ 음이 생겨난다. 그리고 (1)의 양순음 자질을 순치음—웃니와 입술의 접촉음—으로 바꾸면 치경음 /t/ 음이 생겨나고 동시에 (3)을 유성음으로 바꾸면 /d/ 음이 생겨난다. 이와 같은 원칙이 기호에 적용될 경우 그 자질에 해당하는 것이 비기호 내지 형상소인 것이다.

형상소 내지 비기호를 이용하여 〈남자〉, 〈여자〉, 〈소년〉, 〈소녀〉 등의 기호를 분석하면서 〈남자〉를 기준으로 삼을 경우 〈여자〉는 〈-남자 + 성인〉으로 〈소년〉은 〈+남자 - 성인〉, 〈소녀〉는 〈-남자 - 성인〉으로 분석될 수 있다. 이 경우 자질을 나타내는 메타 언어 〈±남자〉, 〈±성인〉을 가지고 네 가지 기호를 분석할 수가 있고, 이는 바꾸어 말해 자질을 제시하면 그것의 합성에 의하여 기호를 만들어낼 수 있다는 것이다. 이러한 분석은 카츠 Katz와 포더 Fodor가 제시한 것[68]보다 먼저 옐름슬레우가 제시한 것으로서, 후에

---

67) *P.T.L.*, 64쪽.
68) Katz & Fodor, "The structure of semantic theory," *Language* 39, 1963, 170-210쪽.

촘스키도 하위 구분 설정에 도입한 바 있다.

형상소 내지 비기호 개념의 도입은 기호 분석에 있어서 새로운 가능성을 열었고, 공통 요소를 바탕으로 무한한 수의 기호를 축소시킴으로써 기호의 형식화와 전산화에 큰 도움을 줄 수 있게 된다. 그러나 옐름슬레우가 비기호 개념을 도입한 것은 기호가 무한한 생성을 계속할 수 있는 것이 바로 추상적이고 그 수가 매우 제한적인 비기호의 덕분이라는 사실을 강조하기 위해서였다. 이로써 자연 과학에서 원자가 물질 구성의 최종 단위가 아닌 것과 마찬가지로 기호가 랑그나 언어를 구성하는 최종 요소가 아니라는 점을 알 수 있다.

옐름슬레우는 기호를 분석하는 과정에서 기호가 의미의 최소 단위이면서도 분석의 최종 단위가 아니라는 점, 그리고 기호가 추상적이고 비자립적인 비기호 내지 형상소로 구성된다는 것을 보여 주었다. 비기호의 도입은 음운론의 음소 분석에서 시사받았다고 생각되지만 잘 생각해보면 옐름슬레우의 과학적 분석력이 일관성 있는 추론을 통하여 도달한 결론이라고 하여야 옳을 것 같다. 그에 따르면, 언어는 일차적으로는 기호의 체계이지만 내적 구조에 있어서는 형상소의 체계라 할 수 있다. 언어를 순수한 기호 체계로만 정의하는 것은 언어와 언어를 둘러싸고 있는 비언어적 요소들과의 관계에만 관심을 두는 것과 같다. 언어를 형상소의 체계로 이해하는 것은 언어의 외적 기능보다는 내적인 고유 기능에 관심을 두는 것이다. 이렇듯 그는 비기호 개념을 통해서 기호의 구성을 체계적으로 기술할 수 있는 근거를 갖게 되었다.

언어학은 그 구성의 메카니즘을 설명하여야 하는데, 옐름슬레우는 기호 구성의 열쇠가 비기호에 있다고 설명한다. 즉 그 수가 한정된 음운 자질이 음소 생성에 작용하듯이, 비기호 내지 형상소 요소들이 메타 언어적 요소로 기능할 수 있는 기본 기호들과의 결합에 의하여 계속 새로운 기호들로 구성된다는 것이다. 이러한 설명은 기호 구성에 관한 연구에 초석이 된다고 하겠다. 한편 이것은 촘스키의 생성 문법에서 하위 구분을 통하여 통사 구조를 밝히는 데 기여하였다고 볼 수 있고, 현재 존재하는 무수한 기호를 형식화하여 정리하고 전산화하는 데도 기여할 수 있다.

6. 외시와 공시

옐름슬레우는 기호의 생성 원리를 제시하고 기호의 네 계층을 구분하여 의미의 구조화에 기여하였다. 특히 형식과 내용에서 실질의 층위와 형식의 층위 구분은 의미 연구에 대한 새로운 바탕을 제공하였고, 다른 언어학자들이 개별적으로 연구한 바를 하나의 체제 속에 정리하였다는 점에서도 중요한 기여를 하였다고 볼 수 있다. 가령 소쉬르는 기호가 기표와 기의로 이루어진다고 설명하면서 별도로 어가 valeur 개념을 도입하여 언어마다 다른 의미 분절 관계를 설명하였지만,[69] 옐름슬레우는 그러한 요소도 모두 기호의 네 가지 층위 속에 끌어들였기 때문에 기호 개념의 종합화와 형식화에 크게 이바지한 셈이다. 그러나 그는 기호의 외시 dénotation와 공시 connotation[70]의 문제를 분석함으로써 기호 의미의 변화 문제를 기호 내에서 설명하고 형식화하게 되고, 기호 의미 연구, 나아가서는 기

---

69) *C.L.G.*, 158-160쪽.
70) 〈dénotation〉을 〈외시〉, 〈connotation〉을 〈공시〉라고 하는 번역을 상당수의 언어학자들이 받아들이고 있기 때문에 필자도 그대로 쓰고 있지만 만족스러운 역어라고 생각되지는 않는다.

호학의 범위를 넘어서는 인문·사회 과학 분야에서의 의미 연구에 새로운 가능성을 열어주게 된다.

먼저 외시는 전통적으로 철학에서 밀 J. S. Mill이 언급한 대로 〈한 개념의 외연 extension〉을 가리킨다.[71] 기호의 외연은 현실 속에서 기호가 지시하는 지시 대상을 가리키거나 때로는 본래의 정의대로 기호와 기호가 가리키는 지시 대상물과의 관계를 나타낸다. 외연과 반대되는 개념은 철학에서는 〈내포 connotation 혹은 compréhension〉로서 〈주어진 개념을 충족시키는 속성〉이라고 정의된다. 그러나 옐름슬레우의 언어학에서는 그와는 다른 의미를 나타낸다.

그는 기호가 지시하는 현실의 지시 대상물은 언어학 내지 기호학의 밖에 있다고 본다. 이 점에 있어서 그는 소쉬르와 같은 의견이다. 예를 들면 〈나무꾼〉이라는 기호가 실제로 어떤 나무꾼을 가리키느냐 하는 것은 기호학이 다룰 수 없는 문제라고 생각한다. 그러한 문제는 화용론의 문제라고 보는 것이다. 그는 기호 의미를 가진 기호체 sémiotique—그 단위는 단순한 기호일 수도 있고 기호의 결합에 의한 텍스트가 될 수도 있다—를 외시적 기호체 sémiotique dénotative와 공시적 기호체 sémiotique connotative 두 가지로 구분한다.[72]

〈외시적 기호체〉는 표현이나 내용이 개별적으로 하나의 기호체로서 작용할 수 없는 경우를 가리키고, 〈공시적 기호체〉에서는 표현이나 내용이 각기 하나의 기호체로서 기능할 수 있다고 정의한다. 다시 말하자면 외시적 기호체는 표현과 내용이 함수 기능에 의한 결합을 통하여 하나의 기호를 이루고, 따라서 그것은 〈하나의 표현이 하나의 내용을 수반한다〉는 것을 의미한다. 그것은 〈하나의

---

71) La Lande, "Vocabulaire technique et critique de la Philosophie," *Logique I*, Chap. II, de J. S. Mill, 216쪽.
72) *P.T.L.*, 144쪽.

내용을 갖는 표현이 기호이다〉라고 정의하는 것과 같은 의미이다. 그에 비하여 공시적 기호체는 〈표현 면이 하나의 기호체〉[73]인 경우이다. 말하자면 기호를 이루는 표현과 내용이 합하여 하나의 표현이 되고, 그것에 대응하는 내용이 새로 생겨나는 경우를 가리킨다. 가령 하나의 기호—단어 또는 문장—가 새로운 의미를 부여받을 경우 본래의 의미—즉 내용—와 형식—즉 표현—은 합하여 하나의 새로운 표현 역할을 하게 되고, 그 표현에 대응하는 내용이 새롭게 생겨나는 것을 말한다. 공시적 기호체와는 반대로 표현과 내용이 합하여 새로운 내용이 되고 그 내용이 표현을 새롭게 받는 경우가 있는데, 그것이 메타 언어이고 옐름슬레우는 그것을 메타 기호체 métasémiotique라고 부른다.

우리 말에서 〈바가지〉는 본래 〈박〉을 따서 가른 후 말려서 물이나 곡식을 담는 데 쓰는 그릇을 가리킨다. 그러나 〈바가지 요금〉이라고 할 경우에는 〈소비자로 하여금 많은 요금을 물리게 한다〉는 것을 의미하고 〈바가지 긁는다〉는 실제로 바가지를 긁는 경우에 사용되는 경우는 별로 없고, 〈살림살이가 궁핍한 것을 남편에게 은근히 불평한다〉는 의미를 받는다. 따라서 이러한 기호체들은 본래의 표현과 내용이 하나의 표현이 되어 새로운 의미 내용을 부여받은 것이고, 옐름슬레우는 그 현상을 형식화하여 나타낸 것이다. 표현 자체는 공시적 의미를 함의할 수 있다. 발음에 있어서 어떤 악센트나 발음 형태는 특정 지방 또는 특정 계층에 속한다는 것을 보여줄 수 있다. 가령 우리말 발음에서 종결 어미를 〈-유〉로 발음하면 충청 지방 사람이라는 것을 암암리에 드러내고, 〈쌀〉을 〈살〉로 발음하면 영남 지방 사람임을 보여준다. 불어에서 〈r〉발음을 진동시켜 발음하면 사교적이고 활달하며 말하기 좋아하는 남부 지방 사

---

73) *Ibid.*

람임을 알 수 있다. 말하자면 발음도 부수적인 정보를 주는 공시적 요소로 볼 수 있다.

공시적 기호체와는 반대의 경우도 있다. 즉 기호의 표현과 내용이 합하여 하나의 내용으로 굳어지고, 그것이 마치 하나의 특수한 용어 개념으로 굳혀지는 경우가 있다. 예컨데 옐름슬레우가 특정한 의미로 사용하는 〈표현〉, 〈내용〉 등은 〈나타내고자 하는 것〉, 또는 〈속에 담겨 있는 것〉 등 일반적인 의미로 쓰여진 것이 아니라 소쉬르의 〈시니피앙〉, 〈기표〉 그리고 〈시니피에〉, 〈기의〉를 나타낸다. 그것은 마치 특정한 의미로만 사용되는 새로운 기호 표현을 만들어낸 것과 같다. 이러한 것은 대개 학술적인 용어로 쓰이는 메타 언어인 경우가 대부분이다. 그래서 그러한 메타 기호체는 기호체를 다루는 상위 기호체 내지 상위 기호학 une sémiotique qui traite d'une sémiotique이라고 정의한다.[74] 그는 언어학도 일종의 메타 기호학이라고 하면서 공시 기호체는 과학과 직접 관련이 없는 데 비하여 메타 기호체는 과학과 관련된 기호체라고 부언하고 있다.[75]

옐름슬레우 자신은 외시적 기호체, 공시적 기호체, 메타 기호체의 개념을 제시하면서도 도식화하지는 않고 설명하였다. 옐름슬레우의 공시 기호체 개념을 사회 현상 분석에 적용한 것은 바르트였고, 에코 Eco는 바르트의 뒤를 이어 외시 기호체와 공시 기호체를 도식화하였다.

---

74) *Ibid.*, 151쪽.
75) 일반 명사에서 전환된 고유 명사, 예컨데 〈동해〉, 〈황해〉, 〈백두산〉 등 또는 별명 〈대머리〉, 〈털보〉 등도 메타 기호체와 같은 형성 과정을 거치지만, 그것은 특정 사물이나 사람을 가리키는 지시 대상이 있고 과학과 관련이 없다.

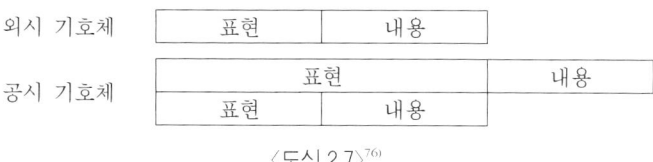

〈도식 2.7〉[76]

여기에 메타 기호체의 도식을 첨가해보자.

표현	내용	
	표현	내용

〈도식 2.8〉

위의 도식들은 기호의 존재 방식과 전이를 매우 간략하게 형식화하여 기호의 성질을 쉽사리 이해할 수 있게 하지만 도식화된 지식은 언제나 그 나름대로의 문제점을 드러낸다.

우선 첫째로, 외시 기호체는 하나의 표현이 하나의 내용을 취하는 일상적인 기호를 의미하는데, 이 때 〈외시〉라는 형용사가 있는 것과 없는 것에 아직 차이는 없다. 〈외시 기호체〉라는 명칭은 그것이 〈공시 기호체〉로 전환되는 경우에만 필요하다.

둘째, 기호체가 공시 기호체가 되어 그 내용이 확정되면 그 자체가 하나의 외시 기호체가 된다. 가령 지시 대상물로서의 옛날식 〈바가지〉가 모두 없어지고 그것이 〈공시 기호체〉로만 기능한다면 그것은 이미 〈외시 기호체〉와 같은 것이다. 그것은 다시 새로운 의미를 부여받아 새로운 공시 기호체가 될 수 있다. 또한 공시적 의미가 소멸되고 본래의 외시적 기호체로 환원되는 경우도 있다. 가령 〈차를 가졌다〉는 표현의 경우 과거에는 〈부유하다〉는 부가적 의미

---

76) Eco, *Le Signe*, Bruxelles, Editions Labor, 1988, 124쪽.

가 공시되었으나 이제는 한국 사회에서 차를 갖는다는 것은 부가적 의미 없이 〈자동차를 소유하고 운전한다〉는 의미밖에 없다.

셋째, 외시 기호체와 공시 기호체는 기호 의미의 실현과 전환의 형식으로서 제시되었지만 구체적 예를 통한 검증은 거의 없다. 특히 〈공시 기호체의 도식에 대한 연구는 종교적 또는 사회적 성격의 개념들을 다루지는 않는다〉[77]고 하면서 사회적 성격의 공시 현상 분석을 제외시키고 있다. 또한 어휘화되거나 비유적으로 통용되는 공시적 표현에 대한 언급이나 그에 대한 분석이 없고 공시에 대한 언급도 없다. 그러나 그렇다고 해서 옐름슬레우가 사회적인 공시 현상에 관심이 없었던 것은 아니다. 그는 「사회적 요인으로서의 언어 내용의 형식 La forme du contenu du langage comme facteur social」[78]에서 히틀러 정권의 홍보 전략에 대한 언급과 〈철의 장막〉 형성 이후 공산권에서 〈민주주의〉, 〈자유〉 등의 의미 내용에 대한 언급을 하는 것으로 보아서 사회적 기호의 내용 문제에 대한 관심이 있었음을 알 수 있다. 그러나 그는 〈순수 이론 과학은 언제나 응용 과학보다 앞서가야 한다〉[79]고 하면서, 그는 자신의 임무가 〈순수 이론 학문〉 쪽에 있음을 암시하고 있다.

넷째, 그의 용어 〈méta-sémiotique〉는 〈sémiotique〉의 경우와 마찬가지로 때로는 〈메타 기호체〉로 번역되어야 하고, 때로는 기호체와 기호학을 다루는 〈메타 기호학〉으로 번역되어야 한다.

그에 옐름슬레우는 공시적 기호체에서 〈공시소 connotateur〉 개념을 제시하고 있다. 옐름슬레우에게서 공시소는 신호 signal와 함께 지표 indicator에 속하는데, 신호가 기호체의 표현/내용 면 중 한 면에만 모호함 없이 지시 관계를 형성하는 데 비해 공시소는 기호

---

77) *P.T.L.*, 150쪽.
78) Hjelmslev, *Essais Linguistique,* Minuit, 1971, 97-104쪽.
79) *Ibid.*, 104쪽.

체의 두 면 모두에 관련되는 공시 표지를 가리킨다.[80]

옐름슬레우는 이론적인 골격 형성에 초점을 맞추고 있기 때문에 공시 기호체에 대한 구체적인 분석을 거의 하지 않고 있지만, 그의 기호 이론의 윤곽을 소개한 에코는 몇가지 예를 들고 있다. 가령 〈개〉라는 기호체의 외시적 의미는 〈개과의 포유 동물〉이 되겠지만 그것이 주는 공시적 의미는 〈충성심 fidélité〉이면서 동시에 〈남에게서 받는 경멸 mépris〉일 수도 있고 아울러 〈탐욕 avarice〉과 〈극도의 어려운 생활 pénibilité〉 등이 포함될 수도 있다. 이러한 공시적 의미는 한국어에서도 거의 비슷하다고 하겠다. 구어체적인 표현에서 〈개 같은 놈〉은 〈충성심〉의 인정과 〈경멸〉의 뉘앙스가 동시에 들어 있고, 〈개같이 벌어서 정승같이 쓴다〉 같은 표현은 〈탐욕〉이나 〈극도의 열악한 생활 환경〉의 의미를 함의하고 있다.

〈여우〉같은 동물의 경우 서양 문화권에서는 〈교활한 인간〉―예컨데 2차 대전 당시 〈사막의 여우〉라는 별명을 가졌던 독일의 롬멜 장군―으로 통하고, 그에 대한 출처는 12세기의 〈여우 이야기〉로 거슬러 올라간다. 우리 나라에서도 거의 동일한 공시적 의미를 부여하지만, 중요한 차이는 프랑스뿐만 아니라 유럽에서는 〈여우〉가 여자보다는 남자에 해당되는 경우가 많은데, 우리 나라에서는 거의 예외없이 여자에 해당된다는 점이다. 그리고 〈여우〉보다 더한 〈불여우〉도 여자에게만 적용하고 있다. 기타 다른 동물, 식물, 색깔, 음식물 등의 어휘 표현들이 지니는 공시적 의미는 동・서양 문화권에 따라 유사한 것도 있으나 전혀 다른 것이 더 많고, 이러한 문제는 언어학 내지 기호학의 영역을 넘어서는 문화적 전통과

---

80) 옐름슬레우의 공시소 개념은 그의 이론을 상세히 소개한 Malarberg의 *Analyse du Langage au 20e siècle*(P.U.F., 1983)과 *Signes et symboles*(Picard, 1977), Eco의 *Le Signe*(Bruxelles, Ed. Labor, 1988)에도 아무런 언급이 없고 옐름슬레우의 이론과 개념을 중점적으로 해석한 Greimas의 *Sémiotique* 사전에도 나와있지 않다.

사고 방식에 뿌리를 두고 있는 복잡한 문제를 안고 있기 때문에 옐름슬레우도 그러한 문제들에 대해 구체적으로 다루는 것을 피한 것 같다.

7. 텍스트 분석

　기호는 언어학 내지 기호학의 단위로서 중간적인 단위라는 점을 앞에서도 말한 바 있다. 한편으로 기호는 그것을 구성하는 더 작은 단위인 형상소 내지 비기호로 분석될 수 있고, 다른 한편으로 기호는 텍스트를 구성하는 요소로 기능한다. 따라서 기호 그 자체가 지니는 의미도 그 자체로서만 파악할 수는 없고 텍스트내에서의 의미를 파악해야 한다. 옐름슬레우의 텍스트 개념은 기호와의 상관 관계를 통하여 이해하는 것이 바람직하다.

　기호가 텍스트를 구성하는 요소라고 해서 그 단위가 작다고만 생각해서는 안 된다. 기호는 단어보다 작은 하나의 음소가 될 수도 있지만 그보다 훨씬 큰 단위의 기호도 있을 수 있다. 예컨대 여러 개의 기호들이 합쳐 하나의 기호가 될 수도 있고, 문법의 구, 절, 문장, 단락, 심지어는 한 권의 책도 하나의 기호라고 간주될 수 있다. 텍스트 개념 역시 기호와 비교해서 단위의 크기로 이해될 수는 없다. 하나의 기호도 표현 면에서 텍스트가 될 수 있다. 그러나 복합적인 기호와 텍스트의 차이는, 전자에 있어서 문제가 되는 것은 기호들이 어떠한 양상으로 결합하여 통합된 기호 단위를 이루고 통일적인 의미 내용을 이루느냐 하는 것이고, 후자의 경우는 기호의 연접 conjonction에 의하여 구성된 텍스트가 어떻게 분석되고 그것이 어떻게 계층화 내지 구조화되었으며 그 의미 내용이 어떻게 조직화되었느냐 하는 것이다. 분석에 의하여 드러나는 요소들은 이접 disjonction에 의하여 계열체로 환원된다.

소쉬르는 랑그를 연구 대상으로 삼아야 한다고 설명하면서 그 이유로서 이질적 hétérodite인 언어, 즉 랑가쥬의 다양한 표출에 대해 규준 norme이 될 수 있는 것은 오직 랑그이기 때문이라고 하였다.[81] 그러나 옐름슬레우는 언어는 결코 이질적인 것이 아니고,[82] 더욱이 우리가 접할 수 있는 것은 랑그가 아니라 텍스트라고[83] 주장한다. 그는 텍스트를 〈정밀하게 질서화된 단위의 연쇄〉[84]로 정의한다. 〈정밀하게 질서화되었다〉는 의미는 〈텍스트〉의 어원 속에 이미 들어 있다. 로베르 사전에 보면 〈texte〉의 어원은 〈직물을 직조하다 tisser〉, 〈직물 tissu〉, 〈씨실, 골조 frame〉에서 유래된 것이다.[85] 말하자면 텍스트의 짜임새와 직물의 짜임새 사이에는 유추적인 면이 있다고 할 수 있고 이러한 사실은 옐름슬레우의 텍스트 개념을 이해하는 데 도움을 준다.

텍스트는 통합체의 횡적인 전개이면서 분석에 의하여 계열체에 의한 종적인 구분이 드러나기 때문에 실이 종횡으로 엮어져 직조되는 것과 유사한 양상을 보여준다. 거기에 표현과 내용이 개입되어 겹쳐 짜여진다. 이러한 양상은 앞에서 이미 살펴본 바 있다. 텍스트를 구성하는 요소들의 결합 관계는 세 가지 연관 관계 relation—선택 관계 sélection, 유대 관계 solidarité, 연결 관계 combinaison[86]—의 양상을 띤다. 이 밖에도 불변체 invariante와 변이체 variante, 그

---

81) *C.L.G.*, 25쪽.
82) *P.T.L.*, 180쪽.
83) *Ibid.*, 192쪽.
84) *Ibid.*, 194쪽.
85) *Le Petit Robert*, 1967, 1774쪽.
86) *P.T.L.*, 38쪽 및 125쪽.

리고 그 두 가지의 변환 mutation과 관계가 있는 대치 commutation, 교체 permutation 등이 텍스트의 짜임새를 구축하고 있다.

불변체와 변이체의 개념은 표현 문제에 있어서는 음운론과 음성학에서의 음소 정의와 관계가 있고, 기호의 내용 면에서는 형식과 실질의 구분과 관계가 있다.[87] 그러나 텍스트에 있어서 불변체, 변이체의 개념은 전통 문법의 형태론과 구분론에서 분리하여 언급하는 문제들까지 포괄적으로 한 테두리 속에서 다루고 있다. 우선 옐름슬레우의 설명을 바탕으로 그 두 가지의 개념을 종합해보자.

어떤 동일한 문장이나 절, 혹은 어휘가 어떤 텍스트에서 반복해서 나타난다면 그것은 어떤 불변체로부터 파생되는 변이체들이라고 설명한다.[88] 구체적인 예로는 런던 학파와 프라그 학파의 음소 분석을 들고 있다. 그는 다니엘 존스 Jones 중심의 런던 학파보다 트루베츠코이 Troubetzkoy 중심의 프라그 학파의 견해에 동조하면서, 불변체의 설정과 불변체/변이체를 구분하는 데 있어서 변별적 자질 분석이 바탕이 된다고 설명한다. 상관 관계에 있는 음소들 사이— 예컨데 〈a〉와 〈i〉—의 차이가 내용상의 상관 관계—예컨데 〈rat(쥐)〉와 〈rit(웃다의 3인칭 단수 현재형)〉—의 차이를 유발시킨다면, 그 두 음소는 표현 면에서 불변체라고 정의할 수 있다. 이러한 관계 설정은 기호의 함수 기능 및 표현 형식과 내용 형식 사이의 유대 관계로부터 귀결된다.

기호를 중심으로 살펴보면, 서로 상관 관계—즉 같은 계열체에 속하는—에 있는 기호들의 경우 표현 면에서의 상관 관계는 내용 면에서의 상관 관계로 이어진다. 만약 그러한 관계가 성립되지 않는다면 그것은 그 기호들이 다른 기호들이 아니라 동일 기호의 변

---

87) *Ibid.*, 82쪽.
88) *Ibid.*

이체들이 된다.[89] 그 말은 표현이 달라질 경우 내용이 달라지는 것이 당연한데도, 내용이 달라지지 않는다면 그것은 상이한 기호들이 아니라 동일 기호의 변이체들이라는 의미이다.

텍스트의 기호를 중심으로 한 불변체와 변이체의 판별에 관한 원칙은 기호들의 결합에 의하여 이루어지는 절 proposition에 있어서도 동일하게 적용된다. 두 절의 표현들을 맞바꾸었을 경우, 그 두 절의 내용들도 서로 바뀌어지면 두 절은 다른 절이고, 내용이 바뀌어지지 않으면 그것은 동일한 절의 두 변이체가 된다. 불변체와 변이체의 발견 절차에 관한 논의는 논리적인 연역에 바탕을 두고 있기는 하지만, 중요한 것은 표현과 내용이 상호 함수 관계에 있다는 점을 근거로 하고, 그것이 기호이든 절이든 다 그 원칙이 적용된다. 그렇기 때문에 종래의 절의 기능을 중심으로 주절과 종속절로 나누던 분석을 지양하여 다른 절의 한정을 부여받는 피선택체 sélectionnée를 주절이라고 보고, 다른 절을 한정하는 종속절을 선택체 sélectionnante라고 본다. 따라서 주절과 종속절의 구분은 무의미하고, 두 절은 하나의 절의 두 개의 변이체이고 두 개의 다른 함수 기능을 가졌다고 분석된다.[90] 또한 전통 문법에서 다른 기능을 맡은 것으로 분석되는 주어와 속사도 동일 명사의 변이체라고 본다.

이상의 분석과 설명을 통하여 우리는 불변체와 변이체 개념이 표현과 내용, 기호와 텍스트, 그리고 전통 문법의 형태론과 통사론 모두에 관계되는 것임을 알 수 있다. 그러나 옐름슬레우는 구체적인 예를 통하여 이해시키기보다는 논리적인 발견 절차와 분석을 통하여 설명하는 경향이 있기 때문에, 그 개념의 유효성에 대한 설득력이 강하다고 할 수는 없다. 그가 들고 있는 구체적인 예로는, 〈나

---

89) *Ibid.*, 86쪽.
90) *Ibid.*, 93쪽.

무〉 관계 기호들간의 상관 관계를 중심으로 불변체와 변이체를 구분한 것이 있다. 앞에서 잠시 언급했던 이 예를 이러한 관점에서 살펴보면, 유럽 언어에 의한 〈나무〉 관계 기호의 도표를 토대로[91] 〈생나무 arbre〉와 〈땔감 나무 bois〉라는 내용을 나타내는 단위를 보면, 덴마크 어에서는 그 기호들이 뚜렷하게 분화되지 않은 변이체이지만 불어에서는 그 두 가지가 뚜렷하게 구분되는 불변체이고 그것은 독일어에서도 마찬가지이다. 그런데 〈땔감 나무〉와 〈작은 숲〉을 볼 때 불어는 그 두 가지를 한 가지 기호로 나타내고 분화가 되지 않기 때문에 변이체이지만, 덴마크 어에서는 그 두 가지가 구분되기 때문에 불변체이다.[92] 이와 같은 분석을 통하여 우리는 표현과 내용이 서로 밀접한 함수 관계를 형성하고 있고, 불변체와 변이체의 설정은 표현과 내용의 전환 테스트를 거쳐야 한다는 것을 알 수 있게 된다.

결과적으로 불변체와 변이체는 그 개념 자체를 이해하는 것도 중요하지만, 그 두 가지가 텍스트 구성 요소의 검증과 관계된다는 것을 이해하는 것이 그에 못지않게 중요하다. 먼저 불변체는 정의에 의하여 하나의 계열에 속하면서 동일 부류를 형성하고, 따라서 같은 계열에 속한 다른 요소=불변체들과 교환이 가능한데, 그러한 교환을 대치라고 한다. 바꾸어 말하자면 대치란 동일 계열에 속하는 요소=불변체들 사이의 변환을 의미한다. 그에 비하여 동일한 통합체를 구성하는 요소들의 위치를 바꾸어 생겨나는 변화는 교체라고 한다. 가령 한 문장내에서 부사 또는 상황 보어의 위치를 바꾸거나 문장을 강세화하기 위하여 어순을 바꾼다면 그것은 교체가 된다. 이 두 가지 변환과는 다른 형태의 교환으로서 치환이 있다.

---

91) *Ibid.*, 72쪽.
92) *Ibid.*, 96쪽.

치환은 변이체들 사이에서 가능하다. 가령 불어의 /r/ 음은 남부 지방에서는 혀를 굴려 진동하는 [r]음으로 발음하고 파리를 중심으로 하는 북부에서는 목젖이 떨리는 [R] 음으로 발음하지만, 그 두 가지 음은 모두 동일한 음소의 변이체이다. 따라서 어떤 식으로 발음하더라도 의미의 변화는 일어나지 않는다. 이러한 변이체들을 서로 바꾸는 것을 치환이라고 한다. 치환은 음운론에서 동일 음소 여부를 테스트하는 데 쓰일 수 있고, 또 의미론에서는 동의어 여부를 확인하는 테스트에 사용될 수 있다. 일반적으로 치환을 동일 계열에 속하는 요소들 사이의 변환으로 인식하는 경우가 많은데, 옐름슬레우는 그 두 가지를 불변체/변이체를 중심으로 엄격히 구분한다. 전환 테스트는 프라그 학파에서 음소 분석과 확인에 이용되었고, 언어 교육 면에서 구조주의는 발음 연습, 문형 연습 등에 많이 활용되었다.

문학 텍스트의 경우 옐름슬레우가 직접 분석한 경우는 없다. 그러나 언어학자에게는 모든 종류의 텍스트를 분석할 의무가 있다고 본다. 그는 그의 『서설』의 몇 군데에서 문학 텍스트 분석에 대해 간단히 언급하고 있다. 문학 텍스트도 텍스트인 이상 불변체와 변이체 개념을 중심으로 구성 요소들의 결합 양상을 분석하고 나서 상호 유대 관계가 있는 표현의 국면과 내용의 국면을 나눈다. 내용의 국면을 중심으로 문학 텍스트와 과학 텍스트를 나눈 후, 전자는 장르별 구분을 한다. 전자에 관해서만 말하자면 작품을 장 chapitres과 단원 paragraphes으로 나누되 일관성을 중심으로 분석한다. 문장에서 절로 이어지는 구분은 전제와 결론이 삼단 논법의 단계를 따른 것인가를 보여줄 수 있어야 한다.[93] 그는 문학 텍스트인 경우에도 언어학적 분석 내지 기호학적 분석의 가장 중요한 역할은 텍스

---

93) *Ibid.*, 125-126쪽.

트가 지니고 있는 형식 논리를 철저하게 분석하는 것이라 보고 있다. 그러한 원칙에 반대할 이유는 없으나, 과연 그 문제에만 집착하여야 하는가에는 회의가 없을 수 없다. 그 밖에 그는 특히 문학 텍스트의 경우 구조적 동질성을 찾아보기 힘들다는 점을 인정하면서 문학 텍스트를 몇 가지 기준을 중심으로 분류하고 있다.

(1) 문체론적 형식 면에서: 시, 산문 그리고 그 두 가지의 혼합.
(2) 문체 면에서: 독창적 문체, 모방적 문체.
(3) 문체의 가치 면에서: 높은 수준의 문체, 저속한 문체, 중립적 문체.
(4) 문체의 양식 면에서: 구어, 문어, 몸짓, 신호기.
(5) 감정의 움직임 면에서: 분노, 환희 등.
(6) 고유 언어 면에서:
    a) 지방 언어 vernaculaires의 유형에 따라서: 지역 사회 공통 언어, 사회적 계층 내지 직업을 중심으로 한 사용 언어.
    b) 나라별 언어 Langues nationales 구분에 따라서.
    c) 지역별 언어 langage régionaux에 따라서: 일상 통용어, 방언, 사투리 등.
    d) 표정 면에서: 얼굴 표정, 관계되는 신체 기관, 목소리 등.[94]

이상의 열거에는 문학 텍스트에 직접 관련되지 않는 부분도 있고, 또한 저자 자신이 텍스트에 관한 문제를 모두 망라한 것은 아니라는 점, 그리고 여러 가지 문체적인 특징이 겹쳐질 수 있다는 점들을 인정하고 있다. 예컨대 문학적 문체와 독창적 문체, 수준 높은 문체, 문어체 등이 모두 특정인의 문체에 해당할 수도 있기 때문이다.

---

94) *Ibid.*, 145-146쪽.

『서설』을 통하여 옐름슬레우의 노력이 기호체로서의 언어의 형식적인 틀을 조직화하는 데 집중되었고, 그것을 바탕으로 기호학의 기초를 세우고자 하는 데 목적을 두었기 때문에, 그의 연구가 문학 텍스트 분석에 초점이 맞춰진 것은 아니다. 그럼에도 불구하고 그는 자신의 연구가 문학 텍스트까지 포괄하는 텍스트 연구에 있음을 잘 보여주고 있다.

8. 맺는 말

옐름슬레우는 언리학의 관점에서 언어학으로부터 기호학에 이르는 연구의 토대를 구축하겠다는 야심을 가졌고, 그의 『서설』을 비롯한 저서, 논문들을 통하여 그가 자신의 꿈을 어느 정도 실현하였다고 평가된다. 그의 이론은 논리 정연하고 과학적인 추론을 바탕으로 전개되며 조직적이고 체계적인 명증성을 특징으로 지니고 있다. 그는 미국과 유럽의 구조주의의 발전에 크게 기여하였고, 그의 이론은 특히 음운론과 의미론, 외국어 교수 방법 개발에 크게 기여하였다. 그러나 그의 이론의 잠재적인 가능성에 비하여 언어 이론 면에서의 그의 중요성은 70년대 이후 지속적으로 부각되지 못한 감이 있다.

기호학을 중심으로 살펴볼 때, 기호 분석의 층위를 네 가지로 본 것이나 비기호 내지 형상소의 도입 및 공시 개념 등은 의미론적 연구의 토대가 되었고, 그의 함수 기능 개념을 중심으로 한 관계 이론도 이론적으로 상당히 중요성을 지니고 있다. 그러나 그가 매우 중요하게 강조한 개념들 중에서 그의 이론의 전파에 크게 공헌한 그레마스의 『기호학 사전』에 누락되어 있는 항목들도 여러 가지가 있다. 그것은 그가 이론적인 구축에 몰두한 나머지 실제적인 적용이나 구체적인 분석에 소홀하였기 때문에 비롯된 결과라고 하겠다.

그러나 어떤 학문의 완성은 특정 개인이 아무리 뛰어나다 해도 한 사람에 의하여 모두 이루어질 수는 없는 법이다. 다행히 그의 이론은 프랑스의 벵베니스트나 바르트, 그레마스 등에 계승되어 발전하게 되었다.

참고 문헌

Saussure, F., *Cours de linguistique générale*, Payot, 1972.
Hjelmslev, L., *Essais Linguistiques*, Minuit, 1971.
_____, *Prolégomènes à une théorie du langage*, Les Edition de Minuit, 1971.
Bronckart, *Théories du langage*, Pierre Mardaga, 1977.
Chomsky, *Aspects of the Theory of Syntax*, MIT Press, 1965.
Eco, U., *Le Signe*, Bruxelles, Editions Labor, 1988.
Greimas, A. J. & Gourtés, J., *Sémiotique: Dictionnaire Raisonné de la théorie du langage*, Hachette, 1979.
_____, *Sémiotique: Dictionnaire Raisonné de la théorie du langage 2*, Hachette, 1986.
Hays, "Dependancy theory: A formalism and some observation," *Language 40*, 1964.
Katz & Fodor, "The structure of semantic theory," *Language 39*, 1963.
Lindekens, R., *Hyelmslev*, 1975.
Malmberg, *Signes et symboles*, Picard, 1977.
Dictionnaire de linguistique et des sciences du langage, Larousse, 1994.
Le Petit Robert, le Robert, 1967.
『철학사전』, 중원문화사, 1987.

제3장 벵베니스트:
커뮤니케이션 언어의 해부

1. 들어가는 말
2. 꿀벌 언어와 예술 언어의 특징과 한계
3. 랑가쥬와 랑그
4. 랑그와 기호의 성질
5. 기호 체계와 기호적 방식
6. 의미적 방식
7. 텍스트와 시제
8. 언어와 주체성
9. 맺는 말

개요

- 희랍어, 라틴어, 유태어 등을 비롯한 고전 언어와 세계의 다양한 언어에 대한 폭넓은 소양을 쌓았다.
- 언어는 의사 소통을 위해 존재하고 인간 언어는 동물 언어나 예술 언어에 비해 메타 언어적 기능, 다른 표현으로의 번역 가능성 및 간접 화법 능력 등을 추가로 보유한다.
- 랑그/빠롤의 구분을 기본적으로 받아들이지만, 빠롤은 담화로 대체한다. 담화는 텍스트와 동연적이다.
- 기호로 구성되는 언어는 기호적 방식/의미적 방식으로 구분할 수 있다. 전자는 기호의 단순한 결합에 의하여 구성되고, 후자는 이미 주어진 문장 내지 담화에서 출발하여 기호의 의미는 그 맥락 속에서 조정된다. 이 관점은 영·미의 경험론적 분석 방식과 관계가 있다.
- 기호를 구성하는 기표와 기의의 결합은 자의적이 아니라 필연적이고, 기호와 그것이 지시하는 외부와의 관계를 배제할 수 없다.
- 의사 소통에서 화자는 〈나〉, 〈지금〉, 〈여기〉를 중심으로 언술을 조직화한다. 그것을 언술 작용이라 한다.
- 행위를 수반하는 수행문과 서술문을 구분하는 기준이 있다.
- 경험이나 사건을 시간 속에서 배열하는 것을 사건의 시간이라 하고, 그것을 담화 속에서 시제로 표현하는 것을 언어적 시간이라 한다.
- 양태성은 담화의 의미 형성에 개입한다.
- 화자의 개입 여부에 따라 텍스트는 〈담화〉와 〈이야기〉로 구분되고, 각기 다른 지시 운용 체제를 갖는다.

1. 들어가는 말

1960년대 프랑스 언어학을 대표하던 학자 중의 한 사람이었던 꼴레쥬 드 프랑스의 에밀 벵베니스트 Emile Benveniste 교수는 자신의 연구 결과를 모아 『일반 언어학의 제문제 Problèmes de linguistique générale』를 출판한다. 그의 저서는 당시 풍미하던 공시태 위주의 구조주의 언어학의 틀을 벗어나 넓은 시야에서 언어와 언어 기능에 대한 독특한 관점을 보여주고 있었다. 특히 한국어의 대명사에 대해 언급하는 구절도 있어서[1] 그에게 간단한 독후감을 적어 보냈다. 그러자 뜻밖에도 한국어에 대해 궁금한 점도 있고하니 찾아오라는 전갈을 보내 왔다.

대학촌에 가까운 아파트에 살던 노학자에 대한 방문은 필자에게 여러 가지로 깊은 감명을 주었다. 그는 언어의 내재적 구조에 대한 연구에 심취해 있던 필자에게 의사 소통의 중요성을 강조하면서 의미의 올바른 파악을 위해서는 언어의 역사적 차원에 대한 이해가 필수적임을 지적하여 주었고, 또한 언어학은 (문학) 텍스트 분석에 반드시 필요한 분야라는 점도 말해 주었다. 그 당시 구조주의적 관점이 언어 연구의 알파와 오메가라는 환상을 가졌던 필자로서는 그의 말을 심도있게 이해할 마음의 준비가 미처 되어 있지 않았다. 그러나 그의 메시지는 나 자신의 인식의 수면 위로 서서히 부상하였고 나에게 가장 소중한 깨달음을 주었다.

기호에서 텍스트로 접근하기 위한 필자의 관점에서 볼 때, 그의 연구의 핵심은 언어의 존재 방식을 기호적 방식과 의미적 방식[2]으

---

1) E. Benveniste, *Problèmes de linguistique générale I*, Gallimard, 1966, 226-227쪽. 이하 이 책은 *P.L.G. I*로 표기한다.
2) 〈le (mode) sémiotique〉는 기호 체계를 지칭하기 때문에 〈기호적 방식〉으

로 나누면서 언술 작용의 개념을 도입하여 언어를 사용의 측면에서 분석하고, 그 연장선상에서 문법적인 가치 개념을 텍스트 언어 연구에 적용한 데 있다고 하겠다. 그러나 거기에 이르기 전에 그가 인간의 언어가 아닌 의사 소통 방식에 대해서 어떤 생각을 가지고 있는지, 그리고 기초적인 개념인 랑가쥬와 랑그를 어떻게 이해하고 있는지를 살펴보는 것이 좋을 것 같다.

2. 꿀벌 언어와 예술 언어의 특징과 한계

인간은 생활 속에서 존재로서의 자기 표현을 끊임없이 하고 있다. 주로 언어를 통하여 의사 소통을 행하지만, 넓은 의미에서는 복장, 예절, 예술, 의식 등의 다양한 매체에 의하여서도 자기의 생각을 표출하게 되고, 결과적으로 그러한 분야들도 기호적 방식을 통해 의미 체계를 형성한다고 간주된다. 이러한 의미 표출은 비단 인간뿐만 아니라 생물계에서도 발견되고 있다. 고대로부터 현대에 이르기까지 사람들은 다양한 방법으로 동물 언어에 대해 연구하였다.[3] 벵베니스트는 독일 뮌헨대학의 동물학 교수 칼 폰 프리슈 Karl von Frisch의 관찰을 토대로 꿀벌의 의사 소통 형태와 인간 언어를 접근시키고 있다.[4]

그 연구는 다음과 같이 진행되었다. 즉 어느 꿀벌이 꿀을 발견하고 먹는 동안, 그 꿀벌에 어떤 표시를 하고 관찰해보니 그 벌이 돌아가고 난 후에 한 떼의 꿀벌들이 그 곳에 정확히 날아와 꿀을 먹

로, ⟨le (mode) sémantique⟩는 ⟨의미적 방식⟩이라고 옮긴다.
3) 김방한, 『언어학의 이해』, 민음사, 1992, 29-30쪽.
4) *P.L.G. I*, 56-74쪽.

는다. 그런데 거기에는 먼저 왔던 꿀벌은 보이지 않는다. 결국 그 벌이 어떤 형태로 자기가 발견한 꿀에 대한 정보를 다른 벌들에게 전달했을 것이라고 추정하여 그 과정을 추적한다. 알고 보니 꿀을 발견한 벌은 벌집으로 돌아가 동료 벌들 앞에서 춤을 춘다. 그 춤이 일종의 의사 소통 행위 내지 정보 전달 방법인 것이다. 춤에는 원형의 춤과 8자형의 춤 두 가지가 있는데, 전자는 꿀의 소재가 벌집 주위 반경 100m 이내의 거리에 있는 경우이고 후자는 100m 이상 6km 이내의 경우인데, 특히 후자의 경우에는 일정한 시간내에서 춤의 회수와 각도에 따라 정확한 방향과 지점을 표시한다는 것이다.

결과적으로 벌은 방향과 거리를 측정하는 능력, 그것을 기억하는 능력, 전달하는 능력뿐만 아니라 그러한 전언 message을 식별하는 능력을 지닌 셈이다. 거기에는 비록 낮은 수준이지만 일정한 지능의 형태, 특히 일정한 의사 소통 능력이 개입된다고 하지 않을 수 없다. 그러면 이러한 능력을 인간의 언어 행위 능력과 유사한 것으로 볼 수 있을까?

벵베니스트는 꿀벌이 〈여러 가지 데이터가 포함된 전언을 만들고 이해하는 능력〉이 있음을 인정하고, 다양한 신체의 움직임에 의하여 〈데이터를 부호화하여 전달하는 능력〉도 있음을 인정하고 있다. 그리고 그러한 능력은 〈현실과 관계 있는 기호를 형성하고 해석하는 능력〉이라고 평가한다.[5] 그는 그러한 꿀벌의 능력이 인간의 언어 수행 능력과 유사한 점이 있다고 보지만, 꿀벌의 전언과 인간의 언어 사이에는 근본적인 차이가 있다는 사실을 우리에게 상기시켜 주고 있다.

『일반 언어학의 제문제』에서 벵베니스트가 지적하는 차이는 다

---

5) *Ibid.*, 59쪽.

음과 같이 정리해볼 수 있다.[6]

(1) 꿀벌은 신체 언어만 구사할 뿐 음성 언어를 사용하지 못하고, 시각을 통한 인지만 가능하기 때문에 야간에는 의사 소통이 불가능하다.
(2) 꿀벌의 전언은 상대방에게 행위를 야기시킬 수는 있지만 응답을 받을 수 없다는 점이다. 그것은 벌에게 대화 기능이 없고 일방 통행적인 전달만 있음을 의미한다. 인간 언어가 대화 상황을 전제로 성립하고 대화 속에 주관적인 체험과 반응을 자유롭게 표현할 수 있는 데 비하여 꿀벌의 전언에는 그러한 가능성이 없다.
(3) 벌이 전언을 위해 사용하는 부호는 오로지 객관적 상황의 전사 décalque로 구성되기 때문에 한정적이고 다양성이 없으며 객관적인 경험밖에 표출하지 못한다. 그에 비하여 인간의 언어는 비경험적인 것, 비사실적이거나 비현실적인 것, 가상적인 것 등을 자유자재로 나타낼 수 있다. 한 가지 더 추가한다면, 꿀벌이 잠재적인 현재태로만 전언을 표출할 수 있는 데 비하여 인간은 시제와 서법 mode을 자유로이 혼합하여 다양한 생각의 뉘앙스를 표현할 수 있고, 현장에 없는 타자의 생각이나 느낌도 추리에 의하여 언어로 표현할 수 있다.
(4) 꿀벌의 전언은 형성소 내지 형태소로 분절, 분해될 수가 없는 데 비하여 기호 체계로서의 인간 언어는 계열체의 결합에 의하여 통합체가 되고 통합체가 계열체로 분해될 수도 있으며 그것은 음성면에서도 마찬가지라는 점이다.

벵베니스트가 지적한 꿀벌 언어 내지 동물의 의사 소통과 인간 언어의 차이는 인간 언어에 대한 그의 예리한 통찰력을 보여준다. 그러나 (1)은 새나 벌레들의 경우 소리를 이용한 전언을 하고 있고

---

6) *Ibid.*, 60-61쪽.

따라서 인간에게도 교신할 수 있기 때문에 재론의 여지가 있다.[7] 특히 인간의 귀로는 감지될 수 없는 파장의 소리로 의사 소통을 하는 경우도 고려해야 된다고 본다.[8] (2), (3)에 있어서는 전언에 대응하는 행위는 언향적 언어 행위로 간주될 수 있다는 점을 유의할 필요가 있다. 그리고 기본적으로 꿀벌은 자신의 생존을 영위하는 데 필요한 의사 소통 수단만 가지면 되고 무엇보다 인간이 인지할 수 없는 느낌이나 필요를 표현하고 이해할 수 있는 능력이 있을 수 있음을 배제할 수 없을 것이다. (4)의 문제는 인간 언어만이 지니고 있는 특성을 언급한 부분이다. 인간 언어는 계열체에서의 선택과 통합체에서의 조작을 통해 실현되며, 언어에서 범주와 체계는 본질적으로 이 두 축에 기대어 형성된다. 언어 단위의 이러한 관계적 속성이야말로 유한한 분절 단위를 통합함으로써 다양한 메시지를 창조할 수 있는 바탕이 된다. 꿀벌의 정보 전달 행위가 상황의 묘사에 그치는 것은 그것이 비분절적인 단위로 이루어져 있으며, 따라서 계열적/통합적이라는 관계적 속성을 갖기 때문이다. 그러면 언어 외의 기호론적 체계에서는 계열체의 통합이나 대체와 같은 조작이 불가능할까?

  벵베니스트는 다양한 기호 체계 중에서 음악이 언어와 유추적인 성질을 가졌다는 점에 착안하여 그 둘 사이의 유사성과 차이점에 대한 검토도 시도한다. 우선 음악도 언어—구어체—와 마찬가지로

---

7) 필자는 옥스퍼드 생물학 교수들이 참새 언어의 연구를 통하여 그 참새들이 30가지의 의사 소통을 위한 표현 방법을 가지고 있고, 연구 여하에 따라 더 많은 수의 표현 방법도 알아낼 수 있는 가능성이 있다는 발표를 들은 적이 있다. 참새들은 소리로 사랑을 고백하거나 외로움을 표현하는데, 때로는 먼 지방에서 온 참새들과는 〈방언〉의 차이 때문에 의사 소통에 어려움을 겪는 수도 있다고 한다.
8) 세르게이에프는 『재미있는 동물의 초음파 세계』(정연두 옮김, 과학과 사상, 1993)에서 다양한 동물들의 성언어에 대해 관찰한 바를 기록하였다.

시간적인 전개와 배열을 보여주고, 또한 음성적인 면에서 강약과 고저의 분포를 실현한다는 점에서 공통점이 있다고 할 수 있다.

벵베니스트의 음악에 대한 관점을 요약해보자.[9] 음악은 〈음 son〉으로 이루어지고 음은 〈음표〉로 객관화되어 기능할 때 음악적 가치를 가지게 된다. 음표들은 음계라는 틀 속에서 음가를 부여받는다. 음계 내의 음표들은 비연속적이고 각각 일정한 시간에 일정한 수의 진동을 보여준다. 높고 낮음에 따라 음계가 달라지나 음정들은 일정하고 각 음계에는 동일한 음표들이 배열된다.[10] 그러면 음악의 음을 기호로 보거나 음악을 기호 체계로 볼 수 있을 것인가.

이러한 문제에 대한 벵베니스트의 견해는 부정적이다. 그 이유로 그는 음표들이 〈오로지 음계내에서만 시차적 가치 valeur différentielle를 지닌다〉는 사실, 그리고 음계가 음조에 따라 〈순환적으로 나타나는 집합체〉[11]라는 사실을 들고 있다. 환언하면 음표의 변별성과 대립성은 음표의 계열체인 음계 내부에서만 가능하다는 점, 그리고 음의 연속을 통하여 전개되는 음악은 계열의 축과 통합의 축을 중심으로 구조화되는 기호 체계인 언어와는 다른 성질을 지닌다는 말이다. 또한 음악에서는 단음이나 다음 polyphonie을 동일 순간에 실현할 수 있지만 언어는 그러한 동시성 simultanéité을 배제하고 있다. 결과적으로 언어의 체계는 유의미적 단위 unités signifiantes를 토대로 한 체계인 데 비하여, 음악을 비롯한 예술 체계들은 비의미적 단위 unités nonsignifiantes의 연결에 의한 동시성과 시퀀스 sequence의 두 축을 바탕으로 한 체계라고 규정짓는다.[12] 한

---

9) E. Benveniste, *Problèmes de linguistique générale II*, Gallimard, 1974, 54-60쪽. 이하 이 책은 *P.L.G. II*로 표기한다.
10) *Ibid.*
11) *Ibid.*, 58쪽.
12) *Ibid.*

마디로 음표는 언어 기호로 전환되거나 번역될 수 없다는 것이다.

    회화를 중심으로 하는 조형 예술에 대해서는 한층 더 엄격한 평가를 내린다. 색채는 일정한 명칭으로 〈지칭되지만 désigné〉, 그 아무 것도 〈지칭 désigner〉하지는 않는다. 말하자면 색채는 어떤 지시 대상도 지칭하지 않고 한 가지 뜻을 암시하지도 않으며, 그 나름대로의 어떤 주관적인 의미를 표출하는 것은 전체적인 구성 composition이 완료되고 난 후이기 때문에 색채가 기호로 기능할 여지는 전혀 없다는 것이다.

    결과적으로, 음악, 예술을 언어에 비교하는 그의 견해 역시 인간 언어 위주의 관점에 치우쳤다는 사실을 확인하게 된다. 벵베니스트는 그 두 가지 모두 문화적 상징 체계이지만 각각의 독자성을 인정하기보다는 전자가 후자와 똑같은 구조 및 체계를 지니지 않았다는 이유로 공통성을 부인함으로써 비교의 의의를 근본적으로 간과하고 있다. 그리고 다음(多音)에 의한 화음이 언어의 계열체와 상치된다는 견해도 재고해볼 여지가 있다. 시간의 축 위에서 이루어지는 다음도 하나의 화음을 형성하기 때문에, 하나의 기호이면서 동시에 다음성적인 성질을 내포할 수 있는 언어 기호와의 유추적인 면을 전적으로 부정할 수는 없다고 생각된다. 벵베니스트도 부분적으로는 자신의 견해를 어느 정도 완화하면서 〈음악이 하나의 '언어'라고 간주하는 경우, 그것은 통사 구조는 지니나 기호 체계는 지니지 않는 언어〉[13]라고 하고 있다. 그러나 오히려 음악은 통사 구조의 형성을 통하여 기호 체계로서 기능할 수 있고, 그 기호 체계는 반드시 언어 체계에 의한 해석을 필요로 하는 체계라고 정의하는 편이 음악의 독자성과 더불어 언어와의 상관성을 보여줄 수 있지 않을까 싶다.

---

13) *Ibid.*, 56쪽.

음악이 우리의 감각에 대한 자극을 통하여 어떤 느낌을 불러일으킨다는 점에서 기호체적인 기능을 전적으로 부인할 수는 없을 것 같다. 그러한 차이보다는, 기호체로서의 음악이 주관성에 지나치게 의존하는 데 비하여 언어는 어느 정도까지는 동질적이고 객관적인 해석을 이끌어 낼 수 있다는 점이 다르다고 볼 수 있다. 그리고 가장 큰 차이는, 기호체로서 언어의 구성 요소가 기표와 기의뿐만 아니라 문법적인 기능까지 부여되는 요소인 데 비하여, 음악에 있어서 음 하나하나는 기표는 있으되 그 하나하나에 대응하는 기의가 있다고 할 수는 없고, 또 문법적인 기능에 의한 표지가 부여되지는 않는다는 점이라고 생각된다.

3. 랑가쥬와 랑그

동물 언어와 예술에 대한 벵베니스트의 분석이 지니는 깊이에도 불구하고 그의 결론에 전적으로 동의하기 어려운 것은, 그의 언어관이 지나칠 정도로 인간 언어 중심이기 때문이다. 따라서 우선 그의 언어관 그 자체에 대해 알아보는 것이 필요할 것 같다. 그러나 그에 앞서 먼저 언어에 관계되는 두 가지 용어, 즉 〈랑가쥬〉와 〈랑그〉에 대한 그의 개념을 명확하게 정리하여야 할 것 같다.

불어에서 언어를 랑그와 랑가쥬 두 가지로 나누고 있지만, 다른 언어에서는 그렇지 않다. 가령 영어에서는 〈language〉가 그 두 가지를 모두 대신하고, 개인적인 언어 구사에 초점을 맞출 경우 〈speech〉를 쓰고 있으며 이러한 사정은 독일어에서도 마찬가지이다.[14] 한국어에서 랑그는 개별 언어 내지 일반적인 의미에서의 언

---

14) 독어의 〈Sprache〉도 불어의 〈language〉와 〈langue〉를 의미하며 〈Rede〉는

어이고, 랑가쥬는 행위・활동으로서의 언어, 인간 언어의 의미로 쓰이지만, 동물 언어나 음악・회화 언어 등의 용어에서는 해당 보어와 함께 랑가쥬가 쓰인다. 여하튼 두 용어는 개념의 차이가 분명하지 않은 경우가 많아서 특별한 구분 없이 혼용되고 있다.[15] 논리학의 외연 개념을 빌려 구분하자면 〈모든 랑그는 필연적으로 랑가쥬에 속하지만 모든 랑가쥬가 랑그는 아니다〉[16]라고 할 수 있을 것이다. 이 두 용어의 구분은 불어에만 있기 때문에, 17세기의 아카데미 사전에서부터 현대에 이르기까지 많은 언어학자들이 그에 대해 언급했으나 여전히 모호한 면이 있다.

　소쉬르도 그의 『강의』에서 그 두 가지에 대해 여러 차례 언급하고 있다. 그는 랑가쥬가 〈개인적인 면과 사회적인 면이 있고 그 두 가지는 서로 분리해서 생각할 수 없다〉[17]고 애매하게 설명한다. 그리고 그 성격에 있어서 랑가쥬는 〈잡다하고 다양한 형태를 띠며 물리적, 생리적, 정신적 영역에 걸쳐 있다……〉[18]고 설명하면서 이와 같은 다양하고 포괄적인 성격 때문에 랑가쥬는 사회적인 랑그와 개인적인 빠롤을 모두 포괄하고 있다고 덧붙인다.[19] 한마디로 랑가쥬는 〈총체적 언어 현상〉[20]이라고 규정하고 있다. 그와는 달리 랑그는 〈관념을 표현하는 기호 체계〉[21]로서 모든 언어 활동의 기준이고 언어 사실들의 분류 원칙 principe de classification〉[22]이라고 하

　　대체적으로 〈parole〉에 해당하고 〈discours〉의 의미로도 쓰인다.
15) Pottier, *Le langage*, CEPL, 1973, 223쪽.
16) Arrivé, *La grammaire d'aujourd'hui*, Flammarion, 362쪽.
17) *C.L.G.*, 24쪽.
18) *Ibid.*, 25쪽.
19) *Ibid.*, 37쪽.
20) *Ibid.*, 112쪽.
21) *Ibid.*, 33쪽.
22) *Ibid.*, 25쪽.

면서, 그 자체가 총체 le tout en soi를 이룬다고 규정하고 있다.[23] 그런데 〈총체적 현상〉이라고 한 랑가쥬와 〈그 자체가 총체〉라고 한 랑그는 전혀 다른 사항을 내포하고 있다는 점에 유의하여야 할 것 같다. 즉 전자는 복합적인 성격을 의미하고 후자는 구조적이고 조직화된 체계임을 의미한다. 〈랑가쥬의 통일성을 만들어 내는 것이 랑그이다〉[24]라고 말하는 것은 전자가 비조직적이고 후자가 조직적임을 나타낸다.

벵베니스트의 관점은 소쉬르와 몇 가지 유사성을 보여주고 있다. 예컨대 랑그에는 역사적 차원이 없고 그것은 〈공시적 구조〉[25]를 이룬다고 보는 점, 랑가쥬는 복합적인 성격으로서 랑그를 포함하고 있다는 점 등은 양자에게 공통적이다. 그러나 기본적으로 소쉬르가 언어를 랑그와 빠롤로 나누고 다시 그 두 가지를 랑가쥬에 포함시켜 하위 구분하는 데 비하여, 벵베니스트는 우선 랑가쥬와 랑그를 대비시키면서 전자에게 상당한 비중을 부여한다.

그에게 있어서 랑가쥬는 무엇보다 〈상징 체계〉로서 여러 가지 표기법, 시각, 몸짓에 의한 의사 소통 방법 등, 인간의 다양한 상징 체계 중에서 가장 높은 수준의 상징 체계이다.[26] 왜냐하면 화자의 구강 기구에 의하여 생성된 물리적인 현상으로서의 소리는 청자의 청각 기관을 통하여 감지되기 때문에, 랑가쥬는 무엇보다 〈환기 작용 évocation에 의하여 사건과 경험을 대신하는 기의의 전달 방법으로서 비물질적인 구조〉[27]라고 정의된다. 따라서 랑가쥬에는 의사 소통에 관련되는 행위의 문제와 함께 실천적인 성격이 있고,[28]

---

23) *Ibid.*, 25쪽.
24) *Ibid.*, 27쪽.
25) *P.L.G. I*, 5쪽.
26) *Ibid.*, 28쪽.
27) *Ibid.*

랑가쥬는 사건과 경험의 현장과 지각을 연결해 주는 중재적인 mé-diatisant 기능을 수행한다. 그와 같은 기능에 의하여 랑가쥬는 한편으로는 현실 réalité을 〈재생 reproduire〉하고 세계에 대해 언급하며 세계를 재현함으로써 실천적인 성격을 띠고,[29] 다른 한편으로는 지각 perception의 표상 작용을 통하여 〈정신적·문화적 삶이 상호작용하는 터전 lieu〉이 된다.[30] 그리하여 결과적으로 랑가쥬에는 〈행동, 변혁, 적응의 수단〉[31]이라는 의미와 함께 현실, 현장을 반영하는 데서 비롯하는 사회적 의미, 정신의 고도화된 추상 작용의 결과라는 의미가 있다. 결과적으로 랑가쥬는 〈희랍 사람들이 생각한 바와 같이 담화와 이성을 한데 엮은 로고스 자체인 것이다〉[32]라고 주장한다.

이렇게 볼 때에 벵베니스트의 언어관은 랑가쥬를 중심으로 형성되는 것 같은 인상을 받는다. 그러나 랑가쥬가 무엇인가를 실제로 보여주기보다는 인간 언어의 특성을 일반적으로 설명한다고 말할 수밖에 없다. 결국 그 자신이 〈랑가쥬는 랑그를 통하여 실현되고〉,[33] 〈랑그의 문제는 랑가쥬의 문제를 제기한다〉[34]고 하면서 랑가쥬가 랑그에 의존하고 있음을 토로하고 있다.

벵베니스트의 견해를 달리 표현하자면, 랑가쥬는 한편으로는 우리의 사고와 직결되고, 다른 한편으로는 사고를 행위와 실천으로 옮기기 위하여 사회적 상황 내지 현실과 연결된다. 그러나 랑가쥬

---

28) *Ibid.*, 258-259쪽.
29) *Ibid.*, 25쪽.
30) *Ibid.*, 17쪽.
31) *Ibid.*, 24쪽.
32) *Ibid.*, 25쪽.
33) *Ibid.*, 29쪽.
34) *Ibid.*, 19쪽.

는 랑그를 통하여서만 실현되는데, 그것은 문자에 의한 기록을 위해서는 랑그에 의존할 수밖에 없기 때문이라는 것이다. 이러한 뱅베니스트의 설명은 쉽사리 이해할 수 있지만, 그가 랑그를 랑가쥬를 실현하는 매체로서만 거론하기 때문에 랑그의 성격을 축소하고 있다는 사실에 대해 우리는 주목하면서 랑그의 성격에 대해 다시 생각해볼 필요가 있다.

랑가쥬를 실현하는 경우, 랑그는 랑가쥬와 동연적 coextensif이고 공집합적인 관계를 갖는다. 그러나 랑가쥬는 의사 소통에 초점을 맞춘 실천적 언어 행위로서 우선 이중 분절 double articulation에 의한 의미와 음성학적 분석의 대상이다. 그러나 일단 실현된 랑가쥬는 랑그로서 기능하기 때문에 거기에 쓰인 대명사들은 언술 작용의 측면에서 지시 관계의 검토를 거쳐야 하며, 다른 기호들은 공시 작용 connotation, 지시 대상체와의 관계, 그리고 문맥 및 상황과의 관계를 통하여 해석되어야 한다. 이러한 점을 고려할 때 랑가쥬와 그 동연적인 랑그는 언어학의 의미론, 음성학뿐만 아니라 화용론과 기호학의 분석 대상이 된다.

그러나 랑그에는 또 다른 면이 있다. 그것은 어떤 개별 언어의 체계와 관계되는 경우이다. 물론 랑가쥬를 실현하는 랑그의 경우도 그것이 어떤 개별 언어가 될 수밖에 없다는 점은 자명한 일이다. 그러나 그것은 언어가 잠재태에서 현실태로 전환된 경우이기 때문에 모든 사항은 의사 소통의 문제와 우선적으로 관계가 된다. 그에 비하여 체계로서의 랑그의 경우 그것을 구성하는 기호는 의사 소통에 앞서 문법적인 구조와 구문을 형성하는 데 쓰이기 때문에, 언어학의 분야 가운데에서도 음운론, 문법, 어휘론, 형태론, 통사론, 한 걸음 더 나아가서는 문헌학과 역사 언어학 등, 보다 전통적인 분야와 관계가 있다.

소쉬르가 랑그를 〈기호의 체계〉라고 언급한 것은 랑가쥬와의 관계를 떠나서 체계와 구조로서의 랑그를 의미한다.[35] 그러한 의도는 그가 개인에 의한 언어 사용을 나타내는 빠롤을 그의 연구 대상에서 제외시킨 것과도 같은 맥락에서 이해될 수 있다. 그런데 랑그가 〈사회적〉이라고 하는 것은 오해를 낳을 여지가 있다. 즉 그것이 가리키는 의미는 어떤 특정한 현실과 관계가 있다는 것이 아니라 랑그가 초상황적이고 초시간적인 성격이어서 특정 상황과 관계없이 그 사회의 구성원은 누구나 잠재적으로 구사할 수 있고 이해할 수 있으며, 더구나 특별한 노력 없이도 당연히 이해할 수 있다는 의미인 것이다. 이러한 각도에서 볼 때 벵베니스트는 랑그의 정의를 확연하게 하지는 않았으나 의사 소통을 위한 랑가쥬와 함께 기호 체계로서의 랑그에 대한 총체적인 고찰을 시도하였다고 할 수 있겠다.

4. 랑그와 기호의 성질

소쉬르가 말하는 랑그의 개념은 여러 가지 이유로 진퇴 양난에 처하게 된다. 첫째로, 랑그를 〈사회적인 것〉으로, 빠롤을 〈개인적인 것〉으로 구분하면서 언어학의 연구를 랑그에만 한정시켜야 한다고 한 말을 절대적으로 받아들인다면, 우리는 딜레마에 빠질 수밖에 없다. 왜냐하면 랑가쥬는 랑그를 통하여 실현되지만 랑그는 빠롤 없이는 성립될 수 없기 때문이다. 가장 직접적이고 현실적인 언어 사용에 의하지 않고는 랑그의 실체를 포착할 수 없고, 그렇기 때문에 랑그의 성격을 사회적이라고 하기보다는 사회적으로 사용된

---

35) 엄격하게 체계는 계열체에 관계되고 구조는 통합체에 관계되는데, 소쉬르는 〈체계〉에 구조의 의미까지 부여한 것 같다.

빠롤[36]의 공통 분모로서 규정하여야 할 것이다. 둘째, 랑그를 〈모든 언어적 실천 현상의 기준으로 삼아야 한다〉[37]고 하고 그것은 〈그 자체가 하나의 총체이고 분류 원칙〉[38]이라고 주장하면서, 아울러 랑그를 연구하는 언어학이 장차 태어날 학문인 기호론의 일부라고 주장하는 것은 랑그의 성질에 대한 구체적 언급을 회피하는 것이며, 또한 〈기호학이 발견하게 될 법칙들은 언어학에 적용될 수 있을 것〉[39]이라는 주장도 논리적인 타당성이 결여되어 있다. 셋째, 현재 우리가 기호 체계라고 인정할 수 있는 각종 신호 체계, 점자 알파벳, 풍습과 관행의 체계들—즉 소쉬르가 기호 체계의 예로 든 체계들—은 어떤 공통성을 보여주기보다는 각자 독자적인 체계로 발전하고 있기 때문에 거기에서 어떤 일반적 법칙들을 추출하기는 매우 어려운 형편이다. 넷째, 기호학의 성격이 규정되지 않은 상태에서 소쉬르가 말한 바대로 〈랑그는 관념을 표현하는 기호 체계〉[40]라고 하기 위해서는 우선 기호학을 구성하는 기호와 언어 구성 단위의 관계에 대한 뚜렷한 설명이 필요한데, 그러한 설명은 『일반 언어학 강의』 어느 곳에서도 찾아볼 수 없다. 벵베니스트는 이러한 문제점들에 대해 구체적으로 지적하지는 않으면서도 그 문제성을 인식하고, 그의 「랑그의 기호학」에서 바로 그러한 문제를 다루고 있다. 우선 「랑그의 기호학」에 들어가기에 앞서 벵베니스트에게 있어서 기호 개념이 무엇인지 알아보도록 하자.

벵베니스트는 『일반 언어학의 제문제 I』의 「소쉬르 사후 반세

---

36) 소쉬르 자신도 1차 강의에서, 빠롤은 〈사회적〉 활동에 속하며 랑그는 〈개인적인〉 언어 보고의 총화라고 성격 규명을 한 바 있다.
37) *C.L.G.*, 25쪽.
38) *Ibid.*
39) *Ibid.*, 33쪽.
40) *Ibid.*

기」와 「언어 기호의 성질」에서, 그리고 II권의 「랑그의 기호학」 등을 비롯한 몇 가지 글에서 기호와 랑그에 대해 언급하고 있다. 그런데 I권의 글에서는 소쉬르의 기호 개념과의 관계를 통하여 자신의 기호관을 정립함으로써 기본적으로는 소쉬르에 동의하면서도 그와 다른 시각을 제시하고 있다. 그에 비하여 II권에서는 소쉬르와 거의 관계없이 기호의 실제 운용과 관계되는 문제들을 전문적인 면에서 거론하기 때문에, 기본 관점 면에서 차이가 있다고 볼 수 있다.

이에 대해 구체적으로 살펴보면, 벵베니스트는 「소쉬르 사후 반세기」, 「언어 기호의 성질」 등에서 그가 소쉬르의 언어관과 기호관을 대체적으로 받아들이고 있음을 보여주고 있다. 특히 「언어학의 발달에 대한 고찰」에서는 기호 체계라는 관점에서 랑그를 고찰한 소쉬르의 관점을 거의 그대로 받아들인다. 그리하여 그에게 있어서 〈언어란 부분의 체계적 배열〉[41]이고, 그것은 구조의 원칙을 바탕으로 결합하고, 구성 요소들은 체계내에서의 〈관계〉와 〈대립〉에 의하여 정의되며, 언어 요소들은 한편으로는 언어 연쇄 chaîne parlée의 연속선상에서 볼 때에 통합체 syntagmatique를 이루고, 또 다른 한편으로 대체 가능성의 관점에서 볼 때에는 계열체 paradigmatique에 속한다고 말하고 있다.[42] 그리고 〈언어의 가장 중요한 기능은 기호에 의하여 실재 le réel를 표상하는 것이다〉[43]라고 말하고 있다.

그러나 벵베니스트가 전적으로 소쉬르에 동의하고 있는 것은 아니다. 우선 그는 〈랑그는 기호 체계〉라는 데 이의를 제기하지는 않으면서도 〈기호 개념이 과연 모든 층위의 분석에 있어서 원칙으로서의 가치를 지닐 수 있느냐〉[44]에 대해 의문을 제기한다. 그러면서

---

41) *Ibid.*, 26쪽.
42) *Ibid.*
43) *Ibid.*

적어도 〈문장은 기호 유형의 단위로의 분절은 허용하지 않는다〉[45]고 첨가한다. 이러한 지적은 소쉬르가 기호의 정체를 정확하게 정의하지 않고 〈말〉, 〈나무〉 등 몇 가지의 구체적 사물에 관계되는 어휘소 lexème만을 기호의 예로 제시함으로써, 결과적으로 기호와 어휘소·형태소와의 관계, 문법적인 요소인 전치사·접속사 등과 기호와의 관계, 문법적 형태소의 위치 등에 대한 명확한 언급이 없었기 때문이다.

다른 한 가지 문제는 기호 개념의 확장·적용의 문제이다. 소쉬르는 랑그를 다양한 기호 체계들 중에서 〈특별한 체계 système spécial〉로 보면서, 〈랑그는 사회 속에서 쇠진하는 것이 아니라 오히려 사회 자체가 '랑그'로서 모습을 드러내게 된다〉[46]고 말한다. 환언하면 구조나 신화와 같은 복합적 담화들이 기표로 기능하는 면이 있다는 것이다. 그것은 랑그가 기호로 이루어지듯이 사회도 다양한 사회 현상으로 구성이 되고, 그러한 현상들은 문화를 형성하는 바, 그 전체는 랑그와 유추적이라는 것이다. 이러한 생각은 한편으로는 언어학적인 연구 방법론을 인류학에 적용한 레비-스트로스 등의 이론과 연관되고, 다른 한편으로 그것은 바르트나 크리스테바에 영향을 끼쳤다고 본다. 벵베니스트는 인간을 중심으로 형성되는 문화가 복합적이면서도 한편으로는 외부적인 양상이 있고, 다른 한편으로는 그것이 지니는 의미가 있기 때문에, 그러한 사실은 〈기표〉와 〈기의〉로 이루어지는 언어 기호의 특성을 보여준다고 보고 있다.[47] 이러한 견해를 피력하는 것은 그가 기호의 체계로서의 랑그

---

44) *P.L.G. I*, 43쪽.
45) *Ibid.*, 여기에서 문장 phrase이란 실제 상황에서 사용된 언술 énoncé이나 텍스트를 의미한다.
46) *Ibid.*
47) 〈······ les phénomènes······ doivent toujours être reçus comme doubles,

에 대한 소쉬르의 기본 명제에는 동의하면서도 문화의 중요성을 역설함으로써 〈문화 과학 science de la culture〉의 출현을 예고하고 있고, 〈문화 관계 보편 과학 science générale de la culture〉이라는 이름으로 소쉬르의 기호학을 대체하고자 하는 의도를 보이고 있기 때문이다.

기호 관계에서 소쉬르에 대한 중요한 반론은 그것을 구성하는 기표와 기의의 관계에 초점을 맞추고 있다. 소쉬르가 정의한 기호의 성질 중에서 가장 핵심적인 사항은 기호가 〈자의적〉이라는 것이다. 자의적이라는 것은 무연적 immotivé이라는 말과 동의어이고 그것은 결과적으로 기호 내지 기표가 〈현실 속에서 아무런 자연적 연관도 갖지 않았다〉[48]는 의미라고 벵베니스트도 소쉬르를 인용하면서 말한다. 그러나 그는 소쉬르의 기호 개념을 대표하는 바로 그 〈자의성〉의 적합성에 이의를 제기한다.

벵베니스트는 기호의 자의성을, 여러 다른 외국어에서 하나의 기의가 다양한 기표로 표시되는 것을 바탕으로 주장하는 것은 사리에 맞지 않는다고 보았다. 예컨대 〈boeuf(황소)〉라는 개념의 기표가 불어에서는 [böf]가 되고 독어에서는 [oks]가 되는 등, 언어에 따라 다른 것을 근거로 기호의 자의성을 주장하는 것은 객관적인 실재와 인간의 행동 양태를 외부에서 관찰한 결과를 바탕으로 하는 것이고, 그것은 보편적인 우연성의 증거라고 주장하는 것과 마찬가지라는 것이다. 이러한 논리를 받아들인다면 상복이 중국에서는 흰색이고 유럽에서는 검은 색이기 때문에 〈애도 deuil〉의 개념이 자의적이라고 하는 것과 마찬가지라는 것이다. 또한 벵베니스트는 기

---

du fait qu'ils se relient à autre chose, quel que soit leur «référent». Un fait de culture n'est tel qu'en tant qu'il renvoie à quelque chose d'autre.〉, *Ibid.*, 44쪽.
48) *C.L.G.*, 101쪽.

표와 기의의 관계가 불가분의 관계라는 사실에 초점을 맞추어 자의성을 거부하고 필연성을 인정하여야 한다고 주장하고 있다. 이에 대해 그는, 소쉬르 자신이 기호를 한 장의 종이로 비유하면서 전면의 기표와 후면의 기의는 분리될 수 없음을 보여주었다[49]면서 그 대목을 인용한다. 말하자면 그는 소쉬르의 논리를 이용하여 기표와 기의는 포함체 l'incorporant와 피포함체 l'incorporé[50]의 관계이고, 양자의 관계는 일심 동체성 consubstantialité이라고 하면서 이러한 분리 불가능성을 바로 양자 관계의 필연성에서 유래한다고 설명한다.

벵베니스트는 또한 소쉬르가 언급한 기호의 가변성 mutabilité과 불가변성 immutabilité의 관점에 대해서도 분석한다. 언어와 기호의 가변성과 불가변성이라는 자기 모순적 이론에 대해서도 소쉬르는 자의성을 바탕으로 합리화한다. 즉 기표는 언어 공동체가 선택하여 부과한 것이기 때문에, 그 기표가 스스로 다른 것으로 대체하거나 변화할 수 없다고 소쉬르는 설명한다.[51] 그리고 랑그는 단순한 협약 contrat으로 간주될 수 없고,[52] 그것은 전세대로부터 물려받은 것으로 마음대로 바꿔버릴 수가 없으며, 〈기호의 자의성 자체가 랑그를 변경시키고자 하는 모든 시도로부터 랑그를 보호한다〉[53]고 말하고 있다. 그러나 한편으로는 〈시간은 랑그의 지속성을 확실하게 하면서…… 아울러 어느 정도 신속하게 기호의 변화를 야기

---

49) *Ibid.*, 157쪽.
50) *P.L.G. I*, 52쪽.
51) *C.L.G.*, 104쪽.
52) 소쉬르는 기표와 기의를 완전히 두 가지 별개의 사항으로 보는 협약론자 conventionaliste는 아니면서 양자의 관계를 자의적이라고 보기 때문에 결과적으로는 협약론자적인 관점을 보여 주고 있다. 황경자 옮김, 『일반 언어학의 제문제 I』, 민음사, 84-86쪽 및 주) 2, 3, 14 참조.
53) *C.L.G.*, 106쪽.

시킨다〉[54]고 말하면서, 사실상 변화되는 것은 〈기표와 기의간의 관계〉[55]라고 부연한다. 그런데 벵베니스트는 〈기표와 기의의 관계〉가 변하거나 불변하는 것이 아니라 〈기호와 대상간〉의 관계가 변하거나 불변하는 것이라고 주장한다.[56]

위에서 살펴본 바와 같이 양자의 주장에는 근본적인 관점의 차이가 있다. 소쉬르가 기표와 기의의 관계만을 문제삼는 데 비하여 벵베니스트는 기호와 지시 대상 référent의 문제를 거론한다. 다시 말하자면 전자가 기호를 언어내적인 문제로 국한시키는 데 비하여 후자는 기호 속에 기표·기의 그리고 지시 대상까지 포함하는, 영·미 실용주의에서 주장하는 기호의 3요소적 관점을 대변하고 있다. 소쉬르는 라틴 어의 〈necare(죽이다)〉가 불어의 〈noyer(익사시키다)〉로 변한 것을 그 예로 들고 있는데, 〈ennui(비통)〉[57]—현대 불어로 〈지루함〉—을 비롯한 많은 기호=단어들은 의미의 약화와 변화를 통하여 기표와 기의의 관계가 변한 경우라고 할 수 있다. 벵베니스트가 자기의 주장을 뒷받침하는 예를 들고 있지는 않지만 우리는 그에 해당하는 예를 상당수 들 수 있다. 예컨대 〈voiture(운송 수단)〉은 〈수레〉의 의미에서 19세기에 〈역마차〉의 의미를 거쳐 현대 불어에서는 〈승용차〉의 의미로 발전하게 되었다.[58] 〈preux(덕, 충성심, 용기를 갖춘)〉의 경우 12세기의 이상적인 기사의 상을 대표하였으나, 봉건 제도의 소멸과 함께 그러한 인간상도 이상적인 인간형으로서 존재할 수 없기 때문에 더 이상 쓰이지 않는 언어 기

---

54) *Ibid.*, 108쪽.
55) *Ibid.*, 109쪽.
56) *P.L.G. I*, 53쪽.
57) Bloch et Wastburg, *Dictionnaire Etymologique de la langue française*, P.U.F., 1960, 222쪽.
58) *Ibid.*, 669쪽.

호가 되고 말았다.

결과적으로 두 언어학자의 주장은[59] 각기 일리가 있으나 언어 현상이 보여주는 변화의 일면만을 택하여 설명하고 있다고 생각한다. 기표와 기의의 관계가 기호와 기호를 사용하는 화자의 심리와의 관계로서 의미 작용을 중심으로 하는 언어내적 intra-linguistique 문제에 속하는 데 비하여, 기호와 지시 대상과의 문제는 사회 속에 존재하는 기호의 지시 대상의 변화가 기호 의미의 형성에 영향을 미치는 기호학적 sémiotique 문제에 속한다. 전자는 유럽의 관념론적 전통을, 후자는 영·미의 경험론적 맥락을 표상한다.

그리고 기호의 성격과 관계가 있는 다른 한 가지 문제는 어가 valeur에 대한 문제이다. 소쉬르는 기표와 기의의 관계가 자의적이 아닌 경우 어가 개념은 본래의 성격을 잃고 외부에서 부과된 요소를 지니게 될 것이라고 한 바 있다.[60] 이에 대해 벵베니스트는 하나의 기표가 어떤 기의를 선택하는 것은 자의적이라고 할 수 없다고 주장한다. 왜냐하면 일정한 청각 영상—즉 기표—은 그에 상응하는 개념—즉 기의—과 관계없이 독자적으로 존재할 수가 없고, 개념 역시 그 자체로서 존재할 수 없으며, 청각 영상을 통하여 기호화되지 않으면 안 된다는 것이다.[61] 그리고 소쉬르가 개념에 대해 말하는 경우, 사실은 〈현실적인 대상물 objet réel〉을 머리 속에 표상하면서 기호와 사물을 연결하는 관계는 무연적 immotivé이지 필연적인 것은 아니라 생각한다고 말한다.[62] 이 말은 소쉬르가 사물의 명칭과 별개로 그 영상만을 머리 속에서 연상한다는 말과 같다. 벵베니스트는 〈어가는 기호의 구성 요소〉이며, 소쉬르가 언급한 바

---

59) *Ibid.*, 503쪽.
60) *C.L.G.*, 157쪽.
61) *P.L.G. I*, 54쪽.
62) *Ibid.*

와 같이 〈외부로부터 부과된 요소를 내포하게 될 것〉이고 〈전적으로 상대적〉이라는 발상 자체가 기호의 〈자의성〉에서 유래할 수는 없다고 지적한다.

그러나 어가가 기호의 직접적인 구성 요소라고 단언하기에는 무리가 있다. 왜냐하면 어가는 기의 면에서 서로 연관이 있는 기호들이 형성하는 어휘 장 champ lexical내에서 드러나는 상호 관계에 의해 정의되기 때문이다.[63] 그렇기 때문에 어가는 상대적일 수밖에 없고, 그러한 어가의 상대성이 기표와 기의의 관계가 자의적이라는 주장을 직접 부정한다고 볼 수는 없다. 또한 기표와 기의의 관계가 필연성이라는 주장을 뒷받침한다고 주장할 수 있는 근거를 제공한다고 하기도 어렵다. 기호의 자의성은 기표와 기의가 결합하여 기호를 구성하기 이전의 관점에서 양자의 관계를 규정한 것이고, 그와 반대로 기호의 필연성은 기표와 기의의 일치 관계가 일단 성립한 후 양자의 관계가 불가분의 관계라는 점을 확인하는 관점, 곧 〈한〉 언어 공동체 안에서 기표와 기의의 〈절대적〉 특성에 초점을 맞춘 관점이다. 또한 기호의 변화는 언어내적인 면에서 기표와 기의 관계의 변화라고 볼 수 있는 경우도 있고, 사회 내의 지시 대상의 변화에서 비롯되는 기호론적인 변화로 간주해야 하는 경우도 있다. 이렇게 볼 때 기호의 성질이나 변화에 대해서도 단일한 설명의 틀만으로 만족하기는 어렵다 할 수 있다.

---

63) A. Greimas, *Sémiotique, Dictionnaire raisonné de la théorie du langage*, Hachette, 414쪽. Arrivé et al., *la Grammaire d'aujourd'hui*, Flammarion, 678쪽.

5. 기호 체계와 기호적 방식[64]

　기호의 성질을 〈자의적〉이라고 규정하든 〈필연적〉이라고 하든 기호가 랑그를 구성하는 단위라는 점에는 모두 일치하고 있다. 그런데 언어가 기호로 된다고 말하는 것은 언어 기호를 기호학 체계 중의 한 가지로서 고찰할 경우에 필요한 진술인 것이다. 그전에 기호학과 언어의 관계에 대해 처음으로 언급한 소쉬르 자신은 언어가 장차 태어날 기호학에 속하고, 그 중에서 가장 중요한 체계라는 사실밖에 다른 언급을 한 것이 없다.[65]
　뱅베니스트는 비록 기호의 성질에 관한 점은 소쉬르와 달리 하는 면도 있으나, 일반적으로 기호와 기호학에 관련된 연구는 퍼스 Peirce가 아니라 소쉬르에서 출발할 수밖에 없음을 분명하게 하고 있다.[66] 뱅베니스트의 「랑그의 기호학」[67]은 새로운 각도에서 기호학 체계로서의 랑그, 그리고 랑그와 기호학과의 관계, 기호학의 기본 성격들에 대해 고찰함으로서 소쉬르의 언급을 보완하며 이 분야에 대한 새로운 지평을 열고 있다.
　우선 언어학과 기호학과의 관계에 대한 소쉬르의 견해에 대해 뱅베니스트는 매우 비판적이다. 그렇다고 소쉬르의 견해를 뒤집어 바르트처럼 기호학이 언어학에 속한다고 말하는 것은 아니다. 뱅베니스트는 소쉬르의 생각이 〈명확하지 않다〉라고 하면서, 소쉬르가 기호학 그 자체를 〈사회 심리학의 일부이고 따라서 일반 심리학의 일부〉[68]라고 한 부분은 도저히 납득할 수 없다는 입장을 표명하고

---

64) 〈le (mode) sémiotique〉를 가리킨다. 이에 대해서는 주) 2 참조.
65) *C.L.G.*, 33쪽, 100쪽.
66) *P.L.G. II*, 45-46쪽.
67) *Ibid.*, 43-66쪽.
68) *C.L.G.*, 33쪽.

있다. 그러면서도 그는 소쉬르가 밝히지 못한 기호학 체계―언어까지 포함하여―의 변별적인 특성을 기술하기 위하여서는, 첫째, 작용 방식, 둘째, 유효 분야, 셋째, 기호의 성질과 숫자, 넷째, 기능 방식의 유형 등에 대해 알아보아야 한다고 주장한다.[69] 작용 방식이란 그 기호의 인지를 위하여 어떤 감각 기관―시각, 청각, 촉각 등―을 동원하느냐에 관련되고, 유효 분야는 그러한 기호학 체계가 적용되는 분야를 가리킨다. 예컨대 교통 신호 체계의 경우 그것은 차량의 통과 여부를 관장하는 분야이고, 그 경우 기호는 네 가지에 국한되며 각각은 직진, 정지, 회전 등을 지시한다. 그리고 기능 방식에서는 정지, 좌회전, 직진 등의 순서를 일정한 시간 간격을 두고 진행된다고 설명할 수 있다. 다른 기호학 체계의 기술도 위와 동일한 방식을 취하게 된다. 그러나 위의 네 가지 항목을 잘 살펴보면 작용 방식과 유효 분야는 적용에 있어서 외적인 조건과 관계가 있고, 기호의 성질과 숫자, 기능 방식의 유형 등은 기호 자체의 내적인 조건과 관계가 있다고 본다.[70]

한편 다양한 기호 체계간에는 몇 가지 원칙이 있다고 설명한다. 첫째로 지적되는 것이 체계간의 비잉여성의 원칙 le principe de non-redondance entre systèmes이다. 이것은 한 기호학 체계와 다른 체계간에 완전한 동의어 관계가 성립할 수는 없다는 말이다. 낱말간에도, 예컨대 〈manger(먹다)〉의 동의어로 〈bouffer〉를 들 수 있지만, 후자는 구어로서 비속한 뉘앙스를 가졌다는 의미에서 두 단어가 완전한 동의어라고 할 수 없다. 즉 동의어로 쓰인 단어들 사이에는 일상어/비속어, 문어/구어, 고어/현대어 등의 표지에 따라 각각 다른 의미론적 자질을 내포하고 있다. 하물며 상이한 기호학

---

69) *P.L.G. II*, 52쪽.
70) *Ibid.*

체계는 서로 비슷한 내용을 담은 경우에도 완전한 동의어 관계를 지녔다고 할 수 있는 경우는 거의 없다.

둘째, 비잉여성과 관련되는 원칙으로서 기호의 가치는 그 기호가 속한 체계에 대해서만 가능하고 체계들간에 모두 통용되는 초체계적 trans-systématique 기호는 없다는 것이다. 예컨데 교통 신호 체계의 빨강색과 프랑스 국기의 빨강색 사이에는 아무런 관계가 없다는 것이다.

셋째, 비교 대상의 두 기호학 체계 사이에는 기호적 성질 nature sémiotique의 상관 관계가 형성되어 한 쪽이 다른 한 쪽을 해석하게 되는데, 이러한 경우 전자는 해석 체계 système interprétant, 후자는 피해석 체계 système interprété가 되고, 전자의 위치는 언어에 국한된다는 것이다.

말하자면 언어는 모든 기호학 체계, 나아가서는 사회까지도 해석할 수 있는 체계이고 언어는 모든 기호학 체계를 해석, 번역할 수 있으되 다른 체계는 언어를 해석, 번역하지 못한다는 것이다.[71] 그리고 그러한 가능성은 언어가 다른 기호학 체계와는 달리 기호라고 하는 단위에 의한 통합에 의해 구성되기 때문이라는 것이다.[72] 그리고 기호학 체계로서의 언어는 의미 형성 signifiance[73]이 일차적 요소 éléments premiers에 의해 구성되고, 다른 체계에서와는 달리 의미가 그 기호 속에 있다고 설명하고 있다.[74]

---

71) *Ibid.*, 54쪽. 뱅베니스트의 주장이 어느 정도 옳다고 할 수 있으나 절대적으로 옳다고 볼 수는 없다. 왜냐하면 일정한 규칙과 형식에 의거하여 언어 텍스트의 내용을 다른 기호론 체계로 환원할 수 있기 때문이다.

72) *Ibid.*, 57쪽.

73) signifiance는 기표와 기의가 결합된 잠재태의 개념이므로, 그것을 기표가 기의를 호출하는 심리적 연상 작용으로서 규정할 때의 signification과 같은 개념으로 본다면 유의성/의미 작용으로 옮길 수 있다고 보지만, 여기서는 signifiance를 〈의미 형성〉으로 번역했다.

이상의 고찰을 바탕으로 뱅베니스트는 기호학 체계들간의 관계를 다음과 같이 세 가지 유형으로 나누고 있다.

(1) 생성적 관계 relation d'engendrement: 하나의 체계가 다른 체계를 만들어 내는 관계로서 일상 언어가 논리학적 형식 언어를 만들 수 있게 하는 경우가 그것이다.
(2) 상동적 관계 relation d'homologie: 두 가지 체계가 구조적으로 또는 실질 substance적으로 서로 통하는 어떤 상동성을 가진 경우를 말한다. 그러나 뱅베니스트 자신이 구체적으로 그러한 관계에 있는 기호론적 체계들을 들지는 못하고 있다.
(3) 해석 관계 relation d'interprétance: 이것은 언어와 다른 기호학 체계 사이의 관계이다.

기호학 체계에 대한 일반적인 고찰과 알려진 기호학 체계들간의 관계에 대한 고찰을 통하여 부각되는 것은 언어의 절대적 우월성이다. 이러한 우월성은 결과적으로 소쉬르가 예측한 것처럼 언어를 기호학 체계 중의 하나로 평등하게 간주할 수 없도록 하되, 바르트의 생각처럼 다른 기호 체계들을 모두 포함하는 것은 아니다. 그것은 결국 언어는 다른 기호학 체계보다 상위에 있고, 다른 체계들과 같은 수준 위에 놓고 볼 수 없는 체계라는 말에 다름 아니다. 그러나 언어―즉 랑그―는 소쉬르가 생각한 것처럼 그 자체가 관찰이나 연구 대상이 될 수 있는 것은 아니다. 그것은 어느 누구에 의하여 발화되었을 때―또는 주로 썼을 때― 우리가 확인할 수 있다.

---

74) *P.L.G. II*, 59쪽. 이것은 기호 의미가 문장의 의미가 된다는 말은 아니다. 뱅베니스트는 기호적 방식과 의미적 방식의 구분을 통하여 기호 의미가 자동적으로 문장 의미가 되는 것이 아니라, 의미적 방식에 의하여 기호적 방식의 의미가 조정된다고 설명하고 있다.

말하자면 랑그는 랑그에 의하여 확인되는 것이 아니라 이른바 〈빠롤〉에 의하여 드러나고, 그것을 분해해보면 기호로 구성되며, 그 기호들은 화자 상호간의 의사 소통을 통하여 하나의 맥락 contexte 을 이루고, 그것은 언어 외부의 지시 대상물 référent과 관계된다고 하는 것이 벵베니스트의 관점이다.[75]

이렇게 볼 때에 벵베니스트는 소쉬르 언어학에서 출발하지만, 결과적으로는 소쉬르를 부정하는 면을 점차 보여준다. 의사 소통을 중심으로 발화에 초점을 맞춘다든지 언어 외적인 지시 대상물의 도입이라든지 하는 것은 랑그와 랑가쥬를 놓고 소쉬르가 전자를 강조하는 데 비하여 벵베니스트는 후자 위주의 언어학을 전개시킨다는 점을 보여주는 것이다. 그렇다면 벵베니스트의 언어학 내지 기호 체계 연구를 랑가쥬에 관한 연구라고 할 수 있을까? 그러나 그 점에 관해서 그렇게 단정하기는 어렵다. 벵베니스트는 기호 체계로서의 랑그에 의하여 랑가쥬 개념을 대체하면서 랑그의 특성이 이중적 의미 형성 double signifiance을 지니는 체계라고 규정하고 있는데,[76] 그의 견해를 좀더 자세히 살펴보자.

5.1. 이중적 의미 형성

벵베니스트는 『일반 언어학의 제문제 II』의 「랑그의 기호학 Sémiologie de la langue」에서 언어에 대한 접근을 이중적 의미성의 관점에서 기호적 방식 mode sémiotique과 의미적 방식 mode sémantique으로 나누어 대립시키고 있다.[77] 전자는 소쉬르적인 관점

---

75) *Ibid.*, 62쪽.
76) 이러한 두 가지 방식으로 나누는 문제의 적합성에 대해서는 이 글의 맨 마지막 부분에서 재론하겠다.
77) *P.L.G. II*, 43-66쪽.

에서 언어를 대하는 관점으로서 구조주의와 관련되고, 후자는 언어 사용을 언어 행위 speech act의 관점에서 고찰하는 영·미의 언어 철학적 입장과 연결된다.

언어는 두 가지 상이한 관점에서 접근될 수 있다. 그 한 가지는 언어의 구성 요소를 통하여 언어를 접근하고 이해하는 방법이다. 가령 소쉬르가 랑그를 〈기호의 체계〉[78]로 보는 관점은 먼저 기호들이 있고 그 기호들의 결합에 의하여 랑그가 구성된다고 보는 관점이다. 벵베니스트는 『일반 언어학의 제문제』의 「언어학적 분석의 여러 층위 Les niveaux de l'analyse linguistique」에서 그 방법론을 제시하고 있다. 그 원칙은 구성 요소들이 모여 보다 상위 층위의 단위를 만든다는 것이다. 예컨대 음소 /r/, /ɛ/, /z/, /ɔ̃/들은 결합에 의하여 그 위 층위의 기호인 〈raison(이성)〉을 형성하고, 그 기호는 다른 요소들과의 결합에 의하여 절과 문장을 구성하게 된다는 것이다. 이러한 방식은 비유적으로 말하자면 벽돌을 차곡차곡 쌓아 집을 짓는 격이다.

또 다른 방법은 그와는 달리 문장에서 출발한다. 말하자면 벽돌로 이미 지어진 집에서 출발한다. 그러나 전자와의 차이가 단순히 부분—즉 기호—이 아닌 전체—즉 문장—에서 출발한다는 것에서 그치는 것이 아니다. 주어진 문장은 기호 결합의 목적이 아니라 그것이 어떤 전언 message을 담고 있고, 의사 소통을 전제로 이루어진 언술 énoncé—또는 발화—로서 담화 상황에서 화자와 청자 간에 교환된 담화 discours이며, 넓은 의미에서 텍스트와 동의어적으로 쓰인다. 전자, 즉 기호는 인지와 식별을 위한 단위이고, 기호의 결합을 통하여 이루어진 문장은 문법적인 적법성 여부를 검토하는 대상이 된다. 그에 비하여 후자는 언술의 주체인 화자의 뇌리에서 문장을

---

78) *C.L.G.*., 33쪽.

구성하는 구성 요소들이 언술 작용 énonciation의 과정을 거쳐 조정된 후 발화된 것이다. 그렇기 때문에 문장을 구성하는 대명사들은 언술 주체의 입장에서 지시 대상이 결정되고 동사의 시제와 공간의 부사도 언술 주체의 〈나 moi〉, 〈여기 ici〉, 〈지금 maintenant〉을 중심으로 조직화된다. 그리하여 담화는 〈담화의 현실태 instance du discours〉 안에서 화행 지시소 deixis를 현동화 actualisation시킨다.[79]

두 방식은 인식론적인 면에서도 차이를 보여준다. 기호적 방식의 중심은 기호이고, 기호는 언술의 연속체가 분절에 의하여 최소 구성 단위 unité minimale로 환원되었고, 따라서 불연속체 discontinu이다. 불연속체로서의 기호는 인지와 식별의 대상이다. 그에 비하여 의미적 방식의 중심은 담화이다. 기호는 개별적인 기능을 바탕으로 다른 기호들과 결합하여 통합체를 이루었기 때문에 담화는 운율적 요소 prosodie를 통하여 드러나는 연속체이고 어떤 기호가 그로부터 분리되어 떨어져 나온다면 비문이 된다. 가장 중요한 점은 그 담화가 언어 행위로서 언술 주체에 의해 청자에게 발화되었고 그 청자가 말을 이어 담화를 행하게 되면, 그가 담화의 언술 주체 내지 화자가 되고 먼저의 화자는 청자가 되면서 역할의 교대가 이루어진다.

의미 면에서도 두 가지 방식은 근본적인 차이를 보여준다. 소쉬르적인 기호는 기표와 기의의 〈자의적 arbitraire〉 결합에 의해서 기호 의미를 부여받는다. 그에 대해 벵베니스트는 기표와 기의의 관계가 〈필연적 nécessaire〉 관계에 있음을 밝힌 바 있다. 그런데 양자의 관계는 〈자의적〉이라고 하건 〈필연적〉이라고 하건 기의는 총칭적 générique 의미, 잠재적 en puissance 의미를 지닐 뿐이다. 그리하여 기호는 사전 속에 정의된 기의를 나타내는 〈단어〉를 지

---

79) *P.L.G. I*, "La nature des pronoms," 251-255쪽 참고.

칭하게 된다.[80]

그에 비하여 동일한 기호도 담화와 텍스트 속에서는 새로운 조명과 해석을 받고 언술 주체가 의도하는 의미를 부여받는다. 환언하면 화자의 담화는 그의 전언을 담고 있고, 그 전언은 화자가 의도하는 바의 지향성 intentionalité을 표상한다. 따라서 담화를 구성하는 기호는 화자의 정신 세계와 그가 살고 있는 세계와 관련되고 그러한 상황과 문맥을 통하여서만 의미를 부여받을 수 있다.

가령 기호적 방식에서 〈별 étoile〉의 기의는 〈하늘에서 반짝이는 천체〉이고, 〈불꽃 flamme〉은 〈물체의 연소에 의하여 발화되는 가스〉를 나타내고, 〈발 pied〉은 〈생물체가 서거나 걷기 위하여 사용하는 다리의 끝 부분〉이라고 풀이된다. 그러나 담화 속에서 〈별〉은 〈장군〉, 〈높은 등급〉, 〈인기 스타〉 등을 나타낼 뿐만 아니라 형용사와 함께 〈야외〉를 나타낼 수도 있다. 〈불꽃〉은 〈사랑〉의 상징으로 많이 쓰이고, 또한 〈저항〉을 표상하는 경우도 있다. 〈발〉은 〈책상〉이나 〈의자〉의 〈다리〉를 나타낼 수도 있다.

이렇게 볼 때 기호의 의미는 기호적이고 잠재적인 의미를 나타내고 어떤 담화의 문맥 상황에서 구체적, 실질적, 지향적 의미를 부여받을 수 있을 뿐이다. 그렇다고 해서 기호의 의미를 과소 평가할 수는 없다. 왜냐하면 기호적 의미 없이 담화 의미가 형성될 수는 없기 때문이다. 벵베니스트는 인간 언어는 〈이중적 의미 형성 double signifiance〉을 지니는 체계이고,[81] 그러한 특징은 어떤 다른 기호 체계나 다른 생물들의 의사 소통 방법에서 찾아볼 수 없다고 강조한다.

기호적 방식은 언어 기호 본래의 방식을 지칭하는 것으로서 기표

---

80) *P.L.G. II*, "La forme et le sens dans le langage," 215쪽.
81) *Ibid.*, 63쪽.

와 기의가 하나의 단위로서의 기호를 구성하는 기호화를 말한다.[82] 기호론적 층위에서 제기되는 문제는 기표로서의 기호를 분별하고 그 기의를 파악하는 것이다. 예를 들면, 〈그친구가문을망친다〉의 문장이 〈그 친구 가문을 망친다〉인지 〈그 친구가 문을 망친다〉인지를 구별하여야 한다.

따라서 기호에 대한 연구는 기호 단위를 구분하고, 그에 관련된 변별성의 기준을 정립하여 그 변별적 표지를 기술해야 한다. 기호의 기표와 기의는 각각 다른 기호들과의 변별적인 대립 관계를 통하여 그 정체 identité가 확인된다. 예컨대 〈sabre(검, 군도)〉는 기표 면에서 〈sobre(검소한)〉, 〈sable(모래)〉, 〈Fabre(고유 명사)〉 등과의 음소의 변별적 대립을 통하여 확인되고, 기의 면에서는 〈épée (검)〉, 〈couteau(식칼)〉, 〈canif(주머니칼)〉 등과 함께 형성하는 의미 장champ sémantique을 통하여 의미 영역과 가치를 부여받는다. 기호적 방식에서 기호는 다른 기호와 관계없이 그 자체로서 존재한다.[83]

뱅베니스트는 의미적 방식이 〈담화에 의해 생성된다〉[84]고 설명하고 있다. 담화는 전언을 내포하고 있고, 그 의미는 화자에 의해 의도된 의미 l'intenté인 것이다. 그것은 또 기호들의 단순 결합에서 자동으로 도출되는 것이 아니라 화자와 청자가 이루는 맥락과 언어가 지칭하는 지시 대상물과의 관계를 통하여 이루어지는 것이다. 그러므로 의미적 방식은 언술 작용과 관계를 맺고 있다.

이와 같은 분석과 고찰을 통하여 뱅베니스트는 인간 언어만이 두 가지 기호화 방식을 통하여 의미가 분절되는 유일한 체계임을 주장한다.[85] 그것은 인간 언어만이 지니고 있는 특권이라고 할 수

---

82) *Ibid.*, 64쪽.
83) *Ibid.*
84) *Ibid.*

있다. 한편, 소쉬르는 기호에 관한 논의를 맨 처음 제기했으면서도 이러한 문제를 정확하게 지적하지는 못하였다. 그는 랑그에 대한 분석을 통합체와 계열체로 나눌 수 있다는 점만을 거론하였다. 그리고 기호 의미와 문장 의미, 담화 의미의 관계에 대한 언급이 거의 없었다는 점은 소쉬르 언어학과 기호학의 상당한 약점이라고 할 수 있다. 그에 비하여 뱅베니스트는 기호화 방식의 두 가지 양상에 대한 고찰을 통하여 소쉬르를 보완하고 있다.

지금까지의 논의를 정리한다면 기호적 방식은 언어 기호의 잠재태의 존재 방식으로서 실제 담화 상황을 상정하지 않은 언어 형식이다. 기호적 방식은 기본적으로 음소와 음소의 결합으로 이루어지는 음소적 층위와 경계소적 층위, 그리고 그 위에 통사적 층위로 구성된다. 그런데 뱅베니스트는 음소와 함께 음소의 변별적 특징을 바탕으로 하는 경계소적 층위라는 특이한 층위를 설정하면서도 그 위의 층위에서 〈단어〉, 또는 〈기호〉, 〈문장〉 등 일반적인 용어를 사용하면서 층위 개념을 세분하지 않고 있다.

그에 비하여 의미적 방식은 의사 소통 현장에서 이루어지는 담화의 현실태 instance du discours를 가리킨다. 그리하여 기호적 방식에서 볼 수 있는 문장은 의미적 방식에서는 누군가에 의하여 발화된 담화로 전환된다. 그와 동시에 그 담화에 쓰인 대명사, 부사, 시간적 요소는 모두 어떤 지시적 대상과 기준을 갖게 되고 그것을 (화행) 지시소 déictiques라고 부른다. 그리하여 기호적 방식은 인지의 대상 내지 언어 형식적 분석의 대상인 데 비하여 의미적 방식은 담화 상황에 비추어 이해되어야 한다. 의미적 방식의 중요성에 비추어 그에 대해 보다 자세히 살펴보도록 하자.

---

85) *Ibid.*, 65쪽.

6. 의미적 방식

의미적 방식은 의미론, 화용론 등과 중첩되는 부분이 있어서인지 일반화되어 사용되지는 않는 개념이다. 그러나 그것은 벵베니스트의 언어 이론이 대부분 수렴되는 개념이고 그 핵심은 언술 작용과 언술로 집약될 수 있다.

6.1. 언술 작용

위에서 설명한 바와 같이 문장은 어떤 상황 속에서 어떤 인물이 의사 소통을 위하여 발화하는 경우 담화로 전환된다. 담화 내지 언술 énoncé이 이와 같이 〈개인의 언어 사용 행위에 의하여 랑그가 기능·가동하는 것〉을 가리켜 언술 작용이라고 하고 담화 또는 언술은 〈언술 작용의 발현체 manifestation〉[86]인 것이다. 그러니까 언술은 화자가 만들어 낸 결과이고 언술 작용은 그 언술을 만들어 내는 행위이다. 여기에서 행위라 함은 물리적 발화 행위가 아니라 그 언술을 만들어 내기 위하여 화자가 머리 속에서 구상·기획하는 행위를 가리킨다.

본래 언어학에서 〈언술 작용〉이라는 용어가 생겨나기 전에는 〈deixis〉, 즉 〈지시소〉 또는 〈화행 지시소〉라고 하는 개념으로 언술이나 담화에 관계되는 대명사, 부사 등의 용법을 지칭하였다. 그러나 지시소의 개념으로는 언술 작용의 문제를 모두 다룰 수 없었고, 지시소의 분류도 다분히 형식적이었다고 하겠다. 가령 대명사 〈나 je〉, 〈너 tu〉 등과 3인칭 〈그 il〉는 같은 개념이 아니다. 왜냐하면 〈나〉와 〈너〉는 담화 현장에서 그 지시 대상이 결정되고

---

86) *Ibid.*, 80쪽.

화자가 바뀌면 〈나〉가 〈너〉가 되고 〈너〉가 〈나〉로 될 수 있다. 그에 비하여 〈그〉는 담화 이전부터 지시 대상이 정해져 있고 담화 화자가 바뀌어도 〈그〉는 불변이기 때문이다.

　언술 작용의 문제는 문법적인 범주와 의미론적인 범주를 중심으로 제시된다. 문법적인 범주로는 방금 언급한 인칭 대명사, 지시 대명사, 소유 형용사, 장소와 시간의 부사, 그 밖에 1인칭으로 표시되는 수행 동사들(선언, 맹세, 약속 등 언어와 행위의 일치를 보여주는 동사들), 양태 부사들 등의 문제들은 모두 언술 작용과 관계가 있다. 이러한 문법적 범주들은 의미론적인 문제 내지 화용론적 문제와 연결된다. 그 지시소들이 무엇을 가리키고 무엇을 기준으로 하느냐 하는 문제가 밝혀지지 않으면 안 되기 때문이다. 이러한 문제는 일차적으로 화자의 문제이면서 동시에 청자의 문제이고 동시에 양자간의 문제인 것이다.

　언술 작용에 비해 언술은 간단히 받아들이는 경향이 있다. 그러나 언술 내지 발화는 단문과 동의어가 아니다. 언술은 단문·복문일 수도 직접 화법, 간접 화법일 수도 있다. 화자와 청자가 있고 언술 작용의 문제를 밝혀야 한다는 문제를 제외한다면 형식적인 면에서는 문장의 구조로 제시된다는 점을 유의할 필요가 있다. 그리고 발화와 함께 문장은 담화로 전환되고 문장을 구성하는 어떤 요소들은 문법적인 기능에서 연동소 embrayeurs[87]로 전환되는데, 언술 작용의 틀 속에서 그 문장 안의 연동소들은 밖에 있는 인물, 상황 등의 지시 대상을 대표한다. 벵베니스트는 언어 철학 쪽에서 추상적으로 언급한 이러한 문제들을 언어학 분야에서 처음 구체적으로 연구한 학자이다.

---

87) 연동소는 야콥슨이 사용한 용어로서, 벵베니스트는 그 용어 자체는 사용하지 않으면서도 언술 작용의 개념 속에 연동소의 개념을 포괄시키고 있다.

인간의 본성 속에 내재된 언어 능력은 인간이 언어의 주체로서 랑그를 자기의 필요에 맞추어 표현할 수 있도록 한다. 따라서 언어 구사의 결과로 생겨난 언술은 언술 작용의 테두리내에서 설명된다. 언술 작용의 결과로 생겨나는 언술 내지 담화가 소쉬르의 빠롤과 다른 것은 그것이 언술 작용과 연결되었기 때문이다. 언술 작용은 화자가 자기를 위해 랑그를 동원 mobiliser하는 행위인 것이다.

6.2. 대명사

언술 작용에 의하여 화자는 담화 속에서 자신의 주체성을 드러내는데, 담화 주체의 주관성을 일차적으로 표출하는 것은 대명사이다. 문법적 요소인 대명사는 담화 속에서 지시적 성격을 띠고 화자를 대신한다. 벵베니스트는 대명사의 성격을 언술 작용과 연관시켜 세련된 분석을 보여주고 있다. 그에 대한 예로 〈나〉는 〈담화를 진술하는 사람〉을 의미하고 그것이 지시하는 지시 대상 인물을 현실 속에 가지고 있다. 〈나〉는 담화 속에서 무한히 반복되지만 현실 속에서 그것을 발화하는 사람이 누구냐에 따라 그 지시 대상은 계속 달라질 수 있다. 화자인 〈나〉의 지시 대상이 결정되면 아울러 청자인 〈너〉가 결정된다.[88]

대체적으로 1인칭과 2인칭이 3인칭과 대립되고, 다시 주관성의 표현 문제와 함께 1인칭과 2인칭이 대립하여 1인칭 복수는 1인칭 단수의 확장이고, 2인칭 복수가 2인칭 단수의 일반화로 대화 상대적인 가치를 지니는 반면, 부재 인칭인 3인칭 복수는 불특정 일반화에 의해 〈막연한 사람들〉을 의미한다고 설명한다.[89] 대체적으로

---

88) *P.L.G. I*, 251-258쪽.
89) 필모어 Fillmore는 "Deictic categories in the semantics of COME," *Foundations of Language 2*, 1966, 220-222쪽에서 지시소를 인칭 지시소, 장소

단수는 엄밀한 인칭이고 복수는 막연하게 확대된 인칭이다. 〈나〉와 〈너〉는 〈여기 ici〉, 〈지금 maintenant〉 등의 시간, 공간 지시소 deixis 를 담화 상황의 토대로 발화한다.

6.3. 수행문

벵베니스트는 대명사 형태들이 언어 외적인 실재와 직접 관계되는 것이 아니고 화자의 언술 작용을 통해서만 지시적 의미를 부여받는다는 점을 부각시켰다.[90] 그러나 화자의 주체성을 잘 보여주는 것은 화자가 자신의 행위를 실현하는 데 쓰이는 이른바 수행 동사 verbes performatifs를 사용하는 경우로서 〈선서하다 jurer〉, 〈선언하다 déclarer〉, 〈약속하다 promettre〉, 〈보증하다 certifier〉 등의 동사들이 그러한 동사에 속한다. 수행 동사에 의한 수행문은 오스틴 J.-L. Austin을 중심으로 한 이른바 옥스포드 철학자들의 일상 언어 분석을 언어 연구에 도입한 것이다. 오스틴은 〈수행사 performatif〉와 〈서술사 constatatif〉에서 그의 수행문에 대한 기본 이론을 밝힌 바 있다.[91] 그는 수행문이 〈행위를 수행하는 데 쓰인다〉라고 하면서 예를 들어 설명하고 있다. 가령 〈나는 이 배를 자유호라고 명명한다 Je baptise ce vaisseau Liberté〉에서 화자는 1인칭 단수・직설법 현재・능동으로 이루어지는 문장을 통하여 배의 이름

지시소, 시간 지시소 등으로 나누고 있다.
90) 이러한 벵베니스트의 관점은 언어를 사물의 목록 nomenclature으로 볼 수는 없다고 한 소쉬르의 확신과 일맥 상통하지만, 소쉬르와 달리 벵베니스트는 담화의 차원에서 언어 기호가 지시 대상에 대한 지시적 의미를 지닌다는 점을 강조한다. *C.L.G.*, 97쪽 참고.
91) J.-L. Austin, *La philosophie analytique*, Paris, Ed. de Minuit, 1962, 271-281쪽.

을 명명하는 행위를 한다고 말한다. 그러나 그는 결과적으로 수행문의 판별에는 어떤 일정한 기준이 없고 명령문이나 수동문, 심지어는 하나의 단어도 수행문 역할을 할 수 있다고 주장한다. 가령 〈문 닫으시오〉, 〈개〉 등도 〈나는 당신에게 문 닫으라고 명령한다〉, 또는 〈나는 개를 조심하라고 하는 경고를 하는 바이다〉라고 해석한다. 또한 관보나 공적인 공지 사항도 수행문으로 해석될 수 있게 된다. 이러한 관점에서 보면 수행문의 범위는 상당히 확대된다. 그렇기 때문에 오스틴 자신도 수행문의 개념을 확대해야 한다고 하면서도 그에 대한 확실한 기준을 마련하지 못하고, 결국은 수행문과 서술문의 구분에 대한 자기 이론의 취약점을 스스로 인정하고 만다.[92]

이에 대해 벵베니스트는 오히려 수행문과 서술문의 구분이 정당한 근거를 가졌다고 보고 그에 대한 기준을 설정해야 한다고 생각한다. 그리고 그 첫단계로서 수행문처럼 보이지만 수행문이 아닌 경우를 열거한다.

(1) 수행문의 발화자가 합당한 자격자가 아니거나 성실성이 결여되고 약속이 지켜지지 않는 경우.
(2) 수행적 동사를 사용한 문장, 예를 들어 a) 〈나는 선서한다 je jure〉와 b) 〈그는 선서한다 il jure〉 중에서, a)는 언행과 시간이 일치하는 수행문이지만, b)는 〈그〉에 대한 정보에 지나지 않기 때문에 서술문에 속한다.
(3) 〈안녕하십니까 bonjours〉와 같은 인사도 〈나는 당신에게 좋은 하루가 되기를 기원합니다〉의 문장에서 온다고 보면 본래 수행문이라고 주장할 수도 있다. 그러나 인사 자체가 의례적인 형식에 지나지 않기 때문에 별다른 의미가 없고, 또한 현재 사용되지 않는

---

92) *Ibid.*, 279쪽.

언어 형식을 되살린다는 것은 공시적인 언어 분석의 틀을 벗어나는 것이다.
(4) 〈알다 savoir〉, 〈보다 voir〉 등의 동사들은 수행적 동사가 아니기 때문에, 그러한 동사들이 주절에 있는 문장들은 수행문이 아니다.
(5) 〈그 집이 폐쇄되었다〉, 〈피에르가 도착했다〉 등의 독립절로 이루어지는 문장들은 사실 factum을 기술하는 문장이고 언술 내용 dictum을 부각시키기 위한 문장이 아니기 때문에 수행문이 아니다.

위에 열거된 문장들과는 달리 일반적으로 수행문이라고 간주되지 않는 수동문도 수행문이 될 수 있다. 가령 〈X를 장관에 보한다 X est nommé ministre〉의 경우 임명권자가 실제 발령을 내는 경우, 〈~를 공포하다 décreter〉의 주절이 생략된 수행문으로 간주될 수 있다는 것이다. 그리고 3인칭 주어로 된 문장, 〈공화국 대통령은 다음 사항을 공포한다 Le Président de la République décrète ……〉의 경우 그것은 관용적인 문투로서 3인칭이 1인칭으로 전환될 수 있기 때문에 수행문으로 간주하는 것이 타당하다고 본다. 또한 주절이 빠진 문장, 〈개회되었습니다〉와 같은 경우도 회의를 주재하는 사회자가 발화한 경우 〈나는 개회를 선언합니다〉를 줄인 것으로서 수행문이라고 하고 있다. 수행문에 대한 이러한 보완을 토대로 벵베니스트는 서술문과 구별되는 수행문에 대한 다음과 같은 정리를 한다.

(1) 선언적 내지 명령적 동사를 바탕으로, 1인칭 주어가 현재의 발화 시점에서 행하는 언술로서 그 내용 dictum이 뒤따른다.
(2) 수행문은 청자에 의하여 행위로서 받아들여져야 한다. 즉 수행문이 행위로 받아들여지지 않는 경우에는 수행문이 아니고 단순한 빠롤이 된다.
(3) 수행 동사가 아닌 동사에 의한 언술도 화자가 합당한 권위를 바

탕으로 적절한 조건 하에서 발화할 경우 수행문이 될 수 있다. 즉 〈나는 ~라고 말한다〉와 같은 문장도 위의 조건을 충족시키면 수행문이 될 수 있다.
(4) 행위로서 수행문은 유일성의 속성을 지닌다. 수행문은 특정 상황 속에서 일정한 시점, 일정한 장소에서 단 일회 발화가 행해진다. 따라서 수행문은 서술이나 처방의 가치를 지니는 것이 아니고 이행 accomplissement의 가치를 갖는다.
(5) 행위로 기능하는 수행문의 유일성은 그에 관계되는 대상 인물들에게 하나의 사건으로 부각된다. 따라서 수행문은 개인적 행위에서 역사적 행위로 성격이 전환된다.
(6) 언어학적인 면에서 수행문은 기의로서의 내용과 함께 다른 담화들과 마찬가지로 지시체를 지닌다. 그러나 수행문의 지시 대상은 자기 지시적 sui-référentiel이다. 바꿔 말하자면 수행문의 여건 자체가 행위가 되기 때문에 수행문의 현실 그 자체는 그 지시체가 된다는 특성을 지니고 있다.
(7) 따라서 수행문의 핵심적인 기준은 그것이 수행적 행위 자체를 명명 dénommer하느냐의 여부를 살피는 일이다. 〈나는 폐회를 선언한다〉, 〈나는 진실을 말할 것을 맹세한다〉 등은 1인칭 주어와 동사의 현재가 그 뒤에 오는 수행 performance을 명명하여야 한다. 따라서 수행문에는 발화자 performateur와 언어에 의한 수행 내용이 명시적으로 표시가 된다.

그러면서도 벵베니스트는 오스틴이 수행문이라고 간주하는 일부 예문들은 수행문이 될 수 없다고 주장한다. 가령 〈문 닫아라〉와 같은 명령문은 결과를 요구하는 언술로서 외연적 dénotatif 성격이나 의사 소통적 성격을 지니지 않는다. 그것은 오로지 상대방 청자의 행동을 목표로 하고 있고,[93] 명령법의 현재 시제는 엄격한 의미에

---

93) 수행문은 발화 내적 illocutoire 언술인 데 비하여 명령문은 언향적 perlocu-

서 언어적 현재라고 할 수 없으며, 또 수행 행위를 언급하는 인칭 주어가 생략이 되었기 때문이다. 그리고 〈개〉 또는 〈개조심〉 등의 팻말 또한 의사 소통을 목적으로 한 것이 아니고 단순한 경고의 신호판에 지나지 않기 때문에 수행문으로서의 요건을 갖추었다고 간주될 수는 없다고 본다.

언어에 대한 철학적 연구에서 비롯된 수행문 개념은 언어학에 도입되어 언어 교육에서의 이용도 시도되었지만,[94] 언어 철학에서는 그 개념의 확대와 함께 수행문의 정당성이 약화되었고 이어서 언어학에서도 그에 대한 관심이 약화되었다. 그러나 벵베니스트는 의사 소통 면에서 수행문 개념의 필요성을 강조하면서, 이론적으로 단순한 서술이 아닌 언술 내용과 함께 유일성을 전제로 한 명명 행위를 기초로 그 이론적인 근거를 재정립하였다. 그리고 수행문, 수행 동사와 함께 〈행하다 faire〉의 개념이 아닌 〈말하다 dire〉의 개념이 들어 있는 동사들의 부류를 추출하여 〈성구 파생 동사 verbes délocutifs〉라는 범주도 제시하였다.[95] 예컨대 불어의 〈saluer〉는 본래 〈인사하다〉의 뜻이 아니라 〈인사를 말하다〉, 즉 〈dire salut〉의 뜻을 가졌고, 그는 이러한 종류의 동사들의 예를 여러 가지 들고 있다. 환언하면 이러한 동사들은 〈담화 활동을 드러내는〉 동사들인 것이다.[96]

---

toir 언술인 바, 벵베니스트는 이러한 용어는 사용하지 않았다.
94) *P.L.G. I*, 269-276쪽.
95) *Ibid.*, 277-285쪽.
96) 그러나 이론적인 명분에도 불구하고 실제로 이 동사들은 〈인사를 말하다〉보다 〈인사하다〉, 혹은 〈remercier〉의 경우 〈감사를 말하다〉보다 〈감사드리다〉의 뜻으로, 즉 〈행하다〉의 범주로 더 많이 쓰이고 있어서 지속적인 관심을 끌지는 못하였다고 생각된다.

6.4. 시제와 시간의 문제

의사 소통의 방식에 관련하여 수행 동사, 서술 동사 그리고 성구 동사 등이 흥미있는 문제를 제기하지만, 언술 작용 면에서 볼 때는 시제 사용에 대한 문제가 큰 비중을 차지한다. 그러나 시제 문제는 언어학은 물론 물리학, 심리학, 인식론 등과 얽혀 있다.

먼저 단일적인 연속체로서의 물리적 시간 temps physique과 그와 상관 관계에 있는 심리적 시간 temps psychique을 구분한다. 전자는 객관적인 측정이 가능한 시간이고 후자는 그와 반대로 내면적인 느낌에 의해서 주관적으로만 포착되는 시간으로서 양자는 대립적이다. 이 두 가지와 다른 시간이 사건의 시간 temps chronique이다. 우리와 외적인 세계와의 관계에 개입되는 시간, 그리고 우리의 경험을 표현할 때 개입되는 시간이 바로 이 시간이라는 것이다. 왜냐하면 우리의 의식 속에서 지나간 인생은 일련의 사건으로 점철되어 있고, 현재에서 과거를 뒤돌아보든 과거에서 현재로 거슬러 올라오든, 우리는 살아오는 과정 속에서 경험한 사건들을 〈징검다리〉로 삼아 시간을 표시한다는 것이다.[97] 사실 사건들이 시간이 되는 것이 아니라 사건은 시간 속에 배열될 뿐인데, 그것이 시간의 흐름을 대신해서 시간으로 표시되는 것이다.

사건의 시간은 몇 가지 특징을 가지고 있는데, 첫째로 안정적 statif이라는 점을 들 수 있다. 역사적인 사건, 예수·부처의 출생일 등은 언제나 변하지 않고 같은 날이다. 둘째는 지향성으로서 어떤 사건을 중심으로 이전/이후를 나누는 것을 말한다. 셋째는 측량적 mesuratif이라는 점이다. 시간적인 간격이 쉽사리 측정될 수 있다는 점을 말한다.

---

97) *P.L.G. II*, "Le langage et l'expérience humaine," 67-78쪽.

이상과 같은 사건의 시간에 비해 언어적인 시간 temps linguistique은 외부의 사건과 자신의 경험을 언어의 시제 체제 속에 담는 시간이다. 인간의 시간 체험은 언어를 통하여 표현되고 언어적인 시간은 사건의 시간이나 물리적 시간으로 환원될 수 없다. 언어적인 시간은 개인의 언어 행위를 통해 드러나고 담화 기능내에서 정립된다.

언어적 시간의 특징은 그것이 담화 실현의 틀내에서의 현재를 중심으로 전개된다는 점이다. 담화와 사건의 합치에 의하여 나타나는 현재는 담화의 핵심이 된다. 그리고 그 시점을 중심으로 과거와 미래가 구분된다. 담화가 계속되는 한 화자는 실제 물리적 시간이 경과하는 데도 불구하고 현재 시제를 사용한다. 따라서 〈랑그에 내재적인 유일한 시간은 담화의 기축 시간 역할을 하는 현재이고 현재는 암묵적 implicite이다〉.[98] 현재를 중심으로 표출되는 과거와 미래는 현재와는 달리 명시적인 explicite 표지를 지니고 있다. 화자가 필요에 의하여 자기 담화의 한계를 이루는 〈어제〉 또는 〈내일〉을 벗어나고자 할 경우에는 숫자 단위를 바탕으로 사건 시간의 점진성을 나타낸다. 예컨대 〈일 주일 전 il y a huit jours〉, 〈석 달 후 dans trois mois〉 등이 있다. 그러나 이러한 지표들은 불어에서 주관적 시간 간격 distanciation subjective을 나타낼 뿐이다. 그러나 역사적 이야기 내지 객관적 진술에서는 〈huit jours auparavant(그보다 일 주일 전에)〉, 또는 〈trois mois après(그보다 석 달 후에)〉로 나타낸다. 이러한 설명을 토대로 벵베니스트는 언어에 의한 인간 경험의 표출은 언제나 빠롤을 바탕으로 하여 언어 행위로 나타난다는 점을 강조한다.

담화에서 시간과 관계 있는 요소는 방금 본 바와 같은 부사 내

---

98) *Ibid.*, 75쪽.

지 상황 보어적 요소와 동사로 나눌 수 있고, 동사는 조동사와 함께 복합 시제를 형성하거나 또는 단독으로 시제를 형성한다. 시제적 지표로서의 동사에 대한 벵베니스트의 고찰을 살펴보자.[99]

시제에 대한 접근에 있어서도 벵베니스트는 독창적인 관점에서 출발한다. 대체적으로 문법이 각 시제에 대한 정의와 가치의 설명에서 출발하여 용법을 보여주면서 그에 어긋나는 용례는 논외로 삼고 있고, 서법과 시제에 대해 독자적인 이론을 정립한 기욤 G. Guillaume의 경우[100]에는 그 이론 자체가 논리적인 면은 강하나 절대적인 관점을 바탕으로 추상적이고 도식적인 설명을 하고 있다. 그리고 그 초점 또한 랑그에 맞춘 것이기 때문에 담화적인 상황과는 거리가 멀다고 하겠다. 그에 비하여 벵베니스트는 관계가 있는 형태와 시제를 서로 대립시켜 그 상관 관계를 찾아내고, 그 방법을 토대로 시제를 유형별로 분류하여 일반적인 원리를 찾아내 문서 담화와 관련된 시제 문제를 집약 정리하는 연역적인 접근 방법을 택하고 있다.

벵베니스트는 문법의 용법을 바탕으로 복합 과거 ⟨il a couru(그는 달렸다)⟩가 단순 과거 ⟨il courut⟩와 같은 가치를 지닌 것으로 대조시키면서, 복합 과거가 현재 ⟨il court(그는 달린다)⟩와 같은 짝을 이룬다는 것을 확인한다. 그러나 한편으로 복합 형태와 시제와의 관계에 대한 문제점을 제기하면서, 복합 형태가 시상 aspect temporel과 관련이 있다면 어째서 미래 시제에서는 과거에서 ⟨il fit(그는 ~을 했다)⟩, ⟨il a fait(그는 ~을 했다)⟩와 같은 등가적인 시제가 없느냐 하는 데 대한 의문점을 제기한다.[101] 그는 그러면서

---

99) *P.L.G. I*, "Les relations de temps dans le verbe français," 237-257쪽.
100) Guillaume, *Temps et verbe*, Champion, 1970, 7-13쪽.
101) 필자의 생각으로는 아직 이루어지지 않은 미래의 시제는 모든 것이 끝난 과거와는 달리 불확정적인 성격이 강하기 때문에, 과거 시제처럼 세분화

시제는 문법 설명과 달리 그 원리가 복합적인 성격을 지니고 있다고 설명하고 있다

6.5. 양태성

뱅베니스트는 담화의 의미적 방식에 대한 연구에 있어서 양태성에 대한 연구를 포함시켰다. 본래 양태성의 문제는 문장의 의미에 변화를 가하는 요소로서 논리학적인 테두리에서만 연구되었을 뿐이고 담화 차원에서는 중요성에 비하여 그에 대한 언어학적 연구는 드문 편이었다.

양태성의 문제는 문법에서 동사 구조를 형성하는 조동사군에 대한 연구와 밀접한 관계가 있다고 보고 그 두 가지는 함께 연구되었다. (1) il a marché(걸었다), (2) il va partir(곧 떠나려고 한다), (3) il doit venir(와야 한다), (4) il a dû venir(왔을 것이다) 등의 문장은 모두 이른바 본동사 marcher, partir, venir 등과 보조적 조동사 avoir, aller, devoir 등으로 구성되기 때문이다.

그러나 다양한 보조 동사들을 조동사로 묶은 것은 이론적으로 일관성 있는 분석을 허용하지 않는다. 그러한 이유에서 기욤은 문법과는 다른 관점을 제시한다. 그는 조동사의 특성을 강하성 sub-ductivité의 개념으로 설명하면서 그러한 범주의 동사는 불완전한 요소이기 때문에 별도의 보완적 요소 complément de matière를 필요로 한다고 설명한다.[102] 또한 떼니에르 L. Tesnière는 조동사가 문법적 특성을 부여받는 데 비하여 본동사의 어근은 의미론적 요소를 나타낸다고 설명한다.[103]

될 수 없다고 생각한다.
102) G. Guillaume, "Théorie des auxiliaires et examen de faits connexes," BSL34, 1938, fasc. I, 5-23쪽 및 P.L.G. II, 177-178쪽 참조.

벵베니스트는 보조 동사 부분을 보조형 forme auxiliante으로, 그리고 본동사 부분을 피보조형 forme auxiliée으로 부르면서 그 두 가지의 결합이 형성하는 양상 aspect을 내용 면에서 세 가지 형태로 구분한다.

    (1) 시간성의 보조 사행 auxiliation de la temporalité
    (2) 태의 보조 사행 auxiliation de diathèse
    (3) 양태성의 보조 사행 auxiliation de modalités[104]

위의 세 가지 사항 중에서 시간성과 태에 관계되는 부분에 대해서도 벵베니스트의 독창적인 관점이 제시되고 있지만 그것은 문법에서도 다루고 있는 문제들이다. 그에 비하여 양태성에 대한 부분은 문법에서 다루지 않을 뿐만 아니라 생성 문법에서도 거의 논의되지 않는 문제이다.

그는 양태성을 〈관계 언술 énoncé d'une relation에 대한 보충적 단언〉[105]이라고 정의한다. 논리학에서는 양태성을 〈가능성〉, 〈불가능성〉, 〈필연성〉의 세 범주로 분류한다. 그러나 그는 문장에서 〈불가능성〉이란 부정에 의하여 표현된다고 보고, 언어학적 관점에서 양태성을 〈가능성〉과 〈필연성〉의 두 가지 범주로 축약하면서 그에 관계되는 동사로서, 일차적으로 〈pouvoir(할 수 있다)〉[106], 〈devoir(하여야 한다)〉의 두 동사를 들고, 그 밖에도 〈aller(가다)〉, 〈vouloir(원하다)〉, 〈falloir(필요하다)〉, 〈desirer(욕망하다)〉, 〈espérer(희망

---

103) *P.L.G. II*, 177-178쪽.
104) *Ibid.*, 179쪽.
105) *Ibid.*, 187쪽.
106) 불어의 〈pouvoir〉는 영어의 〈can〉과 〈may〉의 두 가지 의미론적 자질을 지니고 있다.

하다)〉 등을 이차적 양태 동사로 들고 있다.[107]

전형적인 양태 동사인 〈pouvoir(할 수 있다)〉와 〈devoir(하여야 한다)〉는, 첫째, 굴절형과 부정법의 두 가지 형태의 결합으로 나타나고 부정법 부분이 종속절로 변형될 수 없다.

둘째, 흔히 본동사라고 부르는 양태 보조 사행의 피보조형은 시간성의 보조 사행과 병행 사용될 때 그보다 선행하고 부정법 현재 또는 과거의 형태로 나타난다.

예) il a chanté. → il peut(devoir) avoir chanté.

셋째, 양태 보조 사행의 보조형은 비록 종속절을 직접 보어로 취할 수 없는 제약은 있으나 모든 인칭으로 어형 변화할 수 있는 완전한 타동사로서 피보조형의 시제, 서법 mode, 인칭 등의 총체를 어형 변화시키는 기능을 수행한다.

예) il chantait. → il pouvait chanter.
    il a chanté. → il a pu chanter.

넷째, 피보조형은 단순히 의미소 역할만 하는 것이 아니고 그 자체도 양태성의 표현에 관계된다. 그리고 그러한 점은 양태성의 보조 사행과 태의 보조 사행과의 관계에 있어서도 마찬가지이다.

예) il est chanté. → il peut être chanté.
    il a été chanté. → il peut avoir été chanté.

그러나 〈pouvoir〉 그 자체는 수동형으로 쓰일 수 없다.

예) * il est pu.
    * il a été pu.

다섯째, 양태 동사들의 양태화가 가능하다. 이 경우 두 개의 양태 동사들이 양태화 중첩 surmodalisation을 형성한다. 따라서 〈pou-

---

107) 〈aller〉동사를 제외한 나머지 동사들은 부정법 보어를 목적어로 취하는 타동사적 성질이 더 강하다.

voir〉와 〈devoir〉는 중첩될 수 있으되 〈devoir+pouvoir〉만 가능하고 그 역은 불가능하다.

예) il doit pouvoir faire ce travail.

　　＊ il peut devoir faire ce travail.[108]

위의 예문 중 앞의 문장에서는 〈pouvoir faire〉에서 〈pouvoir〉가 보조형이지만 〈il doit pouvoir faire〉에서는 피보조형이 된다. 양태 동사의 중첩은 의미론적인 변화를 야기시킨다. 벵베니스트는 이 경우 〈devoir〉는 〈필연성보다는 높은 개연성을 나타낸다〉고 분석한다.[109]

그는 또한 양태성에 대한 종합적인 고찰에서 세 가지 원칙을 제시한다.

첫째, 보조 기능의 비재귀성 원칙: 어떤 보조적 양태 동사도 그 자신을 피보조적 동사로 택할 수 없음을 나타낸다.

예) ＊ il peut pouvoir.

　　＊ il doit devoir.

그러나 준보조적 양태 동사의 경우 〈aller〉에 있어서 〈il va aller〉[110] 같은 문장이 쓰일 수 있는데, 그것이 관용적으로 현재 시제의 경우에만 용납된다고 설명한다. 그리고 시제와 관계되는 보조 사행에서 복합 과거형 〈il a eu〉와 같이 〈avoir〉가 〈avoir〉를 피보조형으로 택할 수 있는 예외가 있는데, 이 경우 피보조형의 〈avoir〉는 〈posséder(소유하다)〉 대신 쓰였다고 지적한다.

둘째, 어떤 보조형도 태의 보조 사행을 허용하지 않는다. 이 원칙은 보조형이 수동 형태로 전환될 수 없다는 원칙이다. 예컨대 il est → ＊il est été, il peut → ＊il est pu 등을 생각해보면 분명한

---

108) 벵베니스트는 비문이 되는 예문을 들지 않고 있다.
109) *P.L.G. II*, 191쪽.
110) 이러한 경우 문법에서는 보조형 〈aller〉가 본래의 운동 동사로서 쓰인 것이 아니라 근접 미래를 형성하는 문법적 기능을 나타낸다고 설명한다.

원칙이다.

셋째, 보조형과 피보조형의 비역전성의 원칙. 보조형은 중보조형의 피보조형이 될 수 있지만 피보조형이 보조형이 되는 경우는 없다.

예) il peut chanter → il a pu chanter.

* il chante pouvoir etc.

뱅베니스트는 양태성의 문제에 대한 연구에 중요한 자극을 주었으나, 그의 연구는 통사론적 문제를 중심으로 이루어져 의미론적 문제를 중심으로 분석되지는 않았다는 점에서 아쉬움이 남는다.

7. 텍스트와 시제

기호적 방식에 의한 문장은 어떤 특정 상황과 직접적인 관계가 없기 때문에 지시소는 지시 대상을 갖지 않는다. 그에 비하여 의미적 방식에 의한 담화의 경우, 그 언술에 등장하는 대명사, 부사, 시제 등은 담화 현장에서 화자와 청자의 입장을 중심으로 그 요소들이 무엇을 지시하느냐에 따라 결정된다. 그러니까 지시 대상은 담화 상황과 지시 작용에 의하여 자동적으로 결정된다. 그런데 이 두 가지 방식과 다른 초문장적 transphrastique 텍스트가 있다. 그것이 바로 문학적 텍스트이다.

문학 텍스트는 의미적 방식에 속하는 담화나 언술과는 달리 실제 상황내에서의 지시 대상을 지니지 않고 있고 따라서 정보를 교환하는 기능도 갖지 않는다. 그러나 문학 텍스트는 작가의 작품이라는 허구적 세계 속에 자리잡고 있어서 지시소들은 그 세계 속에서 지시 대상을 가지고 있다. 따라서 거기에 쓰인 대명사들은 그 작품에 등장하는 인물들을 지시하게 되고 마찬가지로 공간적인 부사도 그 세계 속에서 지시 대상을 갖게 되며 시간도 저자가 설정한 시간표를 중심으로 진행되고 지시 작용을 갖게 된다. 화자의 존재나 관점이 지시소 등을 통해 드러나는 〈담화 discours〉와 화자의 개입이 일절 배제된 〈이야기 récit/histoire〉의 대립을 〈주관적 텍스트-객관적 텍스트〉 사이의 관계로 이해하려는 견해도 있다.[111] 그러나 그보다는 〈담화〉와 〈이야기〉는 서로 다른 지시 운용 체제 deux modes d'interprétation référentielle를 가지고 있다고 보는 편이 더 설득력 있는 설명이 될 것이다.[112]

벵베니스트는 시제의 관점에서 〈이야기 récit〉를 중심으로 하는 텍스트는 과거 사건을 기술하는 역사적 언술 작용 énonciation historique의 범주에 속한다고 설명한다.[113] 그의 이론에 의하면 〈이야기〉는 〈사건〉과 함께 모두 과거에 있었던 일로, 벵베니스트는 역사적 언술 작용에 포함되는 〈이야기〉와 〈사건〉의 차이에 대해 상술하지 않았다.[114] 그러나 〈이야기〉는 그 저자—무명인 경우거나 익명인 경우까지 포함하여—가 펼치는 상상의 세계내에서 의미를

---

111) O. Ducrot는 〈이야기〉가 〈담화〉의 한 형태에 불과하다고 말하고, 벵베니스트가 의도하는 바와 같은 〈이야기〉의 존재를 부정하고 있다. O. Ducrot, *Dire et ne pas dire*, Hermann, 1972, 99쪽 참조.

112) Jenny Simonin은 "Les plans d'énonciation dans BERLIN ALEXANDER PLATZ DE DÖBLIN," *Langages*, 1984, 30쪽에서 〈이야기〉와 〈담화〉는 서로 다른 두 개의 지시 운용 체제라고 정의하고 있다.

113) *P.L.G. I*, 238-239쪽.

114) 리꾀르 Ricoeur는 해석학적 관점에서 〈역사〉 속에서 이야기성의 요소를 찾아내면서, 〈역사〉도 픽션이 지니고 있는 〈플롯 intrigue〉을 내포하고 있기 때문에 거시적으로 볼 때 〈역사〉와 〈이야기〉 내지 픽션에 근본적인 차이가 없다고 주장한다. P. Ricoeur, *Temps et Récit I*, Seuil, 1983, 362-404쪽 참고.

부여받고 지시소들도 저자가 만들어 낸 가상 인물과 가상적 시간·공간의 대상들을 가리킨다. 그에 비하여 역사적 사건은 실제로 일어났던 사건을 가리키기 때문에 사실에 바탕을 둔 것이다.

보다 중요한 차이는 언술자 énonciateur와 진술자 narrateur의 개념을 중심으로 살펴볼 수 있을 것이다. 〈역사〉는 역사를 서술하는 사가, 곧 역사적 언술자에 의하여 기술된다. 따라서 〈역사〉에서는 〈나〉라는 진술자는 부재이다. 역사적으로 유명한 사건의 주인공이 〈나〉를 진술자로 하여 역사를 기술할 수 있다고 생각할 수 있다. 그러나 그때의 〈역사〉는 〈자기 중심적〉인 〈담화〉이고 〈보편성을 지향하는〉 역사가 아닌 것이다. 이러한 관점에서 볼 때 〈역사〉 내지 〈역사적 기술〉에서는 〈나〉라는 진술자, 바꿔 말하자면 〈화자〉가 없다. 그러한 의미에서 벵베니스트는 〈사건들은 역사의 지평에 등장한 순서에 따라 생겨난 것처럼 제시되었다. 역사에서는 말하는 사람은 없다. 사건들이 스스로 자기 자신을 이야기하는 것처럼 보인다〉[115]라고 설명한다.

문학 텍스트의 경우 저자인 언술자는 글쓰기의 주체로서 존재하고 작품 속에는 〈나〉라는 진술자로 등장할 수 있다. 언술자는 발신자 destinateur이고 수신자 destinataire=énonciataire는 독자가 된다. 그에 비하여 진술자 〈나〉는 작품 속에 등장하는 행위소 actant로서 역시 거기에 등장하는 행위자인 〈너〉와의 관계에서 작품 속의 발신자가 될 수 있다. 그러나 벵베니스트는 일반적인 의미에서의 문학 텍스트에 대해 언급하지 않고 〈역사적 이야기〉라고 하는 약간 모호한 장르를 중심으로 텍스트를 고찰한다. 실제로 그가 분석하고자 택한 텍스트는 발자크 Balzac의 소설 『강바라 Gambara』인데, 그가 〈역사적 이야기〉를 강조할 때 생각하는 것은 현대 소

---

115) *P.L.G. I*, 241쪽.

설—그 중에서도 미셸 뷔토르 Michel Butor의 『변경 Modifications』 같은 작품—이 아니다. 발자크의 작품 같은 사실주의 소설을 〈역사적 이야기〉의 표본으로 생각하는 것은, 그러한 문학 텍스트는 어떻게 보면 〈역사〉의 기술과 시제 면에서 공통성이 있기 때문이다. 그리하여 그는 〈역사적 언술 작용〉이라는 범주 속에 〈역사적 이야기〉와 역사적 〈사건〉 내지 〈역사〉를 넣었던 것이다.

   역사적 이야기는 담화적인 형식이 아니기 때문에 〈나〉, 〈너〉, 〈지금〉, 〈여기〉 등이 끼어들 여지가 없다. 따라서 일반적인 담화의 형식적 장치들이 사용되지 않고 인칭은 3인칭에 한정된다. 역사적인 언술 작용에는 시제 면에서 단순 과거—전과거—와 반과거(-rait 형태의 조건법을 포함하여), 대과거 등의 세 가지 시제가 쓰인다. 영원한 현재를 제외하고는 현재도 쓰이지 않는다. 그러나 〈이야기〉의 기본시는 〈담화〉에서 기본시인 발화 시점과는 달리 사건 발생을 시점으로 하는 단순 과거로 규정된다.[116] 이는 〈이야기〉에 사용되는 단순과거가 〈담화〉의 기본시인 발화 시점과는 아무런 관계가 없음을 보여주며, 이는 또한 〈이야기〉에 사용된 시제는 〈담화〉 속의 시제와는 다른 운용 체제를 가지고 있음을 의미한다고 볼 수 있다. 벵베니스트는 〈이야기〉에 쓰이는 단순 과거의 시간 가치에 대해서 구체적인 언급을 하지 않고 있지만, 〈이야기〉를 〈과거에 일어난 사건에 대한 이야기〉로 정의하고 있다.[117] 벵베니스트는 이러

---

116) *Ibid.*, 241쪽.
117) 벵베니스트의 논문 "Les relations de temps dans le verbe français," 237쪽. 이보다 2년 앞서 햄버거 Hamburger는 그의 저서 *Logique des genres littéraire*에서, 벵베니스트가 〈이야기〉를 〈담화〉와 분리한 것과 거의 비슷한 개념으로 〈언술 작용 Enonciation〉과 〈진술 Narration〉을 구분하였다. 〈Enonciation〉이 1인칭 주어 〈je〉를 중심으로 이루어지는 언술 작용 체제라면 〈Narration〉은 의식 주어 sujet de conscience인 3인칭 주어 〈il/elle〉를 중심으로 한 언술 작용 체제라고 정의한 바 있다.

한 역사직 이야기 언술 작용의 예로서 몇 가지 텍스트를 들고 있는데, 그 중에서 발자크의 소설 『강바라』를 살펴보자.

> Après un tour de galerie, le jeune homme regarda tour à tour le ciel et sa montre, fit un geste d'impatience, entra dans un bureau de tabac, y alluma un cigare, se posa devant une glace, et jeta un regard sur son costume, un peu plus riche que ne le permettent en France les lois du goût. Il rajusta son col et son gilet de velours noir sur lequel se croisait plusieurs fois une de ces grosses chaînes d'or fabriquées à Gênes; puis, après avoir jeté par un seul mouvement sur son épaule gauche son manteau doublé de velours en le drapant avec élégance, il reprit sa promenade sans se laisser distraire par les oeillades bourgeoises qu'il recevait. Quand les boutiques commencèrent à s'illuminer et que la nuit lui parut assez noire, il se dirigea vers la place du Palais-Royal en homme qui craignait d'être reconnu, car il côtoya la place jusqu'à la fontaine, pour gagner à l'abri des fiacres l'entrée de la rue Troidmanteau...

회랑을 한번 둘러보고 나서 그 젊은이는 하늘과 시계를 번갈아 쳐다보았다. 조바심을 내보이는 몸짓을 하고는 어느 담배 가게에 들어가서 여송연에 불을 붙이더니 거울 앞에서 포즈를 취하고 자기 양복을 한번 훑어본다. 그 양복은 프랑스에서 기준이 되는 통상적인 취향에 비하여 약간 고급스럽다. 그는 목덜미의 깃과 검은 빌로도 조끼를 만지작거렸다. 조끼 위에는 제노아에서 만든 굵직한 금테 줄들이 여러 겹 얽혀 있었다. 그리고 나서 빌로도 안감을 한 망토를 한번의 손동작으로 왼쪽 어깨 위에 우아하게 척 밀어 올려놓더니 그는 산책을 다시 시작하였다. 보통 사람들로부터 받는 눈총에는 신경조차 쓰지 않으면서. 상점들이 불을 켜기 시작하였고 밤이 캄캄하게 어두워지는 것 같았다. 그러자 그는 팔레-루아얄 광장을 향해 가는 것이었다. 남이 알아볼까 두려워하는 사람처럼. 왜냐하면 그는 분수대 있는 곳까지 광장을 끼고 가더니 삯마차들을 피하면서 트루아망토가의 입구로 들어섰기 때문이다.

위 텍스트에는 해설자=화자가 개입되지 않고 사건 내지 사실들이 자동 전개되듯이 시간적인 계기의 순서를 따라 전개된다. 그리고 시제는 단순 과거만 쓰였다.

담화 언술 작용의 특징은 화자와 청자가 있어서 화자가 청자에게 어떤 영향을 끼치고자 노력한다는 점을 들 수 있는데, 그 구체적 형태로는 구어 형태이거나 구어적 성격이 강한 서신, 회고록, 연극 대사 등이 있다. 문어로만 사용되는 역사적 언술과는 달리 담화적 언술은 구어 형식과 문어 형식에 두루 쓰일 수 있다. 그러나 역사적 이야기에서도 담화가 나올 수 있는데, 서술자가 작중 인물의 발언을 재생하거나 자기 자신의 견해를 표명하는 경우에는 담화 형식이 도입된다.[118] 역사적 이야기 언술이나 담화적 언술이 아닌 제3의 형식도 가능하나 그것은 양자를 결합한 형식이다. 가령 간접 화법에서는 직접 화법으로 발화된 언술이 그대로 인용되는 것이 아니라 내용, 사건 등을 전달하되 주절의 주어와 동사의 언술 작용에 맞추어 직접 화법 언술의 지시소와 시제가 조정된다.

담화는 동사의 시제 선택 면에서 역사적 이야기에서와 같은 인칭 시제상의 한계가 없다. 3인칭 단수는 물론 1인칭 단수, 2인칭 단수가 모두 쓰일 수 있다. 역사적 이야기에서는 화자인 1인칭이 개입되지 않기 때문에 2인칭도 없고, 따라서 3인칭은 담화에서와는 달리 1인칭이나 2인칭과의 대립 관계가 없는 인칭이다. 그에 비해

---

118) 발자크의 텍스트에서 현재형 〈permettent 허용하다〉가 쓰인 것은 그러한 이유에서이다.

담화에서는 담화 현장의 인칭인 1인칭, 2인칭은 부재의 인칭인 3인칭과 대립 관계를 이룬다. 시제 면에서도 자유롭다. 현재, 미래, 완료 시제(복합 과거, 대과거 및 미래 완료)를 기본 시제로 지니고 있으나 역사적 이야기에서는 대과거를 제외한 다른 시제는 사용되지 않고 있고 반과거는 두 체계에서 모두 사용된다.

역사적 이야기에서 복합 과거가 쓰이지 않는 것은 그 시제가 사건의 객관적인 진술을 표상하는 데 있어서 단순 과거보다도 덜 적합하기 때문이다. 그런데 1인칭으로 된 자서전적인 형식의 작품에서는 단순 과거보다 복합 과거가 더 적합하다. 왜냐하면 복합 과거는 과거의 사건과 현재와의 사이를 이어주는 연결고리 역할을 하기 때문이다. 복합 과거는 증인이나 참관인으로서 사건들을 진술하기에 적합한 시제이고[119] 보고된 사건을 현재와 연결시키기에 적합한 시제이다. 단순 과거는 사건이 발생한 시간을 기점으로 하는 시제인 데 비하여 복합 과거는 담화 현재를 기점으로 과거의 사건을 진술한다. 이러한 이유에서 인칭 면에서의 담화에는 단순 과거가 쓰이지 않는 데 비하여, 역사적 이야기에서는 단순 과거를 주로 쓰되 3인칭으로만 쓰고 1인칭 복수 〈우리〉 또는 2인칭 복수 〈당신들〉은 거의 쓰이지 않는다.

다시 한번 두 시제 체계의 특징을 집약하면 다음과 같다.

(1) 역사적 이야기: 3인칭 단수, 단순 과거, 반과거, 대과거 및 전망 시제로 사용되는 과거의 근접 미래 등이 쓰이는 반면, 현재, 복합 과거, 단순 미래, 전미래 등은 쓰이지 않는다. 잠재적인 필연성을 나타내기 위해서는 전망 시제 〈aller 반과거＋본동사〉 또는 〈devoir

---

[119] 까뮈는 그의 『이방인』에서 복합 과거를 사용하여 일어난 사건들을 표현하였는데, 사르트르는 벵베니스트와는 다른 관점에서 그에 대한 깊이 있는 분석을 한 바 있다. Sartre, *Situations I*, 117-118쪽.

반과거+본동사〉를 쓴다.
(2) 담화: 단순 과거, 전과거를 제외한 모든 시제가 쓰인다.[120]

이러한 형태적인 대립은 반드시 시제 상의 상관 관계를 의미하지는 않는다. 가령 반과거는 복합 과거, 대과거에 대해 보완적이어서 그 시제들과 함께 쓰이고, 복합 과거와 단순 과거는 앞서 본 바와 같이 대립적이고 보완적인 관계를 지니고 있으며, 대과거는 반과거와 복합 과거뿐만 아니라 단순 과거와도 함께 쓰인다. 또한 반과거는 현재시제의 순간성,이외의 성질, 예컨대 미완성, 지속성, 반복성 등의 성질을 물려받았다.[121] 그러나 복합 시제는 일반적으로 몇 가지 특성이 있고 그것을 벵베니스트는 두 가지로 요약한다.[122]

(1) 복합 시제는 완료적 성격을 지니고 있고 그 결과가 현재에 남아 있다. 이러한 문제는 현재 〈il écrit(그가 글쓰다)〉와 〈il a écrit(그가 글썼다)〉 뿐만 아니라 반과거와 대과거, 단순 미래와 전미래 관계에서도 같은 사실을 확인할 수 있다.
(2) 복합 시제는 또한 선행성을 보여준다. 즉 단순 형태로 이루어지는 시제보다 앞서 이루어진 사행을 나타낸다. 선행성은 원칙적으로

---

120) 불어 시제는 형태적으로 단순 시제와 복합 시제가 있다.

단순형	복합형
3인칭 현재 il écrit	복합 과거 il a écrit
반과거 il écrivait	대과거 il avait écrit
단순 과거 il écrivit	전과거 il eut écrit
단순 미래 il écrira	전미래 il aura écrit

그 밖에 점점 사용이 증대되는 시제가 복 복합 시제 formes surcomposées이다.

il a écrit   il a eu écrit
il avait écrit   il avait eu écrit

121) 서정철, 『표준 불문법』, 신아사, 368-371쪽.
122) *P.L.G. I*, 247쪽.

현재와 복합 과거, 반과거와 대과거, 단순 과거와 전과거, 단순 미래와 전미래 등의 쌍을 중심으로 이루어진다. 벵베니스트는 〈상대적〉이라는 용어를 쓰지는 않았으나 설명을 통하여 불어의 시제가 절대적 시간 기준이 아닌 상대적 시간 기준을 바탕으로 정립된다는 점을 분명하게 보여주고 있다. 아울러 담화에서 복합 시제가 문어의 단순 과거 역할을 겸하기 때문에 단순 과거 역할을 복합 과거보다 선행 시제를 나타내고자 할 때에는 대과거가 아닌 복 복합 과거로 하고 있고 그 형태와 용법이 점차 증대되고 있음을 합리적으로 설명해 주고 있다.

  벵베니스트의 시제 분석은 문법의 설명과 상충되지 않으면서 인칭·시제가 담화 내지 텍스트 및 일상 언어적 언술과 어떠한 상관관계를 갖는지에 대해 명쾌하게 설명한다. 그는 무엇보다 예문들의 세련된 분석에서 출발하여 언술 작용에 관해 일관성 있는 이론을 체계화하고 있고, 그의 시제 분석은 방법론적으로 시사해주는 바 또한 매우 크다. 그의 가장 큰 특징은 시제 분석을 대명사와 연계시켜 연구하였고 담화체와 텍스트를 중심으로 한 문어체에서의 특성을 동시에 고찰하였다는 점이다. 그리고 의미적 층위의 구분과 그에 대한 연구는 소쉬르가 지나치게 복잡하다고 생각되어 자신의 연구에서 제외시킨 빠롤을 언술 작용과 의사 소통 이론의 테두리에서 담화라는 분야를 설정하여 독자적이고 독창적으로 연구한 것이다.

8. 언어와 주체성

  언어·기호에 대한 벵베니스트의 사상은 앞서 본 바와 같이 인간 언어 중심적이고 언어가 인간의 창조물이 아니라 〈인간의 본성에 자리잡고 있다〉[123]는 믿음을 바탕으로 이루어진다. 그로부터 인간은 세계 속에서 언어를 통하여 다른 사람과 함께 살 수 있기 때문에 언어야말로 인간을 주체로 성립시키는 원천이라고 주장한다. 그는, 〈왜냐하면 사실상 언어만이 인간을 자신의 현실 속에서 존립할 수 있게 하고 그의 현실은 자아 égo의 개념으로서의 그의 존재의 현실이기 때문〉[124]이라고 말한다. 우리는 벵베니스트가 생각하는 주체와 주체성에 대해 보다 세부적으로 알아볼 필요가 있다.

벵베니스트에 있어서 주체성의 개념은 인간이 자신에 대해 느끼는 감정이라는 의미가 아니고 〈화자가 '주체'로서 자리 매김할 수 있는 능력〉[125]을 의미한다. 그에 의하면 주체성은 〈정신적 통일성으로서 자기 경험의 총체를 초월하고 있고…… 의식의 영속성을 보장한다〉.[126] 그러나 벵베니스트는 주체와 주체성의 개념을 현상학이나 심리학의 일반적인 테두리에서 논의하는 것이 아니고, 그것이 〈존재의 내부에서 언어의 기본적인 특성이 분출 émergence되는 것〉[127]에 다름이 아니라고 밝힌다. 그는 〈주체성이란 '인칭'의 언어적 지위에 의하여 결정된다〉고 하면서 〈나 égo라고 말하는 사람이 나 égo이다〉[128]라는 예를 들고 있다. 말하자면 먼저의 〈나〉는

---

123) *Ibid.*, 259쪽. 이러한 언어관은 상황과 필요에 따라 창안되는 언어를 천부적인 소여 donné로 단정짓는다는 점에서 논쟁의 여지가 있다. 그러나 그의 견해가 단순히 인간이 언어적 표상 능력을 선천적으로 타고 났다는 점만을 의미한다면 별다른 문제가 없을 것 같다. 그러나 과연 인간만이 그러한 표상 능력을 부여받았느냐의 문제는 또 다른 논쟁을 유발할 여지를 남겨놓는다.

124) *Ibid.*
125) *Ibid.*
126) *Ibid.*, 259-260쪽.
127) *Ibid.*, 260쪽.
128) *Ibid.*

목소리에 의한 언어적 표상을 가리키고 뒤의 〈나〉는 지시 대상으로서의 〈나〉, 즉 현실 속에 뿌리 내린 존재를 가리킨다고 하겠다.

그러니까 벵베니스트의 주체 개념은 오로지 언어적 현실을 통해서만 드러날 수 있고 확인될 수 있는 것이다. 간단히 말하자면 〈나〉만이 〈나〉라고 말 할 수 있는 것이 아니다. 누구든 〈너〉가 앞에 있으면 나도 〈나〉가 된다. 만약 〈너〉가 없다면 그래도 존재론적으로 〈나〉는 존재하지만 언어적으로는 드러나지 않는다. 그러니까 〈너〉 없는 〈나〉는 존재하지 않는 것이나 마찬가지이다. 그러나 〈너〉는 항상 〈너〉가 아니다. 〈나〉가 없으면 〈너〉가 있을 수 없지만 〈너〉가 발언을 할 때는 〈너〉는 〈나〉가 되고 〈나〉는 너에게 있어서 〈너〉로 자리 바꿈한다. 〈나〉와 〈너〉는 두 개의 축이지만 두 개의 축이 서로 평등한 것은 아니다. 〈너〉 앞에서 〈나〉는 〈너〉에 대해 언어적인 주도권을 바탕으로 〈너〉를 넘어서는 위치에 있다. 그러나 〈나〉는 이러한 독점적 지위를 계속 누릴 수 없다. 〈나〉는 나의 발언이 끝나면 〈나〉의 지위를 상대방인 〈너〉에 넘겨주고 〈너〉라는 지위를 받아야 한다. 만약 내가 혼자서 〈나〉의 지위를 고집한다면 〈나〉와 〈너〉의 변증법적인 발전과 교류가 중단이 되면서 대화의 틀이 깨어지게 되고 남는 것은 메아리 없는 고독한 독백뿐일 것이다. 벵베니스트는 언어 활동을 대화적 담화 개념으로 대체하면서, 담화의 이원성 dualité에 대해 〈원초적인 단일항 un seul terme[129]으로 환원시키고자 한다면 그것은 부당하고 잘못된 일이다…… 우리는 두 항을 끌어안으면서 그 두 항을 서로의 상호 관계를 통하여 정의하는 변증법적 현실 속에서 주체성에 관한 언어적 토대를 발견하게 되는 것이다〉[130]라고 지적한다.

---

129) 〈나홀로〉의 상태.
130) *P.L.G. I*, 260쪽.

그러니까 〈나〉, 〈너〉는 특정인을 나타내는 기호가 아니고 대화와 관계되는 인칭을 나타내는 언어 형식으로서 그때그때 그에 해당되는 사람을 지시하는 인칭 대명사이다. 언어학자들이 그러한 사실을 명확히 밝히지 않은 것은 그것이 너무나 자명한 현상처럼 생각되어 그 대명사들이 함축하고 있는 사항들을 깊이 생각해보거나 일일이 거론하지 않았기 때문이다. 그렇다. 〈나〉라는 인칭 대명사는 어떤 특정인만을 지시할 수는 없다. 그리고 〈나〉라는 대명사는 〈나〉라고 말하는 모든 사람들을 포함할 수는 없기 때문에 〈나〉라는 외연 개념은 존재할 수 없다. 따라서 그것은 어떤 어휘 개념일 수도 없다.

결국 주체성의 토대는 언어의 실제 사용을 통하여 이루어지고 인칭 대명사는 언어에 있어서의 주체성을 표명하는 핵심적인 도구인 것이다. 그러한 역할을 하는 인칭 대명사들과 밀접한 관계를 유지하는 다른 부류의 대명사들이 있다. 거기에는 화용론에서 화행 지시소 deixis라고 부르는 지시 대명사뿐만 아니라 부사들이 있다: 〈이것 ceci〉, 〈여기 ici〉, 〈지금 maintenant〉 등의 지시소들은 그들과 연관되고 대립적인 지시소들과 함께 주체 주변의 시간, 공간 관계를 형성하고 그것들은 모두 담화 현장에서 주체인 〈나〉와의 관계를 통하여서만 정의된다.

주체성의 표현에 동원되는 다른 요소로는 시간성이 있다. 시간성의 표현을 동사의 법과 시제를 가지고 하느냐 아니면 첨사나, 단어로 표시하느냐 하는 것은 별로 중요하지 않다. 어떤 언어든지 과거, 현재, 미래에 대한 구별은 있기 마련이다. 그러나 모든 시제와 상의 구분은 현재를 중심으로 이루어진다. 현재란 바로 〈우리가 말하고 있는 그 시간 le temps où l'on parle〉이고 언어적인 시간은 〈자기 지시적 sui-référentiel〉이라는 점을 지적한다.[131]

그러나 그는 같은 인칭 대명사, 같은 시제로 쓰인 동사가 같은 가치를 지니는 것은 아니라는 점을 강조한다. 예컨대 (1)〈나는 느낀다 je sens〉, (2)〈나는 믿는다 je crois〉라고 할 때 형태 면에서는 서로 균형을 이루지만, 내용 면에서 (1)은 내가 느끼는 바를 서술하는 데 비하여 (2)는 뒤따르는 사실을 서술하는 것이 아니라 목적의 역할을 하는 문장이나 언술을 주관화시키는 역할을 한다. 예컨대, 〈나는 날씨가 바뀐다고 믿는다〉라고 할 때 〈날씨가 바뀐다〉고 하는 절을 주관화하는 것이다. 또한 (1) supposer(가정하다), présumer(추측하다), conclure(결론 내리다), (2) raisonner(추론하다), réfléchir(숙고하다) 등의 동사들이 모두 정신의 작용을 기술하는 가까운 동사들 같은데, 실은 그렇지 않다는 것이다. (1)의 동사들은 목적어 역할을 하는 이어지는 절이나 사실을 대하는 나의 태도를 보여줌으로써 그것을 주관화한다. 물론 이러한 주관화는 1인칭의 경우 두드러지고 있다. 그에 비하여 (2)의 동사들은 수행하고 있는 행위를 서술하는 동사들이고 특별히 주관성을 부각시키는 것은 아니다.

벵베니스트는 일부 동사는 인칭에 따라 주체성의 표출에 상당한 차이가 생긴다는 사실에도 주목한다. 예컨대 개인적인 행위를 나타내면서 아울러 사회적인 효력을 지니고 있는 일부 동사—jurer(서약하다), promettre(약속하다), garantir(보증하다), certifier(증명하다) 등—는 사용하는 인칭에 따라 커다란 차이를 보여준다고 지적한다. 1인칭 주어의 경우에는 주관적인 언술 작용을 시현하는 데 비하여 다른 인칭들의 경우 그렇지 못하다는 사실은 새삼 설명할 필요가 없다. 특히 3인칭을 사용할 경우 3인칭은 대화 밖에 위치한 인물에 관계되기 때문에 지시 대상이 발화 현장에 부재하는 인칭이고, 3인칭의 의사는 1인칭인 1인칭의 주관성에 의존한다고 하겠다.

---

131) *Ibid.*, 263쪽.

〈서약하다〉를 뜻하는 동사를 1인칭으로 사용할 경우 〈나〉는 서약의 내용에 대한 책임을 지게 된다. 그럼으로써 〈나는 서약한다〉라고 하는 언술은 내가 하는 행위를 서술하는 것이 아니고 나를 구속하는 엄숙한 선언을 하는 것이다. 이 경우 언술 작용은 행위 자체와 동일시 된다. 그에 비하여 〈그는 서약한다〉라고 3인칭으로 말하면 그것은 행위에 대한 서술에 지나지 않는다. 이렇게 볼 때 같은 동사도 인칭에 따라 그에 부과되는 가치가 다르다는 것을 깨달을 수 있다.

　뱅베니스트는 주체와 주관성이 언어와 맺는 관계를 다각적으로 분석하였다. 먼저 주체라는 개념이 표출되기 위해서는 대화 상대방인 〈너〉가 있어야 하고 〈나〉와 〈너〉는 서로를 필요로 하고 인칭 대명사를 서로 교환함으로써 대화가 진전될 수 있음을 상기시켜 준다. 이러한 사실은 언어학적인 면에서의 대명사 사용이라는 차원을 넘어서서, 사회적으로 개인과 주체가 다른 사람과의 관계에서 어떤 자세를 견지하여야 하는지에 시사하는 바가 크다. 둘째 주체의 표현은 대명사만으로 이루어지는 것이 아니라 주체를 시간·공간적으로 한정하는 지시소들을 필요로 한다는 점이다. 그리고 지시소는 시제와 밀접한 관련이 있고 시제는 발화 현장의 기본 시제인 현재를 중심축으로 한다는 점이다. 셋째, 같은 동사라고 해도 인칭에 따라서 주체성 내지 주관성과의 관계에서 부여되는 의미의 가치가 매우 달라진다는 점을 지적하고 있다.

　지시소는 야콥슨이 자세하게 분석한 바 있는 문제이고 동사와 인칭과의 관계는 수행문, 수행 동사와 관련이 있는 문제로서 오스틴을 비롯한 옥스퍼드 학파에서 처음으로 제기한 문제들이다. 그러나 뱅베니스트는 다양한 문제들을 주체, 주체성 내지 주관성과 결부시켜 종합적으로 세련된 분석을 보여준다.

9. 맺는 말

벵베니스트는 메이예 Meillet와 방드리에스 Vendryes를 중심으로 형성된 소르본느 언어학의 전통에 충실하여 역사 언어학과 사회 언어학에서 일찍부터 두각을 나타냈다. 또한 철학에서 정신 분석, 음악, 미술 분야에 대해서도 깊은 조예를 쌓았고 그러한 지식이 그의 언어 연구에 기여하여 독창적인 이론을 정립할 수 있었다.

그러나 벵베니스트의 업적에 대한 평가는 무엇보다 소쉬르와의 관계를 통하여 논의되어야 할 것 같다. 그는 학풍의 차이에도 불구하고 누구보다도 소쉬르의 이론을 깊이 이해하였고 랑그, 랑가쥬에 대한 그의 관점이나 음운 이론 면에서도 소쉬르의 생각과 가깝다. 그러나 그는 영·미 경험론과 언어 철학 쪽에서 많은 영향을 받았다. 그러한 영향이 그의 기호관에서 나타났다. 소쉬르의 기표, 기의 개념을 받아들이면서 양자의 관계가 완전히 자의적이 아니고 필연적이라고 보았다. 그럼으로써 기표와 기의의 관계가 불가분의 관계이고 현실적인 요소가 기호 개념에 개입된다고 주장한다. 그러한 입장은 기호가 기표, 기의, 지시 대상의 세 가지 요소로 구성된다고 하는 오그든과 리챠즈 Ogden & Richards 등의 주장이나 기의와 지시 대상을 분리시킨 프레게 Frege의 입장과도 다르지만, 소쉬르의 기호 개념과 차이가 있음을 보여준 것이다.

보다 중요한 차이는 이중적 의미 형성 double signifiance의 개념을 도입하여 의미화 방식에 기호적 방식과 의미적 방식이 있음을 구분한 점에 있다. 한 마디로 개별 기호들이 결합하여 통합체와 랑그를 구성한다는 축조적 언어관은 관념적이고 분석적인 프랑스적 학문의 전통을 이루고 있고 그 정상에 소쉬르가 서 있는 셈이 된다. 그러나 영·미 철학 쪽에서 개별 기호의 중요성을 상대화하면서 의사 소통 현실에서 언어는 먼저 랑그가 아닌 담화로서 제시된다는 주장을 받아들였다. 그것을 의미적 방식이라 명명하면서 그러한 테두리 속에서 그는 자신의 언어 이론을 정립한 것이다. 그의 언술 작용 이론이나 담화 텍스트 관계 이론은 모두 언어 활동의 현실에서 출발하여 제시된 이론으로서 소쉬르와는 다른 관점에서 언어를 고찰한 것이다.

결과적으로 그는 소쉬르적인 전통과 합류하면서 소쉬르 이론의 한계를 극복하고 언어학 연구에 새로운 장을 연 언어학자로서 큰 업적을 이룩하였다. 그러나 그 역시 그가 연구한 모든 문제에서 최종적인 답을 제시하였다고 할 수는 없다. 양태성에 관한 문제에서는 그러한 점을 확인할 수 있다. 그러한 의미에서 그 역시 소쉬르, 옐름슬레우와 그 후에 태동할 이론들과의 중계적 역할을 하였고 그 역할을 훌륭히 하였다는 평가가 그에게 적합하다고 생각된다.

언어학사에서 벵베니스트는 기호 개념에 대한 분석과 기호학 체계로서의 언어의 기호적 방식과 의미적 방식의 두 가지 방식으로의 구분을 통하여 소쉬르가 유보한 빠롤과 기호학에 관한 연구를 보완했다는 점에서 중요한 기여를 하였다. 그는 기호학적 특성을 갖는 체계들에 대한 고찰을 통하여 기호학의 이론적인 토대를 모색하였고, 그러면서 언어가 지닌 특징들을 언어의 두 가지 방식을 중심으로 부각시켰다. 그러한 발상은 그가 추상적인 랑그의 차원에 대한 성찰에 만족하지 않고 그것을 언어의 사용 국면과 연결시켜야 한다고 생각하였기 때문에 가능했던 것이다. 환언하면 그는 의사 소통을 중심으로 언어와 기호 체계를 고찰했다는 말이다.

기호 그 자체에 대한 논리에서 기표와 기의의 관계를 소쉬르가 〈자의적〉이라고 한 반면 벵베니스트는 〈필연적〉이라고 하였고, 그에 대한 필자의 관점은 앞에서 피력한 바있다. 그러나 중요한 것은 뱅베니스트가 기호를 따로 분리해서 생각한 것이 아니라 담화 내지 텍스트 속에서 의미적 방식에 위치시켜 고찰했다는 점이다. 이 경우 개별 기호는 그 자체의 본래적인 의미를 제쳐놓고 상호 맥락과의 관계에서 그 의미를 부여받는다. 그것은 말하자면 기호가 담화나 텍스트 속에서 부여받는 의미가 지시적 référentiel이라는 것과 같은 말이다. 아직까지도 서구에서는 기호가 기표와 기의, 두 가지로 이루어지느냐, 아니면 지시 대상까지 포함하여 세 가지로 이루어지느냐 하는 논쟁이 계속되고 있는데,[132] 그러한 문제에 대해 뱅베니스트는 가장 좋은 대답을 한 것이다. 기호는 기표와 기의로 구성되지만 담화와 텍스트 속에서는 지시적 의미를 받을 수밖에 없다. 그러나 소쉬르 연구와의 관계를 떠나서 그는 다양한 지평에서 이루어진 연구들을 끌어들여 언어 연구를 보다 세련되고 풍요롭게 하였고, 특히 그는 일상 언어 연구와 아울러 담화 내지 문학 텍스트 분석에 중요한 기여를 하였다.

그러한 공로를 높이 평가하지만, 몇 가지 아쉬운 문제 또한 지적해볼 수 있겠다. 그는 인간 언어를 랑그와 랑가쥬로 나누면서 랑가쥬의 상징적 기능 faculté de symboliser에 대해 강조하였다.[133] 그러한 상징적 기능을 통하여 기호는 표상하고 의미 작용의 관계를 정립시켜 주며,[134] 그리고 랑가쥬는 보다 복잡한 지성의 작용을 가능하게 하면서 그것을 둘러싼 〈문화〉 속에 통합되고, 문화는 인간의 환경 milieu humain 속에서 인간의 생활과 활동에 형식, 의미, 내용을 부여한다고 주장한다.[135] 그는 랑그와 랑가쥬의 상관 관계에

---

132) Rastier, *Sémantique interprétative*, P.U.F., 1987.
133) 〈Parce que le langage représente la forme la plus haute d'une faculté qui est inhérente à la condition humaine, la faculté de symboliser.〉 *P.L.G. I*, 26쪽.
134) *Ibid*.

대해 여러 가지 언급을 하면서 언어의 상징성에 대해서는 구체적인 언급을 하고 있지는 않지만, 우리 주변에서 그러한 예를 찾아볼 수 있다. 예컨대 우리에게 〈쌀〉은 서양 사람들의 〈rice〉, 〈riz〉와 동일한 가치를 지니지 않는다. 우리는 〈벼〉, 〈쌀〉, 〈밥〉, 〈죽〉으로 의미 장을 분할하지만 서양 사람들은 모두가 한 가지 단어, 〈rice〉, 〈riz〉로 표시한다. 그런데 그러한 어가의 문제와 별도로 상징성을 따져 보면 〈쌀〉은 우리의 생활과 경제에서 핵심적인 의미를 갖는다. 예컨대 우리가 〈쌀이 떨어졌다〉고 하면 그것은 단지 〈집에 쌀이 없다〉는 뜻이 아니라 〈돈이 떨어졌고 먹을 것이 없다〉는 뜻이 되지만, 서양 사람들에게는 그러한 의미가 될 수 없다. 그러한 문제를 어떻게 연구할 것인가? 랑가쥬가 지니고 있는 상징적인 기능과 사회·문화와 관계되는 문제들은 어떤 테두리에서 연구되어야 하는가? 문화권에서 어떤 언어 기호에 부여되는 상징성, 예컨대 동양 문화권에서 〈용〉이 지니는 상서로운 가치와 서양 문화권에서 〈dragon〉에 부여되는 공포와 부정적 가치의 차이 같은 문제들이 보다 합리적인 틀 속에서 연구될 수 있을까?

다행히 그는 언술 작용의 의미적 방식을 토대로 하여 그 위에 메타 의미론 la métasémantique의 분야를 제시하고 있다. 그것을 〈제2세대 기호학 sémiologie de la deuxième génération〉이라고 부르면서, 그러한 분야가 텍스트, 작품 등과 함께 초언어학적 trans-linguistique인[136] 분석을 통하여 문화적 상징 기호를 연구할 수 있다는 가능성을 남겨 놓고 있다.

---

135) *Ibid.*, 30쪽.
136) *P.L.G. II*, 66쪽.

참고 문헌

Arrivé, M. et al., *La Grammaire d'aujourd'hui*, Flammarion, 1986.
Austin, J.-L., *La philosophie analytique*, Ed. de Minuit, 1962.
Benveniste, E., *Problèmes de linguistique générale I*, Gallimard, 1966.
_____, *Problèmes de linguistique générale II*, Gallimard, 1974.
Bloch et Wastburg, *Dictionnaire Etymologique de la langue française*, P.U.F., 1960.
Dessons, Gerard, *Emile Benveniste*, Bertrand-Lacoste, 1993.
Fillmore, "Deictic catégories in the semantics of COME," *Foundations of Language 2*, 1966.
Greimas, A. J. & Gourtés, J., *Sémiotique: Dictionnaire Raisonné de la théorie du langage*, Hachette, 1979.
Guillaume, *Temps et aspect*, Champion, 1970.
Pottier, *Le langage*, CEPL, 1973.
Ricoeur, P., *Temps et Récit I*, Seuil, 1983.
Rastier, *Semantique interpretative*, P.U.F., 1987.
Sartre, *Situations I*, Gallimard, 1947.
Saussure, *Cours de linguistique générale*, Payot, 1972.
김방한, 『언어학의 이해』, 민음사, 1992.
세르게이에프, 정연두 옮김, 『재미있는 동물의 초음파 세계』, 과학과 사상, 1993.
에밀 벵베니스트, 김현권 옮김, 『일반 언어학의 제문제 I』, 한불문화출판, 1987.
에밀 벵베니스트, 황경자 옮김, 『일반 언어학의 제문제 I, II』, 민음사, 1992.

김현권, 「에밀 벵베니스트의 언어관―기호학과 의미론」, 경북대, 『인문논총』 제8집.
문유찬, 「벵베니스트 연구」, 전남대 인문과학 연구소, 『용봉논총』 제17집.

제4장 그레마스:
이야기성 기호학의 체계화

1. 생애와 연구의 궤적
2. 이론의 전체적 구도
3. 어휘론에서 의미론으로
4. 의미론에서 기호학으로
5. 기호학적 분석: 모파상의 『두 친구』
6. 정념의 기호학
7. 주체의 문제
8. 맺는 말

개요

- 인류학, 심리학, 정신 분석, 중세 문학과 예술, 현상학 등 여러 분야에 대한 꾸준한 연구를 하였다.
- 처음부터 기호학 연구를 목표로 삼은 것이 아니고, 어휘론, 의미론을 거쳐 기호학에 도달하였다.
- 기호학은 텍스트에 내재하는 의미 생성 요소들에 의한 의미 작용의 형식을 이론적으로 기술하는 것을 목표로 한다.
- 기호학의 전반적 구도는 기호-이야기체 구조와 담화체 구조로 나누어지며, 양 구조는 각기 의미론 부분과 통사론 부분을 포함한다. 기호-이야기체 구조의 의미론 부분과 통사론 부분은 표층과 심층 층위로 구성된다.
- 의미론 부분에서는 기호 그 자체보다도 그것을 구성하는 요소들—의미소, 의소, 핵의소, 문맥 의소, 동위소 개념 등—을 분석의 기본 도구로 삼는다.
- 통사론 부분에서는 행위소 모형, 발신자·수신자 모형, 계열체를 통합체로 전환시키는 기호 사각형 등과 함께 이야기성의 생성 과정을 조직화한다.
- 모파상의 단편 『두 친구』의 분석에서 그레마스는 공간, 시간, 배역, 주제 등을 기준으로 작품을 12개의 단락으로 나눈 후, 기호학적 도구 개념들을 사용하여 텍스트의 다양한 의미를 조직적으로 분석한다.
- 『정념의 기호학』은 행위, 인식, 지각의 주체가 기호 사각형 등에 의해 개별화되기 이전의 존재 방식에 대해 검토하는 것으로부터 시작한다. 선행 조건, 긴장성, 감응, 인력, 척력 등의 개념을 도입하여 준-주체, 준-대상의 선지향성 등을 개념화한다.

1. 생애와 연구의 궤적

벵베니스트가 소쉬르 이론을 보완하고 극복할 수 있었던 것은 그가 의사 소통 현상을 중심으로 언어 현실에 비중을 두었고, 특히 영·미 언어 철학의 성과를 수용할 수 있었기 때문이라는 점을 앞에서 언급한 바 있다. 다시 말하면 그는 담화로서의 문장에 초점을 맞춰 언술 작용의 중요성을 부각시켰고, 의사 소통 행위를 이론적으로 밝혀 줄 수 있는 메커니즘들을 찾아내었으며, 시제와 같은 요소의 문법적 가치를 세련되게 분석하였다. 그러나 그가 문장을 담화라는 관점에서 다루기는 하였으나 옐름슬레우가 제시한 원칙에 따라 텍스트의 조직화를 밝히거나 재조직하는 등의 작업이 그의 주된 관심사는 아니었다. 그러한 작업을 체계적으로 추구하기 위해 나타난 학자가 바로 그레마스 A.-J. Greimas이다.

그레마스는 또 다른 지평에서 왔다. 1917년 발틱 연안의 리투아니아에서 태어난 그는 19세 되던 해에 불어 교사가 되기 위해 프랑스로 온다. 그는 본래 프랑스 문학에 더 관심이 있었으나 불어 교사가 되기 위해서는 언어학이 더 필요하다고 생각하여 언어에 관련되는 강의만을 주로 수강하게 된다.[1] 그 당시 프랑스 대학에서의 어학 강의와 연구는 역사 언어학에 집중되어 있었고 소쉬르의 『강의록』은 경시되었기 때문에 후에 혼자 공부하였다고 한다. 그러다가 2차 대전이 발발하기 직전에 귀국하였다가, 전쟁이 끝난 후 다시 파리에 와서 공부를 계속한다. 그는 당시 소르본느의 대표적인 언어학자인 샤를르 브뤼노 Charles Bruneau 교수의 지도 하에 불어 어휘 연구에 몰두하게 된다. 당시에는 어휘 연구가 유행하였고, 학

---

1) 생애에 관련된 부분은 필자와의 대담에서 밝힌 것을 이용하였다. 『불어학 연구』 제6권, 1988, 28-150쪽 참조.

계의 분위기 또한 어휘 연구가 시대와 사회를 연구하는 데 있어 핵심적인 연구이며, 불어에 대한 지식의 확충은 일차적으로 어휘에 대한 지식의 확충에 의하여 좌우된다는 확신이 널리 퍼져 있었다.

그레마스는 19세기초 낭만주의 시기의 프랑스 복장과 유행에 관련된 연구 테마를 스승으로부터 지정받는다. 그는 당시 발간된 패션 관련 잡지, 신문들을 모두 뒤져 15,000여 장의 카드를 작성하고 이 자료를 바탕으로 학위 논문을 제출하지만, 자신의 연구에 대해서는 부정적인 평가를 내리게 된다. 어떤 사회 계층에서는 어떤 어휘가 주로 사용된다고 하는 믿음은 근본적으로 잘못된 생각이라는 점을 깨닫게 된 것이다. 그리하여 함께 연구하던 죠르쥬 마토레 George Matoré와 함께 의미 장 champ sémantique의 개념을 중심으로 어휘의 구조화 쪽으로 방향을 바꾸게 된다. 그러한 시각에서 그는 디드로 Diderot의 색채 개념에 관계되는 어휘의 조직화에 대한 연구를 하게 된다. 디드로가 사용한 색채에 관련된 단어는 약 60여 개에 지나지 않는다. 구조화의 요체는 한 단어가 어떤 단어와 이루는 대립관계를 규명하여 색채에 관련된 단어들이 어떻게 체계화되는가를 정립하는 것이다. 그러나 그러한 시도에서도 기대하던 성과를 얻을 수는 없었다. 왜냐하면 한 단어가 다른 한 단어와 규칙적으로 대립·대응되는 것이 아니라 경우에 따라 여러 단어와 대립·대응되기 때문이었다. 그러므로 그레마스는 어휘에 대한 몇 년 동안의 연구에 대해 부정적인 평가를 내리고, 50년대초에 이집트의 알렉산드리아 대학에서 불어를 가르치기 위해 출발한다.

알렉산드리아에서의 연구 생활은 그의 연구에 새로운 지평을 열어주었다. 그 때 그는 롤랑 바르트 Roland Barthes와 함께 교수 생활을 하면서 의기 투합하여 연구하고 토론하며 함께 지내게 된다. 그레마스 그 자신의 표현을 빌면, 바르트는 파스칼이 말한 전형적인 〈섬세한 정신〉[2]의 소유자이고 자신은 〈우직한 황소 grosse bête〉와 같았다고 비유한다. 두 사람은 함께 옐름슬레우를 공부하면서 유럽 언어학에서 제대로 평가받지 못하고 있던 그의 언어 이론의 중요성을 발견하고 공감하게 된다. 두 사람은 그러한 우정과 밀접한 학문적 공감대를 1960년대 중반까지 유지하지만 옐름슬레우가 그들 각자에게 미친 영향은 좀 달랐다. 바르트는 그의 공시 connotation 이론에 심취하여 그 후 어떤 기호나 텍스트가 지닌 부가적 의미가 무엇인가를 탐구하는 데 열중하였고, 그에 비해 그레마스는 옐름슬레우에게서 텍스트로서의 문장은 체계적으로 조직화되어 있으며 기호 내지 단어 그 자체가 중요한 것이 아니라 기호의 표현과 내용이 그 실질 및 형식과 어떻게 분절되느냐 하는 문제를 연구하기 위한 방법론을 배웠던 것이다.

그레마스는 소쉬르, 옐름슬레우로부터 시사받은 바가 많이 있으나 그가 나름대로 이전의 이론을 확대·심화시켰고, 특히 훗설, 메를로-뽕띠의 현상학, 레비-스트로스의 인류학, 프로이트, 라깡의 정신 분석학을 섭렵하여 독자적인 이론을 구축하였기 때문에, 그의 이론은 어떤 이론보다 독창적이다. 그는 의미란 생성 과정 processus을 통하여 출현하고 우리는 담화나 텍스트를 발화하기 이전에 그 내용을 이야기체 형식으로 구성하고 있다고 생각한다. 그리하여 그는 이야기체 형식을 띠게 되는 텍스트의 형성에 개재되는 보편소 universaux를 찾아내고자 노력하게 되고, 그리하여 어휘론에서 출발한 그는 의미론으로 올라가고 거기에서 다시 기호학으로 연구 방향을 바꾸게 된다.

---

[2] 파스칼은 그의 『명상록 Pensées』에서 정신을 〈기하학적 정신 Esprit géométrique〉(이성)과 〈섬세한 정신 Esprit de Finesse〉(감성)으로 이분한 바 있다.

1.1. 기호학의 전제와 방법론

그레마스가 그의 『구조 의미론』에서 추구하는 것은 의미론적 층위를 구성하는 요소를 분석하기 위한 도구를 만드는 것이었다. 그렇기 때문에 의미소를 어휘소에 대립시켰고 의소를 핵의소와 문맥 의소로 나누었으며, 문맥 의미의 일관성을 세우기 위하여 동위소 개념을 제시하였던 것이다. 이러한 작업은 모두 그레마스가 연구 대상으로 삼은 것이 언술-문장을 넘어서는 초문장적 transphrastique 단위, 즉 담화와 텍스트라는 사실을 보여주는 것이다. 다시 말하면 그가 의미론적 층위에서 설정한 메타 언어적 장치들은 의미론 그 자체의 이론 형성을 위한 것이라기보다는 담화와 텍스트에서의 의미 생성과 분절을 명시적으로 설명하기 위한 것이라고 하겠다. 그러한 관점에서 볼 때 그레마스에게 있어서 의미론은 기호학의 토대라고 할 수 있다. 그러면 그에게 있어서 기호학이란 무엇일까?

그레마스는 기호학적 문제를 논하기 전에 먼저 고려할 것이 있다고 강조한다. 그는 인간의 담화 속에는 잠재적으로 이야기체 요소 le narratif가 들어있고, 이 요소들이 이루는 이야기성 narrativité은 인간 정신이 지니고 있는 특성으로 인간 모두에게서 찾아볼 수 있는 보편소에 속한다고 주장한다.[3] 그렇기 때문에 기호학은 세계 여러 지방의 이야기들, 수수께끼들 모두가 담고 있는 이야기성을 우선적으로 밝혀야 한다고 말한다.

이야기성을 정립하는 데는 두 가지 방법이 있을 수 있다. 그 하나는 개별적인 담화와 텍스트를 탐구하여 거기에서 찾아낸 사실들을 원칙으로 정립하여 일반화하는 귀납적 방법이다. 다른 하나는 연역적 방법인데, 그것은 몇 가지 전제로부터 출발하여 논리적 규

---

3) 『불어학 연구』, 1988, 182쪽.

칙과 절차를 따라서 추론에 의해 필연적인 결론을 도출하는 방법이다. 이러한 연역법은 귀납법과는 반대로 일반적인 것에서 개별적이고 특수한 것으로, 부류 classe에서 구성 성분으로 하향한다. 연역법을 특징짓는 것은 무엇보다 직접적인 경험에 의존하지 않고 정립하는 이론의 축조적 constructif 성격이다.[4]

연역적 방법은 전개 방식에 따라 두 가지로 나눌 수 있다. 첫째는 범주적 연역법 démarche catégorico-déductive으로서, 그것은 우선적으로 참이라고 명시된 일단의 명제를 설정하고 그로부터 추론을 펴 나가는 것이다. 그에 비하여 가설적-연역법 démarche hypothético-déductive은 단지 참이라고 가정되는 이론적 가설을 구체적 사례 분석에 적용하는 방법으로서,[5] 그레마스의 기호학 이론은 이와 같은 가설적-연역법을 토대로 형성된다. 그러나 그러한 가설적-연역법을 구성하는 지식 le savoir과 지식-행위 le savoir-faire[6]는 막연한 상상에서 나온 것이 아니고 〈시대적 지식의 총체〉로부터 나오는 것이며 여러 가지 이론적 개념화 작업을 통하여 형성되는 것이다. 그러한 의미에서 그레마스는 〈구체적이며 개별적인 사실들로부터 얻은 것을 일반화하여야 하고 아울러 개별적인 사실들을 설명하기 위해서 가설적 모형 modèles hypothétiques을 구축하여야 한다〉고 하면서, 자신의 입장은 〈그 두 가지를 조화롭게 추구하는 것〉이라고 말하고 있다.[7] 그러면 그가 제시하는 이론적 가설과

---

4) A.-J. Greimas & J. Courtés, *Sémiotique, Dictionnaire raisonné de la théorie du langage*, Hachette, 1979, 85쪽.
5) *Ibid*.
6) 기호학에서 〈지식〉은 의사 소통 행위에서 화자가 청자에게 전달하는 대상의 내용을 가리킨다. 따라서 이 경우 지식은 언술 작용의 측면에서 이해되어야 하고 담화는 행위 le faire라고 간주된다. 지식 savoir·행위 faire는 그러한 활용을 가능하게 하는 능력으로서, 이야기체 구성의 능력을 가리킨다.
7) 『불어학 연구』, 1988, 142쪽.

모형은 어디서 영향을 받아 구축되었을까?

1.2. 이론적 영향

1.2.1. 떼니에르와 프로프

그레마스는 발랑스 valence 개념을 바탕으로 창의적인 구조주의 통사론을 구축한 떼니에르 Lucien Tesnière의 이론에서 두 가지 사항을 시사받는다. 그 중 한 가지는 언어의 기본 형식인 〈주어+동사+목적어〉 구문이 대상에 대한 주인공의 연극적 행위를 연출해 주는 것과 유사하다는 생각이고 다른 한 가지는 등장 인물을 행위소 actant로 표시하는 것이다. 그리하여 그는 의미론적 세계를 기술함에 있어서 등장 인물들간의 관계를 행위소들의 대립으로 보았고, 의사 소통 이론을 참고하여 그 관계를 발신자와 수신자의 관계와 병립하는 것으로 본다.

프로프 Propp의 『러시아 민담 형태론 Morphologie du conte populaire russe』에서 그레마스는 많은 등장 인물들이 그 기능에 따라 일곱 가지 행위자로 분류되어진 것을 발견한다. 그는 프로프의 연구도 주체와 대상을 토대로 이루어지는 언어학적 기본 구문과 마찬가지로 통사적인 면에서 주인공 héros과 찾는 대상 인물로 축약될 수 있다고 판단한다. 하지만 그는 〈배역〉 내지 〈연기자〉를 나타내는 〈행위자 acteur〉와 그 배역들을 추상적으로 지칭하는 명칭인 〈행위소 actant〉는 구분되어야 함을 주장하면서 떼니에르의 행위소 개념을 채택한다.

그러나 이런 언어학적 모형은 간결성과 집약성에도 불구하고 이야기의 발전 내지 극적 전개를 보여줄 수 없다는 단점이 있는데,

그러한 점을 보완하는 것이 프로프의 기능 이론이다.

프로프의 『러시아 민담 형태론』은 민담 연구의 차원을 넘어서서 방법론적인 면에서 인류학 연구에 새로운 지평을 열었고, 특히 문학 작품의 기호학 연구에 새로운 전기를 마련해 주었다. 그레마스는 이러한 프로프의 민담 연구 방법을 소개한 후 자신의 관점에서 프로프의 이론을 개선, 보완한다.

프로프는 민담의 통사론적 단위를 의미론적 단위로 환원하여 기능을 중심으로 이야기를 분절한다. 그 다음에 행위 중심으로 기능과 행위자의 상관 관계를 고찰하면서 민담의 전형이 일곱 명의 등장 인물을 축으로 이루어진다는 것을 알아낸다. 프로프는 다시 연속적인 이야기 전개를 분절하는 기능의 수를 31가지로 축약한다. 그 목록을 살펴보면 다음과 같다.

1. 부재	9. 위임	17. 징표	25. 임무 부여
2. 금지	10. 주인공의 결단	18. 승리	26. 성공
3. 위반	11. 출발	19. 결핍의 척결	27. 인식
4. 탐문	12. 시련의 부여	20. 귀환	28. 배반자의 드러남
5. 정보	13. 시련과의 대결	21. 박해	29. 주인공의 드러남
6. 기만	14. 협력자를 얻음	22. 구출	30. 처벌
7. 공모	15. 장소 이동	23. 신분 위장에 의한 도착	31. 결혼
8. 배반	16. 결투	24. 결핍	

그는 이야기의 전개를 주인공과의 관계, 주인공의 행위를 중심으로 분절하였는데, 이렇게 얻어진 기능들은 그 성격이 단순하기도 하고 복합적이기도 하다. 그레마스는 프로프의 31가지 기능들 중 서로 관계있는 것은 하나의 쌍으로 묶고 그렇지 않은 것은 독립 항으로 남겨, 전체를 20개의 기능으로 축약한다.[8] 그 다음 프로프의

---

8) A.-J. Greimas, *Sémantique structurale*, Larousse, 1966, 194쪽.

기능들 중에서 관계 있는 사항들을 서로 묶어서,

$$\frac{위임}{수락^{9)}} = 계약의 성립(A), \quad \frac{금지}{위반} = 계약의 파기(\overline{A})$$

로 집약한다. 여기에서 〈계약의 성립〉은 〈위임의 수락〉이라고 해석하여 대문자 A로 나타내고, 그 반대가 되는 〈계약의 파기〉는 $\overline{A}$로 표시하여 양자의 대립 관계를 $A : \overline{A}$로 나타낸다. 그리고 그 하위 구분은 소문자로 나타내고 동일한 사항을 다시 세부적인 정식으로 표시한다. 그러면,

$$\frac{a}{비a} : \frac{\overline{a}}{비a}$$

라는 논리적 형식을 얻게 된다. 이야기를 분절하기 위하여 설정된 기능 개념은 프로프가 창안한 것이지만 그레마스는 그 개념을 한층 더 조직화, 구조화하면서 메타 언어로 형식화하였다. 이러한 형식화는 그레마스가 파리대학 수학과 Institut Pointcaré에서 의미론을 여러 해 동안 강의했다는 사실과 연관이 있지만, 그 자신의 타고난 기질 및 성향과 더욱 관계가 있는 것으로 보여진다. 형식화의 장점은 서술의 복잡성을 극복하면서 개념적 의미의 변화를 막고 고정시킬 수 있다는 점이다.

---

9) 〈수락 acceptation〉이란 〈주인공의 결단〉을 다시 메타 언어로 해석한 것이다. *Ibid.*, 195쪽.

1.2.2. 레비-스트로스

레비-스트로스는 언어학과 특별한 인연이 있는 인류학자이다. 1932년에 철학 교수 자격 시험에 합격한 레비-스트로스는 신칸트주의와 현상학에 지배되던 당시의 철학 분위기를 탐탁지 않게 생각하여, 1934년 브라질 상 파울로대학에 가서 인류학을 교수하면서 새로운 학문 분야를 개척한다. 그 후 프랑스에 돌아왔으나 유태인 박해가 시작되자 뉴욕으로 가서 New school for Social Research에서 가르치게 된다. 야간에 강의가 있었기 때문에, 여유 시간을 이용하여 같은 건물의 뉴욕 대학에서 주간에 언어학을 강의하고 있던 로만 야콥슨의 음운론 강의를 청강하게 되는데, 그 방법론을 인류학에 적용할 수 있다고 생각하게 된다. 야콥슨은 /i/, /a/, /y/ 등에 대한 음향학적인 분석을 통하여 음소의 개념을 집약성 compact과 확산성 diffus의 대립을 중심으로 설명한다. 그는 야콥슨의 음소 자질간의 대립 관계가 인류학적인 현상을 조직화하고 구조화하는 데 기여한다고 생각하여, 그 방법론을 음식에서 〈날 것 le cru〉, 〈익힌 것 le cuit〉, 〈삭힌 것 le pourri〉이 지니는 신화론적인 대립 관계의 설명에 도입한다.[10] 그는 집약성과 확산성의 대립만으로는 〈구운 것 le rôti〉, 〈삶은 것 le bouilli〉 등의 조리 형태와 관련된 복합적인 신화 의미를 명시적으로 설명하는 데 부족하다고 보고 비집약성과 비확산성의 자질을 설정하게 된다.

레비-스트로스는 소쉬르의 언어 이론 중에서 랑그/빠롤, 기표/기의, 차이, 대립 관계 등의 개념에 주목하게 된다. 〈어가란 체계로부터 나오고〉, 〈어가에 대응되는 개념은 시차적 différentiels〉이며, 〈그 개념은 그 체계를 구성하는 다른 요소들과의 관계를 통하여 정의된

---

10) C. Lévi-Strauss, *Mythologiques 1. le Cru et le Cuit*, Plon, 1964.

다〉[11]는 구절은 그의 친족 체계 이론 정립에 직접 이용된다. 그를 유명하게 만든 『친족 관계의 기본 구조 les structures élémentaires de la parenté』[12]에서 그는 혼인 관계에 대해 두 가지 유형을 제시한다. 첫째, X의 한 남자가 Y의 한 여자와 혼인하게 되면, Y의 한 남자가 X의 한 여자와 결혼하게 되어 체계적인 평형을 이룬다. 그것을 〈제한적 교환〉이라 부르고 다음과 같은 도식으로 표시한다.

〈도식 4.1〉　X→Y,　Y→X

그는 아울러 보다 복잡한 혼인 관계의 유형을 발견한다. A의 한 남자가 B의 여자와 혼인하게 되니, B의 남자가 C의 여자와 혼인하게 된다. C의 남자가 D의 여자와 결혼하게 되니, D의 남자가 A의 여자와 혼인하게 된다. 그것을 그는 다음과 같은 도식으로 나타낸다.

〈도식 4.2〉[13]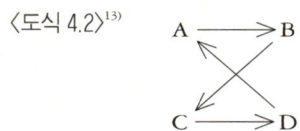

이와 같은 사실을 통하여 이른바 미개 사회에서 결혼이 우연적이고 자연적으로 이루어지는 것 같지만 자세히 관찰해보면 거기에는 어떤 질서 있는 교환이 있음을 알게 된다. 그리고 그러한 교환

---

11) *Ibid.*, 162쪽.
12) 1949년 P.U.F.에서 초판이 발간되었고, 그 후 수정판이 1967년 Mouton에서 발간되었다.
13) *Ibid.*, 178쪽.

은 하나의 체계를 이룬다. 따라서 어떤 현상을 파악하는 데 있어서는 그 현상의 실체가 무엇이며 그것이 어떤 의미를 내포하느냐를 묻기보다, 그것을 구성하는 요소들이 어떤 형태의 대립 관계와 상호 보완 관계, 유대 관계를 형성하는가를 규명하는 것이 그것을 이해하는 것이라는 입장을 보여주는 것이다.

이와 같이 레비-스트로스는 언어학에서 시사받은 방법론을 바탕으로 그의 인류학 이론을 형성할 수 있었고, 이것은 언어학이 인문·사회 과학에 대해 이론적 모형이 될 수 있음을 웅변적으로 보여준 것이었다. 그럼으로써 60년대부터 언어학은 다른 학문을 선도하는 학문으로서의 위상을 높일 수 있었고, 그 결과 언어학을 토대로 한 구조주의가 유럽의 사조를 이끌어 나가게 되었다.

그레마스를 연구하기 위해서는 레비-스트로스에 대한 이해가 그 전제가 된다. 그 이유는 첫째, 그레마스는 자신을 〈레비-스트로스의 제자〉라고 공표하고 있다는 점이다.[14] 그는 소쉬르, 옐름슬레우 등의 영향과 더불어 이야기성을 중심으로 하는 자신의 기호학 연구 방법의 핵심은 레비-스트로스의 인류학 분야에서의 이른바 미개인들의 신화 연구 방법에서 시사받았다는 것이다.

둘째, 그레마스는 소쉬르를 비롯한 언어학자들의 이론을 레비-스트로스를 통하여 새롭게 이해하게 되었다. 특히 어떤 요소의 가치를 그것이 속한 체계와 연관해서 이해한다든지, 의미란 추상적인 정의를 통하여 얻어지는 것이 아니며 구성은 상호간에 이루는 다양한 관계—반대 관계, 모순 관계, 내포 관계— 등에 의해 의미를 만든다는 것을 레비-스트로스를 통하여 깊이 깨닫게 되고, 그것을 바탕으로 자신의 이론을 추구하게 된 것이다.

셋째, 레비-스트로스는 현장 답사와 현지인들의 생활 철학의 이

---

14) 『불어학 연구』, 1988, 139쪽.

해를 중요하다고 보지만 그는 사실과 경험만이 중요한 것은 아니라고 생각한다. 왜냐하면 사실과 경험은 단지 기본 자료를 제공하는 것이고 학자의 임무는 그 〈구슬을 꿰어서〉 구조화하여 사실들 서로간의 유기적 관계를 파악하고 그것을 바탕으로 내재된 의미를 드러내는 것이기 때문이다.

레비-스트로스의 관점을 집약한다면 그는 단순한 경험론자 empiriste가 아니다.[15] 그렇다고 그를 구조주의자로만 본다면 그 또한 그를 너무 단순하게 보는 것은 아닐까 생각한다. 그가 현장의 사실들을 구조화하면서, 아울러 서구 지성으로서의 사고의 틀 안에 그 사실들을 끌어들인다는 의미에서 그는 귀납법적 방법과 연역법적 방법을 동시에 원용한다. 따라서 그의 방법론은 그레마스의 가설적-연역법과 상통한다.

그레마스는 그가 고백하는 것과 마찬가지로 레비-스트로스가 프로프의 민담 분석 방법을 비판적으로 수용하여 아메리카 원주민들의 신화와 사고 방식을 분석한 것에서 커다란 영향을 받았다. 한마디로 그레마스는 그의 기호 사각형이나 양태성 연구 등을 비롯한 이야기성 분석의 기본적 방법론을 레비-스트로스로부터 깨닫고 배웠다고 할 수 있다.

2. 이론의 전체적 구도

그레마스의 기호학은 텍스트내에서 어떻게 의미가 생성되고 조직화되는가를 밝혀내기 위한 이론이면서 아울러 그 실천이다. 그레마스는 언술 연쇄 형태로 나타나는 담화의 집합을 텍스트로 보고

---

15) John Lechte, *Fifty key contemporary thinkers*, Routledge, 1994, 71쪽.

선형적 linéaire으로 전개되는 텍스트를 계층적으로 구조화함으로 의미 생성의 과정을 입체적으로 보여주고자 한다. 그는 텍스트 개념을 옐름스레우의 구조 개념으로부터 배웠다.[16] 후자의 구조 개념은 계층화와 함께 구성 요소보다 내적 관계에 더 중요성을 부여한다. 결과적으로 구조는 관계의 망 réseau relationnel이라고 본다. 따라서 〈의미 작용이란 하나의 언어 층위를 다른 언어 층위로, 하나의 랑가쥬—또는 언어 활동—를 다른 랑가쥬로 변위 transposition 시키는 것에 지나지 않는다. 의미는 그러한 코드 전환 transcodage 의 가능성 실현에 불과하다〉.[17]

그러한 전망에서 그레마스는 먼저 심층 층위 niveau profond, 표층 층위 niveau de surface를 포함하는 기호-이야기체 구조, 담화체 구조 structures discursives, 텍스트화 층위 textualisation의 세 가지 층위를 설정한다. 심층과 표층 층위는 텍스트의 이야기성 narrativité 을 형성하는 층위로서, 이 두 부분은 그레마스 기호학 이론의 핵심을 이룬다. 그에 비하여 담화체 구조와 텍스트화 층위의 부분은 세부 사항이 아직 이론적으로 완전히 정립되지는 않은 상태이다.

각각의 층위와 구조는 통사론 부문과 의미론 부문을 가진다. 이러한 기호학적 구도를 생성 경로 parcours génératif라고 부르고 다음과 같이 나타낸다.

---

16) 〈구조란 계층적으로 구성된 내적 관계가 자족적으로 이루어내는 실체 entité〉이다. Greimas & Courtés, *Sémiotique. Dictionnaire raisonné de la théorie du langage* 참고. 이하 이 책은 『기호학 사전』으로 표기한다.
17) Greimas, *Du Sens I*, Seuil, 1970, 13쪽.

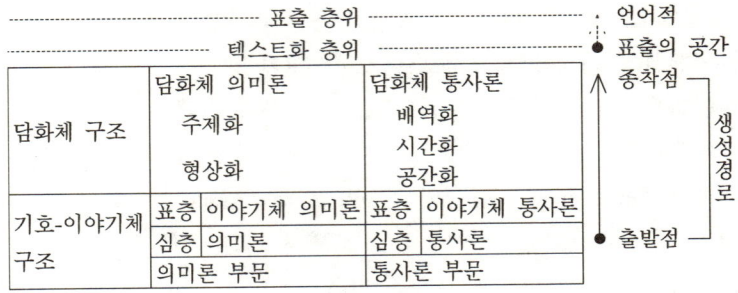

〈도식 4.3〉 생성 경로

2.1. 기호-이야기체 구조

『구조 의미론』이 발간되던 60년대 중반기에는 의미 작용의 구조를 의미론적인 영역으로 간주하였다. 그러나 그 후 『의미에 대하여』에 수록된 논문들이 발표되고 기호학의 구도가 체계화되고 계층화되면서, 의미 작용의 구조에 대한 문제는 기호학의 전체 구도 속에 일관성 있게 통합되었다.

이렇게 전개되어 온 그레마스의 기호학의 이론은 그가 의미 작용의 생성 경로 parcours génératif de la signification라고 부르는 규준적인 모형 속에 재통합되었다. 이 모형은 의미 생성의 심층 층위에서 담화체가 구성되기까지의 과정을 생성 génération의 관점에서 보여준다.[18] 그레마스는 이러한 의미 작용의 구조 분석을 위해서 우선 기호-이야기체 구조와 담화체 구조를 구분한다. 기호-이야기체 구조는 다시 심층 층위 국면 plan des niveaux profonds과 표층 층위 국면 plan des niveaux de surface으로 나뉘고, 전자는 심층 통사론과 심층 의미론을, 그리고 후자는 이야기체 통사론과 이

---

18) 『기호학 사전』, 160쪽.

야기체 의미론으로 구분된다.

여기서 우선 유의해야 할 사항은 〈심층〉과 〈표층〉의 개념이다. 이 용어들이 생성 문법에서 어느 정도 암시를 받은 것으로 추정되지만 개념과 용법은 다르다. 심층과 표층은 상대적인 개념으로서 표층은 실제 문장 phrase réelle을 나타내는 것이 아니고, 두 용어는 모두 기호-이야기체 구조에 위치하는 메타 언어학적 구조를 가리킨다.[19]

가설적 연역법을 토대로 하는 그레마스의 기호학은 텍스트가 최종적으로 드러나기까지 기호-이야기체, 담화체의 과정을 거쳐 생성된다고 가정한다. 바꿔 말하면 기호-이야기체 구조의 심층 층위에서 텍스트에 이르기까지 의미 작용은 변형과 전환을 거치게 된다.

변형은 기호체 심층 층위의 논리 의미론적 차원에서 기호 사각형의 부정과 긍정의 작용을 통하여 드러나며, 표층 층위의 이야기체 층위에서는 상태 주체와 가치 대상간의 관계가 연접이냐 이접이냐에 의하여 드러난다. 따라서 변형은 논리적이면서 횡적 horizontal인 성격을 띠고 있다.

그에 비하여 전환 conversion은 심층 층위에서 표층 층위로 이행되면서 일어나는 종적 vertical인 것을 가리킨다. 전환은 의미론적 및 통사론적 〈보충 자료 supplément〉를 통하여 이루어지고, 보충 자료는 점진적으로 기본 구조를 분절하면서 일차적인 씨앗을 가지고 활짝 핀 식물로 만든다. 이러한 보충 자료는 심층에서 논리적 규칙을 따르고, 이야기체 층위에서는 문법적이고 인류학적인 규칙을, 그리고 담화체 층위에서는 사회 문화적이고 감성적인 규칙을 따른다. 기호-이야기체의 심층 층위는 심층 의미론과 심층 통사론을 포함하고 있고 그 두 부문 모두 기호 사각형을 토대로 이루어지

---

19) *Ibid.*, 295쪽.

며 생성의 출발점 ab quo이 된다.

2.1.1. 심층 층위

기호학에서 심층과 표층의 개념은 의미의 생성 경로에 있어서 상대적인 개념이며, 의미 실질 substance은 개념적이고 추상적인 심층에서 분류적인 형식으로 분절되어 의미 작용의 기본 구조를 형성하는 데 비하여, 이야기체 층위인 표층에서는 구상적인 형태로 드러나기 직전의 단계로서 유인적 anthromorphe 형식을 부여받는다.

2.1.1.1. 심층 의미론

심층 의미론을 구성하는 단위는 의미 작용의 기본 구조로서 그것은 기호 사각형 위에서 의소 범주로 분절될 수 있다. 언술 작용의 주체는 의소 범주를 잠재적 가치 체계 système axiologique를 나타내는 데 활용한다. 잠재적인 가치는 이야기체의 층위에서 주체와의 접합 여부에 의하여 현동화 actualisé될 수 있다. 통사론적 조작에 의하여 기호 사각형에서 이동 행로를 따라 움직일 수 있을 때 통합체적인 성격을 부여받을 수 있다. 그렇기 때문에 심층 의미 구조는 통사론적 표상을 부여받을 수 있다.

그레마스는 『의미에 대하여』에서 가치 체계는 의미 범주가 그것을 분절하는 기호 사각형상에 기질 범주 catégorie thymique를 투영함으로서 가치를 부여받을 경우에만 우리가 인정할 수 있다고 하는데, 〈기질 범주란 /쾌/ : /불쾌/라고 명명되는 두 개의 반대 항〉이라고 부연하였다.[20] 그에 의하면 서술적 요소 le descriptif에 기질적 요소 le thymique를 적용할 때 의소 분류론 taxinomie이 가치론 axio-

---

20) Greimas, *Du Sens II*, Seuil, 1983, 93쪽.

logie으로 전환된다고 설명하고 있다.[21]

가치론이란 가치 체계 système de valeurs에 대한 이론이나 기술로서 가치 valeur들의 계열체적 존재 방식을 의미하고, 그것은 가치들의 통합체적 결합 형식을 나타내는 이데올로기 idéologie와 대립적인 개념이다. 가치는 기호 사각형에 표시된다. 가치에는 삶/죽음, 자연/분화 등과 같이 추상적인 것도 있고 4원소라고 부르는 물, 불, 공기, 흙 등과 같이 구상적인 것도 있다.

2.1.1.2. 심층 통사론

심층 통사론은 통합체의 기본적인 구성과 기능 방식에 대한 이론과 기술로서, 분류론적 부문과 통사론적 부문으로 이루어지고 잠재적 전개 과정 procès virtuel을 다룬다.

분류론적 부문은 의미 작용의 기본 구조를 표출하는 분류적 모형 modèle taxinomique을 형성하고 기호 사각형을 구성하는 항들 간의 관계를 통하여 드러난다. 기호 사각형의 네 항들은 앞서 살펴본 바와 같이 차이를 통하여 상호 정의되는 관계를 지닌다. 그레마스는 분류적 모형의 예로 레비-스트로스의 오이디푸스 신화 분석을 들고 있다. 레비-스트로스는 오이디푸스 신화의 시간적 전개를 무시하고 거기에서 서로 대립적인 계열체들을 추출한다. 그 계열체들은 (1) 모순 관계: $S_1:\overline{S_1}$, $S_2:\overline{S_2}$, (2) 반대 관계: S_1과 S_2, $\overline{S_1}$과 $\overline{S_2}$, (3) 함축 관계: $S_1:\overline{S_2}$, $S_2:\overline{S_1}$ 등의 관계를 이룬다. 그레마스는 $S_1 : \overline{S_1}$ 또는 $S_2:\overline{S_2}$ 와 같이 모순 관계를 이루는 두 항들의 관계를 도식 schéma이라고 하고, 이렇게 형성된 도식이 다른 두 항으로 구성되는 도식과 맺는 관계를 상관 관계 corrélation라고 부른다.[22] 관계, 도

---

21) *Ibid.*
22) 기호학에서 가치 세계는 계열체로 분절될 수도 있고 통합체로 분절될 수도 있다. 전자의 경우 가치는 분류적으로 체계화되어 가치론을 형성하고, 후자

식, 상관 관계 등은 옐름슬레우의 용어와 개념을 빌려 온 것이다.

결국 분류적 모형은 내용을 분절하는 형식 모형으로서 가치 체계와 순환적 가치 창조의 과정인 이데올로기를 정태적으로 드러낸다. 기호 사각형 위에서 분절되는 요소들간의 관계는 정태적이고, 그에 비하여 통사론적 조작 opération을 통하여 얻게 되는 결과는 동태적이다. 전자는 분류적 모형을 구성하고 후자는 통사론적 변형을 나타낸다. 통사론적 조작을 통사론적 변형이라고 부른다.

분류적 모형에서 항들은 상호적 관계를 형성하는데, 그 경우 부정 contradiction은 $S_1 - \overline{S_1}$, $S_2 - \overline{S_2}$의 두 가지 이원적 도식을 형성한다. 그러나 통사론적 층위에서 부정은 도식에 위치한 두 가지 중 한 가지 요소를 부정하면서 동시에 모순적 요소를 긍정하는 역할을 수행한다. 그러한 조작—혹은 작용—이 일정한 가치를 부여 받은 요소에 대해 이루어질 경우, 그것은 제시된 내용을 부정하는 것을 통하여 새로운 가치를 정립함으로써 내용에 변형 transformation을 가하게 된다.[23] 예컨대 S_1을 부정함으로써 $\overline{S_1}$에 도달하고, $\overline{S_1}$을 긍정함으로써 S_2에 도달한다. 이 때 S_1과 S_2는 반대 contrariété 항을 형성한다. 또한 S_2를 부정함으로써 $\overline{S_2}$에 도달하게 되고, $\overline{S_2}$를 긍정함으로써 S_1에 도달하게 된다. 그러한 과정을 통하여 $\overline{S_2}$는 $\overline{S_1}$과 또 하나의 반대 관계를 형성한다. 결과적으로 통사적 조작은 논리적 계열 série로 조직화되면서 일정 방향으로만 진행된다고 할

의 경우 가치는 주체가 추구하는 대상이 되며, 그것은 통합체 속에서 드러나게 되는데, 그 가치를 이데올로기라고 한다. 말하자면 가치론적 가치는 심층 구조 속에 잠재적으로 존재하는데, 주체가 그 가치를 취할 때 가치는 이데올로기적 모형 속에서 현동화된다. 이데올로기는 표층 구조에 속하고 행위소 구조를 형성한다.

23) A.-J. Greimas, "Eléments d'une grammaire narrative," *Du Sens I*, Seuil, 1970, 162-164쪽.

수 있다.

2.1.2. 표층 층위

2.1.2.1. 이야기체 의미론

심층과 표층간에는 의미론적으로 동위성과 등가 관계가 유지되면서도 표층에서는 유인적 요소의 투입과 함께 가치의 현동화 actualisation를 통하여 부가적인 의미가 도입된다.

심층 의미론은 기호 사각형상의 분절을 통하여 의미의 소세계 micro-univers에 의미 범주를 부여하지만, 그러한 소세계의 가치는 주체가 그것을 수용할 때까지는 잠재적 성질을 띠고 있다. 의미의 소세계란 담화를 생성하는 데 필요한 의미론적 총체이고, 그것은 분류론적 의미 범주로 분절될 수 있으며, 의미의 소세계와 담화 사이에는 의미의 일관성을 보장하는 동위성이 존재한다. 잠재적 상태의 가치들은 이야기 통사 구조에서 주체와 관계되는 대상에 투여됨으로써 현실적인 가치 체계로 정립된다.

이야기체 의미론이 형성하는 의미의 소세계에서는, 가치는 실용적 pragmatiques, 기질적 thymiques, 인지적 cognitives 가치로 바뀌고, 그러한 가치들이 실용적, 기질적, 인지적 주체에 의미론적 내용을 투여한다.[24]

2.1.2.2. 이야기체 통사론

심층 통사론 층위에서 요소 상호간의 관계와 작용에 의해서 정의되던 요소들이 이야기체 통사론에서는 구체적인 행위소 actant의 형태를 띠고 기본 언술 énoncé élémentaire을 형성하게 된다.

---

24) 『기호학 사전』, 201쪽.

따라서 심층 층위는 표층 이야기 층위로 전환 conversion되는데, 이러한 전환에는 두 층위의 의미론적 동질성과 등가성이 전제가 되어야 한다.

기본 언술 개념은 심층 통사론 층위로부터 표층 이야기체 층위로의 전환에서 하나의 원칙을 보여준다. 심층 층위의 의소들간의 관계는 상태 언술 énoncé d'état이 형식화하는 〈상태〉의 형식화를 통하여 상태 언술을 형성하고, 심층 층위에서 일어나는 변환 작용 opération transformationnelle은 상태 언술을 행위 언술로 바꾸게 된다. 그러니까 이야기체 층위는 언술이 작용하는 층위이다. 가장 기본적인 언술은 상태 언술과 행위 언술이다.

상태 언술은 존재 또는 소유를 나타내는 동사를 술어 prédicat로 취한다. 상태 언술은 문법에서의 주어를 주체로 목적어를 대상으로 바꾸고 그 사이에 관계-기능을 나타내는 술어가 위치한다. 주체는 운동의 근원지이고 대상은 운동의 목적지이면서 주체로부터 시작되는 긴장의 종착지이다. 단 주체가 사람만을 나타내는 것은 아니고 대상 역시 반드시 사물만을 나타내는 것은 아니다. 주체와 대상은 통사 구조상에서 역할을 담당하는 행위소 actant로서 서로에 대해 불가분의 관계에 있다.[25]

상태 언술에서 주체 sujet와 대상 objet은 연접(∧) 또는 이접(∨)될 수 있다. 대상은 가치가 투여된 행위소로서 가치-대상 objet-valeur이다. 예컨대 〈공주〉와 〈아름다움〉의 관계는,

　(1) 공주는 아름답다(존재)
　(2) 공주는 미모를 지녔다(소유)

로 나타낼 수 있다. 마찬가지 방법으로 〈공주〉와 〈지능의 결여〉와

---

25) Groupe d'Entrevernes, *Analyse Sémiotique des Textes*, Presses Universitaires de Lyon, 1979, 15쪽.

의 관계 역시,
(1) 공주는 우둔하다(존재)
(2) 공주는 우둔한 머리를 가졌다(소유)
라고 할 수 있다.

행위의 언술은 변환을 통하여 행위의 주체와 대상의 관계를 설정한다. 가령, 〈엄마가 아이를 잠들게 한다〉에서 〈아이〉 S_2는 〈잠〉 O와 연접 관계에 있고 엄마는 그것이 가능하게 되도록 작용한다:

$F\ [S_1 \rightarrow (S_2 \wedge O)]$[26] 단, F=기능, [ ]=행위 언술, ( )=상태 언술.

이렇게 볼 때 행위의 언술은 상태의 언술을 지배한다. 아울러 행위를 포함하는 언술은 상태를 포함하는 언술을 양태화 modaliser한다고 하겠다.

이러한 이야기체 통사론의 기본 통사 구문을 이야기 프로그램 programme narratif=PN이라고 한다. 이야기 프로그램은 결국 행위 주체가 상태 주체에 대한 행위를 통하여 상태의 변화, 즉 가치 대상의 획득이나 상실을 기술하는 것이다. 이야기 프로그램의 유형은 (1) 대상과의 연접, 이접 여부, (2) 양태적 가치, 서술적 가치 등의 가치 부여 여부, (3) 개별 주체인가 아니면 복수 주체의 융합에 의한 단일 주체인가의 여부 등에 의하여 나뉘질 수 있다. 또한 문장에서 단문-복문간의 관계와 마찬가지로 이야기 프로그램 역시 단순 이야기 프로그램은 복합 프로그램으로 변환될 수 있다.[27]

이야기 프로그램과 함께 이야기체 분석에 동원되는 개념이 이야기 도식 schéma narratif이다. 이야기 도식은 프로프가 민담 분석에 도입한 기능 fonction을 한층 더 심화시킨 개념이다. 프로프는 민담 분석에서 31개의 기능을 추출했지만 그레마스는 민담의 논리적 구

---

26) Anne Hénault, *Narratologie Sémiotique Générale*, P.U.F., 1983, 53쪽.
27) 『기호학 사전』, 297쪽.

성과 배열이라는 관점에서 공통적으로 주인공에 대한 세 가지 시련을 부각시킨다: (1) 자격 시련, (2) 결행 시련, (3) 영광 시련. 이 세 가지 시련은 통합체의 축에서 일정하게 반복적으로 나타난다. 단지 이야기의 내용이나 정황에 따라 각각의 시련에 투여되는 의미론적 가치가 다를 따름이다.

70년대 후반 이후 시련의 역할에 대한 평가가 절하되는 양상이 일어나 시련을 일종의 〈논리적 조작의 형상적 장식물〉[28]로 간주하기도 하지만 주인공의 주요 인생 역정을 분절하는 기능을 부인할 수는 없다. 한편 계열체적인 관점에서 볼 때 이야기 프로그램은 발신자 destinateur와 수신자-주체 destinataire-sujet의 개념을 도입하여 양자간의 계약의 성립, 파기 계약의 재성립 등의 계열체적 단위의 연속으로 볼 수도 있다.

결과적으로 이야기성을 드러내는 이야기 도식 schéma narratif은 주체의 행위-상태를 중심으로 하는 실행을 중심 축으로 주체의 존재 방식에 변화가 일어나는 것을 포착한다. 그 이야기체 체계는 기본 이야기체 프로그램의 상호 작용에 의해 이루어지기까지 여러 가지 변수의 작용을 받게 되는데, 이러한 변수의 작용에 관한 문제를 통틀어 양태성 modalité이라고 한다.

이러한 양태성의 문제는 그레마스가 『의미에 대하여 II』에서 「양태성 이론을 위하여 Pour une théorie des modalités」[29]를 발표한 후, 80년대에 기호학자들의 가장 중요한 연구 과제로 부상하여 그들은 개별적인 연구를 통해 다양한 이야기체의 양태 분석에 직접 적용할 수 있는 일반 이론을 구축하고자 하였는데, 그레마스의 정념의 기호학 이론에서는 이런 양태 이론이 재구성되고 재해석되었다.[30]

---

28) *Ibid.*, 245쪽.
29) Greimas, *Du sens II*, Seuil, 1983, 67-91쪽.
30) Greimas, *Sémiotique des passions*(Seuil, 1990) 참고.

2.2. 담화체 구조

담화체 층위는 기호-이야기체 구성 요소들이 주제, 인물, 시간, 공간 속에 투사되어 담화적 형상으로 나타나는 층위이다. 이 층위에서도 형상소의 분류 등을 다루는 담화체 의미론과 형상적 전개 과정 parcours figuratif 등을 다루는 담화체 통사론을 구분하여 살펴볼 수 있다.

형상소 figure는 행위소 모형이나 그것을 형성하는 기능들을 형용하거나 장식하는 역할을 맡은 단위로서, 서로 대립되는 형상적 자질 traits figuratifs들이 중심이 된다.

통합체적 차원에서는 형상소들이 어떤 전개 과정을 형성하는지, 그것들이 서로 어떻게 배열되는지를 다룬다. 담화 형상소들은 서로 연결된 어휘소적 형상소 figures lexématiques의 망으로 나타나는데, 형상적 전개 과정이란 바로 그 관계의 망을 가리킨다. 텍스트는 각기 서로 다른 형상적 전개 과정의 연속으로 이루어진다고 할 수 있다.

2.2.1. 담화체 의미론

담화체 의미론은 기호학에서 아직도 이론적으로 뚜렷하게 정립되지 않은 분야이다. 현 상태에서 담화체 의미론은 기호-이야기체 구조에 대한 연구 결과로부터 출발한다. 그러한 관점에서 볼 때 이야기체 층위에서 담화체 층위로 바뀌면서 이야기 행로 parcours narratif[31]는 주제적 행로나 형상적 행로로 전환될 수 있다.

---

31) 이야기 행로는 한 이야기 프로그램과 다른 이야기 프로그램의 논리적 연결 관계를 가리킨다.

주제란 인식론적인 근원을 지닌 추상적인 개념으로서 〈자유〉, 〈환희〉, 〈사랑〉 등이 그 예이다. 그러한 개념을 구체적으로 보여주기 위해서는 인간 사회에서 대할 수 있는 형상들을 통해야 하고, 그러한 의도에서 사물이나 인물, 구체적 장식물을 연상시켜주는 어휘소를 사용하게 된다.[32] 그리고 주제적 행로는 하나의 주제적 배역 rôle thématique으로 환원되는 주제를 동위성을 유지하면서 표출하는 과정을 가리킨다. 주제적 배역은 언제나 행위소 형태를 취하게 된다. 예컨대 〈낚시〉라는 행로는 〈낚시꾼〉이라는 역으로 집약될 때 성립된다. 주제적 배역은 담화적 윤곽[33]이 단일한 형상적 행로와 그러한 행로를 잠재적으로 포용하는 대리인으로 집약될 때 성립된다. 또한 연기자 행로 parcours de l'acteur상에서 주제적 배역의 위치가 결정될 때 이루어진다.

담화 부문의 구조화에서 주제 관련 요소는 형상적 요소와 밀접한 관련을 맺고 있다. 왜냐하면 담화가 서술적 기능과 표상적 기능을 수행하고 아울러 범주화하고 분류하는 술어적 기능을 감당하기 위해서는 형상적 요소의 도움을 필요로 하기 때문이다. 형상적 행로는 형상 figure으로부터 파생된 어휘를 바탕으로 형성되었으나 복합적 의소를 포용하는 형상과는 달리 주로 기표에 대응하는 의미 내용—즉 기의—과 관계가 있다. 따라서 형상적 행로는 일정한 주제와 상관적인 형상소들과 의미론적 동위성을 전제로 하는 전개를 의미한다.

하나의 주제는 여러 가지 형상적 행로와 결부될 수 있기 때문에 다양한 형상화의 가능성을 지니고 있다. 예를 들면 〈성스러움 sacré〉

---

32) Greimas, *Narratologie Sémiotique Générale*, II, 1981, 136쪽.
33) 윤곽 configuration이라 함은 불가분한 의미론적 자질로 구성되는 어휘 형태소를 가리킨다. *Dictionnaire de linguistique et des sciences du langage*, Larousse, 1994, 109쪽 참고.

이라는 주제는 〈신부〉, 〈수도사〉, 〈성당지기〉, 〈순교자〉 등의 형상소들로 구체화될 수 있다. 그렇기 때문에 어떤 형상소를 택하느냐에 따라 형상적 행로는 달라질 수 있다. 행동 방식이나 행동이 이루어지는 시간과 공간 등은 처음 선택된 형상소와 의미론적 동위성을 유지하지 않으면 안 된다.

『기호학 사전』은 형상화와 관계되는 설명을 구체적으로 예시하고 있다. 가령 주체가 대상과 이접 상태에서 대상을 갈망한다고 할 때 S∨O라고 할 수 있다. 대상은 통사론적인 위치를 점유라고 있을 뿐이지만, 〈힘 puissance〉이라고 하고 가치 valeur를 투여 받을 경우 〈능력 pouvoir〉의 양태, 즉 〈행위-존재 faire-être〉의 양태를 부여 받는다: S∨O가치(힘). 거기에서부터 대상과 연접하고자 하는 주체의 이야기 프로그램이 시작된다. 이 경우 형상화는 단순한 통사적 위치를 점유하고 있는 대상이 의미론적 가치를 투여받음으로써 가능해 진다. 〈자동차〉가 형상소로 정해지면: S∨O(자동차)가치(힘)으로 형식화할 수 있다. 그렇게 함으로써 주체의 이야기 프로그램이 형상화되고 담화 자체가 형상적 담화로 된다. 이러한 형상화를 발판으로 주체는 연기자가 되고 시간 공간성 속에 위치하게 됨으로써 이야기가 전개된다.[34]

2.2.2. 담화체 통사론

담화체 통사론은 언술 작용을 중심으로 이루어지며 언술 작용은 연동 작용 embrayage과 탈연동 작용 débrayage, 담화체를 구성하는 단위들의 상호 관계와 유형에 대한 문제들을 포함하고 있다. 구체적인 하위 분야로는 배역화 actorialisation, 시간화 temporalisation,

---

34) 『기호학 사전』, 147쪽.

공간화 spatialisation의 세 부분을 들 수 있다.
　배역화는 담화에서의 배역을 구체적으로 설정하는 것을 가리키고, 이렇게 설정된 배역은 의미론적 요소와 통사론적 요소의 결합으로 이루어진다. 말하자면 최소한 하나의 행위소 배역 rôle actantiel과 하나의 주제적 배역 rôle thématique의 결합으로 이루어진다.
　우선 행위소 actant와 행위자 acteur를 구분해보도록 하자. 행위소는 본래 떼니에르에게서 차용한 용어로서, 〈행위를 수행하거나 행위를 받는 인물이나 존재〉[35]를 가리킨다. 실제적인 면에서 행위소는 문장의 한 단위 형태로서 어떤 가치를 부여받기 이전의 형식적인 단위인데, 이 단위를 통해서 문장의 주요 기능(주어, 목적어, 술어, 상황 보어) 등의 구분을 바탕으로 이야기체 통사론의 구조를 밝힐 수 있다. 아울러 행위소는 언술 상황의 분석에서 주체/대상, 발신자/수신자 등을 도입하고 이야기체 프로그램의 분석에서 화용적 주체 sujet pragmatique와 인식적 주체 sujet cognitif로 구분되기도 한다.
　행위자는 명사나 대명사의 형태를 띠고 담화에 등장하는 어휘 요소로서 구체적인 형상을 보여 준다. 따라서 행위자는 어떤 특정 개인일 수도 있고 〈대중〉과 같은 집합 명사일 수도 있지만, 생물도 가능하며 경우에 따라서는 〈운명〉, 〈고독〉 등의 추상 명사일 수도 있다. 행위소의 의미론적 영역은 철학에서 존재의 개념과 거의 일치한다. 행위소와 행위자를 비교해볼 때 민담, 전설뿐만 아니라 어떤 교훈이나 목적을 내포하고 있는 다양한 이야기들을 종합적으로 검토해보면, 이야기마다 등장하는 주인공은 다르지만 그 주인공들이 모두 유사한 기능—환언하면 불변소 invariant의 역할—을 수행

---

35) L. Tesnière, *La syntaxe structurale*: 〈les actants sont les être ou les choses …… qui participent au procès.〉

할 경우, 그들은 모두 동일한 행위소 역할을 한다고 말할 수 있을 것이다. 즉 행위소는 불변소로, 행위자는 가변소 variable로 볼 수 있을 것이고 수적으로 한정되지 않은 후자는 일정한 수로 한정된 전자로 환원될 수 있을 것이다. 그러나 그와 반대로 동일한 행위자가 담화의 진행에 따라 다양한 주제적 역할을 수행할 때 그 행위자는 여러 가지 가치를 지닐 수 있고, 결과적으로 자신 속에 상이한 여러 행위소를 포용하는 것이 된다.

결국 행위자가 의미론적 요소와 통사론적 요소의 결집으로서 최소한 하나 이상의 행위소적 역할과 주제적 역할을 지니고 있다면, 행위소는 그 역할들을 변환시키는 중심 개념이라고 볼 수 있다. 그리하여 담화의 다양한 배역들이 맡은 역할과 그 역할이 보여주는 변환은 행위자 구조 structure actorielle와 함께 배역화의 문제를 담화 속에서 제기하고 있다.

시간화는 시간성의 의미 효과를 실제적으로 만들어내어 이야기체의 구도를 구체적인 이야기로 전환시키는 작용을 말한다. 담화체 통사론의 한 가지 분야인 시간화는 몇 가지 하위 구분 분야를 포용하는데, 예를 들자면 시간적 프로그램화 작용 programmation temporelle이 그 중 한 가지이다.[36] 이것은 관념 속에서 논리적으로만 전개시켜 본 이야기체 프로그램을 구체적인 시간 표상에 연속적으로 설정하는 작업이다. 다시 말해서 표층 층위의 이야기체 프로그램으로 연계된 논리적인 질서를 사건으로 이루어진 시간적, 인과적인 실행의 순서로 전환시키는 것이다. 그리고 시간적 위치화 localisation temporelle(혹은 시간화 temporalisation)는 그 속에서 이야기 구조들이 드러나는 틀을 만들면서 시간적인 연동화와 탈연동화의 절차들을 사용하여 계속적인 시간을 나누고 조직하는 것을 말한다.

---

36) 『기호학 사전』, 387쪽.

또 다른 하나의 작용은 양상화 aspectualisation이다. 이것은 담화화 discursivisation의 과정에서 관찰자적 행위소 actant observateur에 의해서 시간 속에 양상성의 범주가 도입된 것을 말한다. 이런 양상성은 시간화뿐만 아니라 공간화, 배역화 속에서도 나타날 수 있다.

관념적으로 시간화와 공간화의 문제는 별도로 나눠져 표상되지만 실제로 공간이 상정되지 않은 상태에서 시간만의 문제를 분리해서 생각할 수는 없다. 왜냐하면 공간은 모든 형태의 시간이 전개되는 테두리 역할을 하기 때문이다. 그렇기 때문에 언술자는 행위자와 시간을 일정한 공간에 위치시켜 언술-담화를 전개시킨다. 또 그러한 이유에서 공간도 시간적인 진행에 따라 질서 있게 배열되고 전개된다. 한 가지 유의할 것은 이와 같은 공간성의 문제는 담화의 화용론적인 차원의 문제로서 우리의 지각, 감각 기관에 의하여 포착되는 문제를 다루는 인식론적인 공간화의 문제와는 다르다는 점이다.[37]

이상에서 담화체 층위의 문제들 중에서 비교적 일반적인 개념들을 살펴보았는데, 그레마스 자신도 『의미에 대하여』에 실린 「이야기체 문법의 요소」와 「행위소, 행위자, 그리고 형상」 등의 글을 통하여 이야기체 층위와 담화체 층위의 일반 문제들을 설명하였으나, 기초적인 형식화의 방법만을 제시하였기 때문에, 특히 담화체 통사론적 층위의 문제들에 대해서는 보다 심도있는 연구가 드문 편이다. 한 가지 지적되어야 할 것은 담화체 통사론에 대한 심층적인 연구는 뱅베니스트의 언술 이론과 야콥슨의 연동소 shifter의 문제

---

[37] 화용론적 pragmatique 차원의 공간이 실행이 일어나는 공간이라면, 인식론적 공간은 보는 것, 듣는 것, 말하는 것, 만지는 것 등의 인식적인 작용에 의해 지각되는 공간을 말한다. 『기호학 사전』, 359쪽 참고.

와 결부된다는 점이다.[38]

2.3. 텍스트화와 표출 구조

기호-이야기체의 심층 층위에서 출발 ab quo하여 의미 작용의 전개를 단계적으로 설명하고자 하는 그레마스의 기호학은 담화 층위에서 종착 ad quem됨으로써 생성 경로를 끝마치게 된다. 그러나 생성 경로가 끝난 후에 남는 것이 다름아닌 텍스트화와 표출 구조이다. 쉽게 이해하자면 기호-이야기체 구조와 담화체 구조는 모두 텍스트화를 위한 심층 역할을 담당한다고 할 수 있다. 그러나 텍스트화가 반드시 담화체 구조 다음에만 이루어지는 것은 아니고, 형상적 담화체이든 비형상적 담화체이든, 심지어는 가장 추상적인 논리-의미론적 구조체도 종이 위에 써 놓으면 텍스트화되었다고 할 수 있다. 그런 점에서 텍스트화 역시 상대적인 개념임을 유의할 필요가 있다. 다만 일반적인 의미에서는 생성 경로가 종료되고 나면 의미론적 그리고 통사론으로 가장 구체적으로 분절된 언어 형식을 갖추게 하는 것을 텍스트화라고 할 수 있다.

그러나 텍스트화가 최종적인 단계는 아니다. 그 위에 표출 구조

---

[38] 언어 행위는 언술 작용의 화자, 장소 및 시간과 언술 속의 행위소, 시간성 및 공간성, 표상의 창조적 분열 schizie créatrice이라고 볼 수 있다. 또한 언술 작용은 등장 인물, 시간, 공간에 관계되는 계열체의 부각을 통하여 담화를 한층 더 명시적으로 만들 수 있다. 먼저 행위소의 탈연동화 면에서 언술 작용의 주체는 잠재적인 상태에서 자신의 모습을 드러내지 않은 채, 담화 속의 〈나〉를 통하여 가상적인 언술 작용의 주체를 만들어 낸다. 시간적인 면에서도 실제 언술자의 시간이 아닌 언술 속의 시간 〈현재〉를 담화의 객관적 시간의 출발로 삼아 그 시간을 기준으로 이야기 프로그램을 진행시키고, 공간적인 면에서도 마찬가지로 실제 〈여기〉가 아닌 언술 속의 〈여기〉를 바탕으로 담화 속의 공간이 설정된다.

가 있다. 설명이 복잡하다는 느낌을 갖게 되지만, 우리가 읽는 것은 최종적으로 기호화된 텍스트이고 그것을 표출 구조라고 부른다. 그에 비하여 텍스트화에 의한 텍스트는 담화적 연속체를 구성하는 층위로서 텍스트화가 이루어지면 어떤 특정 언어를 빌려 〈담화의 의미론적 표상을 갖춘 형식〉[39]이 됨으로써 우리가 대하는 텍스트로 모습을 드러내게 된다.

이상의 전개에서, 기호-이야기 구조의 심층에서부터 텍스트화와 표출 구조까지는 이론적으로 상정하는 단계들로서 이해하기 힘든 부분이 있으나, 물리학이나 화학에서 제시하는 원자핵 구조의 설명과 상통한다고 생각하고 받아들일 수 있다. 텍스트의 개념을 다의적으로 사용하는 것이 이해에 장애가 될 수도 있으나, 의미의 생성 경로에서 논의하는 텍스트 개념은 이론적인 필요에 의하여 사용된 개념으로서, 언어에 의존하지 않는 넓은 의미의 문화적 텍스트 개념까지 포함하는 개념이다.

지금까지 설명한 의미 작용의 생성 경로에 따른 이론으로의 구조화 작업은 그레마스의 전체 기호학 이론 속에서 대략적으로 설명하였다. 다음에서는 그의 이론을 크게 두 부분—즉 〈어휘론에서 의미론으로〉와 〈의미론에서 기호학으로〉—으로 나누어 좀더 자세히 설명하고자 한다. 이렇게 하는 것은 앞에서 설명한 이론의 전체적 구도와 겹치는 부분도 없지 않으나, 그의 난해한 이론을 그 변천의 순서에 따라 설명함으로써 좀더 선명한 이론의 모습을 드러내 보이려는 의도이다.

---

39) 『기호학 사전』, 391쪽.

3. 어휘론에서 의미론으로

그레마스의 초기 저작이라 할 수 있는 『구조 의미론』이 기호학의 의미론적인 틀을 공고히 하고 또 기본적인 개념들을 제공한 저술이라면, 『의미에 대하여』는 이런 의미론적인 틀에 통사론적인 체계를 부여하고 본격적인 기호학으로 발전시킨 중요한 저술이라 할 수 있다.

그레마스는 어휘론 lexicologie에서 시작했으나 당시 체계적인 방법론의 부재와 학문 자체의 성격—즉 한 어휘를 다루기 위해서는 의미를 문제 삼아야 하지만, 의미 문제는 한 어휘에만 국한될 수 없는 영역이라는 사실때문에 곧 의미론으로 관심을 돌리게 되었다. 이런 어휘론 연구의 실패는 오히려 그로 하여금 의미론 연구를 위해 분발하게 하였다.

여기서 먼저 의미론에 대한 그레마스의 생각을 정리하기 전에 의미가 무엇인지, 어디에서 오는지를 살펴보자.

인간은 의미와 떨어져 살 수 없다. 이는 인간을 둘러싸고 있는 세계와 인간사가 의미 그 자체이기 때문이다. 우리가 〈이것은 아무 의미도 없다〉고 하는 경우에도 그 나름대로의 의미는 있게 마련이다. 그러나 그러한 의미는 잠재적인 의미이다. 그 의미가 드러나기 위해서는 언어 기호로 환원되어야 한다. 그러한 언어 기호는 일정한 형식을 띠는 표현과 내용으로 구성된다. 그러나 세계와 인간사 그 자체가 언어 기호가 될 수는 없다. 언어 기호가 생성되기 위해서는 그 이전에 연속체의 형태로 주어진 세계와 인간사가 불연속체로 재단 découpé되고 분절 articulé되어야 한다. 그것은 인식론적 문제인 동시에 언어학적 문제이다. 모든 것은 불연속체로 환원될 때에만 언어 기호로 번역될 수 있고 이때 실질 상태로 있는 의미는 내용으로 형식화되어 표현, 즉 기표와 함께 언어 기호가 될 수 있는 것이다. 그렇다면 의미론을 표현과 내용, 기표와 기의의 관계를 연구하는 분야라고 할 수 있을까? 그러나 그렇게 볼 경우 그것은 의미론보다 기호론적 문제가 되고 또한 기호를 단어로 바꿔 고찰할 경우에는 어휘론으로 되돌아 갈 수 있다.

그렇다면 그레마스가 생각하는 의미론은 어떤 것인가? 먼저 의미론의 대전제는 자연 언어—즉, 한국어, 영어, 불어 등의 언어—에 있어서의 의미 문제를 연구하는 것이 아니라, 자연 언어의 의미를 기술하기 위해 필요한 〈개념적 도구 moyens conceptuels〉를 정립하는 데 있다고 말한다.[40] 그러한 견해는 두 가지 사항을 내포하고 있다. 첫째, 그레마스의 의미론은 모리스 Charles Morris를 비롯한 영·미 언어 철학에서 〈의미론은 기호와 기호가 가리키는 사물과의 관계를 다룬다〉[41]고 정의하는 것과는 다르다는 점이다. 말하자면 기호와 실재 réel의 관계에 관련되는 문제, 즉 기호와 지시 대상간의 관계는 다루지 않는다는 것이다. 둘째, 그의 언급이 자연 언어의 의미를 다루지 않는다는 것은 아니다. 오히려 자연 언어의 의미를 과학적으로 밝히기 위해서는 무엇보다 자연 언어의 특성을 정확하게 파악하지 않으면 안 된다는 것이다.

자연 언어의 의미는 두 가지 차원을 포함하고 있는데, 기호적 차원과 담화 또는 텍스트의 차원이 바로 그것이다. 기호적 차원에서는 개별적인 하나의 기호를 분석함으로 기호 의미를 파악할 수는 없다. 한 기호의 의미는 다른 것과의 비교에 의한 〈차이〉를 통하여 드러난다.[42] 차이의 개념은 앞에서 살펴본 바와 같이 소쉬르가 처음 제시한 것으로서, 차이를 포착한다는 것은 우선 하나 이상의 기

---

40) Greimas, *Sémantique Structurale*, Larousse, 1966, 13쪽.
41) 이정민, 배영남, 『언어학 사전』, 한신문화사, 1982, 691쪽.
42) Greimas, *Loc. cit.*, 19쪽.

호 의미를 고찰한다는 것과 기호들 상호간의 관계를 통하여 개별 기호 의미를 파악한다는 것, 이것은 주어진 대상으로서의 기호들의 의미를 구조화한다는 것을 의미한다. 그러나 그에 앞서 차이, 상관관계를 분석·기술하기 위하여서는 기호보다 작은 추상적 개념 단위인 의소 sème를 비롯하여 필요한 분석 장치를 만들어야 한다.

기호학적인 관점에서 담화는 관계, 단위, 작용의 결합에 의한 기호학적 전개 내지 전개 과정 procès sémiotique이고 텍스트는 특정 의도를 기술하는 데 적합한 기호학적 요소에 의하여 구성되고 선형적 형태를 띤 담화의 의미론적 표상이다. 그 두 가지를 모두 기호체라고 부르고 실제적으로 양자는 동의어라고 설명한다.[43] 그레마스는 기호학적인 의미에서 그 두 가지를 동류적이고 동연적 coextensif으로 보고 사용한다. 그는 어휘적인 정의에 별다른 중요성을 부여하지 않으면서 담화 또는 텍스트가 한편으로는 어휘소 또는 통합체 syntagmes들간의 접합과 분리의 관계를 보여주고 있고, 다른 한편으로는 〈하위적 hypotaxique이거나 상위적 hypertaxique 관계〉를 보이면서 계층적 성격을 나타낸다고 설명한다.[44] 이와 같은 구성 요소 상호간의 관계와 계층적 구조화 개념은 옐름슬레우의 이론에서 시사받은 것이다. 중요한 것은 담화나 텍스트 저변에 이야기적 요소가 담겨 있고, 의미 면에서 해석의 일관성을 유지하기 위한 언어적 장치들을 내포하고 있다는 사실이다.

3.1. 의미론의 구도와 기본 개념들

앞에서 언급한 바와 같이 그레마스는 기호 그 자체에 큰 의미를

---

43) 『기호학 사전』, 102쪽, 390쪽.
44) Greimas, *Loc. cit.*, 41쪽.

부여하지 않는다. 왜냐하면 실재와 대응하여 세계와 인간사를 재단·분할하는 기호는 너무 다원적이고 복잡하기 때문에, 그는 우선 기호들을 직접 다루기보다는 그들을 분석하고 분류하는 도구를 찾게 된다.

3.1.1. 의소

의소는 자율적으로 존재하는 개념이 아니고 의미를 구성하는 자질 traits들을 가리키는 용어이다. 가령 〈소년〉이라는 단어는 /인간/, /어린이/, /남성성/ 의 세 가지 자질을 내포한다고 분석된다. 이와 같은 자질에 의한 분석은 프라그 학파의 음운 이론에서 빌려온 것이다. 음성의 실현 양상을 다루는 음성학과 달리 음운론은 발성의 원리에 입각하여 음소를 자음의 경우 유성음/무성음 여부, 조음 위치와 방법 등에 따라 변별적 자질로 분석하였다. 그레마스는 음운론과 의미론이 다루는 분야는 다르지만, 양자 사이에는 일종의 상동성 homologie이 있다고 보고 그 방법을 의미 분석에 도입한 것이다.

그레마스의 의소 개념은 성분 분석이나 포티에 B. Pottier 교수의 어휘 분석 방법과 유사한 점이 있다. 그러나 그의 의소는 대립과 반대의 논리적 추론 관계로부터 생성되며 보다 많은 외연을 얻기 위하여 의미의 구성 요소를 추상적으로 정의한다. 그러한 의미에서 그에게 있어 의소는 메타 언어적 성격을 지니고 있고, 의소 상호간의 관계에 따라 계층화되고 구조화된다. 포티에 교수는 〈의자〉 종류를 분석하면서 〈앉기 위하여〉, 〈다리가 달린〉, 〈등받이가 있는〉 등을 의소로 사용한 바 있다.[45] 그러나 그러한 요소들은 실물

---

45) *Ibid.*, 37쪽.

의 특징에서 나온 것이기 때문에 그레마스의 의소와 성격이 다르다. 그레마스가 분석하고 있는 공간 개념의 의소는 그 개념을 잘 보여준다.

어휘소 〈낮은 bas〉은 음운론적 면에서 〈걸음 pas〉과 대립되지만, 의미 면에서는 〈높은 haut〉과 대립된다. 그런데 〈높은〉과 〈낮은〉의 경우, 한편으로는 차원성의 범주에 속하면서 비차원성을 지닌 〈광활한 vaste〉 및 〈두꺼운 épais〉과 대립된다. 또한 그 자체는 수직성의 특성을 지니고 있고 그러한 의미에서 수평성을 지닌 〈긴 long〉 및 〈넓은 large〉과 대립된다. 그런가 하면 〈긴〉과 〈넓은〉은 전망성과 측면성의 특성을 각각 지닌다. 이를 도식으로 표시해보면 다음과 같다.

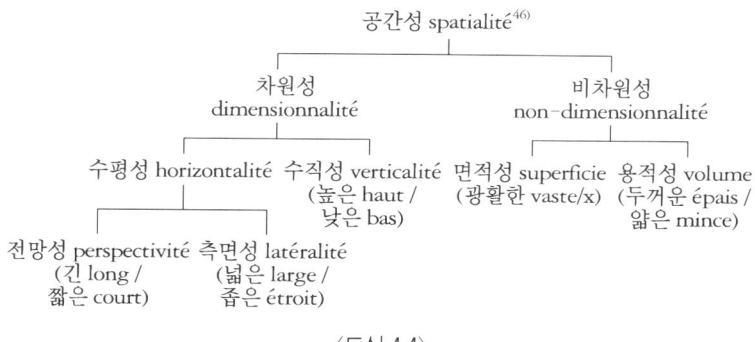

〈도식 4.4〉

그레마스의 공간 분석은 추상적 메타 언어인 의소를 가지고 어휘소를 지칭함으로써 보다 많은 어휘소를 분석할 수 있는 가능성을 보여주고 있다.

---

46) *Ibid.*, 33쪽.

3.1.2. 의소의 범주

무수한 언어 기호나 단어들을 인간 중심으로 살펴볼 때, 크게 세 가지 의소의 부류로 나눌 수 있을 것이다. 첫째, 인간 외부의 자연과 세계에 관계되는 것들, 둘째, 인간의 사고와 정신적 현실과 관계되는 것들, 셋째, 자기 자신의 기질과 기분에 관계되는 요소 등이다. 이러한 분류는 독일 심리학이 제시한 이론으로부터 영향을 받은 것인데, 그러한 분류는 의소를 일차적으로 범주화하는 데 적용된다.

(1) 외수용성 extéroceptivité이란 시각, 청각 등 오관을 통한 외부 세계의 지각과 관련되는 의소들이 포함되는 범주를 가리킨다.
(2) 내수용성 intéroceptivité이란 외부 세계와 직접 대응되지 않으면서 외향 지각에 의하여 파악된 사항들을 재단, 분류, 범주화하고 관계지으며 표상, 재현 등으로 추상화하는 의소들의 범주를 가리킨다. 언어 행위에서 드러나는 보편적 요소들이 이 범주에 포함된다.
(3) 자기 수용성 proprioceptivité이란 신체의 감각 수용기 propriocepteur를 통하여 유쾌 euphorie/불쾌 dysphorie 등과 같은 감각을 자신의 작용을 통하여 느끼는 현상과 관계되는 의소를 포함하는 범주를 가리킨다.

그레마스는 이러한 세 가지 수용에 대해 로스 퀼리안 Ross Quillian의 연구를 중심으로 언급하지만[47] 구체적으로 자세히 설명하지는 않고 있다. 그의 『기호학 사전』에서는 외수용성, 내수용성, 자기 수용성의 세 가지 중에서, 외수용성은 기호론적 층위 niveau sémiologique, 내수용성은 의미론적 층위 niveau sémantique로 대체하고, 자기 수용성은 기질적 범주 catégorie thymique에 귀속시키고

---

47) Ibid., 65-66쪽.

있다.[48] 또한 1986년에 발간된 『기호학 사전』 2권에서는 브렌타노 Brentano, 쉬러 Sheerer, 에렌펠스 Erenfels, 마이농 Meinong 등의 가치, 욕망, 애증 등에 관한 이론과 결부시키면서 내수용성의 의소들이 심층에서 자기 수용적인 성질을 띠고 있다고 밝히고 있다.[49]

3.1.3. 기호론적 층위와 의미론적 층위

그레마스의 기호론적 층위와 의미론적 층위의 구분은 벵베니스트의 기호적 방식, 의미적 방식과도 밀접한 관계가 있다. 그레마스는 전자를 기호와 관계가 있는 것으로, 후자는 문장 내지 언술과 관계가 있는 것으로 연결시킨다.[50]

그레마스에게 있어서 어휘소는 기호론적 층위와 의미론적 층위를 잘 보여줄 수 있는 의소 분석과 관련이 된다. 그는 어휘소를 일반적인 단어와 마찬가지로 고립적인 단위로 본다. 따라서 문장 속에서 통사적인 기능을 부여받게 될 경우에는 문법소의 도움을 받아야 하고 성·수가 관계되는 동사나 수식어와 일치되어야 한다. 그리고 그것의 의미소 자체도 문맥에 따라서 다른 비유적인 의미를 부여받게 되므로 의미 구성 요소인 의소도 변할 수밖에 없다.

---

48) 『기호학 사전』, 396쪽.
49) 『기호학 사전』, Tome 2, 1996, 238-239쪽.
50) 70년대 후반에 이르러 그레마스는 〈기호론적 층위〉라는 용어 대신에 개념의 의미를 보다 명료하게 나타내는 〈구상적 성분 composante figurative〉으로 대체하게 된다. 또한 같은 이유에서 〈의미론적 층위〉를 〈비구상적 성분 composante non-figurative〉 또는 〈추상적 성분 composante abstraite〉이라는 명칭으로 바꾼다. 필자는 기호론적 층위와 의미론적 층위라는 용어가 벵베니스트와의 상관 관계를 통하여 전자가 기호적 차원, 후자가 언술 담화 차원과 관계된다는 것을 보여준다는 점에서 이 용어를 간직하는 것이 바람직하다고 생각한다.

이렇게 보면 의미소와 어휘소의 몇 가지 차이점을 지적할 수 있다. 우선 어휘소가 기표와 기의, 표현과 내용을 갖춘 단위이고[51] 계열체에 속하는 데 비하여, 의미소는 기의-내용의 단위이기 때문에 의미적 성질만을 지닌다. 그러나 어휘소와는 달리 의미소는 의미적 단위이면서 통합체적인 성질을 지니고 있는 잠재적 요소이다. 따라서 의미소는 문장이 주어진 후에 분석될 수 있고, 그것은 의미적 요소이면서 통합체적 요소를 내포하고 있다.[52]

예를 들어 그레마스가 분석하고 있는 〈머리 tête〉의 경우 일차적인 의소는 신체의 상단에 있기 때문에 〈말단성 extrémité〉의 의소를 지니며, 아울러 그 모양새가 둥글기 때문에 〈구상성 sphéroïdité〉을 지닌다.[53] 그러나 〈나무의 윗부분 la tête d'un arbre〉과 같은 경우에는 〈말단성〉과 함께 문맥과의 관계에서 〈상위성 supériorité〉 및 〈수직성 verticalité〉의 의소가 추가된다. 그런가 하면 〈업계의 선두 주자 être à la tête des affaires〉라고 할 경우에는 〈상위성〉보다는 〈선행성〉, 〈수직성〉보다는 〈역동성〉의 의소를 지닌다고 볼 수 있다. 여기서 그레마스는 핵의소 sème nucléaire와 문맥 의소 sème contextuel를 다음과 같이 구분한다.

(1) 핵의소 sème nucléaire 또는 의소핵 noyau sémique: 어휘소에서 의미소의 잠재 의미 중 불변소 invariant를 가리킨다. 대개의 경우 그러한 불변소는 외수용적 extéroceptif 성질을 갖는다.[54] 그레마

---

51) 『기호학 사전』, Tome 2, 1996, 209쪽.
52) 동일한 기본 단위가 어휘로 간주될 수도 있고 의미소로 간주될 수도 있다. 이 때 전자의 경우에는 핵의소만 표시되는 데 비하여 후자의 경우에는 문맥 의소가 표시되어야 한다. 그러기 위해서는 문맥 상황이 미리 주어지지 않으면 안 된다.
53) Greimas, *Sémantique structurale*, Larousse, 1966, 45-46쪽.
54) 『기호학 사전』, 257쪽.

스는 〈핵의소〉라는 용어 대신 〈형상소 figure〉 또는, 〈핵형상소〉라는 용어를 쓰기도 한다.

(2) 문맥 의소 sème contextuel: 주어진 언술 또는 담화에서 문맥 의미를 형성하거나 문맥에 의하여 부여받는 의소로서 핵의소와 함께 의미소를 형성한다.[55] 경우에 따라서는 분류소 classème라고 부르기도 한다. 이런 분류소는 내수용적 성질을 갖는다.

 예1: Le chien aboie(개가 짖는다).
 예2: Le commissaire aboie(경찰서장이 짖는다).

이 예문에서 〈aboyer〉 동사는 〈일종의 소리를 지르다〉라는 의소를 지닌다. 예1에서는 〈개〉가 주어가 되고 예2에서는 경찰서장인 〈인간〉이 주어가 된다. 이렇게 보면 두 개의 의미소가 생기게 된다. 따라서 예1에서 의미소1 = 핵의소1+문맥 의소1이 되고, 문맥 의소가 〈동물〉로서 〈개가 짖다〉가 된다. 예2에서 의미소2 = 핵의소1+문맥 의소2가 되고, 문맥 의소가 〈인간〉이므로 〈경찰서장이 떠들어대다〉가 된다. 이처럼 그레마스는 인간 세계의 모든 의미를 의소의 조합으로 이루어지는 것으로 보았다. 즉 핵의소는 기호론적 차원에 속하는 것으로 형상적 figurative이며 외연 개념적 범주에 해당하는 것으로, 그리고 문맥 의소는 의미론적 차원에 속하는 것으로 추상적이고 비형상적 non-figurative이며 내포 개념적 범주에 해당하는 성질로 규정지었다.[56]

3.1.4. 동위소

문장이나 텍스트에서 드러나는 문맥 의소들은 문맥의 의미를 형

---

55) Greimas, *Loc. cit.*, 67쪽.
56) *Ibid*, 54쪽.

성하는 데 결정적인 역할을 한다. 한 가지 예를 들어보자.

남미 어느 나라에서 쿠데타가 일어나 어느 장군이 정권을 잡는다. 기념 만찬에서 너무 먹고 마셨기 때문에 가만히 앉아 있는 그 장군에게 부하가 다가가서 〈장군님, 이제 밖에 나가서 산소 oxygen를 좀 드시지요〉라고 한다. 총쏘기만 좋아하고 공부는 싫어한 그 장군은 〈산소〉도 어떤 음식물인 줄로 생각하고는 〈아니야, 이젠 정말 더 못 먹겠어!〉라고 대답한다.

여기에서 장군은 〈산소〉에 대해 〈음식물〉이라는 동위소를 부여했던 것이다. 동위소는 본래 물리, 화학에서 쓰이던 용어로 그레마스가 의미론 분야에 도입한 개념이다. 동위소는 조작적 opératoire 성격의 개념으로서 기본적으로는 통합체—즉, 구문—상에 나타나는 분류소 또는 문맥 의소들의 반복 현상을 지칭하는데, 그러한 문맥 의소의 반복은 언술-담화의 의미론적 동질성을 확실하게 보장해 준다.[57] 동위소의 성립은 최소한 두 개의 공통적인 문맥 의소를 확인할 수 있을 때 가능하다. 한 언어 기호와 반대되거나 그와 모순 관계에 있는 기호[58]들이 서로 같은 의미론적 지평에 있을 때 동위소로 간주된다.

동위소 개념이 의미 부분에만 적용되는 것은 아니다. 원칙적으로 의미의 생성 경로 parcours génératif에는 의미론적 동위소와 함께 문법적—또는 통사론적— 동위소도 있다. 문법적 동위소가 없다면 문장은 틀린 문장이 될 것이다. 주어, 동사, 형용사 간의 성·수의 일치를 비롯한 문법적 사항들도 의미론적 동위소와 통합되어야 애매성이 제거되어 투명하고 일관성있는 독서가 가능해진다. 명사, 고유 명사, 대명사 등이 한데 섞여 있을 경우, 통사론적 동위소와

---

57) Ibid., 197쪽.
58) 이러한 기호들의 상호 관계는 뒤에 기호 사각형에서 다루게 된다.

의미론적 동위소의 결합을 통하여 이루어지는 행위자적 동위소 isotopie actorielle를 구분할 수 있다. 한편 분류소 내지 문맥 의소의 영역에도 핵의소와 마찬가지로 형상적 분류소 classèmes figuratives와 추상적 분류소 classèmes abstraites가 있는데, 추상적 분류소를 일반적으로 주제적 분류소 classèmes thématiques라고 부르고, 그것은 의미론적 동위소가 된다. 그에 비하여 형상적 분류소는 기호론적 동위소가 된다. 어떤 경우에는 형상적 동위소만 있고 그에 대응되는 주제적 동위소가 없을 수도 있으며, 또 다른 경우에는 그 두 가지가 서로 대응될 수도 있다. 또한 하나의 주제적 동위소가 여러 개의 형상적 동위소와 대응되기도 하고, 다수의 형상적 동위소가 다수의 주제적 동위소에 대응되는 경우도 있다.[59] 라스띠에 F. Rastier는 말라르메의 시 「구원 Salut」에 대한 연구를 통하여 〈잔치〉, 〈항해〉, 〈글쓰기〉 등의 형상적 동위소와 그에 대응하는 〈우정〉, 〈고독/도피〉, 〈창조〉 등의 주제적 동위소를 추출한 바 있다.[60]

3.2. 기호 사각형

기호 사각형에 대한 기본 구도는 그레마스의 초기 저작인 『구조의미론』에서 처음 제시되었는데, 그것은 음운론의 음소 대립 관계와 브뢰날 Brøndal의 3분 관계에서 출발하였으며, 구체적으로 정리되고 형식화된 것은 라스띠에와 공동으로 집필한 『기호학적 상호 제약 작용』 속에서였다.[61]

---

59) Greimas, *Loc. cit.*, 197-198쪽.
60) F. Rastier, "Systématique des isotopies," *Essais de sémiotique poétique*, Larousse, 1972, 80-106쪽.
61) Greimas, "Interaction des contraintes sémiotiques," *Du sens I*, Seuil, 1970, 135-140쪽.

그리고 방법론적인 면에서 기호 사각형의 중요성을 그레마스에게 깨닫게 해준 것은 레비-스트로스였는데, 레비-스트로스는 프로프가 『러시아 민담 형태론』에서 계기적 consécutif 인과 관계를 바탕으로 기능 fonction을 설정한 것을 매우 좋은 연구 방법이라고 보았다. 그러나 그 자신은 비교 신화론적인 입장에서 볼 경우, 계기적인 통합 관계는 기계론적인 성격을 피할 수 없고, 분석이 표면 구조의 수준을 벗어날 수 없다고 비판하게 된다.[62] 그리하여 그레마스는 구조 언어학에 대한 지식을 바탕으로, 레비-스트로스가 『구조 인류학』에서 보여준 탈시간적 계기성을 가지고 새로운 방법을 모색한다. 그는 오이디푸스 신화의 분석에서 이중적인 의미론적 구조를 부각시키며, 한편으로는 통합체를 축으로 하되 비시간적인 관점에서, (1) 어머니와의 결혼, (2) 아버지 살해, (3) 스핑크스의 살육 등의 주제들을 배열한다. 그리고 또 다른 한편으로, 계열체를 축으로 하여 테베의 신화에서 반복적으로 순환되는 사실들을 모순과 반대의 두 범주로 집약한 후, 거기에서 a:-a = b:-b라는 네 개 요소간의 상동 관계 homologie를 정립하게 된다.[63] 그레마스는 이런 분석으로부터 기호 사각형의 가능성을 시사받게 된 것이다.

이런 기호 사각형은 이분법에서 출발한 그의 의미 지각의 구조를 총체적으로 보여주는 중요한 이론적 부분이라 할 수 있으며, 또 그 방법론적 중요성이 널리 인정받고 있기 때문에 자세한 설명이 필요한 부분이다. 이렇게 기호학이 다루고자 하는 의미 작용의 개념적 틀로서 기본적인 의미 요소의 구조를 형성하는 기호 사각형은 주어진 분석 대상인 텍스트의 거대 구조 macro-structure뿐만 아니라 세부 구조 micro-structure도 동시에 볼 수 있도록 해주는 의미

---

62) Lévi-Strauss, *Anthropologie structurale,* Plon, 1958, 241쪽.
63) Coquet et al., *Sémiotique, l'Ecole de Paris*, Hachette, 1982, 36쪽.

논리적 형태임과 동시에 기호학적 의미 기술 description의 메타 언어가 된다.

3.2.1. 기호 사각형과 아리스토텔레스의 논리 사각형

그레마스에 의하면 우리의 인식이 보편적인 객관성을 지니게 되는 것은 그것이 절대적으로 이루어질 때보다 상대적으로 형성되는 경우라고 할 수 있다. 예컨대 S라는 요소를 설명하고자 할 때 우리는 일단 그것을 부정해보고, 또 그것의 반대되는 것을 찾아본다. 부정을 비$S_1(=\overline{S_1})$, 반대를 S_2라고 할 때에 $S_1 \rightarrow \overline{S_1} \rightarrow S_2$에 이르는 하나의 결과가 생긴다. 그것을 도식으로 그려보면 다음처럼 나타낼 수 있다.

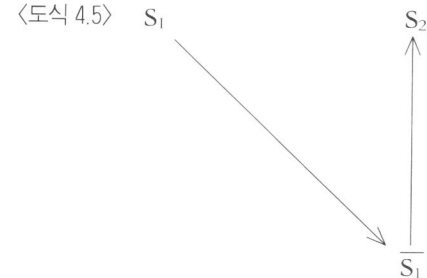

〈도식 4.5〉

이 때 S_1와 $\overline{S_1}$는 모순 관계를 이루고 $\overline{S_1}$와 S_2는 포용 관계 deixis를 형성하며, 전자는 부정 négation에 의하여 성립되고 후자는 긍정 assertion에 의하여 성립된다.[64] 이러한 절차를 거쳐 생겨난 S_2는 S_1과 반대 관계 contrariété에 놓이게 된다. 따라서 반대 관계는 부정

---

64) Greimas, *Sémantique structurale*, 249쪽: 〈le contenu, quel qu'il soit, doit exister d'abord pour pouvoir être dénié ou affirmé ensuite…….〉

을 통하여 얻어지는 것이 보통이다. S_2는 $\overline{S_1}$의 내포 개념이고 $\overline{S_1}$의 내포 개념이 긍정적 조작에 의하여 확인되는 것이 S_2이다. 결과적으로 S_2는 $\overline{S_1}$과 전제 관계 présupposition에 있게 된다. 예컨대 〈질서〉의 부정은 〈비질서〉 내지 〈무질서〉가 되고, 그것을 긍정으로 확인하면 〈혼돈〉이 된다. 동시에 〈혼돈〉은 출발 요소인 〈질서〉의 반대말이 된다. 이것을 도식으로 그려보면 다음과 같다.[65]

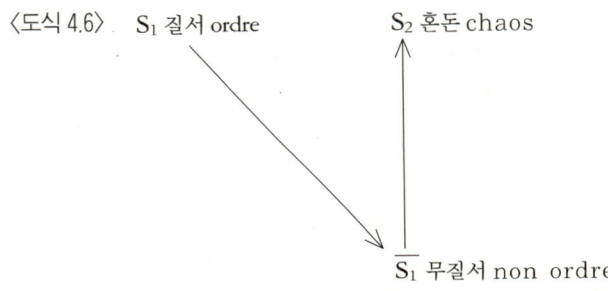

〈도식 4.6〉 S_1 질서 ordre S_2 혼돈 chaos

$\overline{S_1}$ 무질서 non ordre

말하자면 반대 관계는 그냥 주어지는 것이 아니라 주어진 요소에 부정이라는 작용을 가한 후 긍정으로 확인할 때 얻어진다. 이런 기호 사각형에서는 논리·의미론적 절차와 과정이 중요하게 된다. 그 중에서도 부정적 요소에서 긍정에 의한 확언 assertion의 절차에 의하여 이루어지는 포용 관계의 축에 상당한 중요성이 부여된다. 코케 Coquet는 바로 $\overline{S_1}$→S_2의 이행에서 인식론적인 발전이 이루어진다고 주장한다.[66] 우리는 S_2로부터 출발하여 동일한 방식으로 S_1에 도달할 수 있다. 그 과정이 동일하기 때문에 절차는 생략하고, 이것을 도형으로 그려 앞의 도식과 합치면 다음과 같은 도형이 얻어지는데, 이것이 바로 기호 사각형이다.

---

65) J. C. Coquet et al., *Sémiotique, l'Ecole de Paris*, Hachette, 1982, 49쪽.
66) *Ibid.*, 49쪽.

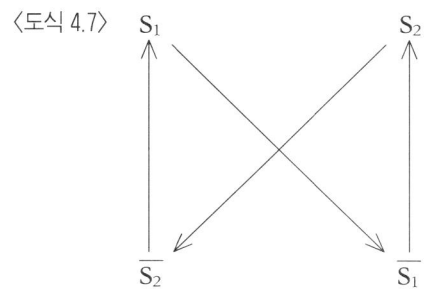

〈도식 4.7〉

기호 사각형은 네 개의 요소 élément 내지 항 terme 사이의 관계를 형성한다. 먼저 S_1과 S_2 및 $\overline{S_1}$과 $\overline{S_2}$ 사이의 두 개의 반대 관계, S_1과 $\overline{S_1}$, S_2와 $\overline{S_2}$ 사이의 두 개의 모순 관계 및 $\overline{S_1}$과 S_2 사이, $\overline{S_2}$와 S_1 사이의 두 개의 보완 및 내포 관계이다.[67] 그리고 이상의 항과 관계들은 모두 긍정과 부정적 조작의 소산이다. 이분적인 부정, 대립 관계는 결과적으로 사각형의 상호 상관 관계로 발전하면서 의미 작용의 기본 구조 structure élémentaire de la signification의 틀을 제공해 주고 있다.

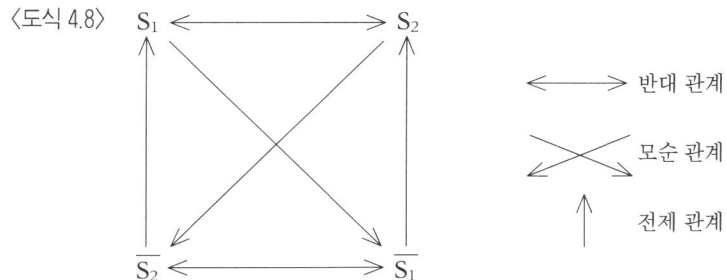

〈도식 4.8〉 반대 관계 / 모순 관계 / 전제 관계

이러한 기호 사각형은 아리스토텔레스의 논리적 형식과 유사하

---

[67] 『기호학 사전』, 30쪽, 55쪽.

기 때문에 논리학자들의 우선적인 검토 대상이 된다. 이것은 보다 구체적으로 대당 관계에 의해 직접 추리를 가능하게 하는 A.E.I.O.로 이루어지는 아리스토텔레스의 대당 방형 square of opposition과 흡사한 도형과 개념을 보여주고 있다.[68]

〈도식 4.9〉

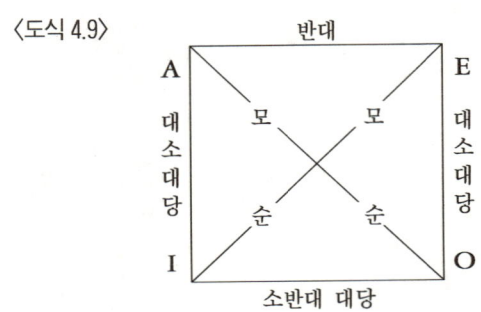

이러한 사실을 바탕으로 칼리노우스키 G. Kalinowski는, 그레마스의 기호 사각형에서는 오로지 모순과 반대의 관계에 대해서만 언급하고 두 가지의 대소 대당에 대해서는 거의 언급이 없음을 지적하면서, 기호학에서 대소 대당 관계에 해당하는 관계가 과연 있는가에 대한 점, 그리고 논리학적인 관점에서는 대당 방향이 4×4=16가지 경우가 있을 수 있는데, 과연 기호학적인 분석에서도 그것이 가능할 것인가에 대한 문제를 제기하고 있다.[69] 한편 꽁베 Combet는 논리학자에게 있어서 〈'반대'란 명제 내지 명제 요소 A.E.가 동시에 존재할 수 없음〉을 나타내는 데 비하여, 기호학에서는 모순 관계에 있는 두 요소가 확언 작용에 의하여 도달하는 결과[70]라고

---

68) 김준섭, 『논리학』, 정음사, 1966, 50-54쪽.
69) G. Kalinowski, "Carré sémiotique et carré logique," *Actes sémiotiques*, Bulletin, no. 17.
70) 『기호학 사전』, 30쪽.

설명하기 때문에 〈결과적으로 논리학에서 모순이라고 부르는 것을 기호학에서는 반대라고 부르는 것처럼 진행된다〉[71]고 하고 있다. 한걸음 나아가 일부 논리학자들은 기호 사각형의 독창성이 약하고 논리적 사각형의 개념과 대동 소이하기 때문에 기호 사각형의 존재 이유가 확실치 않다고 비판한다.[72]

논리학자들의 이러한 반응은 기호 사각형의 도출과 형성 과정을 생각하기보다는, 결과적으로 나타난 아리스토텔레스의 논리학적 도형과의 유사성을 염두에 두고 그 틀에 기호 사각형을 맞추려고 하기 때문에 생겨난 오해라고 하겠다. 물론 서양 논리학을 처음으로 집대성한 것이 아리스토텔레스이기 때문에 그레마스가 아리스토텔레스의 도형을 몰랐다거나 그의 논리적 전개에 상치되는 사실을 주장한다고 할 수는 없다. 그러나 기호학자들은 기호 사각형과 논리 사각형이 전혀 다르다는 확신을 가지고 그것을 밝히고 있다.

코케는 그의 『파리 학파의 기호학』 서론에서 기호 사각형에서 중요한 것은 요소 상호간의 관계보다 요소들의 전개 과정과 경로라는 점을 강조한다.[73] 그는 개별 요소들이 다른 요소들과 맺고 있는 관계, 대칭성과 상보성 등만 본다면 그것은 계열체적 paradigmatique 성격을 지니지만, 출발점 S_1에서 시작하여 논리-의미론적인 전개에 의하여 $S_1 \rightarrow \overline{S_1} \rightarrow S_2 \rightarrow \overline{S_2} \rightarrow S_1$의 경로를 거쳐 통합체적 syntagmatique 구조를 형성한다고 설명한다. 뿐만 아니라 기호 사각형의 네 개의 요소는 각각의 요소에 대해 변형을 부여하는 단계로서 간주된다는 것이다. 코케는 논리-의미론적 이론 모형으로서의 기호 사각형 개념이 성공적으로 적용된 예들을 보여주면서, 논리 사각형은

---

71) G. Combet, "Cinq ans après," in *Actes sémiotiques*, Bulletin, no. 17, 32쪽.
72) G. Combet, "Le carré sémiotique," in *Actes sémiotiques*, Bulletin, no. 17, 32쪽.
73) Coquet, *op. cit.*, 50쪽.

분류적 taxinomique 특징을 지니고 기호 사각형은 변증법적 dialectique 성격을 보인다는 점을 강조한다.[74]

라스띠에는 기호 사각형이 옐름슬레우의 가설을 따른 것으로 보면서, 이 점에서 두 가지 사각형은 차이를 보인다고 주장한다. 그에 의하면 음소 정의에 원용하던 a:b의 질적 대립 opposition qualitative과 a:-a의 유무 대립 opposition privative 방법을 옐름슬레우의 가설에 의거, 의소 정의에 적용하여 두 가지 대립의 중첩에 의한 4극 형태의 구조 structure quadrupolaire가 생성되었다는 것이다. 그 결과 a:b의 질적 대립은 반대 관계를 만들고, 유무 대립 a:-a, b:-b는 모순 관계를, 그리고 -a:b와 -b:a는 내포 관계를 통하여 제 3의 관계인 포용 관계를 형성한다는 것이다. 이러한 구조의 기호 사각형이 의도하는 것은 텍스트 의미의 기본 구조를 설명하기 위한 것으로서 텍스트의 복잡성 여부에 따라서 사각형은 육각형이나 그 이상의 다각형이 될 수도 있다고 설명한다.[75]

3.2.2. 기호 사각형에 대한 몇 가지 논의

프랑스 기호학자들이 그레마스 기호학의 초기 이론에 속하는 기호 사각형을 전보다 덜 이용하는 것과는 대조적으로 기호학 이론에 비교적 늦게 합류한 미국 학자들은 80년대 후반부터 기호 사각형의 중요성을 다시 부각시키면서 이를 이론의 토대로 삼고 있다. 예컨대 『언어의 감옥』의 저자 프레데릭 제임슨 Frederic Jameson은 기호 사각형을 〈발견 원리 discovery principle〉로서 〈이야기체를 인식으로 전환시켜 주고 인식을 이야기체로 전환시켜 주는 블랙 박스〉[76]

---

74) *Ibid.*, 53쪽.
75) *Ibid.*, 24-27쪽.
76) "Foreword" by F. Jameson, A.-J. Greimas, *On meaning*, Univ. of Min-

라고 부르면서, 실제 작용 면에서 세 가지 문제를 제기하고 있다. 그에 의하면, 첫째, 이원 대립에 의하여 기호 사각형을 형성할 요소를 무엇으로 정하느냐 하는 것이 문제가 아니라, 어떠한 순서로 전개시키느냐 하는 것이 문제이다. 가령 백을 흑과 대립시키느냐 아니면 흑을 백에 대립시키느냐 하는 문제가 중요하다는 것이다. 이것은 기호 사각형이 서로 반대되는 요소들의 단순한 대칭에 의해서 형성되는 것이 아니라 순서와 위치가 중요하고, 그에 따라 지배적/부수적, 중심적/주변적, 자신/타자 등의 개념이 부여된다는 것을 의미한다. 그리고 순서 자체가 시간성의 전제가 된다는 말과 같은 셈이다. 둘째, 기호 사각형을 형성하는 네 개의 요소―또는 항―, 즉 S_1, S_2, $\overline{S_1}$, $\overline{S_2}$는 다의어적인 의미를 가진 것으로 간주되어야 하고 개개의 요소는 일군의 동의어를 지니며 나아가서 동의어의 동의어들을 거느린다고 보아야 한다는 것이다. 화이트 Hayden White의 환유 metonymy 개념을 예로 든다면, 환유의 과학적 인자는 기계론적인 설명 방법에서 쓰이는 환원 reduction과 이접 disjunction이라는 상이한 의소 sème들에 의하여 둘러싸여 있어서, 한편으로는 환원에 의하여 은유 métaphore에 대립되고, 또 한편으로는 제유 synecdoche와 연결된다는 것이다. 그럼으로써 결과적으로 개개의 요소는 각각 자기 나름대로의 기호 사각형을 형성할 수 있게 되고, 그것이 무한히 계속되어 기호는 그 자체가 기호 생성 과정 semiosis 임을 보여준다는 것이다. 셋째, 기호 사각형의 맨 마지막 요소인 $\overline{S_2}$의 성격이 문제가 된다. 이 요소는 부정의 긍정이 다시 부정되어 생성됨으로써 논리적으로 다른 요소들과 특별하게 다른 점이 없으나, 가장 늦게 생성되고 생성되기 전까지는 채워지지 않고 열려 있기 때문에 가장 창조적이고 가장 큰 비약을 보여주는 요소로 간주

---

nesota, 1987, 14-15쪽.

한다.[77] 제임슨은 그러한 예로 마야의 신화에서 S_1에 해당하는 것이 〈불〉이고, $\overline{S_1}$은 〈물〉, S_2는 〈폭풍〉인데, $\overline{S_2}$는 본래 하늘의 〈별〉이던 것이 인류의 종말을 완수하기 위해 〈표범〉으로 돌변한다는 것이다. 그러면서 〈기호 사각형은 결과적으로 정태적 static인 것이 아니라 동태적 dynamic인 것이다〉라고 주장한다.[78]

  제임슨의 견해는 기호 사각형에 대한 부연적인 설명에서 벗어나 변증법적인 면을 강조하여 새로운 가능성을 열었다는 점에서 주목할 만하다. 그의 해석의 핵심은 $S_1 \rightarrow \overline{S_1} \rightarrow S_2 \rightarrow \overline{S_2}$의 시간적인 전개에 의하여 탈시간적인 계열체의 문제를 시간적인 통합체의 차원으로 전환시킴으로써, 요소 상호간의 잠재적인 관계를 현동화 actualiser시켜 변증법적인 운동과 유사하게 역동적으로 파악하고 있다는 점이다. 이러한 해석은 태극이 음양을 낳고 음양이 사상을 낳는, 그리고 사상에서 오행이 나오는 방식으로 전개되는 동양 철학에서의 사상의 성격과 유사한 점이 없지 않다.[79]

  제임슨은 기호 사각형을 그레마스의 유일한 이론적 모형으로 간주하고, 그에 대해 지나치게 중요성을 부여하는 동시에 확대 해석을 행하고 있다. 그러나 기호 사각형은 그 자체로서보다는 행위소 모형과 함께 생성 경로 parcours génératif의 테두리내에서 고찰되는 것이 합당하다고 본다. 그리고 요소의 다의성 문제는 텍스트의 차원이 아닌 언어 기호 수준의 문제로서, 이론상으로 그러한 가능성이 있으나, 그것은 그에 적합한 경우에 제기될 수 있는 문제이고 일반원칙으로 주장하기는 힘들지 않을까 생각된다.

  한편 제임슨이 제기하는 문제 중 기호 사각형의 시간성과 관련된 문제는 여러 학자들의 주장과 맥을 같이 한다. 예컨대 현존하는

---

77) *Ibid.*, 14쪽.
78) *Ibid.*, 14-15쪽.
79) 이에 대한 비교는 다른 글에서 다루어 보겠다.

최대의 석학 중의 한사람인 뽈 리꾀르는 〈생겨나는 것은 모두 시간 속에서 일어난다〉라고 하면서 하이데거의 시간론을 바탕으로 한 철학적인 관점에서 〈이야기성과 시간성은 밀접하게 연결되어 있다〉고 주장하고 있다.[80] 리꾀르는 그레마스와 바르트가 프로프의 『러시아 민담 형태론』에서 보여주는 모형을 바탕으로 줄거리로서의 시간적인 구조를 이야기적 차원에서 제거해 버렸다고 지적하였고, 한걸음 나아가 그레마스의 이야기성 문법에서는 기호 사각형을 시간적인 전개를 기초로 한 이야기성 형성의 모형으로 만들어야 한다고 주장하고 있다.[81]

제임슨의 언급 중에서 시간과 연관된 문제로 중요한 것이, 기호 사각형은 계열체를 통합체로 현동화시킨다는 지적이다. 이러한 지적은 기본적으로 〈기호-이야기성 문법이 통사론과 의미론간에 특수한 관계를 이룩하는 것에 다름아니다〉[82]는 사실을 상기하면 기호 사각형의 중요성을 새롭게 이해할 수 있다. 이것은 프티토-코코르다 Petitot-Cocorda가 계열체의 축이 통합체의 축으로 전환 내지 투사되는 문제를 연구한 바에 의하여 드러난 사항이지만, 바르트는 구체적인 논의를 생략한 채 계열체가 통합체로 확장되는 것에 대해 언급한 바 있다.[83] 그러나 보다 직접적으로는 기호 사각형 개념이 생겨나기 전에 레비-스트로스가 오이디푸스 신화를 연구하면서 텍스트를 통합체로 보고 그것을 탈시간적인 계열체로 나누어 고찰하면서 연구한 바가 있고,[84] 또한 뒤메질 Dumézil은 신화 연구를 통

---

80) P. Ricoeur, "Narrative Time," in *Critical Inquiry,* vol. 7, no. 1, Univ. of Chicago, 1981, 168쪽.
81) P. Ricoeur, "La grammaire narrative de Greimas," in *Actes Sémiotiques,* Document 15, Groupe de Recherches sémio-linguistiques, 1981.
82) "Foreword" by F. Jameson, Greimas, *Loc. cit.*, 27쪽.
83) R. Barthes, *Eléments de sémiologie,* 164쪽.

하여 통합체=텍스트로서의 신화가 계열체적 관계로 전환되는 것을 연구한 바 있다.[85] 이러한 연구를 통하여 우리는 통합체는 텍스트와 동의어적이라는 점, 또 그 통합체는 계열체로 분할되어 고찰할 수 있고 계열체로 분할된 것은 다시금 새로운 통합체를 형성할 수 있음을 볼 수 있다.

3.2.3. 다니엘 파트의 검증

모든 담화(=텍스트)는 하나의 의미론적 세계 univers sémantique를 전제로 하여 생겨난다. 그런데 그 의미론적 세계는 잠재적 가치의 체계에 의하여 구성되고, 가치 체계는 의미론적 재단 découpage sémantique에 의해서만 의미를 지닐 수 있으며, 분절은 체계를 이루어 다시 통합체로의 전환에 의하여 총체적인 의미가 종합된다.[86] 따라서 기호 사각형은 의미 분절의 결과에 의하여 드러나며, 또 그것은 의미 통합으로의 출발 내지 단계가 된다. 구성적인 constitutionnel 성격의 분류 모형 modèle taxinomique인 기호 사각형은 원칙적으로 심층 층위에 위치하지만, 그것이 오로지 생성 경로의 심층 층위에만 존재한다는 말은 아니다. 기호 사각형은 이야기성 의미론과 통사론의 표층 층위에도 있고 담화 층위에도 존재한다. 이러한 사실은 그레마스가 직접 적용의 예를 제시한 『모파상』 연구에서 명확하게 볼 수 있다. 그레마스의 실제 분석을 살펴보기 전에 먼저 우리는 기호 사각형을 이론적으로 연구한 후 성경 연구에 다각도로 적용한 파트의 기호 사각형과 표층 구조와의 연결문제에 대한 검증과 문제점 지적에 대해 살펴보도록 하겠다.

---

84) C. Lévi-Strauss, *Anthropologie structurale*, Plon, 1958, 326-327쪽.
85) Coquet, *Sémiotique, L'Ecole de Paris*, Hachette, 1982, 37-39쪽.
86) "Foreword" by F. Jameson, Greimas, *Loc. cit.*, 30쪽.

본래 의미론적 소세계 micro-univers sémantique를 형성하는 분류 모형인 기호 사각형이 어떻게 표층의 이야기 통사론적 층위를 거쳐 이야기체화될 수 있을까? 그것은 우선 앞서 살펴본 바대로 연쇄적인 성격의 통사적 텍스트의 전개를 분류적인 계열체로 분할하여 기호 사각형이 구성되고 난 후, 그 사각형을 구성하는 요소들이 이야기체 상태를 이루고, 그 이야기 상태들이 서로 상호 관계를 형성함으로써 그것이 다시금 새로운 텍스트의 통사론적 층위를 구성할 수 있게 되기 때문이다. 이러한 기호 사각형의 네 축을 차지하는 요소는 거기에 무엇을 대입하느냐에 따라서 달라질 수 있어, 사건이 전개되는 장소도 될 수 있고[87] 기능도 될 수 있으며[88] 행위소,[89] 그리고 양태[90]도 될 수 있다. 이와 같은 연구에 있어서 그레마스의 「이야기성 문법의 요소 Eléments d'une grammaire narrative」는 기호 사각형의 적용에 있어서 좋은 표본이 되고 있다.

그레마스는 우선 분류적 사각형인 기본 의미론적 모형과 장소 이동을 표시하는 사각형 모형의 관계를 검토하고 있다.

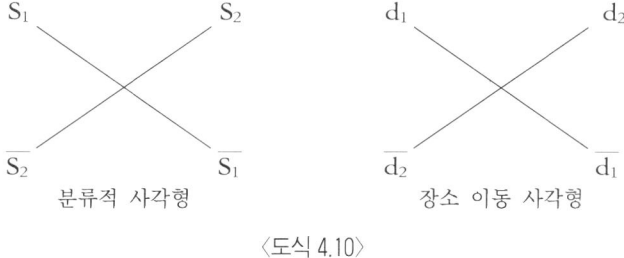

〈도식 4.10〉

---

87) Greimas, "Eléments d'une grammaire narrative," in *Du Sens I*, 157-183쪽.
88) J. Courtés, *Introduction à la sémiotique narrative et discursive*, Hachette, 1975, 73-89쪽.
89) Greimas, *Loc. cit.*, 23-24쪽.
90) *Langage*, no. 43, 1976.

장소 이동의 사각형은 대상—그레마스가 분석하는 민담에서 납치된 공주—의 장소 이동을 나타내는 이야기체 통사론의 틀 역할을 한다. 따라서 분류적—즉 계열체적— 사각형을 이야기체 통사론으로 전환시켜 발신자 모형을 빌려 형식화해보면 두 가지 전개 과정이 가능하게 된다.

(1) $F(d_1 \rightarrow O \rightarrow \overline{d_1}) \rightarrow F(\overline{d_1} \rightarrow O \rightarrow d_2)$

〈F=함수, d_1=사회, $\overline{d_1}$=악한, O=대상·공주, d_2=납치하여 숨긴 장소〉

즉, 주어진 사회 집단(d_1)은 악한($\overline{d_1}$)에 의하여 대상인 공주(O)를 빼앗기고 결핍을 겪게 되며, 그로 인하여 악한은 공주를 비밀의 장소(d_2)로 옮겨 숨긴다.

(2) $F(d_2 \rightarrow O \rightarrow \overline{d_2}) \rightarrow F(\overline{d_2} \rightarrow O \rightarrow d_1)$

여기에서는 주인공($\overline{d_2}$)이 비밀의 장소(d_2)에서 공주(O)를 찾아내 주어진 사회의 왕(d_1)에게 돌려준다. 이것을 바탕으로 그레마스는 두 개의 사각형을 하나로 통합한다.

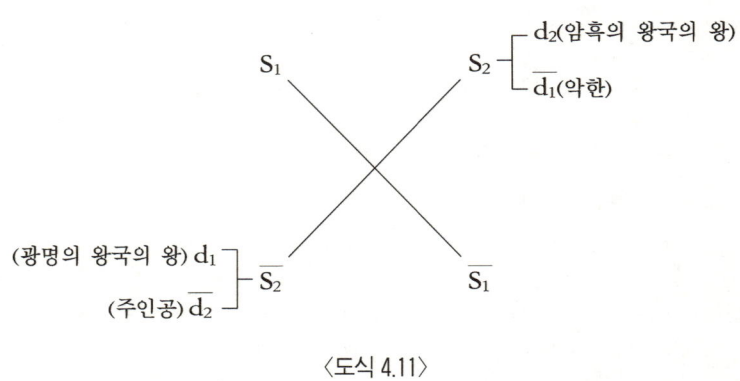

〈도식 4.11〉

이런 그레마스의 분석은 기본 의미론과 이야기체 통사론의 관계에 대해 두 가지 사항을 부각시킨다. 첫째, 분류적인 사각형에서 볼 수 있는 이야기체의 대립은 모순의 의미론적 관계의 대립에 상응하고, 둘째, 장소 이동의 사각형에서 볼 수 있는 두 가지 포용 관계, 즉 긍정적인 축 d_1, $\overline{d_2}$와 부정적인 축 d_2, $\overline{d_1}$의 대립은 이야기체의 차원에서 분류적 사각형에서의 모순 관계에 해당한다(위의 도식 참조).[91]

이 문제를 다시 살펴보면 이 기호 사각형의 도표는 심층 가치를 중심으로 요소 상호간의 상응 관계를 분명하게 표출시켜 준다. S_2에서 장소 이동의 사각형의 포용 관계 $\overline{d_1}$, d_2가 이루는 유인적 단위의 경우도 그러한 예이다. 포용 관계에 대한 이러한 고찰은 중요한 의미를 띠게 되는데, 먼저 악한이 왕의 딸을 탈취하여 모종의 장소로 옮겨가는 행위를 나타내는 언술 $F(\overline{d_1} \to O \to d_2)$와 주인공이 왕의 딸을 되찾아 왕에게 돌려주는 언술 $F(\overline{d_1} \to O \to d_1)$를 중심으로 살펴보자.

먼저 기호 사각형의 요소 S_1과 장소 이동의 사각형의 포용 관계와의 연관을 이해하기 위해서는 이야기체 언술을 두 개의 유인적 anthropomorphe 요소로 나누어볼 수 있다. 첫째로 주인공 $\overline{d_1}$은 주체 Sujet를 표상하고 관계 $\langle O \to d_1 \rangle$, 즉 왕의 딸(O)을 왕에게 되돌려 주는 것은 기능을 표상한다. 이렇게 볼 때 전개 과정으로서의 이동을 나타내는 것은 기능이고, 주체를 특징 짓는 것은 일차적으로 일정한 능력을 갖춘 그의 존재 être이고 이차적으로는 행동 faire이다. 기능을 분석해보면 그것은 이야기체의 단위 unité narrative로서 대상 행위소와 수신자 행위소의 관계를 집약하고 있다. 말하자

---

91) D. Patte, "Carré sémiotique et syntaxe narrative," *Actes sémiotiques, Documents* III, 23, Groupe de Recherches sémio-linguistiques, 1981, 8쪽.

면 어느 특정 수신자에게 어떤 특정 대상을 부여 attribution하거나 탈취 privation하는 것을 나타낸다. 그리하여 수신자의 상태에 변환이 생겨나 수신자 D의 상태는 대상과의 이접 disjonction에서 연접 conjonction, 즉 대상을 되찾게 된다. 이것을 도식으로 나타내보면 D∨O→D∧O로 표시될 수 있고, 반대의 경우는 D∧O→D∨O로 표시된다. 이러한 의미에서 파트는 기능 내지 변환이 이야기체의 유인적 층위에서 일어난다고 본다. 한편 장소 이동의 사각형 상의 포용 관계에 나타나는 것은 이야기체 변환의 모순적 대립이 아닌 반대 대립 개념이다. 따라서 〈부여 대 비부여〉 또는 〈탈취 대 비탈취〉가 아니라 〈부여 대 탈취〉를 보여주는 것이고, 결과적으로 장소 이동 사각형의 기능이나 변환은 반대 대립의 형태로 표상되게 된다.[92] 그러므로 파트는 분류적 기호 사각형이 장소 이동의 기호 사각형과 일치하지 않기 때문에 유인적 층위의 층위적 변환을 보여주는 사각형과도 일치하지 않으며, 결국 반대 관계의 대립을 나타내는 변환 T1 대 변환 T2의 관계는 기호 사각형에서는 모순 관계의 대립에 해당한다는 점을 주장한다.[93] 그러나 이런 그의 주장은 쉽사리 이해하기 어려운 점도 없지 않다. 기호 사각형을 가장 철저하게 적용하는 기호학자인 그는 하나의 기호 사각형만으로 하나의 이야기체를 분석하는 것이 아니라, 이야기체의 새로운 전개를 집약하는 데 적합한 사각형을 계속적으로 도입한다. 예컨대 왕의 딸의 납치라는 단순한 이야기를 설명하기 위해서 그는 일곱 개의 사각형을 연속적으로 도입하고 있다.

결과적으로 파트의 설명에서 부분적으로 이해하기 힘든 부분도 있겠으나, 일관성 있게 기호 사각형의 모든 가능성을 추적하고 있

---

92) *Ibid.*, 9쪽.
93) *Ibid.*, 10쪽.

다는 점에서 그의 연구의 의의를 찾을 수 있겠다. 즉 파트의 설명으로 그레마스의 초기 이론에서 단순한 분류적·구성적 모형으로서 생성 전개 과정의 심층 층위에 위치한다고 생각되었던 기호 사각형에 행위소 모형과 송·수신자 모형 등도 끌어들이면서, 그것은 담화 층위를 포함하는 모든 생성 과정에 나타날 수 있는 것으로 드러난다.

이상에서 살펴본 의미 작용의 기본 구조들은 어디까지나 개념적인 틀로서 형태론적이며 통사론적인 구조가 되고 의미 생성의 가장 심층에 존재하는 것으로 가정된다. 이것은 또 기호학적 이야기 구조의 심층 통사론을 구성하는 부분이기도 한데, 이 통사론은 같은 수준에 속하는 심층 의미론에 의하여 보충된다. 그레마스가 가정하고 제시하는 심층 의미론의 두 보편소는, 개인적 세계를 드러내는 기본적 의미 분절인 /삶/과 /죽음/이라는 의소 대립과 집단적 세계의 /자연/과 /문명/이라는 두 범주이다. 이 의미 범주들은 잠재적이며 가치론적 체계로서 언술 주어에 의해 표층 이야기체 층위에서 다양한 문체들의 모습을 띠고 드러나게 되고, 한 텍스트의 기본 의미 축을 형성하게 된다.

4. 의미론에서 기호학으로

그레마스의 기호학 이론은 그의 초기 저작인 『구조 의미론』 속에서부터 싹터왔다고 볼 수 있다. 의미 작용의 형식화 문제를 구조적으로 설명하려는 시도를 하던 그는 의미의 영역이란 의미론의 범주들로 형식화 될 수 없는 더 포괄적인 전체 범주를 상정해야 할 필요성을 느끼게 되었다. 즉 그것은 의미론적 범주들을 통합하는 더 메타적인 범주라고 할 수 있는 것이다. 그레마스는 이것을 이야기체 형식으로 보았는데, 이야기성이란 전체 의미론적 범주들을 다시 통합하는 좀더 구체적인 모습을 띤 유인적 antropomorphe 범주라고 할 수 있다. 그래서 그는 층위의 개념을 도입하여 심층의 논리-의미론적 층위를 바탕으로 표층의 기호-이야기체 층위의 전환을 형식화하기 시작하였다. 그러므로 그레마스의 기호학적 사고란 이런 표층 이야기체 층위의 상정에서부터 시작된다고 볼 수 있다.

4.1. 행위소 모형

행위소 모형은 그레마스의 표층 층위 통사론의 근간을 이룬다. 이 모형은 심층 층위의 여러 의미 구조들과 무관하지 않으며 『구조 의미론』 속에서 그 개념의 기본적인 윤곽을 드러내고 있다. 그레마스의 행위소 모형은 프로프의 행위자 모형과 떼니에르의 행위소 개념, 그리고 수리오 Souriau에 의한 〈20만 가지의 연극 상황〉의 분석에서 암시를 받고 있다.

이 행위소 모형은 우선 앞서 설명된 의미소의 분류에 대한 설명에서 시작한다. 의미소란 한 어휘소에 관련된 내용 부분으로서, 그레마스는 이를 두 다른 의소인 핵의소와 문맥 의소, 즉 분류소의 합으로 보았다. 여기서 그레마스는 의미소를 두 가지 서로 다른 분류소의 범주에 의해 크게 나누는데, 즉 불연속 단위 unité discrète와 통합적 단위 unité intégrée에 의한 행위소 actant와 술사 prédicat의 분류가 그것이다.[94] 여기서 행위소를 이루는 불연속 단위가 단일 대상을 만들어 내고 존재물·실질을 형성하는 단위라면, 술사를 이루는 통합적 단위는 실질들을 연결짓고 통합시키는 작용을 하는 단

---

94) Greimas, *Sémantique structurale*, Larousse, 1966, 172-185쪽.

위이다. 그러므로 그레마스에 의하면 하나의 의미론적 메시지란 이 두 요소의 결합, 즉 적어도 하나 이상의 행위소와 한 술사의 결합에 의하여 생기는 것으로 정의하고 있다. 이런 의미에서 기본적인 심층 이야기체 문법이란 논리-의미론적으로 추상화된 질서로서 그것이 표출적인 이야기로 드러나기 위해서는—예를 들어 의인화된 주인공들이나 혹은 인간들에 의해서 어떤 일들이 생기고 시련을 겪게 되고 그리고 목적에 도달하게 되는 따위의 이야기들처럼—, 아직은 구체적인 모습을 띠고 있지는 않지만 인간의 모습을 띠는 중간 단계 intermédiaire의 표층 이야기 문법의 층위를 거쳐야 한다.[95] 이와 같은 인간의 모습을 띤 표층 층위의 이야기 문법은 행위소와 술사에 대한 이론으로 이루어지는데, 그레마스는 행위소 모형을 술사의 분류보다 더 높은 단계에 두고 이를 술사를 분류 조직화하는 메타 언어적 도구로 보고 있다. 그래서 행위소 모형은 한정된 수의 행위소에 의하여 의미 세계의 조직을 기술하는 역할을 하게 된다.

그렇다면 행위소 모형은 어떻게 구성되는가? 그레마스는 언어학에서 주체 sujet와 대상 objet, 발신자 destinateur와 수신자 destinataire, 보조자 adjuvant와 반대자 opposant의 대립의 쌍을 가져와서 다음과 같이 도식화시키고 있다.

〈도식 4.12〉

```
발신자        →   대상      →   수신자
destinateur      objet         destinataire
                  ↑
보조자        →   주체      ←   반대자
adjuvant         sujet         opposant
```

---

95) Greimas, *Du sens I*, Seuil, 1970, 166쪽.

행위소 모형의 도식 속에는 세 가지 축이 내재화되어 있다. 그 중 첫째는, 문장 구성에서 주어-목적어의 관계처럼 주체가 대상을 추구하는 욕망의 축 axe du désir이다. 주체는 욕구 vouloir를 따라 행동한다. 둘째, 의사 소통 도식에서 빌려온 도식으로서 발신자가 수신자에게 대상을 전달하는 것으로 이루어지는 전달의 축 axe de la communication이다. 대상의 전달은 지식 savoir의 축이 된다. 셋째, 주체가 대상을 추구하는 경우 주체를 도와주는 협조자와 그를 방해하는 반대자가 나타나기 마련이다. 그러한 관계에 의하여 이루어지는 것이 능력의 축 axe du pouvoir이다. 결과적으로 행위소 모형은 이와 같은 세 가지 축의 합성으로 이루어지면서 또한 욕구, 지식, 능력의 세 가지 양태 modalités를 형성하게 되고 그것을 심화, 발전시키는 계기를 마련한다.

이 행위소 모형은 아직은 추상적인 형태로 담화화의 결과로 배역화 actorialisation되어서 등장 인물로 드러나는 경우가 일반적이다. 그래서 표출된 텍스트 속에서 한 등장 인물 속에 여러 행위소의 역할이 겹쳐질 수도, 또 한 행위소가 여러 등장 인물 속에 분산되어 나타날 수도 있다. 또한 행위소는 이렇게 배역화된 인간의 모습으로 표출되기도 하지만 사물, 장소, 시간, 추상적 가치들 속에 투사되어 형상화되기도 한다. 이런 모형은 실제 이야기 분석의 틀로 사용될 수 있고, 또한 역사적 주체의 전개를 도식화하여 파악하는 데도 이용될 수 있다. 그레마스가 마르크시즘의 전개에 적용한 것을 예로 들어본다면 다음과 같다.

주 체: 인간
대 상: 계급 없는 사회
발신자: 역사
수신자: 인류

반대자: 부르조아 계급
협조자: 노동자 계급[96]

4.2. 술사

의미를 띤 메시지는 이야기체 언술 énoncé narratif을 형성한다. 언술은 하나 이상의 행위소와 술사를 포함하는데, 언술에는 상태 언술 énoncé d'état과 행위 언술 énoncé de faire이 있다. 전자는 두 행위소간의 존재 상태를 나타내고 후자는 두 행위소 간의 변화, 즉 한 상태에서 다른 상태로의 변환을 나타낸다.

이때 상태 언술은 다시 연접 conjonction 상태와 이접 disjonction 상태의 언술로 나누어지는데, 이 두 상태 언술은 다음과 같이 주체와 대상 사이의 관계로 나타내진다.

연접 상태: $S(주체) \wedge O(대상)$
이접 상태: $S(주체) \vee O(대상)$

행위 술사는 어떤 상태에서 또 다른 상태로의 변환 transformation을 나타내는 술사로서, 여기서도 두 가지 종류의 변환, 즉 연접 변환을 나타내는 술사와 이접 변환을 나타내는 술사로 나누어 볼 수 있다. 이것은 다음과 같이 나타낼 수 있다.

연접 변환: $(S \vee O) \rightarrow (S \wedge O)$
이접 변환: $(S \wedge O) \rightarrow (S \vee O)$

이런 두 가지 기본 언술과 행위소 모형을 바탕으로 인간의 모습을 띤 표층 층위의 이야기체 통사론이 이루어지며, 표층 이야기체 통사론의 요소들의 조합에 의하여 이야기체 단위들이 기술된다.

---

96) *Ibid.*, 181쪽.

주체가 대상과의 연접 또는 이접을 이루기 위한 행위를 변환 행위 faire transformateur라고 한다. 또한 상태와 행위에 의한 변환의 연속을 나타내는 것을 이야기체 프로그램 programme narratif(PN)이라고 하고, 이야기체 전개 과정 parcours narratif은 이야기체 프로그램의 통합적 연속을 나타낸다.

그레마스에 의하면 이야기체 단위의 중심을 이루는 것은 실행 performance으로 이것은 기호 사각형에서 모순 관계의 축으로 이행하는 과정을 말하고, 또 프로프의 모형에 의하면 쟁점적인 대립관계 relation polémique가 성립되는 과정이기도 하다.

다시 말해서 그레마스는 프로프가 분류한 31개의 기능들을 정리하여 그의 이야기체 단위의 근간으로 삼았는데, 그 이야기의 단위들을 기호 사각형 위에 배열하면 다음과 같다.

〈도식 4.13〉
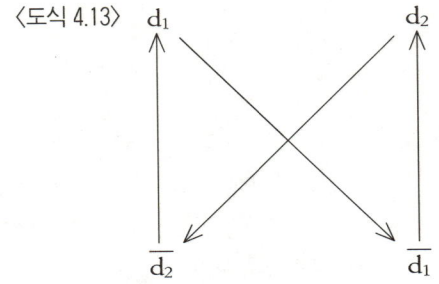

이것은 이미 기호 사각형을 설명할 때 예를 든 것처럼, d_1은 왕과 공주가 살고 있는 주어진 사회이고, 공주는 배반자 $\overline{d_1}$에 의해 납치되어서 d_2의 장소로 이동을 한다. 여기에 $\overline{d_2}$의 주인공이 d_2에서 공주를 구출하여 d_1의 주어진 사회로 되돌려 준다는 것이다. 이것은 다음과 같이 나타낼 수 있다.

$$F(d_1 \rightarrow O \rightarrow \overline{d_1}) \longrightarrow F(\overline{d_1} \rightarrow O \rightarrow d_2)$$
$$F(d_2 \rightarrow O \rightarrow \overline{d_2}) \longrightarrow F(\overline{d_2} \rightarrow O \rightarrow d_1)$$

여기서 실행은 d_2에서 $\overline{d_2}$로 이행되는 주체의 실행과 d_1에서 $\overline{d_1}$로 이동하는 반-주체 anti-sujet의 실행이 있는데, 이 두 실행은 모순 관계로의 이동을 나타내며 이것은 각각의 주체에 있어서 쟁점적 관계를 형성한다. 이와 같은 쟁점적 관계는 대립과 투쟁으로 발전하게 되는데, 이러한 측면에서 실행은 이런 대립과 투쟁을 어떤 상태에서 또 다른 상태로의 전환으로 보는 이야기체 통사론의 가장 특징적인 국면으로 간주된다. 다시 말해서 만약 이야기체 언술을 행위소들 사이의 관계로 본다면 실행이란 이런 규범적인 행위소 모형으로 이루어진 이야기체 언술의 계속적인 형태에 다름 아니며, 그러므로 만약 기능과 행위소들이 이야기체 문법을 이루는 요소들이라면 이야기체 언술이란 이 요소들의 기본적인 통사론적 형태를 말하는 것이고, 이야기체 단위란 위에 제시된 실행의 예에서처럼 이야기체 언술의 일련의 통합적인 형태인 것이다.[97]

4.3. 양태

4.3.1. 기호학적 양태

전통 문법에서 양태를 〈술사를 변화시키는 것〉으로 정의하는 것에 바탕을 두고, 기호학에서는 술사에 해당하는 기술적 언술 énoncé descriptif을 변화시키는 또 다른 언술이 있을 때 이 언술을 양태 언술이라 하며, 또 양태 언술에 의해 기술적 언술이 변화되었을 때

---

97) *Ibid.*, 173-174쪽.

이것을 양태화라고 하였다. 예를 들어 다음과 같은 두 문장을 보자.

　　┌ 나는 학생이다 Je suis étudiant.
　　└ 나는 일을 한다 Je travaille.

여기서 〈～이다 suis〉와 〈(일을) 한다 travaille〉라는 술사를 포함하는 이 언술을 기술적 언술이라 한다면,

　　┌ 나는 학생이기를 원한다 Je veux être étudiant.
　　└ 나는 일하기를 원한다 Je veux travailler.

이 두 문장의 경우 〈원한다 veux〉는 〈～이다〉와 〈(일을) 한다〉라는 술사를 변화시키는 양태 술사가 되고, 이 두 문장은 양태 언술 〈나는 원한다〉에 의해 양태화되었다고 할 수 있다. 그러므로 앞에서 설명한 두 기본 언술, 즉 상태 언술과 행위 언술은 독립적으로 기술적 언술로 사용될 수도 있고, 또 양태 언술로 사용될 수도 있으며, 양태 언술로 사용된 경우 서로는 각각을 양태 변화시키는 것으로 간주한다. 그리고 두 기본 언술의 상호 양태화는 표층 구조의 이야기체 통사론의 기본 축인 실행의 행위를 〈어떤 상태이도록 만드는 것 ce qui fait être〉으로 정의하면서, 두 가지 기본 언술의 조합에 의해 이루어진 하위 조직인 행위-상태 faire-être로 나타낼 수 있도록 해준다. 이처럼 두 기본 언술이 중첩되어 만들어내는 양태 변화를 살펴보면 다음과 같다.[98]

　　(1) 상태를 양태화시키는 행위: 이것을 실행 performance이라고 한다.
　　　　(le faire modalisant l'être: faire-être)
　　(2) 행위를 양태화시키는 상태: 이것을 잠재 능력 compétence이라고

---

98) A. Hénault, "Narratologie," *Sémiotique générale II*, 1981, 56쪽.

한다.
(l'être modalisant le faire: être-faire)
(3) 상태를 양태화시키는 상태: 이것을 상벌 sanction이라 하고 진리 양태가 이에 해당한다.
(l'être modalisant l'être: être-être)
(4) 행위를 양태화시키는 행위: 이것을 조종 manipulation이라 하고 사역 양태가 이에 해당한다.
(le faire modalisant le faire: faire-faire)

이것을 각각 설명해보면, 먼저 실행이란 어떤 이야기체 체계 schéma narratif의 중심을 이루는 것으로 어떤 행동이 일어나는 것, 즉 어떤 상태로의 변화를 위한 행위이기 때문에 행위-상태 faire-être 라 하고, 이것은 행위에 의해서 상태가 변화되는 것이기 때문에 행위가 상태를 양태화시키는 것이라고 한다.

그런데 이런 실행은 반드시 그 실행을 가능하게 해주는 조건으로서 잠재 능력을 전제하는데, 이것은 상태-행위 être-faire로 나타내진다. 즉 어떤 행위를 있게 하기 위한 상태로서 이 상태는 행위를 양태화시킨다. 이런 경우는 문장 속에서도 쉽게 발견되는 경우로, 예를 들어 〈나는 노래하기를 원한다 Je veux chanter〉에서 〈노래하다〉는 〈~을 원한다〉라는 상태 언술에 의해 양태화를 겪고 있는데, 이 경우 〈원한다〉는 〈노래하다〉라는 행위를 양태화시키는 상태가 된다.

상태를 양태화시키는 상태의 경우를 그레마스는 진리 양태의 예를 들어 설명하고 있다. 이것을 이야기체 체계 속에서 살펴보면 어떤 상태를 다른 상태에 의하여 양태화시키는 것으로, 실행 후에 나타나는 상태—실행이란 행위-상태로서 어떤 상태를 있게 하기 위한 행위이므로—를 인식하고 판단하여 포상을 받거나 벌을 받게 되는 실행의 결과에 대한 검증 과정의 상태를 말한다. 그러므로 상벌이란 실행 후의 상태에 대해서 또 다른 상태가 양태화를 시키는 검증 과정의 이야기 구조 국면으로 볼 수 있다.

그리고 행위를 양태화시키는 행위인 조종 manipulation이란 한 주체가 잠재 능력을 갖기 이전에 이 잠재 능력을 갖는 데 작용하는 또 다른 주체—작용 주체 sujet opérateur 혹은 발신자 destinateur—의 실행으로, 이를 행위-행위 faire-faire로 나타낸다. 즉 조종이란 이야기체 체계 속에서 어떤 주체를 시켜서 어떤 실행을 하도록 만드는 사역적인 행위인 것이다. 이 네 가지 국면을 도식으로 나타내면 다음과 같다.[99]

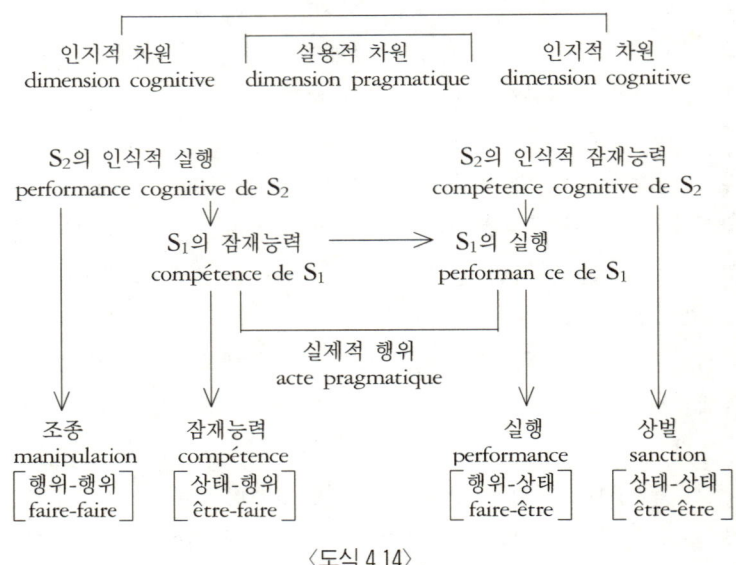

〈도식 4.14〉

---

99) Greimas, *Du Sens II*, Seuil, 1983, 75쪽.

여기서, S_2는 작용 주체, 혹은 S_1으로 하여금 어떤 행위를 하도록 시키는 조종자 sujet-manipulateur, 즉 발신자 destinateur가 된다. S_1은 실행을 하게 되는 기본 주체 sujet principal이다.

4.3.2. 진리 검증 양태

그러면 위의 네 가지 국면 중 조종과 상벌의 국면을 다시 세부적으로 살펴보자. 먼저 그레마스는 상태를 양태화시키는 이야기 기능을 살펴보면서 진리 검증 범주 catégorie véridictoire의 예를 들고 있다. 이때 진리 검증 véridiction의 차원은 이야기 전개상 상벌의 국면에 해당하는 것으로, 여기에 개입되는 것을 진리 검증 양태 modalité véridictoire라고 하고 그 범주를 /존재 être/와 /외양 paraî-tre/의 두 가지로 대립시키고 있다. 그것을 도식화해보면 다음과 같다.[100]

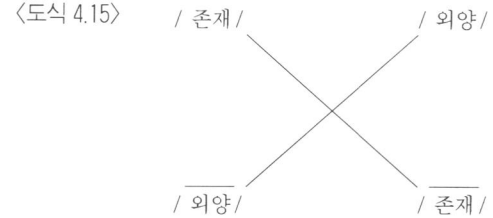

〈도식 4.15〉 /존재/   /외양/

/외양/   /존재/

즉 이 범주를 구성하는 것은 두 가지 체계인데, 그것은 표출 manifestation로서 /외양/ 과 /외양/ 그리고 내재 immanence로서 /존재/와 /존재/이다. 또 이것은 두 가지 축 위에서 쌍을 이루는데, 반대 항의 축 /존재/와 /외양/의 쌍은 진리 vérité를 이루고, 하위 반대

---

100) *Ibid.*, 54쪽.

축인 /존재/와 /외양/의 쌍은 거짓 fausseté을 이룬다. 그리고 두 가지 포함 관계 deixis 중 긍정적 포함 관계 deixis positive인 /존재/+/외양/은 비밀 secret을 드러내고 부정적 포함 관계 deixis négative인 /존재/+/외양/은 허구 mensonge를 드러낸다.

〈도식 4.16〉
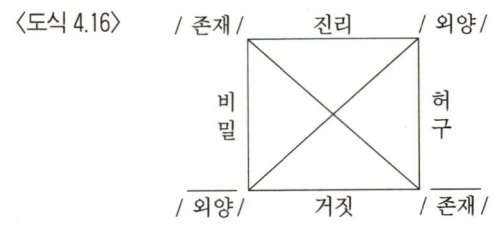

여기서 말하는 네 가지 진리 검증 범주—진리, 거짓, 비밀, 허구—는 순수하게 기호학적 용어로서, 존재론적 개념과는 상관이 없는 것이며, 기호학적 진리 상태란 발화자와 수화자에 의해 공유되는 한, 텍스트 내부의 /존재/와 /외양/의 모순되지 않는 상태를 말하는 것에 다름 아니다. 이것은 한 담화에서 주체 S_1의 상태 언술이 주체 S_2의 또 다른 상태 언술에 의해 변형될 수 있는 예나, 혹은 언어 행위 속에서 발화자 énonciateur와 수화자 énonciataire의 두 존재 사이에서 수화자가 발화자에 의해 만들어진(발화된) 언술을 판단하는 양태 주체가 되는 경우, 이 진리 검증 양태가 적용된다고 볼 수 있다. 예를 들어 한 담화 속에서 거지 왕자나 새앙쥐로 변한 공주 등의 주인공들처럼 발화자가 표출시킨 주인공의 상태와 그것을 받아들이는 수화자가 판단할 수 있는 그 주인공의 실제 존재 être의 상태 사이의 차이로 생기는 진리 검증에 관한 양태인 것이다. 그렇기 때문에 /진리/와 /거짓/의 범주는 순수하게 담화 내부에 존재하는 것이므로, 진리 검증의 판단은 모든 외부적 참조물을

배제한다고 할 수 있다.

4.3.3. 사역 양태

조종의 국면을 나타내는 양태로서 그레마스는 사역 양태를 예로 들고 있다. 주체 S_1과 행위의 술사를 가진 모든 언술은 주체 S_2와 그의 행위 술사로 이루어진 양태 언술에 의해 변형될 수 있다는 것이다. 이 행위에 의한 행위의 양태화를 기호 사각형 위에 나타내면 다음과 같다.[101]

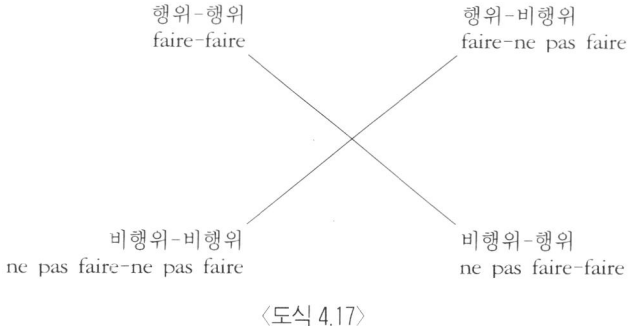

〈도식 4.17〉

여기서 사역적 관계로 특성지워지는 사역 양태는 위계상으로 구별되는 두 주체, S_1(행위 주체)과 S_2(양태 주체) 사이의 관계에 의해 규정된다. 인간 행동의 연계를 나타내는 통합체적 관점에서 사역 양태 언술은 주체 S_2의 인식적 실행 performance cognitive을 나타낸다고 할 수 있는데, 예를 들어 〈믿도록 만든다 faire-croire〉라는 사역 언술은 설득적 행위가 되는 것이며, 이것은 행위 주체 S_1이 믿

---

101) *Ibid.*, 73쪽.

도록 양태 주체 S_2가 만드는 것으로, 여기서 S_2에 의해 계획된 목적이란 주체 S_1이 이 인식적 실행에 의해 잠재적으로 가지게 될 실행적 잠재능력을 말하는 것이다. 그러므로 주체 S_2의 인식적 실행이란 주체 S_1의 잠재 능력을 전제로 하는 것이며, 위에서 말한 진리 검증의 양태화란 이런 의미에서 행위 주체 S_1의 실제적인 실행 performance pragmatique에 대해 적절한 가치를 매기는 양태 주체 S_2의 인식적 잠재 능력 compétence cognitive으로 해석된다. 물론 이 인식적 잠재 능력 속에는 진리 검증 범주에 의해 밝혀진 진리치를 받아들이는 것에 따르는 또 다른 실행, 즉 해석 행위 faire interprétatif를 포함하는 것이 사실이다.

4.3.4. 중첩 양태화

이상에서 그레마스는 상태 언술과 행위 언술 상호간의 조합에 의한 양태화를 설명하였다. 이것을 다시 분류해보면 조종과 실행은 실행에 관한 이론으로, 그리고 잠재능력과 상벌은 잠재 능력에 관한 이론으로 볼 수 있다. 다음의 도식은 이를 분명히 보여준다.[102]

실행의 이론　　　　　행위-행위: 조종
Théorie de la performance　　faire-faire: manipulation
　　　　　　　　　　행위-상태: 실행
　　　　　　　　　　faire-être: performance

잠재 능력의 이론　　　상태-행위: 실행적 잠재 능력
Théorie de la compétence　être-faire: compétence pragmatique
　　　　　　　　　　상태-상태: 인식적 잠재 능력
　　　　　　　　　　être-être: compétence cognitive

〈도식 4.18〉

---

102) *Ibid.*, 76쪽.

여기서 그레마스는 두 잠재 능력, 즉 실행적 잠재 능력과 인식적 잠재 능력에 공통적인 〈상태 être〉를 〈어떤 상태나 행위에 전제되는 잠재적 순간〉[103]으로 규정하는데, 이 순간이란 기욤 Guillaume이 말한 〈긴장 tension〉의 상태에 해당되는 것으로, 예를 들어 영점의 상태 le point zéro에서 어떤 상태나 행위가 이루어지는 점 사이의 순간으로 설명하고 있다.

〈도식 4.19〉

이런 상태—즉 잠재 능력의 상태—는 다음에 오는 행위나 상태를 양태화시키는데, 이것을 양태적 중첩 결정 surdétermination modale 혹은 중첩 양태화 surmodalisation라고 한다. 그레마스는 이 잠재 능력에 대한 중첩 양태화의 잠정적 목록을 네 가지의 양태로 제시하고 있는데, 그것은 /욕구 vouloir/, /의무 devoir/, /능력 pouvoir/, /지식 savoir/ 양태이다. 이 네 가지 양태는 잠재 능력이라고 불리는 가능성의 상태를 다양한 방법으로 양태화시킬 수 있다. 예를 들어 /의무 devoir/ 양태가 행위 언술에 결합된 상태를 보자. 그것을 기호 사각형 위에 나타내면 다음과 같다.[104]

---

103) *Ibid.*, 76쪽. 〈Une instance potentielle où se situe l'ensemble des préalables du faire et de l'être.〉

104) *Ibid.*, 77쪽.

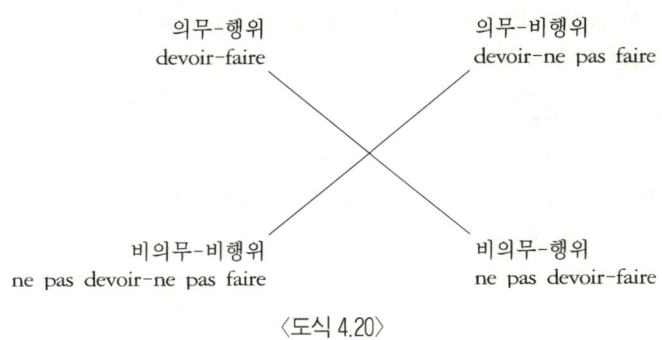

〈도식 4.20〉

그리고 위의 각 항을 그레마스는 다음과 같이 명명하고 있다.[105]

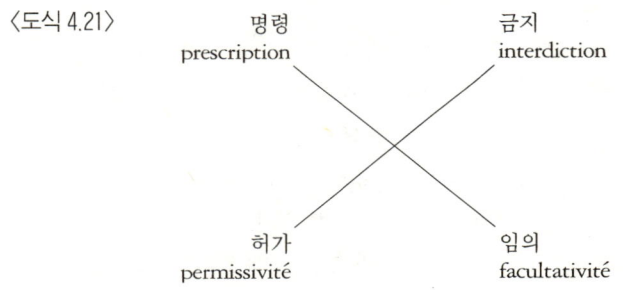

〈도식 4.21〉

이렇게 이루어진 중첩 양태는 우선 상태 언술에 연결되는지 혹은 행위 언술에 연결되는지에 따라 달라진다. 예를 들어 그레마스는 /의무-상태/ 양태를 도덕 양태 modalité aléthique로 /의무-행위/ 양태를 규범 양태 modalité déontique로 구분시킨다. 그리고 행위 언술의 양태화는 술사와 주체의 관계를 다루는 주체적 논리 logique subjective로, 상태 언술의 양태화는 술사와 객체의 관계를 다

---

105) *Ibid.*

루는 객체적 논리 logique objective로 보고 있다.[106]

4.3.5. 상태의 양태화

앞에서도 설명한 것처럼 실행적 잠재 능력은 행동에 의해 전제된 잠재적 순간으로 각각의 양태들은 그들의 기호학적 존재 방식에 따라 다음과 같이 분류된다.[107]

잠재 능력		실현
잠재화된 양태들	현동화된 양태들	실현된 양태들
devoir-faire 의무-행위	pouvoir-faire 능력-행위	faire-être 행위-상태
vouloir-faire 욕구-행위	savoir-faire 지식-행위	

〈도식 4.22〉

이런 분류는 실행과 잠재 능력 사이의 관계를 잠재태에서 출발해서 실현의 단계인 실행으로 드러나는 것까지의 각 단계를 나눈 것이다.

이렇게 나눈 실행적 잠재 능력을 나타내는 행위 언술의 양태를 그레마스는 인식적 잠재 능력을 나타내는 상태 언술의 양태와 구별하고 있다. 여기서 상태-행위 être-faire의 양태는 의도적 관계 relation intentionnelle를 움직이는 행위에 대한 양태로, 상태-상태 être-être의 양태는 존재론적 관계 relation existentielle를 움직이는 상태의 양태로 정의하고 있다. 즉 그것은 의무-상태 devoir-être, 욕구-상태 vouloir-être, 지식-상태 savoir-être, 능력-상태 pouvoir-être

---

106) *Ibid.*, 79쪽.
107) *Ibid.*, 81쪽.

로서, 좀더 구체적으로 설명하면 가치-대상의 위상을 변화시키는 양태들인 것이다. 대상에 영향을 끼치는 이런 양태들은 다시 말하면 상태 주체의 양태적 존재를 구성하는 것으로도 볼 수 있다. 왜냐하면 상태 주체란 능동적인 행위 주체와 달리 수동적 존재 patient로 그를 둘러싼 모든 대상 속에 기입된 세상으로부터 오는 모든 자극들을 수동적으로 내면화하는 존재이기 때문이다. 그러므로 예를 들어 욕구-상태 vouloir-être의 양태는 〈탐나는 désirable〉(혹은 욕구를 불러 일으키는, 즉 주체의 욕구를 자극하는) 대상에 의해 욕구되어지는 상태 주체의 욕구-상태인 것이다. 이런 상태에 대한 양태와 행위에 대한 양태는 표층 층위에 속하는 것으로, 이런 양태들의 심층 층위에서의 존재가 기질적 범주 catégorie thymique인 것이다.

이 기질적 범주는 원초적 primitif이고 감각적인 영역 속에서 모든 생물체가 그에게 주어진 환경 속에서 그를 드러내고 주위와 반응하는 〈끌어당김과 밀쳐냄의 체계〉[108]를 규정하는 자기 수용적 proprioceptive 범주로 구성되는 관계인 것이다. 다시 말해서 이 관계는 이런 심층 의소 체계에 보다 더 심층의 단계에서의 형식화가 필요한 부분으로 표층 층위에서 양태들과 연결이 되며, 표출의 장에서 드러나는 감정과 정념들 passions의 문제를 다룰 수 있게 해주는 부분이다. 이 영역은 기호학이 종래 심리학이 다루는 정념의 분야에 대해, 〈정념의 이론가〉 프로이트 자신도 그 필요성을 역설한 메타-심리학적 méta-psychologique 입장에서 정념의 기호학에서부터 출발하여 다시 다루고 있다. 이 문제는 마지막 장에서 〈정념의 기호학〉으로 다루어질 것이다.

그레마스의 기호학은 텍스트에 잠재적으로 내재하는 의미 생성

---

108) *Ibid.*

요소들의 의미 작용의 형식을 이론적으로 정립하여 그것을 기술 description하는 것을 목표로 하고 있다. 의미 생성에 참여하는 요소들은 한편으로 개별적인 구성 요소들이 모여 총체성 totalité을 구성함으로써 개별 요소 élément individuel와 총체의 관계를 형성하고, 다른 한편으로는 상대적인 관점에서 드러나는 차이 différence와 요소 상호간의 유사성 similarité을 바탕으로 관계의 망을 형성한다. 이렇게 드러난 관계의 망은 〈구조〉라는 언어-기호학적인 용어의 기능과 의미를 지니게 된다. 의미 작용이란 개념은 개별 의미 구성 요소들의 합이 생성해내는 의미를 변별해내기까지의 과정에서 이루어지는 역동적 작용 opération dynamique들을 가리킨다.

그러나 의미 작용을 포착하고 기술하기 위해서는 도구가 필요한데 그 도구가 바로 메타 언어 métalangage이다. 그레마스가 〈의미 작용이란 한 층위의 언어를 다른 층위의 언어로, 한 언어의 또 다른 언어로의 전환일 뿐이다〉[109]라고 한 것은 의미를 분석할 때에 없어서는 안 되는 메타 언어를 말하는 것이다.

이런 맥락에서 기호학에서는 일차적인 의미 작용과 관계되는 구조를 기호학적 메타 언어로 의미 작용의 기본 구조 structure élémentaire de la signification라고 부른다. 의미 작용의 기본 구조를 형성하는 요소들은 아직 구체적인 형상 figures을 띠지 않은 채로 존재하며, 이것은 심층 층위에서 두 가지로 나누어 살펴볼 수 있다. 하나는 계열체적 관점에서 의소를 중심으로 하는 기본 의미론이고, 또 다른 하나는 기호 사각형을 중심으로 하는 기본 통사론이다. 이러한 두 가지 구분은 의미 작용의 구조 속에 의미론적인 차원뿐만 아니라 통사론적인 차원도 개입된다는 사실을 보여주는 것이다. 의미 작용의 기본 구조의 통사론적 성격은 논리적으로 의미가 반대

---

109) Greimas, *Du sens I*, Seuil, 1970, 13쪽.

contrariété, 모순 contradiction, 상보성 complémentarité 등의 관계로 확충된 기호 사각형 carré sémiotique으로 발전하게 된다.

5. 기호학적 분석: 모파상의 『두 친구』

그레마스의 기호학은 일반 이론을 지향하기 때문에 텍스트의 성격에 조건이나 제한을 가하거나 텍스트화의 단계를 어떤 층위에 한정시키고 있지 않다. 그는 텍스트 분석의 실제를 통해 민담, 설화 분석에서의 적용의 예를 많이 차용할 뿐만 아니라, 소설과 시에 대한 기호학적 분석 외에도 사회 과학적인 자료와 추상 개념 및 비언어적인 몸짓 행위에 대한 분석도 훌륭한 기호학적 대상임을 보여주고 있다. 특히 그는 이야기와 문학 작품의 의미 형성 과정에 관한 연구의 기초 작업으로서 민담 분석을 시도하면서 구성 요소의 의미론적, 통사론적 해석에서 출발하여 표층 이야기체 층위에서의 구성 요소의 축약과 재편을 시도하였고, 기호 사각형의 틀 속에서 구성 요소의 상호 작용을 연구하였다. 그리고 시의 분석에서는 심층 층위의 분류소적 요소에 대한 고찰과 동위소의 문제에 중요성을 부여하였고, 산문 내지 소설 분석—모파상의 『두 친구』 분석이 대표적이다—에서는 심층 층위에서부터 표층 층위, 담화체 구조까지를 모두 포괄하고 있음을 볼 수 있다.

이러한 고찰을 토대로 『두 친구』 분석을 그레마스의 기호학적 분석의 정점으로 보고 그의 분석 방법을 살펴보도록 하자.

5.1. 『두 친구』의 전체 줄거리

전쟁이 일어나기 전 낚시터에서 우연히 만난 두 사람, 모리소와 소바쥬가 전시에 파리에서 다시 만나는 것으로 시작되는 이 이야기는, 자신들이 공감했던 낚시의 즐거움에 대한 추억에서부터 그 기쁨을 이제는 누릴 수 없는 현실에 대한 이야기로 이어진다. 그들은 해후한 후 서로 술을 마시게 되고 이어서 위험을 무릅쓰고 다시 낚시를 하러 갈 것을 결심한 후 이를 실행에 옮긴다. 낚시를 위해서 그들이 가는 곳은 적군의 지역이었는데, 그 곳에 가기 위해 그들은 통행증을 얻게 되고 그 곳에 도착하여 낚시를 즐기다 프러시아 군에게 붙잡히게 된다. 적군은 두 사람에게 통행을 위한 암호를 가르쳐 줄 것을 요구하지만 두 사람은 거부하다가 죽임을 당하고 만다.

여기서 그레마스는 이야기의 중심축을 〈두 친구〉의 실행에다 두고 있는데, 실행 performance이란 주체 〈모리소와 소바쥬〉가 그들의 객체 〈낚시(=즐거움)〉를 쫓아서 이동해 가는 과정을 말한다. 이 실행의 단계는 텍스트 속에서 공간 이동의 과정과도 일치하는데, 즉 부차적 공간 〈파리〉에서 주된 공간 〈물가〉로 이동하는 것이 그것이다. 이 실행의 국면은 Sq V와 Sq VI 사이에서 두 주인공이 파리를 떠나 그들이 낚시를 했던 〈마랑뜨 섬〉으로 향하는 것으로 나타난다. 이런 장소 이동은 이야기가 시작되는 것을 알리는 이야기체 지표 indice이며, 이런 지표들을 통해서 이야기체 구조를 살펴볼 수 있다.

우선 이 텍스트의 주체인 〈두 친구〉는 여러 가지 시련을 겪게 되는데, 맨 처음 맞이하게 되는 것이 〈자격 시련 épreuve qualifiante〉이다. 그레마스는 『두 친구』에서, 자격 부여 시련을 두 사람이 〈통행증 laisser-passer〉을 얻게 되는 것으로 분석하고 있다. 이 통행증이란 주체에게 실행을 가능하도록 해주는 〈능력 pouvior〉이 란 잠재 능력 compétence을 가지게 해주는 보조자 adjuvant의 역할 을 하게 되는 것이다. 그러므로 이 국면도 역시 객체—이 경우는 양태 객체 objet modal가 되는데—인 〈통행증〉—이 〈통행증〉이란 형상은 〈능력〉의 양태를 포함하고 있는 객체이다—을 추적하는 주체 〈두 친구〉와, 이 객체를 〈두 친구〉에게 전달하는 발신자 des- tinateur인 〈뒤물랭 연대장〉과의 행위소적 관계를 가지는 것으로 볼 수 있다.

이렇게 얻어진 〈능력〉의 잠재 능력을 가진 〈두 친구〉는 그들의 진정한 객체인 〈낚시〉를 향하여 유사적 공간 espace paratopique을 지나서 이상적 공간 espace utopique에 이르게 된다. 이 이상적 공 간, 즉 주체가 그들이 쫓던 객체를 만나게 되는 공간에서 그들의 실행이 이루어진 후 새로운 또 다른 주체 〈프러시아 군〉들을 만나 게 되는데, 이 〈프러시아 군〉은 주체 〈두 친구〉에 대해 그들이 추 구하는 객체와의 연접 conjonction을 방해하는 반-주체 anti-sujet가 된다.

이 반주체는 주체에 설득 행위 faire persuasif를 가하면서 프랑스 군 진영의 경계를 넘나들 수 있는 통행증의 암호를 그들의 목숨과 의 교환 조건으로 제시 proposition d'échange한다.

주체인 〈두 친구〉는 이 제안을 거부하고 죽음을 선택함으로써 상벌로 죽음을 당하게 된다. 이런 이야기체의 구조를 지니는 모파 상의 『두 친구』를 그레마스는 일종의 기독교의 비유 parabole chré- tienne로 해석하고 있다. 즉 작은 키의 소바쥬와 큰 키의 모리소가 총살당하여 땅에 쓰러졌을 때 그들은 십자가의 형태를 만들고 누워 있는 것으로 묘사되었으며, 특히 큰 키의 모리소가 가슴에 피를 흘 리고 하늘을 향하고 있는 모습이 십자가에 처형당한 예수의 모습과

312

닮았다는 것이다. 이런 해석은 가능하기는 하지만 필연적인 것은 아닌데, 그레마스는 자신의 분석을 뒷받침하기 위한 근거를 다음과 같이 들고 있다.

 첫째, 죽음이 임박했을 때 〈두 친구〉의 모습과 예수의 모습 사이의 유사성, 그리고 예수의 죽음 후 세상이 어둠으로 둘러싸인 것처럼 〈두 친구〉의 죽음 후에도 〈발레리엥 산〉이 연기에 둘러싸이게 되는 점과, 둘째, 처형당하기 전 예수와 〈두 친구〉가 취하는 침묵의 태도, 그리고 침묵하는 두 주체 사이의 동질적 양태 구조, 그리고 셋째, 〈두 친구〉가 낚시를 좋아했던 〈낚시꾼 pêcheur〉이라면 예수도 역시 물고기를 낚는 〈어부 pêcheur〉였다는 점과 원시 기독교 교회의 상징이었던 물고기 poisson가 자주 담화 속에 등장한다는 점, 마지막으로 그 외에도 예수의 죽음, 그리고 그 이후의 일들과 〈두 친구〉의 죽음, 그 후 물위로 떠오름, 떠오를 때의 물의 격렬한 반응 등에 대한 묘사 등을 제시하고 있다.

 이처럼 그레마스는 모파상의 『두 친구』를 기독교의 비유로 독서할 수 있는 가능성을 제시하면서 이 독서는 가능한 한 여러 가지 독서 중의 하나라고 말하고 있다.

5.2. 분석

여기서 우리는 그레마스가 어떻게 자신이 체계화한 기호학 이론을 모파상의 단편 『두 친구』에 적용하여 분석하는가를 살펴보고자 한다. 그는 이 작업에서 그의 이론을 의미 기술을 위한 메타 언어적 도구로 사용하면서, 심층 층위 통사론의 이론뿐만 아니라 표층 층위의 이론, 그리고 담화의 이론 등을 다양하게 분석에 적용시키고 있다. 그리고 그는 분석에 앞서 텍스트 설정의 조건들과 그의 이론 적용의 범위, 아울러 기호학적 분석의 목적과 작업이 기호학적 개념들을 이용한 서술임을 밝히고 있다. 우리는 이러한 그의 분석의 예를 통하여 한 텍스트를 기호학적으로 접근하고자 할 때 어떤 절차와 방법을 사용하는지를 살펴볼 수 있다.

(1) 먼저 그레마스는 주어진 텍스트『두 친구』를 몇 가지의 기준에 의하여 다시 작은 단락으로 나누어서 분석하고 있다. 이는 세부 분석을 위한 선제 작업이기도 한데, 작은 단락으로의 나눔을 통하여 텍스트의 의미 배열 순서에 대한 분석을 하고, 이로부터 텍스트 조직의 전체 구조에 이르고 있다. 그가 제시하는 단락 나누기의 기준은 다음과 같다.

 a) 공간상에 의한 기준.
 b) 시간상에 의한 기준.
 c) 배역상에 의한 기준.
 d) 주제상에 의한 기준.

이 기준은 주어진 텍스트의 표면 구조에서 드러나는 것이기는 하지만, 그 기준이 꼭 표층 층위의 구조에 달린 것은 아니다. 그레마스가 행한 단락 나누기는 수미 일관된 의미 단위에 의해서도 이루어지고, 위의 네 가지 기준도 역시 그 속에 존재하는 동위소나 테마 등의 요소에 의하여 동질적 의미로 나누어지는 것을 말하며, 한 단락에서 또 다른 단락으로 의미 단위의 전환을 드러내 보여주는 장치로서 장소·시간·주인공들의 전환 등을 표지로 삼고 있다. 이런 기준에 의해 그레마스는 모파상의 『두 친구』를 12개의 소단락으로 나누어서 각각을 다음과 같이 이름 붙이고 있다.

 Sq Ⅰ : 파리 Paris   Sq Ⅱ : 우정 L'amitié
 Sq Ⅲ : 산보 La promenade   Sq Ⅳ : 탐색, 추적 La quête

314

Sq Ⅴ: 평화 La paix 　　Sq Ⅵ: 전쟁 La guerre
Sq Ⅶ: 나포 La capture 　Sq Ⅷ: 재해석 La réinterprétation
Sq Ⅸ: 거부 Le refus 　　Sq Ⅹ: 죽음 La mort
Sq Ⅺ: 장례 Les obsèques Sq Ⅻ: 종말 La clôture du récit

(2) 이렇게 나누어진 소의미 단락 séquence은 다시 해체되어 연결되는 의미 조직을 구성한다. 즉 한 단락의 내적 조직은 여러 가지 방법으로 다시 위계적 hiérarchique으로 재분류되고 배열되는데, 이런 작업에서 가장 자주 쓰이는 것이 이분법에 의해 서로 비교하고 대조시키면서 각 항목들 사이의 계열체적 관계와 통합체적 관계를 살펴보는 방법이다.

그러면 우선 그레마스가 직접 분석한 예를 들어서 설명해보자. 첫 단락인 〈파리〉는 다음과 같은 소단락이다.

　　Paris était bloqué, affamé et râlant. Les moineaux se faisaient bien rares sur les toits, et les égouts se dépeuplaient. On mangeait n'importe quoi.
　　파리는 폐쇄되고 굶주리고 헐떡거렸다. 참새 떼들은 지붕 위에서 아주 드물게 보였고 하수구에는 아무런 생물도 살지 않게 되었다. 사람들은 아무 것이나 먹었다.

이 단락은 다음에 나오는 단락과 구별이 되는데, 그것은 우선 첫 단락의 〈파리 Paris〉와 다음 단락의 〈그 il〉 사이의 대립이다. 즉 첫 단락이 무생물 주어이자 고유 지명어 toponyme인 파리로 시작되었다면, 다음 단락은 모리소 Morissot를 지칭하는 〈그〉로 시작되고 있다. 이렇게 단락을 나눌 수 있는 것은 단순히 서로 다른 대립에 의해서만이 아니라 전체 텍스트 속에서 이 대립을 가능하게 해 주는 다른 요소들, 예를 들어 전체 이야기가 전개될 주된 장소 lieu topique와 부수적 장소 lieu hétérotopique와의 대립, 그리고 이야기가 뿌리 내리게 될 장소에 대해서 그것을 감싸고 있는 또 다른 장소와의 관계—이것은 곧 장소 이동에 필요한 사항이며, 장소 이동이란 이야기 전개에 필수적인 객체를 추적하는 과정이다— 속에서 나누어질 수 있는 것이다. 그리고 이 텍스트 층위의 두 주어 〈파리〉와 〈그〉는 각각 집합적 주인공 acteur collectif과 개인적 주인공 acteur individuel으로 대립되기도 한다.

이렇게 단락을 나누고 난 후 그레마스는 한 단락을 자세히 분석해 들어가는데, 이 분석 작업은 분석 중인 단락을 다른 단락과의 유기적인 관계 속에서 비교·대립시키면서 이루어진다. 우선 첫 번째 문장인 〈파리는 폐쇄되고 굶주리고 다 죽어가는 것처럼 헐떡거렸다〉에서 주어 〈파리〉는 /불행 dysphorique/의 의소를 함축하고 있는 형용화에 의하여 수식되고 있다. 이런 〈파리〉에 대한 수식은 그 속에 공간적 규정과 가치론적 규정을 포함하고 있는데, 즉 〈폐쇄되고 bloqué〉란 어휘소는 〈파리〉가 다른 공간으로부터 단절되어서 〈둘러싸인 englobé〉 공간이 됨을 보여주고 있다. 그러므로 파리를 벗어나는 다른 지역—즉 두 주인공이 낚시를 떠나는 마랑뜨 섬 등—은 파리를 〈둘러싸는 englobant〉 지역이 되어, 둘 사이는 이 텍스트 속에서 차후에 〈둘러싸는〉 대 〈둘러싸이는〉의 대립된 공간을 보여주게 된다.

만약 〈폐쇄되고〉란 어휘소가 〈파리〉의 공간적 규정을 하고 있다면 〈굶주리고 affamé〉와 〈(다 죽어가는 것처럼) 헐떡거렸다 râlant〉는 가치론적 규정을 하고 있는 어휘소이다. 먼저 〈굶주리고〉라는 어휘 속에서는 주어 〈파리〉가 의인화 personnification됨을 알 수 있는데, 그것은 이 어휘소에 포함된 /인간 humain/에 관한 의소 자질 때문이라 할 수 있다.

그리고 〈(다 죽어가는 것처럼) 헐떡거렸다 râlant〉라는 어휘소에서 /죽어가는 mourant/이라는 의소를 볼 수 있는데, 이것은 〈굶주리고〉에 포함된 /살아 있는 vivant/이라는 의소와 겹쳐지게 된다. 이 두 의소를 살펴보면 /죽어가는/이란 /비-죽음 non-mort/에서 /죽음/으로의 진행 과정을 보여주며, /살아 있는/이란 /삶 vie/과 /비-삶 non-vie/이라는 두 범주 사이에 존재하는 의소로 볼 수 있다. 그런데 이 두 의소는 모두 /불행 dysphorie/의 자질을 공유하므로 /살아 있는/은 /비-삶/으로, /죽어가는/은 /죽음/으로 해석되어진다.

두 번째 문장 〈참새 떼들은 지붕 위에서 아주 드물게 되었고 하수구에는 아무런 생물도 살지 않게 되었다〉 역시 〈파리〉에 대한 묘사로 볼 수 있는데, 이 문장은 (파리의) 〈지붕〉과 (파리의) 〈하수구〉에 관한 하위 부류의 의미 관계를 보여준다. 이것은 /높은/과 /낮은/의 의소로 대립되며, 다음과 같은 도식으로 나타낼 수 있다.

$$\langle 도식\ 4.23 \rangle \quad \frac{\langle 지붕 \rangle}{/높은/} : \frac{\langle 하수구 \rangle}{/낮은/}$$

그리고 〈참새 떼〉가 〈지붕〉에 연결된다면 〈하수구〉에 연결되는 것을 〈쥐 떼〉로 임시적으로 대응시켜서 다음과 같은 도식으로 나타낼 수 있다.

$$\langle 도식\ 4.24 \rangle \quad \frac{\langle 지붕 \rangle}{\langle 하수구 \rangle} : \frac{\langle 참새 떼 \rangle}{\langle 쥐 떼 \rangle} : \frac{/높은/}{/낮은/} : \frac{/지상의\ 존재/}{/지하의\ 존재/}$$

이런 도식은 다음에 계속될 텍스트 전체의 분석 속에 이어지면서 이 두 요소는 각각 /공기/와 /대지/의 요소에 연결되며, 모파상의 개인적 언어 사용 idiolecte에 의하면 〈하늘 ciel〉과 〈발레리엥산 Mont-Valérien〉이 여기에 해당된다. 그리고 이 두 요소를 /삶/

과 /죽음/의 범주에 비교해보면, 다음과 같이 연결이 된다.

$$\langle \text{도식 4.25} \rangle \quad \frac{\langle \text{참새 떼} \rangle}{/\text{살아 있는}/} : \frac{/\text{공기}/}{/\text{비-삶}/}$$

$$\frac{\langle \text{쥐 떼} \rangle}{/\text{죽어가는}/} : \frac{/\text{대지}/}{/\text{죽음}/}$$

이것은 다음에 보게 될 『두 친구』 전체의 의미론적 구조를 드러내는 기호 사각형 속에 /비-삶/과 /죽음/의 범주로 배열된다.

(3) 위에서 살펴본 바와 같이, 의미의 가장 기본적인 구조를 이분법적 관계에 의해 나눈 것처럼, 우리는 모파상의 텍스트 곳곳에서 이렇게 의미 조직을 밝혀내고 또 의미를 포착하는 가장 기본적인 방법으로서의 이러한 이분법적 관계에 부딪힌다. 크게는 서로 만난 두 친구의 /삶/과 /죽음/에 관한 이분법적 가치 체계의 이야기로 읽혀지는 이 단편에서는 이런 대립적 범주가 텍스트 곳곳에서 드러난다.

우선 전체 텍스트의 수준에서 시간의 범주는 /전쟁 전 avant la guerre/과 /전쟁 동안 pendant la guerre/으로 나눠지고 이것은 다시 /평화시/와 /전쟁시/로 크게 대립된다. 그리고 배역상의 범주에서는 〈두 친구〉로 표현되는 사회 집단과 〈프러시아 군〉으로 표현되는 집단 사이의 대립으로 이분된다.

공간에 있어서는 앞에서 본 것처럼 /파리/ 대 /비-파리/의 대립, 즉 /둘러싸인 공간/ 대 /둘러싸는 공간/으로 이분되며, 이 /둘러싸는 공간/, 즉 /비-파리/의 공간에 〈두 친구〉가 낚시를 하게 되는 /물가/가 해당하게 된다. 그레마스는 크게 이야기성의 공간을 주 공간과 부수적 공간으로 나누고, 다시 주 공간을 이상적 공간과 유사 공간으로 나누고 있다.[110]

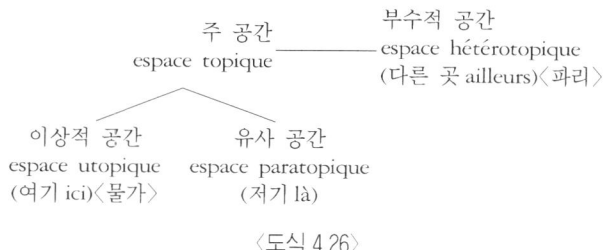

〈도식 4.26〉

그레마스는 이런 구도 속에 〈파리〉를 부수적 공간에 위치시키고 이상적 공간으로 〈물가〉를 그리며, 〈물가〉로 나아가기 위해서 거치게 되는 공간들은 유사적 공간으로 해석하고 있다.

이렇게 이분화된 공간·시간·배역들은 여러 가지 형상들로 드러나는데, 이 형상들의 체계는 개인적 세계의 심층 가치론적 구조와 연관이 되는 의미 축인 /삶/과 /죽음/을 중심으로 의미의 기본적 구조를 드러내는 기호 사각형 속에 다음과 같이 배열된다.

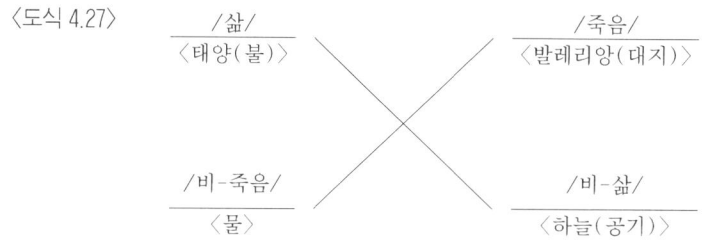

이 기호 사각형의 각 항을 채우는 형상들은 모파상의 개인적 언어 사용의 세계로서, 예를 들어 그레마스가 이미 『구조 의미론』 속에서 분석한 베르나노스의 작품 세계와 비교해보면 차이가 있음을

---

110) Greimas, *Maupassant*, Seuil, 1975, 100쪽.

알 수 있다. 예를 들어 베르나노스에게서 /삶/의 범주에 해당하는 것이 〈불〉이었다면, /죽음/은 〈물〉로 표현되었고 /비-죽음/은 〈공기〉로, /비-삶/은 〈대지〉로 형상화되었다.[111]

결론적으로 자연주의, 사실주의의 대가로 알려진 모파상의 『두 친구』는 인간과 그 인간에게 의미 있는 것으로 주어진 세계와의 관계를 드러내는, 그리고 서구의 기독교 문명에 대한 공시적 기호학 sémiotique connotative의 입장과 같은 〈상징주의〉적 접근을 보여준 것으로 그레마스는 평가한다.

6. 정념의 기호학

그레마스는 어휘론, 의미론의 과정에서 연구된 것과 인류학, 신화학, 민담 등을 비롯한 다양한 분야에 대한 지식을 끌어들여 이야기성의 분석에 동원되는 기호학의 개념 장치들과 이론을 정립하였다. 그러나 이러한 이론은 하나의 방법론적인 전제를 가지고 있다. 그것은 실재 내지 연속체를 불연속체로 환원하여 구성 요소들간의 반대, 모순 관계를 통해 그 대상을 조명하고 파악하는 것이다. 기호 사각형은 분절을 통하여 의미 세계를 파악한다. 그리고 이야기 주체의 행위는 심층 층위에 위치하는, 즉 상태 사이의 변환에 의한 관계 변화를 통하여 기술된다.

그러나 그러한 의미 작용이 이루어지기 이전의 존재 방식을 이해하고자 할 때 행위 주체의 최초의 출발 상태 état ab quo, 또는 세계—대상—와의 최초의 대면 시에 상태의 존재 방식이 어떠한가에 대한 의문을 제기해보자. 다시 말하여 행위소로서의 주체가 행

---

111) Greimas, *Sémantique structurale*, Larousse, 1966, 228쪽.

위를 함에 있어서 그 행위를 가능하게 하는 예비적 조건은 무엇인가 하는 것이다. 말하자면 그의 실행을 가능하게 하는 이야기 주체의 양태적 잠재 능력과 그 양태들의 존재 방식은 무엇인가에 대한 의문이 제기될 수 있다. 그것은 행위자의 행동을 가능하게 하는 행위 이전의 상태, 즉 양태의 상태를 알아보고자 하는 것이다.

이와 같은 문제는 행위에만 국한되는 것이 아니고 인식의 문제, 또는 감각의 문제 등에 있어서도 같은 질문이 제기될 수 있다. 예컨대 인식 주체가 이분법 또는 기호 사각형 등의 방법에 의하여 개별화 discrétisation[112]되기 이전에 어떤 존재 방식을 거쳤다고 가정할 수 있다. 그레마스는 행동과 의미 작용의 인식 이전의 상태, 환언하면 무정형의 미분화된 연속된 상태로서 종래에는 규정 불가능했던 감각, 지각 등의 영역을 선행 조건 층위라고 명명한다.

선행 조건 층위에서 주체는 외부 대상을 감각적으로 느끼고 지각하게 되며 이 때의 인간 내면의 속성으로서 그레마스는 긴장성 tensivité, 그리고 인력 attraction · 척력 répulsion의 상태인 감응 phorie이라는 두 가지 전조건의 가상물 simulaire을 설정한다. 긴장성과 감응이라는 두 가지 가상물은 감응적 긴장성 tensivité phorique으로 통합되고 의미 출현의 최초의 조건이 된다. 긴장성이란 주체 위에 세계가 투영된 것으로서 기호학적 존재의 내부 공간을 구성하는 기본 자질 중의 하나인 존재 자체의 파동성 ondulation인 것이다. 비유적으로 말한다면 식물의 싹이나 잎이 되는 조건의 열쇠를 가진 씨앗이 그 씨앗 내부의 흔들림이나 온도 · 습도 등의 추상적 요소와 관련되는 것을 말한다. 그러한 파동성은 언술에 구체적으로 표

---

112) 〈변별적 discret〉은 일반적으로 〈이산적〉으로 번역되지만, 이해를 돕기 위해 〈개별적〉으로 옮겼다. 그레마스는 이 개념을 〈불연속적〉과 같은 의미로 사용한다.

현되는 것이 아니고 담화에 파동적으로 미묘하게 표출된다.

긴장성과 달리 감응은 잠재 영역 속에서 끌어당기고 밀쳐내는 힘이라고 할 수 있는 것으로, 양극화되지 않은 긴장 관계에서 주체와 객체 사이에 존재하는 인력과 척력의 상태를 말한다. 이런 감응이 선행 조건 층위에서 기호-이야기체 층위로 전환될 때 그것은 쾌감과 불쾌감으로 분절되어 기호 사각형 위로 투사되는 가치 체계가 된다.

그리고 의미 출현의 최초의 조건인 감응적 긴장성을 가진 주체는 선행 조건 층위에서 객체와 만나게 되는데, 이 때 주체와 객체는 아직 분명히 변별화되지 않은 행위소의 원형 prototype인 준주체 presque-sujet와 준대상 presque-objet을 이룬다. 이 때 준주체는 준대상에 대하여 감응적 긴장성을 포함하는 선지향성 protensivité[113]을 띠며 준대상도 준주체에 대하여 가능성 potentialité으로 존재한다. 선지향성은 그 자체내에 지향적으로 대상을 내포한다는 점에서 주체가 대상을 향하여 나아가는 지향성 intentionnalité의 근본 형태이며, 기호학적으로 메타-욕구 méta-vouloir나 메타-지식 méta-savoir으로 해석되기도 한다.[114]

인력과 척력으로 주체를 대상에 결합시키는 것을 발랑스 valence[115]라고 한다. 주체의 선지향성이 대상의 잠재력에 발랑스를 투사함으로써 준대상은 가치로 전환된다. 비유적으로 표현하자면 가치의 그림자 ombre de la valeur는 장차 표출되기 위해 누에고치처럼

---

113) 훗설 Husserl의 용어로서, 기호학에서는 긴장 상태의 주체를 가치의 그림자만을 지닌 대상에 연결시키는 방향성을 띤 지향적인 관계를 뜻한다.
114) Greimas, *Loc. cit.*, 26쪽.
115) 발랑스 valence는 화학의 〈원자가〉 개념에서 빌려온 것으로 주체를 대상으로 끌어당기거나 반발하게 하는 조건적 특성을 말한다. 이 개념에 대해서는 『기호학 *Sémiotique*』 I, II권에서 정의가 빠져 있다.

가치를 싸고 있는데, 가치의 투사에 의하여 가치를 싸고 있는 그림자가 터지면서 가치가 표출된다고 할 수 있다.

또한 준주체는 모순적인 두 가지 힘, 즉 선지향성과 주·객 융합 상태인 혼융 fiducie에 의해 작용된다. 이 두 가지 힘은 서로 반대의 작용을 한다. 전자는 준주체가 준대상과 분열되게끔 하며, 후자는 이러한 분열을 중단시킴으로써 준주체에 준대상을 부여하여 둘이 하나로 융합되는 상태가 되게 한다. 다시 말하자면, 긴장 상태에서 주체의 선지향성이 준대상에 작용하게 되면 긴장의 공간이 불균형적인 상태에 들어가면서 양자 사이에 분열 scission이 일어나게 되고, 이러한 상태에서 의미 발생의 윤곽이 그려진다. 그러나 준주체와 준대상이 융합 fusion의 상태가 되면 의미 작용이 불가능하다. 왜냐하면 주체가 대상을 자신과 동일시하거나 대상에 통합하게 되면 대상이 주체 그 자체가 되기 때문이다. 미학이나 심리학에서 감정 이입의 개념이 바로 그러한 경우를 가리킨다고 할 수 있다.

정신은 수동적인 것으로서 외부의 자극에 의해 여러 가지 정념이 생기는데, 선행 조건 층위의 기질 덩어리 masse thymique는 이에 따라 무한히 변화한다. 그리하여 외부에서 어떤 자극이 주어질 경우 무정형한 기질 덩어리의 상태가 변화하는 모습은 변조 modulation[116]라고 규정한다. 다시 말해서 변조란 되어감 devenir의 상태에서 분열이라는 사행이 취하는 양상적 국면으로서 담화적 양상화의 선형상화라고 할 수 있고, 변별화는 변조의 양상적 국면에 적용되는 기호-이야기체 구조에서의 양태로의 범주화이다. 그러므로 선행 조건 층위에서의 네 가지 변조, 즉 개시적 변조 modulation ouvrante, 종결적 변조 modulation clôturante, 가동적 변조 modulation cursive, 점괄적 변조 modulation ponctuelle는 각각 기호-이야기체

---

116) Greimas, *Loc. cit.*, 36쪽.

구조에서 욕구, 지식, 능력, 의무의 네 가지 양태로 변별화되어 범주화되고, 이것은 담화체 층위에서 개시상 aspect inchoatif, 종결상 aspect terminatif, 지속상 aspect duratif, 점괄상 aspect ponctuel의 양상으로 나타난다.[117]

이러한 변조들은 완전히 다른 두 가지 절차를 따를 수 있다. 첫 번째 절차는 변조에 연속적 세계를 절단하여 불연속적 세계로 만드는 작용인 개별화를 적용하면, 이들은 기호-이야기체 층위에서 네 가지 양태적 범주로 변환된 후 담화화로 소환 convocation된다는 것이고, 두 번째 절차는 이러한 변조를 직접 사행 procès의 담화화를 위해 소환하여 양상 aspect을 생성할 것을 예시한다는 것이다. 결국 선행 조건 층위의 변조, 기호-이야기체 층위의 양태화, 담화체 층위의 양상화는 이론적 삼각형을 구성한다. 이 삼각형을 도식으로 나타내면 다음과 같다.[118]

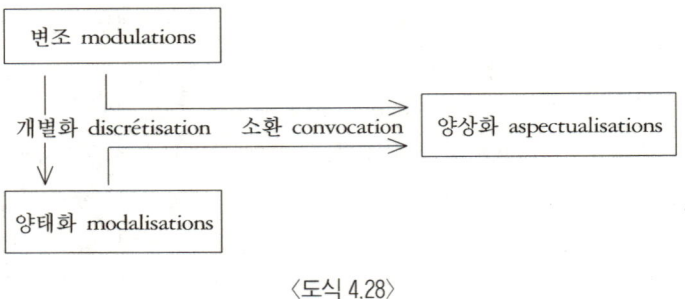

〈도식 4.28〉

이 이론적 삼각형은 정념이 선행 조건 층위에서부터 직접, 또는 기호-이야기체 층위를 거쳐 담화화되는 과정을 간단히 도식화한

---

117) *Ibid.*, 36-39쪽.
118) *Ibid.*, 76쪽.

것이다.

가령 망설임 hésitation을 예로 들어보면, 선행 조건 층위의 개시와 유보적인 suspensive 변조가 기호-이야기체 층위에서는 욕구와 능력 양태로 된 후, 담화체 층위에서 기동상과 지속상으로 되는 것이라고 말할 수 있다. 기호-이야기체 층위에서는 정념의 분석에 보다 구체적으로 이용할 수 있는 개념적 도구들을 살펴볼 수 있다. 양태적 구조 structure modale는 양태적 장치 dispositif modal를 만드는 기반이 되며, 정념 기호학의 필수적인 도구이다. 행위소적 구조 structure actantielle는 행위소적 장치 dispositif actantielle를 만드는 기반이 되어, 가령 질투는 적어도 세 가지 행위자—질투하는 사람 le jaloux, 질투의 대상 l'objet, 경쟁자 le rival—를 포함하는 상호 주관적 정념이므로, 질투에서는 $S_1(jaloux)/S_2(rival)/O(objet)$의 삼각형으로 구성되는 행위소적 장치를 설정할 수 있다.

가치 대상 objet de valeur은 선행 조건 층위의 발랑스를 나타내는 변조들이 조작적 주체에 의해 의미 작용의 기본 구조로 대체된 후, 쾌감/불쾌감의 기질적 범주로 투사되어 기호 사각형 위에서 가치화된다.

가상물 simulacre은 기호학적 영역의 새로운 차원이라고 할 수 있는데, 실제로 존재하는 것이 아닌 단지 상상력에 의한 산물로서, 양태적 주체들의 상상적 투사로 이루어지는 것이다. 이러한 가상물을 바탕으로 하여서 양태적 구조와 마찬가지로 양태적 장치를 구성할 수 있다. 양태적 장치는 존재 être의 양태적 배열로서, 하나의 구조가 아니라 여러 구조들의 교차점이다. 따라서 가령 고집 obstination의 양태적 장치는 다음과 같이 세 가지 양태적 구조들간의 교차점에 있다고 할 수 있다.[119]

---

119) *Ibid.*, 68쪽.

- un savoir-ne-pas-être(주체는 그의 대상과 이접되어 있다는 것을 앎).
- un pouvoir-ne-pas-être 또는 un ne-pas-pouvoir-être(일의 성공이 위태로움).
- un vouloir-être(그래도 주체는 연접되기를 원하고 그것을 위해 모든 것을 사용할 것임).

담화체 층위에서는 선행 조건 층위의 기호학적 양식 style sémiotique이 소환되어 양상화하며, 기호-이야기체 층위의 양태적 장치들도 소환된다. 앞에 나온 양상화와 소환된 양태적 장치가 합하여 기질 disposition이 되어 어떤 자세나 행위로 나타난다. 기질이란 우리가 해독할 수 있는 것으로서 모든 절차의 조작적인 결과를 말한다. 이 층위에서는 이런 기질이 공간화 spatialisé되고, 인물화 actorialisé되며, 시간화 temporalisé된다.

고집을 예로 들어보면, 선행 조건 층위의 〈저항하는〉과 〈지속하는〉의 기호학적 양식이 소환되어 양상화되고, 또한 종결, 가동, 개시의 변조들이 개별화 작용에 의해 savoir, pouvoir, vouloir로 되며, 이들도 담화체 층위에 소환된다. 전자에 후자가 개입되어 고집이라는 정념적 기질로 변형된다.

또한 충동 impulsion은 개시, 가동의 변조가 기호-이야기체 층위에서 vouloir, pouvoir로 되어 담화체 층위에 소환됨과 동시에, 선행 조건 층위의 기호학적 양식인 기동 inchoatif과 강렬함 intensif도 소환되어 양상화해서, 이 두 가지가 합쳐 충동적인 기질로 나타난다.

이제 충동적인 사람의 욕구 vouloir와 고집센 사람의 욕구를 비교해보자. 전자의 경우에는 욕구에 능력 pouvoir이 즉시 뒤이어진다. 즉 vouloir → pouvoir의 순서이다. 반면에 후자의 경우에는 ne pas pouvoir → vouloir의 순서, 다시 말해서 ne pas pouvoir의 중복과 그에 대한 반작용으로 vouloir가 더욱 강화되는 특이한 정념적 의미의 효과를 생산하고 있다. 그러므로 두 경우의 욕구는 서로 다른 의미의 효과를 가져온다.

이상과 같이 우리는 정념이 어떤 과정과 층위를 거쳐 담화화되는가를 살펴보았다. 어떤 정념을 기호학적으로 연구한다는 것은 정념의 어휘소 lexème 속에 들어 있는 의미 구조를 과학적으로 밝히는 것이다. 하나의 단어로 인식되는 정념의 어휘소는 간단한 것 같지만, 그와 관련된 의미 구조 속을 살펴보면 하나의 텍스트만큼이나 복잡한 의미론적 양이 들어 있다. 기호학의 임무는 이러한 어휘소나 또는 텍스트의 의미 구조망을 밝히는 작업을 하는 것이다.

7. 주체의 문제

이제까지 그레마스 기호학의 기본 개념과 방법론을 중심으로 그 전개 과정을 살펴 보았다. 그러나 그의 기호학의 출발은 나와 남, 주체와 대상간의 문제로 집약 된다. 그에 대한 언급을 하였지만 그 앞의 벵베니스트, 뒤에 이어지는 바르트와의 관계를 고려하여 주체의 문제를 다시 생각하는 것이 필요하다.

〈대상〉 또는 〈객체〉는 어원적으로 〈오감 les sens을 자극하는 그 무엇〉 또는 〈우리 앞에 놓여있는 것〉이고 〈주체〉는 본래 〈종속 subordonné된 것〉을 뜻하였는데, 16세기경부터 〈질료・육체 matière, 원인・동기 cause, 동기・주제 motif〉 등의 의미로 사용되다가 〈사람〉이라는 뜻과 문법적인 〈주어〉로 쓰였다.[120] 그러한 개념적인

---

120) Bloch & War=burg의 *Dictionnaire Etymologique de la langue française* 참조.

변화를 거쳐 고전 논리학에서 술어 prédicat와 대립되는 토픽의 의미로 언술 속에 자리 잡았다. 언어학은 논리학의 개념을 빌려와 〈진주어 sujet logique〉, 〈가주어 sujet apparent〉 등과 함께 문법의 주어 개념을 도입하였다.

다른 한편으로 철학에서 주체는 존재의 개념과 결부되어 존재의 자질뿐만 아니라 행위의 수행과도 관계를 갖게 되었다. 화자 주체 sujet parlant, 인식 주체 등의 용어들이 그에 관계된다. 그러나 논리학에서 출발한 언어학적 주어 개념이나 철학의 주체 개념과는 다른 관점이 있다. 그것은 주어나 주체를 먼저 설정한 후 그 특질이나 행위를 설정하는 것이 아니라, 역으로 술어나 기능을 우선적으로 설정한 후 그것을 그에 해당하는 주체와 결합시키는 것이다. 떼니에르의 문장 수형도에서 동사를 최상부에 올려놓는 것은 바로 그러한 전망에서 나온 것인데, 이것으로 주체를 존재론적으로 정의할 수는 없다. 오히려 언술을 구성하는 기능의 성격이 주체의 가치를 한정하는 것이기 때문이다. 그러한 관점은 떼니에르가 제시한 것이고 행위소 actant의 개념도 그가 설정한 것을 그레마스가 도입하였다.

행위소 개념은 앞에서도 설명한 바와 마찬가지로 표층 이야기체 통사론의 층위에서 이야기체 담화의 구성을 효과적으로 드러낼 수 있고 인물이나 주인공의 개념을 대신할 수 있다. 행위소는 주체나 대상도 될 수 있고 반-주체 anti-sujet도 될 수 있다. 이처럼 행위소는 다가적 polyvalent 개념이기 때문에 담화 기본 언술을 분석할 경우에는 다시 주체 개념을 도입하게 된다.

이야기체 분석에서 상태 언술의 주어는 상태 주체 sujet d'état가 되고 행위 언술의 주어는 행위 주체 sujet de faire가 된다. 그 두 주체는 완전히 상반적인 주체가 아니라 하나의 행위소가 내포하는 두 가지 현실태 instances를 대표하는 것이다. 전자는 상태 언술내에서 가치 대상 objet de valeur과 접합 관계—즉 연접, 이접, 비연접, 비이접—를 지니고 있다. 그에 비하여 후자는 행위 언술에서 실행 performance을 통하여 상태에 대한 변형을 가져온다. 그런데 실행을 통하여 행위 주체가 되기 전의 동작주를 조작적 주체 sujet opérateur라고 한다. 조작적 주체는 의무-행위, 욕구-행위, 지식-행위, 능력-행위 등의 양태 개념과 결합하여 잠재적 능력의 주체를 이룬다.

한편 이야기체의 전개는 인지적 차원 dimension cognitive과 실용적 차원 dimension pragmatique을 형성하게 된다. 즉 이야기체 프로그램의 네 가지 단계에서 조종과 상벌은 인지적 차원을 이루고, 잠재 능력과 실행은 실용적 차원을 이룬다.[121] 인지적 차원이라 함은 지식과 인지적 활동에 관계되는 차원으로서 지식을 토대로 실용적 행동이 이루어진다. 그에 비하여 실용적 차원은 인지적 차원의 내적 지시 대상에 해당한다. 실용적 차원은 이야기체 프로그램 내에서 신체적 움직임에 대한 기술을 통하여 드러나며, 피언술자 내지 청자는 그것을 사건 événement으로 받아들이게 된다. 이와 같은 두 차원은 인식적 주체와 실용적 주체를 형성한다.

인식적 주체는 때로는 실용적 주체와 합일된 상태로 나타날 수 있지만 실용적 주체의 경우는 인식적 주체와 합일된 상태를 이루지 않는다. 이야기체 체계 schéma narratif의 틀 속에서 발송자 destinateur는 이야기 서두에서 이야기체 프로그램을 계약의 형식으로 알려주는 역할을 하는 경우가 있다. 이 때 발송자의 행로 parcours는 주로 인지적 차원에서 전개되고, 그 반면 수신자-주체의 행로는 실용적 행위 faire pragmatique를 바탕으로 하는 실용적 차원에서 수행된다.

---

121) *Ibid.*, 24쪽 참조.

이러한 주체 개념은 기호학적인 개념으로서 기호 사각형에서 주체에 맞서는 반주체를 발생시킨다. 때로는 주체가 추구하는 대상이 반주체의 위치에 놓이는 경우도 있지만 반주체는 기본적으로 기능적인 행위소로서 행위소-주체와의 관계를 통하여서만 존재하는 기호학적 단위이다. 기호 사각형의 반대 항에 위치하는 반주체는 한 마디로 주체의 행로를 방해하는 행위소이다. 주체와 반주체는 상호 작용을 통하여 일종의 상호적인 의사 소통을 수행한다고 할 수 있기 때문에, 이야기체 도식의 테두리에서의 발송자-수신자의 관계로 이해되기는 어렵다.

이상의 주체 개념은 『정념의 기호학』 이전의 개념을 종합한 것으로서 신화, 민담 등을 분석하기 위하여 의미론적으로 정의 되었다. 그렇기 때문에 상태 주체, 행위 주체, 인식적 주체, 실용적 주체 등은 주체의 상황과 기능에 따라 명명된 메타 언어라고 할 수 있다. 그러나 『정념의 기호학』에 등장하는 주체 개념은 데카르트 이후의 서양 철학, 윤리학, 특히 현상학적인 인간관을 기호학적으로 정리하여 구체화하였다. 따라서 그 관점 자체가 상당히 다르다고 하겠다. 전자가 인지적 차원과 실용적 차원을 중심으로 의미의 생성 과정을 밝히는 데 비하여 후자는 의미 발생 genèse에 대한 가상물인 선행 조건을 설정하고 주로 기질적 차원에 관련된 문제를 탐구한다.

『정념』의 주체 개념을 이해하는 데 불가결한 선행 조건[122]이란 이야기체 층위의 아래에 새로이 설정된 층위로서 의미 세계가 기호 사각형을 통하여 분절되고 주체가 불연속적 단위로서 구성되기 이전의 연속적이고 미분화된 상태를 말한다. 그렇기 때문에 선행 조건 층위에서는 주체와 대상은 통사적으로 분명하게 구분되어 있지

---

122) 이후 『정념』으로 표기함.

않고 다만 행위소의 원형으로서 존재하고 있다. 우리는 그러한 원형을 선주체와 선대상이라고 부른다. 이러한 선주체와 선대상은 아직 완전히 자율적인 모습을 갖추지 못하여 그에 근접하는 준주체의 상태에 있고, 선대상 역시 마찬가지로 준대상의 상태에 있다.

준주체 상태의 선주체는 감각 주체 sujet sentant, 지각 주체 sujet percevant의 기능을 수행할 수 있고 개별화와 범주화를 통하여 인식 주체 sujet connaissant가 된다. 인식 주체는 표층의 이야기체 통사론에서 탐색 주체 sujet de quête가 되고 담화화를 통하여 담화 주체 sujet discourant로 발전된다. 준주체 상태의 선주체는 선지향성의 상태에 있다. 선지향성은 훗설의 용어로서, 선주체가 선대상에 대해 선지향성을 투사하게 되면 대상의 잠재력이 가치로 전환되면서 선행 조건 층위에 불균형이 형성되기 때문에, 긴장 상태에 있던 선주체와 선대상 사이에 분열이 일어나면서 의미 발생의 윤곽이 드러나게 된다.

퐁타니유와 함께 쓴 『정념의 기호학』은 그레마스 기호학의 새로운 전기를 마련하면서 새로운 주체관을 보여준다. 그 이전의 기호학에서 주체는 의미론적으로 명명된 단순한 기호적 단위이지만, 『정념의 기호학』에서는 그레마스의 철학적 인간관이 집약된 존재를 표상한다. 주체에 관한 그의 관점을 이해하기 위해서는 앞에서 설명한 선행 조건 층위[123]를 구성하는 긴장성[124]과 감응,[125] 그리고

---

123) 선행 조건 층위의 세부적인 사항에 대해서는 홍정표 「정념의 기호학적 분석」, 한국외국어대학교 박사학위논문 제3장을 참조할 것.
124) 그레마스는 긴장성을 〈인간 세계에 있어서 내면 공간의 기본적 특성 중의 하나이다. 그 내면 공간은 우리가 기호학적 존재의 고유 양식을 구성하기 위하여 인정하고 규정한 바 있는 주체에 대한 자연 세계의 투영인 것이다〉 (*Sémiotique des Passions*, 17쪽)라고 정의한 바 있다. 긴장은 언술에 구체적으로 표현되는 것이 아니고 추상적으로 감지되는 인식론적인 가상물이다. 긴장성은 긴장과 이완 laxité을 내포하고 있다. 가령 영어의 〈a little〉,

발랑스[126] 개념, 또 그 층위에서 감지되는 양태에 관해서도 주지해야 한다. 여기에서는 주체에 대한 그레마스의 기본 관념만을 살펴보기로 하겠다:

> 지각의 순간 인간의 신체는 매개태 instance de médiation 역할을 하였다. 환언하면 외수용과 내수용 사이의 중개 역할을 행하면서 긴장성을 바탕으로 동질적인 기호학적 공간을 형성하여 왔다. 그러나 이제는 생동하는 육신, 즉 본연의 자기 수용성이 총체적 감각 존재로서 자신을 드러내고 자신의 권리를 주장하게 된다. 이제는 자연계가 주체 쪽을 향하여 다가오는 것이 아니다. 세계의 주인이면서 그 의미를 장악하고 있다고 선언하는 주체가 그 자연계를 자기 방식대로 구상적으로 재구성하는 것이다.[127]

이러한 견해를 통하여 그레마스는 피분석 대상이던 주체를 능동적이고 주관을 토대로 하는 주체의 개념으로 전환시킨다. 따라서 『정념』은 새로운 주체 개념을 바탕으로 이전의 기호학을 넘어서는 새로운 기호학의 출발점이 된다. 단지 그의 주체 개념은 프로이트

⟨little⟩에 해당하는 불어의 ⟨un peu⟩와 ⟨peu⟩는 전자가 ⟨+긴장, -이완⟩을 지니는 데 비해 후자는 ⟨-긴장, +이완⟩을 내포하고 있다.
125) 긴장 관계 속에서 주체와 대상 사이에서 일어나는 끌어당기는 힘=인력 attraction과 밀어내는 힘=척력 répulsion을 가리킨다. 감응은 선행 조건 층위에서 심층 층위로 전환될 때 쾌감과 불쾌감으로 분절되고, -쾌감, -불쾌감과 함께 기호 사각형 위에 나타낼 수 있다.
126) 그레마스는 발랑스를 ⟨대상과 결부된 인력과 척력의 잠재적 능력⟩(*Sémiotique des Passions*, 27쪽)이라고 정의한다. 주체가 대상에 선지향성을 투사하면 대상의 잠재력이 가치가 되므로, 주체는 대상에 통사적 속성을 결정하게 하고 대상은 주체를 의미화한다. 따라서 주체와 대상은 서로를 규정한다.
127) Greimas, *Sémiotique des Passions*, Seuil, 1990, 18쪽.

나 라깡의 정신 분석을 바탕으로 하지 않고 현상학적 인간관을 토대로 설정되었는데, 그 이유에 대해서는 보다 깊이 있는 연구가 필요하리라 생각한다.

8. 맺는 말

지금까지 살펴본 바와 같이 그레마스는 어휘론, 의미론에 대한 연구로부터 출발해서 이야기성을 중심으로 하는 기호학을 정립하여 텍스트 연구에 금자탑을 쌓았다. 그가 창설한 〈파리 학파〉는 구심점은 없지만 코케, 쿠르테스, 퐁타니유 등이 이론을 계승, 발전시키고 있다.

그레마스의 기호학 이론과 관련하여 필자가 강조하고 싶은 것은 그의 이론의 종합적, 합리론적 내지 이성주의적 성격이다. 그의 이론은 언어학적 테두리를 벗어나 논리학, 현상학, 심리학, 인류학, 민속학 등 여러 학문 분야에서 이론적 토대를 끌어들여 기호학으로 수렴시켰다. 그러한 맥락에서 옐름슬레우, 프로프, 레비-스트로스, 뒤메질 Dumézil 등의 저서와 논문들은 그의 이론 형성에 크게 기여하였다.

소쉬르와의 관계는 복합적인 면이 있다. 소쉬르의 『강의』는 그에게 언어학의 기본 이론과 개념을 종합한 저서로서 당연히 읽어야 할 책이라고 생각한다. 그에 비하여 방법론적인 면에서는 옐름슬레우가 중요하다는 생각을 갖고 그의 이론을 체계적으로 공부한다.

구조주의의 전성기에 메를로-뽕띠, 라깡, 바르트 등이 소쉬르의 랑그/빠롤, 시니피앙/시니피에 등을 토대로 자신들의 이론을 전개하자, 그레마스는 《Français Moderne》의 기고에서 〈소쉬리즘 Saussurisme〉이라는 개념을 만들고 소쉬르를 예찬한다. 그러나 자신의 기호학 이론을 심화시키면서 기호학에 대한 소쉬르의 기여가 별로 없다는 생각을 하게 되고, 그러한 점을 별다른 숙고 없이 단편적으로 표출하기도 한다.

객관적으로 볼 때, 그레마스의 기호학 sémiotique 개념은 소쉬르의 기호학 sémiologie 개념과 전혀 다르다. 그에 대해서는 앞에서 살펴본 바와 같다. 그럼에도 불구하고 몇몇 소쉬르의 핵심 개념들은 그레마스의 분석에 없어서는 안 되는 개념들이다. 가령 그레마스는 기호 사각형을 통하여 의미가 분절되는 것을 〈차이〉를 가지고 설명하고 있고, 〈차이〉는 의미 요소 상호간의 〈관계〉를 드러내는데, 이 모두 소쉬르가 창안한 개념들이다. 또한 생성 경로와 관련하여 의미론적인 수직의 축과 통사론적인 횡적인 축 역시 소쉬르의 계열체의 축과 통합체의 축을 가리키는 것이다. 그리고 보면 소쉬르의 이론은, 비유적으로 말하자면 공기와 같은 것이어서, 의식하지 않고 살면서도 없으면 안 되는 것이라고 할 수 있지 않을까 싶다. 분명한 것은 그레마스의 기호학이 학제적 interdisciplinary이면서 범유럽적이라는 점이다.

그레마스의 이론적 추구 과정을 살펴보면 그가 처음부터 기호학을 연구 목표로 삼았던 것은 아니다. 의미 현상의 조직적인 탐구가 그를 어휘론에서 의미론과 기호학으로 이끌어 갔던 것이다. 그러나 기호학적인 연구 방법이 어떤 단일 분야에 대한 연구로부터 도출된 것이 아니고, 『의미에 대하여』 I, II권에서 볼 수 있는 바와 같이 여러 분야에 대한 연구로부터 종합된 것이다. 그에게 있어서 일관적인 것은 어떤 가설을 세우고 그것을 연역적으로 풀어서 이론으로 정립한 후, 그 이론을 구체적인 사례에 적용시키는 순서를 따른다는 점이다. 그것은 서구의 가장 보편화된 합리주의 내지는 이성주의적인 방법이고, 그레마스는 그러한 방법을 엄격하고도 철저하게 추구하였다.

결과적으로 그의 가장 큰 업적은 넓은 의미에서의 텍스트의 의미 연구에 가장 조직적이고 체계적인 분석 방법을 정립하였다는 데 있다. 주어/목적어를 주체/대상으로 전환하고 그것을 수신자/발신자, 협조자/반대자 모형과 접목시키면서 동위성, 기호 사각형 개념을 도입하였고, 양태론에 대한 연구를 심화하면서 평면적인 이야기가 심층에서 표층과 담화체 층위를 거쳐 텍스트화된 후 최종적으로 표출된다고 수미 일관된 설명 방법을 제시하였다.

그러나 텍스트의 이야기성 연구가 그의 업적의 전부는 아니다. 그가 서거하기 2개월 전에 브르타뉴의 그의 자택으로 방문한 필자에게 자신의 이론 전개 과정을 세 단계로 나누어 설명해 주었다. 제1단계는 1940~1980년대 전반까지로, 텍스트와 이야기성 탐구에 전념하던 시기이다. 제2단계는 1980년대 후반부터 1990년대 초반까지로, 정념의 기호학에 대한 연구를 수행하던 시기이다. 제1단계에서 대상을 추구하는 주체는 언제나 불변적인 항수(恒數)와 같은 존재로 간주하였다. 그럼으로써 제2단계에서는 외부와 접촉하면서 느끼고 지각하고 인지하는 과정을 통하여 정신과 심정의 변화를 내적으로 조정해야하는 주체의 정념을 기호학적으로 분석하고 기술하는 방법을 모색하였던 것이다. 제3단계는 1990년대 초반부터 서거하기까지의 시기로, 이 시기에 그레마스는 영국 출신의 킹 여사와 함께 중세 종교 미술에 대한 기호학적인 연구를 수행하고 있었다. 그는 제3단계의 연구가 제2단계 연구의 연장선상에 있다고 하면서, 그것은 〈하나님의 나라에 가기 전에 해야하는 마지막 연구〉라고 말하였다. 그의 말은 예술―특히 종교적 예술―은 신과 가장 가까이 있으면서 객관화하기가 가장 어려운 분야이기 때문에, 기호학적으로 접근해야 한다는 의미를 담고 있었다.

　프랑스 교육은 〈텍스트 설명 explication de texte〉을 토대로 이루어지고 있고, 그러한 방법이 분석적이면서 종합적이고 세련된 지성을 양성하는 원천이 되고 있다. 그레마스의 이론은 그러한 교육을 위한 가장 효과적인 방법을 제시하고 있기 때문에 우리 나라에서도 그레마스에 대한 연구와 논의가 보다 활성화되고, 한걸음 나아가 교육 현실에 적용될 수 있으면 하는 소망이 간절하다.

참고 문헌

Barthes, R., *Eléments de Sémiologie*, Seuil, 1964.
Combet, G., "Cinq ans Après," *Actes Sémiotiques*, Bulletin, no. 17.
Coquet, J. C. et al., *Sémiotique, L'Ecole de Paris*, Hachette, 1982.
Courtés, J., *Introduction à la Sémiotique Narrative et Discursive*, Hachette, 1975.
Greimas, A.-J. & Gourtés, J., *Sémiotique, Dictionnaire Raisonné de la Théorie du Langage*, Hachette, 1979.
Greimas, A.-J., *Sémantique Structurale*, Larousse, 1966.
_____, *Du sens I*, Seuil, 1970.
_____, *Maupassant*, Seuil, 1975.
_____, *Du sens II*, Seuil, 1983.
_____, *Sémiotique des passions*, Seuil, 1990.
_____, "Foreword" by F. Jameson, *On Meaning*, University of Minnesota Press, 1987.
Groupe d'Entreverne., *Parole, figure, parabole*. P.U. de Lyon, 1987.
Hénault, A., *Les enjeux de la sémiotique*, I, P.U.F., 1979.
_____, "Narratologie," *Sémiotique générale*, II, 1981.
Hjelmslev, L., *Prolégomènes à une théorie du langage*, Ed. Minuit, 1971.
Kalinowski, G., "Carré Sémiotique et Carré Logique," *Actes Sémiotiques*, Bulletin, no. 17.
Lévi-Strauss, C., *Anthropologie Structurale*, Plon, 1958.
Patte, D., "Carré Sémiotique et Syntaxe Narrative," *Actes Sémiotiques*, Documents, III, 23, 1981.
_____, "Greimas's Model for the Generative Trajectory of Meaning in

Discourses," *American Journal of Semiotics*, vol. 1, no. 3, 1982.

Rastier, F., *Sémantique interprétative*, P.U.F., 1987.

Ricoeur, P., "La Grammaire Narrative de Greimas," *Actes Sémiotiques*, Documents, II, 15, 1980.

_____, "Narrative Time," *Critical Inquiry*, vol. 7, no. 1, 1980, vol. 7, no. 4, 1981.

Schleifer, R., "Introduction," *Structural Semantics*, University of Nebraska Press, 1983.

Tesnière, L., *La syntaxe structurale*.

김준섭, 『논리학』, 정음사, 1966.

서인석, 『성서와 언어과학: 구조 분석의 이론과 실천』, 성 바오로 출판사, 1983.

박인철, 「의미의 전조건」, 한국기호학회 편, 『문화와 기호』, 문학과 지성사, 1995.

_____, 「문학 텍스트의 기호학적 독해」, 『외국 문학』 1990년 여름호.

주경복, 「그레마스 기호학의 이론적 기초에 대한 비판적 고찰 I」, 『프랑스학 연구』 제10집, 어문학사, 1992.

_____, 「그레마스 기호학의 이론적 기초에 대한 비판적 고찰 II」, 『프랑스학 연구』 제11집, 어문학사, 1993.

하윤금, 「그레마스」, 서정철 편, 『현대 프랑스 언어학』, 문학과 지성사, 1985.

홍정표, 「정념의 기호학적 분석」, 한국외국어대학교 박사학위논문, 1995.

김도연, 「문학 텍스트의 이야기 구조 분석」, 한국외국어대학교 석사학위논문, 1996.

# 제5장 바르트:
기호와 텍스트를 위한 탐험

1. 들어가는 말
2. 바르트와 기호학적 전망
3. 글쓰기 개념과 언어
4. 기호와 신화
5. 기호학: 이야기의 구조적 분석
6. 『S/Z』와 새로운 글읽기
7. 『텍스트의 즐거움』과 바르트의 텍스트 철학
8. 남는 문제: 주체
9. 맺는 말

개요

- 글쓰기와 문체는 비슷한 개념 같으나 후자는 작가가 비밀스러운 개인적 신화 속에 빠져드는 자족적 언어 행위인 데 비해, 전자는 역사에 대한 작가의 연대성을 보여주는 행위로서 사회에 대한 작가의 의식이 투영되는 장이다.
- 기호와 기호학의 기본 개념은 소쉬르로부터, 공시 개념과 분석 방법은 옐름슬레우로부터 받았다. 바르트는 그것들을 실제 분석에 독창적으로 적용한다.
- 일반적으로 기호학은 기의 중심이지만 바르트는 기표에 중점을 둔다. 왜냐하면 기표가 새 의미를 만드는 역동적 역할을 하기 때문이다.
- 『신화론』은 현대 사회의 다양한 현상을 기호학적으로 분석한다.
- 『이야기의 구조적 분석 입문』은 구조주의적 방법을 토대로 이야기를 기능 층위, 행위 층위, 서술 층위 등으로 구분하고, 이야기의 상황과 체계를 세부적으로 분석함으로써 이야기에 대한 일반 이론의 구축을 시도한다.
- 발자크의 단편 『사라진느』를 분석한 『S/Z』는 조직화와 체계화를 추구하는 구조주의에서 벗어나 텍스트에 담긴 다성적 의미를 포착한다. 우선 텍스트를 독해 단위 렉시 lexie로 나눈 후, 메타 언어적 약호를 도입하여 각 단위를 명명하고 심도 있게 분석한다.
- 『텍스트의 즐거움』은 모든 방법론에서 벗어난 바르트가 열린 글읽기의 경지에서 표류적으로 쓴 독서 철학을 담고 있다.

1. 들어가는 말

비평가, 수필가, 기호학자, 사회학자, 구조주의자 등, 롤랑 바르트에게 부여된 명칭은 무척이나 다양하다. 구조주의의 등장과 함께 화려한 각광을 받은 그는 프랑스 국경을 넘어 유럽과 북미에서는 인기 있는 이론가이다. 비극적인 교통사고로 1980년 그가 사망한 후에도 영·미에서는 그의 전 작품이 영역되었을 뿐만 아니라, 저서에서 가려 뽑은 그의 글들은 독본 형태로 미국 대학에서 교재로 읽히고 있다.

외관으로 보기에는 그처럼 찬란한 조명을 받은 바르트였지만, 사실상 그의 인생 역정은 어두운 그늘이 질 때가 더 많았다. 영화 『셸부르의 우산』으로 알려진 항구 도시에서 태어난 그는 그 다음 해 1차 대전에 참전하였던 부친을 여의고 어머니와 함께 프랑스 서남쪽 항구 도시 바이욘에서 어린 시절을 보낸다. 그 후 학업을 위하여 파리에 올라와 고등 사범 학교를 준비한다. 그러나 폐결핵을 앓게되어 고등 사범 학교 진학을 포기하고 결핵 요양소로 떠난다. 생애에 대해 별다른 의미를 부여하지 않았기 때문에 자세히 언급하지 않으면서도 그는 자신이 늘 물질적인 궁핍, 고독 등에 시달렸다는 사실을 감추지 않는다.[1] 그러나 그는 고통스러운 인간 조건에 굴하지 않고 오히려 그러한 악조건을 창조적이고 도전적인 글쓰기와 독창적인 텍스트 읽기의 기회로 전환시킨다. 그는 자신에 대해 〈글쓰기를 즐기고〉, 〈글쓰기를 시작하면 그 즉시 텍스트는—다행스럽게도— 이야기의 시간적 지속으로부터 나를 떼어내고 나 자신을 잊게 한다.…… 텍스트는 나의 육신을 어디론가 싣고 가버린다. 가상적인 나의 자아로부터 멀리 있는 기억의 흔적조차 없는 언

---

1) R. Barthes, *Roland Barthes*, Seuil, 1974, 4쪽.

어의 세계로……〉라고 쓰고 있다.[2]

　글쓰기와 텍스트에서 제일 먼저 부딪치는 것은 언어의 문제이다: 〈언어가 없다면 사상은 있을 수 없다. 따라서 언어 형식은 문학적 사명 완수의 일차적 심급 instance이면서 아울러 마지막 심급인 것이다.〉[3] 1949년 이집트 알렉산드리아에서 그레마스와 함께 한 교수생활은 그로 하여금 언어와 언어학에 대해 개안(開眼)을 하게한 중요한 계기가 되었다. 그레마스의 제안에 따라 두 사람은 옐름슬레우를 함께 공부하고, 귀국 후에 두 사람 모두 어휘론을 연구하다가 함께 기호학 쪽으로 방향을 돌린다.

　바르트는 소쉬르의 『강의』를 다시 읽고는 그의 기호 개념뿐만 아니라 통합체·계열체 등의 개념에서 큰 깨달음을 얻고, 1965년에 『기호학 요강 Eléments de sémiologie』을 내놓는다. 그러나 의미 분석에 있어서는 옐름슬레우에 크게 의존하여 옐름슬레우의 공시 개념은 바르트의 신화 분석의 근간을 이루게된다.

　이와 같이 바르트는 소쉬르, 옐름슬레우, 야콥슨, 벵베니스트, 그레마스 등의 선배로부터 많은 것을 배웠다. 그러나 그가 그들의 이론을 맹목적으로 따른 것은 아니다. 그는 자기가 배우고 익힌 언어학적 이론을 창조적으로 적용하여 텍스트 분석에서 자신만의 독창성을 구축한다. 무엇보다 그는 어느 한 가지 방법에 집착하지 않고 끊임없이 변신하면서 더 새롭고 관여적 pertinent인 이론을 추구한다. 아무리 훌륭한 이론이라 할지라도 어떤 한 가지 이론이나 방법에 안주한다는 것은 그의 취향이나 성격에 맞지 않는다. 그는 지배적 이데올로기나 권위적 담론에 저항할 뿐만 아니라 자기 자신에 대해서도 끊임없이 저항하고 거스른다.

---

2) *Ibid.*, 6쪽.
3) R. Barthes, *Le Degré Zéro de l'Ecriture*, Seuil, 1953, 56쪽.

2. 바르트와 기호학적 전망

일상적인 것, 우리에게 익숙해진 풍경, 모두에게 알려진 지식이나 사실, 그런 것들 속에 감춰진 허와 실을 끄집어내서 그것들을 뒤집어 그 참모습을 보여주는 마술사적인 재주와 재치, 롤랑 바르트는 바로 그러한 특별한 재주와 재치의 소유자였다. 음악에 대해 깊은 조예를 가진 피아니스트이자 문학 비평가로서, 언어학, 사회학, 인류학, 정신 분석학에 대해 해박한 지식의 소유자로서, 글 속에서 필요할 때는 언제나 다양한 분야의 지식을 동원하는 것으로 알려져 있다. 그는 한 가지 이론, 한 가지 관점, 한 가지 종류의 주장을 고집 하는 법이 없다. 그의 글을 읽을 때 다양한 분야에 대한 소양이 필요한 것도 그런 점에서이다. 그의 관심과 초점이 끊임없이 바뀌고 그 자신이 계속적으로 변모하는 점에서 그와 같은 공기를 마시며 그를 따라가기란 결코 쉬운 일이 아니다. 따라서 대부분의 경우, 그를 이해한다는 것은 어느 한 시기, 한 가지 면에 대한 이해에 그치기 일쑤다.

그러한 그의 변모를 변덕스런 기질의 발로, 또는 경박성으로 보는 시각도 많이 있다. 물론 외형적으로 드러난 것만을 보면 그러한 인상을 받을 수도 있다. 그러나 그의 끊임없는 변모는 변화를 위한 단순한 변화가 아니라 사물에 대한 보다 효과적인 인식 방법을 추구하는 과정에서 얻어진 결과이며, 다양한 학문에 대한 관심도 학문 그 자체가 목적이 아니라 현상을 보다 깊이 있게 보기 위한 수단이라고 하는 편이 옳을 것이다. 언어학, 정신 분석, 기호 내지 기호학에 대한 그의 관심은 그러한 관점에서 이해되어야 할 것이다.

1960년에서 70년대말에 이르기까지 프랑스 문화계에서 바르트만큼 강력한 논란을 불러일으키고 또 강력한 영향력을 행사한 인물도 없었다. 80년 그가 어처구니 없는 교통 사고로 타계한 만큼, 이제 우리는 그가 어느 정도로 정확하게 이해되고 있는가 하는 문제에 대해 객관적으로 검토해보아야 할 때가 되지 않았나 생각한다. 바르트에 대한 올바른 이해가 이제껏 쉽지 않았던 까닭은 그 저서와 업적의 성격이 다양하고 그의 면모가 누구보다도 다면적이기 때문이다. 그는 「라신느 연구 Sur Racine」와 함께 문학 비평가로 널리 알려지게 되었다.[4] 그러나 그 이전에 출판된 『글쓰기의 영도 Le Degré Zéro de l'Écriture』에서 사회를 대하는 작가의 심리적 태도와 문체를 연관시키는 연구를 통해 문체 연구가 겸 문학사가로서의 날카로운 관점을 보여주었고, 또 고전 수사학에 대한 해박한 지식을 바탕으로 새로운 수사학의 기초를 확립하고자 시도하였다. 그 또한 『기호학 요강 Eléments de Sémiologie』에서는 언어학자겸 기호학자로서의 면모를 보여주는가 하면, 70년대 이후 『S/Z』와 「에드가 알렌 포우의 단편 분석」과 「성서(聖書) 분석」 등을 통하여 텍스트 분석에 주력하였다. 그의 텍스트론은 『텍스트의 즐거움 Le plaisir du texte』에서 명백히 드러나는데, 거기서 독자의 위치는 글쓰기의 주체로 부상되는 반면, 작품을 쓰는 작가의 지위는 소멸된다. 특히 『자신에 의한 롤랑 바르트 Roland Barthes par lui-même』 이후 바르트의 용어 선택은 단순한 언어의 쓰임보다 생산, 창조, 역동성에 중점을 두었다.

　방법 면에서의 변화도 다채롭다. 초기의 『신화론 Mythologies』과 『기호학 요강』 등에서는 사르트르 Sartre의 영향과 함께 소쉬르와 옐름슬레우의 개념과 방법에 주로 의존하는가 하면, 60년대에 이르러서는 구조주의 방법론 중에서도 야콥슨과 특히 벵베니스트의 이

---

4) 삐까르 Picard교수는 Nouvelle critique ou nouvelle imposture에서 바르트를 사기성 있는 비평가라고 비난한 바 있다.

론에서 중요한 영향을 받아 이야기의 단순한 내재적 분석에서 차츰 담화내에서의 연동소 내지는 지시소의 문제를 거론한다. 특히 크리스테바 Kristeva를 통하여 바흐찐 Bakhtine의 다성 현상 polyphonie 발굴에 대한 영향을 받고 동일한 텍스트 속에 동시에 잠재해 있는 여러 가지 코드 내지 약호들을 분석하였다. 후기의 연구에서 바르트는 프로이트와 라깡의 정신 분석학에서 많은 시사를 받고 있다. 한편으로 사회 참여 문학적인 성격을 회피하면서 동시에 자신의 이데올로기적인 관점을 강조하고 있으며, 상상력에 대한 분석과 평가 역시 그가 중점을 두고 있는 분야이다.

이러한 사실들을 고려해볼 때 바르트에 대한 연구는 자칫 단편적이 되거나 주관적인 관점에 빠지기 쉽다. 이 경우 가장 기본적인 고찰 방법은 언어와 그에 연관되는 분야 및 개념과의 관계를 통하여 바르트를 조명해보는 방법일 것이다. 소쉬르나 옐름슬레우를 비롯해 앞서 언급한 언어학자들의 개념과 용어들은 그에게 새로운 이론을 위한 전망을 계속 열어주었다. 바르트는 자기 자신을 문학 비평가나 언어학자로 보기보다는 문학 언어 탐구자로 보고 있다.[5] 언어에 대한 고찰은 기호적인 단위에서 확장되어 담화, 이야기, 텍스트로 발전되고 아울러 그것은 비언어학적 현상—예컨대 사회학적인 것과 넓은 의미에서 문화적인 것으로 옮겨간다. 그리하여 언어적인 자료는 언어학적인 모형을 만들게 하고 이러한 언어학적 모형이 기호학적 모형의 바탕이 됨으로써, 그 틀 속에서 문학적인 것에서부터 문자에 의하지 않는 비문학적인 것에 이르기까지, 의미를 내포하고 산출하는 모든 것을 다룰 수 있다는 것이 그의 기본적인

---

5) 〈Depuis vingt ans environs, ma recherche porte sur le langage littéraire, sans que je puisse tout à fait me reconnaître dans le rôle du critique ni dans celui du linguiste.〉 R. Barthes, *Le bruissement de la langue,* Seuil, 1984, 141쪽.

관점이다.

그러므로 바르트의 문학 작품 연구는 언어에 대한 성찰에서 비롯되고, 언어학적인 개념은 그것을 설명하는 도구 내지는 수단이며, 그에 대한 연구에서 얻어진 결과는 사회 문화적인 현상을 분석하는 바탕이 된다는 것이다. 그렇다면 그의 언어 이론의 중심을 이루는 기호학은 어떻게 발전되었는가? 기호와 기호학에 대한 관심은 1956년경 소쉬르의 『강의』를 읽고나서부터 시작된다. 그는 『강의』에 나타난 소쉬르 언어학의 핵심 개념들이 기호학에 대한 기본적인 틀을 구성하는 작업에 기여할 수 있다고 생각하였다. 그에게 있어서 기호학은 소쉬르가 생각했던 바와 같이 〈사회내에서 기호의 생태〉에 대한 연구로서, 인간의 다양한 사회 현실 속에 내재하는 기호 체계들을 해석하는 것이라고 보았다. 그러나 바르트가 소쉬르의 생각을 그대로 따른 것은 아니다. 소쉬르는 기호학을 구성하는 체계로 〈문자, 점자 알파벳, 상징적 의식 sites, 예절 형식, 군 신호 체계〉[6] 등을 들면서 언어가 기호학의 체계 중의 하나라고 보았다. 그에 비하여 바르트가 기호학의 체계로서 연구한 분야는 의상 Mode,[7] 음식, 자동차, 장식 가구 등 자신이 평소 상당한 취미를 가진 분야로 한정된다. 기호학자로서 그가 가장 역점을 둔 분야로, 사회 현상 속에서 표출되는 기호 행위에 대한 비판적인 분석을 그는 〈신화론 mythologie〉이라고 불렀다. 그리고 무엇보다도 바르트는 소쉬르와는 달리 언어가 기호학의 한 분야가 아니라 기호학이 언어학의 한 분야라고 보았다.

하지만 기호학에 대한 그의 견해나 태도가 언제나 일관된 것은 아니었다. 1974년 이탈리아의 기호학 세미나에서 그는 자신의 기

---

6) *C.L.G.*, 33쪽.
7) 일반적으로 〈mode〉는 〈유행〉을 의미하고 소문자로 써야 하지만, 바르트는 대문자로 쓰면서 〈의상〉이라는 의미로 사용한다.

호 내지 기호학에 대한 편력을 다음의 세 단계로 나누고 있다.[8]

2.1. 제1기 경탄의 시기(1949~1956)[9]

바르트가 랑가쥬, 특히 담화 연구에 심취하면서 『글쓰기의 영도』를 준비한 시기이다. 이집트 알렉산드리아대학에서 바르트는 그레마스 덕분에 1949년부터 소쉬르를 읽게 되고, 이에 심취한다. 또한 이 시기에 야콥슨과 옐름스레우도 알게 된다. 그리고 1956년에는 프랑스 부르조아 계급이 엮어내는 허구적인 신화를 고발하는 『신화론 Mythologies』을 출판한다. 그는 소쉬르의 발견이 쁘띠부르조아들의 신화를 깨뜨릴 수 있게 하는 학문적인 방법을 깨닫게 해주었다고 말한다. 그러나 사실은 옐름스레우의 공시 의미 작용에 대한 이론이 『신화론』을 쓰는 데 더 중요한 역할을 했고, 소쉬르의 『강의』는 『기호학 요강』의 바탕이 되었다.

2.2. 제2기 기호학의 학문적 탐구의 시기(1957~1963)

이 시기에 바르트는 소쉬르의 핵심 개념인 랑그/빠롤, 기호, 기표/기의, 의미 작용, 어가, 통합체/체계와 옐름스레우의 외시/공시 개념을 자기 나름대로 종합하여 복장, 음식, 자동차, 장식 가구 등의 분석에 적용한다. 아울러 『의상의 체계』를 집필하면서 의상 언어의 문법을 구성하고자 노력한다. 그는 대선배 언어학자인 야콥슨과

---

8) 1974년 6월 7일자 《르 몽드 Le Monde》지 전재 및 R. Barthes, *L'Aventure Sémiologique*, Seuil, 1985, 10-13쪽 참고.
9) 그 자신이 언제부터라고 밝히지 않지만 깔베의 『롤랑 바르트』(플라마리옹, 1990)를 참고하면, 1949년부터 『글쓰기의 영도 Degré Zéro』가 출판된 1956년까지가 될 것 같다.

벵베니스트로부터 많은 것을 배우면서 그레마스, 에코 등과 기호학 세미나를 열기도 하고 《국제 기호학 연구지 *Revue Internationale de Sémiologie*》를 창간하기도 한다.

기호학과 기호학의 학문적 성립에 기여하면서도 그에게 있어서 중요한 것은 학문이나 이론 그 자체보다도 어느 특정 분야에 대한 이론의 조직적인 적용이었다. 그는 기호학적인 분류 작업에서 〈일종의 창조적 도취〉를 느낀다고 하였는데, 이러한 기호 연구가 그에게 주는 즐거움은 주로 기표와 텍스트에 대한 연구에서 얻어졌다. 그리하여 그의 관심은 점차 기표와 텍스트 쪽으로 옮겨간다.

2.3. 제3기 텍스트 연구(1963년 이후)

텍스트에 대한 연구는 초기에는 구조주의적 형식을 중심으로 전개되다가 차츰 기호학 Sémiotique—그는 의미 작용의 기호학 Sémiologie de la signification이라 부른다—적인 연구로 옮겨간다. 예컨데 『이야기의 구조적 분석 *Analyse structural du récit*』은 전자에 속하는 연구이다. 그는 그러한 형식론적인 연구에 회의를 느끼고 의미 작용의 연구로 방향을 바꾸게 되는데, 『S/Z』가 바로 그러한 연구를 대표한다. 이 시기에 그는 레비-스트로스를 비롯하여 프로프, 라깡, 푸코 Foucault, 데리다 Derrida 등의 이론과 접하게 되고, 그의 강의를 듣던 불가리아 출신의 크리스테바와 토도로프 Todorov 에게서 상당한 지적 자극을 받는다.

이 시기에 그가 도달하게 된 〈텍스트〉 개념은 〈작품〉과는 다르다. 그것은 기호 등의 결합이 만들어 내는 폐쇄적이고 결정론적인 하나의 의미를 담고 있는 그릇이 아니라 기표들이 〈논리〉를 통하여 의미를 산출하는 과정이다. 한마디로 바르트는 지극히 폐쇄적인 구조주의적 텍스트 개념에서 출발하였지만, 그로부터 완전히 벗어나서 기표들의 자유로운 놀이터로서의 텍스트 개념에 도달하게 된다.

바르트의 기호학—넓은 의미에서 문학 기호학까지를 포함하여—은 기본적으로 인간의 언어, 다양한 랑가쥬에 대한 탐구 결과를 여러 분야의 현상에 적용한다. 그는 언어가 인간의 행위와 의식을 조명하는 열쇠를 지녔다고 봄으로써 소쉬르와는 달리 언어학을 기호학의 상위 학문으로 인식하였다. 그러나 점차 인간의 언어는 투명한 인식 대상이 아니기 때문에 그것을 조명하기 위해서는 정신 분석학의 도움을 받아야 한다고 생각하게 되었다. 아울러 그의 기호학은 언어학과의 연관성을 부정하지 않으면서도 자율성과 독자성을 강화하게 된다. 『신화론』을 쓰던 50년대와 60년대 초반까지도 바르트 기호학의 공격 목표는 주로 쁘띠부르조아들의 의식 구조였으나 점차 서구 문명의 상징 체계와 의미 체계의 맹점을 파헤치는 쪽으로 옮겨간다. 그는 자신의 목표가 서구의 폐쇄적인 의미 체계에 〈균열 fissure〉을 간드는 것이라고 말하면서, 60년대 후반부터 형식적인 기호학 분야에 대한 관심에서 벗어나서 글쓰기로서의 텍스트 연구에 몰두하게 된다.「성서 분석」,「에드가 알렌 포우의 단편 분석」,『S/Z』,『텍스트의 즐거움』 등의 제목만으로도 그의 생애 말년의 관심이 어디에 있었는지를 쉽게 알 수 있다.

우리는 위에서 언급한 그의 지적과 『롤랑 바르트에 의한 롤랑 바르트』 속에서 그가 제시하는[10] 자신의 저서에 대한 분류를 바탕으로, 먼저 사회적 이데올로기에 대한 관심이 나타난 초기의 『글쓰기의 영도』,『기호학적 모험』,『기호학 요강』을 설명하고, 중기의 『신화론』에 이어 그의 후기의 『S/Z』,『텍스트의 즐거움』을 중심으

---

10) 그는 자신의 저서 『롤랑 바르트에 의한 롤랑 바르트』 148쪽에서 시대 구분과 영향을 다음과 같이 정리하고 있다.

로 살펴보고자 한다.

3. 글쓰기 개념과 언어

3.1. 문학과 언어학의 관계

문학에 대한 바르트의 연구는 언어학과의 상호 연관을 통하여 한층 더 잘 드러난다. 문학은 학문이 아니다. 그러나 문학의 내용은 학문이 내용으로 삼는 그 자체이며 학문의 여러 분야는 그 어느 것이건 모두가 보편 문학에 의하여 다루어지기 때문에,[11] 문학이 세계와 인생을 하나의 연속체로서 포용하고 기술한다면, 각 학문은 전자의 내용을 불연속체로서 사회적인 것, 심리적인 것, 역사적인 것, 정치적인 것 등으로 나누어 연구의 대상으로 삼는다고 볼 수 있다. 그리하여 학문이 전문 분야의 개념과 용어를 도구로 삼아 세분화에 의하여 연구 검토하는 대상을 문학은 모두 자신의 담화 속에 끌어들인다는 것이다. 양자는 모두 자기 나름대로 조직적이어야 한다는 점에서 공통점이 있지만, 양자를 가능하게 해주는 도구가

	영향	성격	저서
1기	사르트르, 마르크스, 브레히트	사회적 신화론	『글쓰기의 영도』, 『신화론』
2기	소쉬르	기호학	『기호학 요강』, 『유행 의상의 체계』
3기	솔레르스 줄리아 크리스테바 데리다 라깡	텍스트성	『S/Z』, 『사드, 푸리에, 로욜라』, 『기호의 제국』
4기	니체	윤리성	『텍스트의 즐거움』 『롤랑 바르트에 의한 롤랑 바르트』

11) R. Barthes, *Le bruissement de la langue*, Seuil, 1984, 13쪽.

되는 언어는 양자의 공통성과 차이점을 동시에 보여준다. 학문에 있어서 언어는 도구에 지나지 않는다. 따라서 언어는 학문적인 주제(연설, 가설, 결론) 등의 속성에 예속되기 때문에 가능한 한 투명하고 중립적인 성격을 지니도록 하는 것이 좋다.[12] 그에 비하여 일부 고전주의적 문학을 제외한다면, 문학에 있어서 언어란 언어 이전에 존재한다고 생각될 수 있는 사회적・정념적 혹은 사적인 〈실재성〉을 위한 손쉬운 수단이거나 사치스러운 장식품만은 아니다. 왜냐하면 문학이란 글쓰는 행위 속에 담겨진 것이지 〈생각하기〉, 〈묘사하기〉, 〈이야기하기〉, 〈느끼기〉 등의 행위 속에 담겨있는 것이 아니기 때문이다.[13]

바르트의 중요성은 언어를 도구로 생각하고 문학을 사상이나 느낌 또는 어떤 이야기나 내용의 표현으로 생각하는 통념에서 벗어나 〈글쓰기 행위〉로 규정한다는 점이다. 그는 〈글쓰기 행위〉 속에서 문학과 언어는 대등하고도 불가분의 관계에 있다고 본다. 그는 모리스 나도 Maurice Nadeau와의 대담에서도 문학은 보편적인 언어로서 제시되는 것이지만, 그것은 특수언어[14]라고 설명하고 있다. 문학의 연구는 언어의 문제를 떠나서 생각할 수 없는 것이다. 서구 문화 속에서 언어와 문학의 상호 발견과 상동성의 문제는 구조주의의 발달과 관계가 있는데, 그러한 관점을 환기시킨 이가 바로 바르트였다.[15] 그러나 바르트나 구조주의 이전에 이미 말라르메는 언어를

---

12) *Ibid.* 14쪽.
13) *Ibid.* 14-15쪽.
14) R. Barthes & Maurice Nadeau, *Sur la littérature*. P.U.F., 1980, 12쪽.
15) 〈C'est à dire que issu lui-même d'un modèle linguistique, le structuralisme trouve dans la littérature, oeuvre du langage, un objet bien plus qu'affinitaire: homogène à lui-même. Cette coïncidence n'exclut pas un certain embarras voire un cerain déchirement……〉, Roland Barthes, *Le bruissement de la langue*, Seuil, 1984, 15쪽.

가상적 작품의 틀로서 규정하고 그 자체가 반성적 réfléchissant인 성격을 띠고 있다고 보면서, 그의 시는 이러한 언어의 속성을 따른다고 설명한 바 있다.[16] 바르트는 「'글쓰다'는 자동사인가? Ecrire, verbe intransitif?」[17]라는 글에서 전통적으로 문학을 다룬 것은 수사학의 분야에서였고, 수사학은 언어와 언어 이론을 통해서 이루어졌다고 말한다. 이런 전통은 근대적 합리주의의 도래와 더불어 수사학이 사라지게 되고 합리주의가 19세기말의 실증주의에 자리를 양보하면서 문학이 언어의 문제와 더 이상 결부되지 않게 되면서 사라졌다고 말한다. 이 때부터 언어와 문학이 공유하는 공간은 없었지만, 말라르메 같은 몇몇 작가들은 그것을 감지하고 있었으며, 언어학은 문체론이라는 제한된 분야에서 문학과 접촉하게 되었다고 한다. 이후 문학과 언어의 만남은 1960년대 후반에 들어서부터 이루어졌다고 보고 있다.[18] 바르트는 한걸음 더 나아가 현재는 언어학이 문학을 주도한다고 주장한다.

이것은 문학이 모방하는 대상인 언어의 성격은 무엇이며 또 그 문학 자체는 무엇인가, 그리고 양자 사이의 관계가 무엇인가 하는 점일 것이다. 그러나 문학과 언어의 관계에 대한 바르트 자신의 이러한 관점이 언제나 일관성이 있는 것은 아니다. 때로는 양자를 등가적인 대립 관계로 보기도 하고 때로는 문학이 언어를 모방한다고 봄으로써 언어 쪽에 보다 큰 비중을 두는가 하면, 다른 한편으로는 문학만이 언어에 대해 책임을 질 수 있다고 봄으로써 문학 쪽에 비중을 두는 관점을 보이기도 한다.[19] 얼핏 보기에 상이한 입장을 노

---

16) Stéphane Mallarmé, *Oeuvres complètes*, Bibliothèque de la Pléiade, Gallimard, 1945, 851쪽.

17) R. Barthes, *Loc. cit.*, 21쪽.

18) *Ibid.*, 21쪽. 〈La littérature ne se sent plus langage, sauf chez quelques écrivains précurseur, tel Mallarmé……〉

출시키는 이러한 진술들은, 사실은 일반적인 관심이 한 쪽으로 기울어질 때에 그에 대한 반동으로서 그와 반대 쪽에 중점을 두게 된 것이라고 볼 수 있고, 그러한 균형을 유지하는 것은 양자를 반드시 등가적으로 보기 때문이라기 보다는 양자의 상호 보완성 complémentarité과 결합 필요성에 대한 강조에서 비롯된다고 하겠다.

3.2. 랑그, 문체, 글쓰기

일정한 가시적 기호를 사용하여 인간이 의사 소통하는 체계로서의 글쓰기 écriture[20] 개념을 문학 언어 연구에 적용하여 그 용어를 부각시킨 것은 바르트이다. 대부분의 언어학 사전들은 〈écriture〉를 문자 체계로서만 다루고 있고, 일부 철학 사전은 플라톤의 존재론에서 〈원초적 로고스를 글로 옮겨놓기〉라고 설명한다.[21] 그레마스 Greimas가 만든 『기호학 사전』에서도 글쓰기란 개인적인 세계를 특징 짓는 문체와 대립되는 것으로서 사회 언어적 sociolectal 세계의 특성[22]이라고만 설명되어 있다. 이러한 사실은 그 용어가 언어학적 관점에서 조작적인 opératoire 효율성과 관계가 없고 주관적인 당위를 내용으로 하기 때문인 것 같다.

바르트의 글쓰기는 문학적인 글쓰기를 함축적으로 나타내는 것이고, 그는 무엇보다 우리의 고정 관념을 깨뜨리는 데 일차적인 목적을 둔다. 그리하여 일반적으로 작가란 사상을 글로 표현하는 사람이라고 생각할 때, 그는 작가란 자신의 사상을 문장으로 표현하는 사람이 아니라 문장을 생각하는 사람[23]이라고 설명하는가 하면,

---

19) *Ibid.*, 15쪽.
20) Josette Rey-Debove, *Lexique sémiotique*, P.U.F., 1979, 53쪽.
21) Durozoi et Roussel, *Dictionnaire de Philosophie*, Nathan, 1987, 603쪽.
22) 『기호학 사전』, 115쪽.

구조주의 전성기에 모든 사람이 내용, 즉 의미보다 형식에 관심을 가질 때, 그는 구조주의가 탐구해야 할 새로운 인간형은 Homo significans, 바로 의미를 만들어내는 인간이다[24]라고 주장한다.

바르트는 글쓰기를 먼저 랑그와 문체간의 대비 관계를 통하여 설명한다. 그는 소쉬르의 랑그 개념을 이어받아 그것을 시대와 사회에 공통적인 의사 소통과 표현의 틀이라고 보고, 문체를 작가의 비밀스런 개인적 신화 속에 빠져드는 자족적 언어 행위[25]라고 정의한다. 아울러 문체는 〈빠롤의 하위체 hypophysique〉[26]로서 〈수신자가 제외된 형식 forme sans destination〉, 〈충동의 산물〉이고 문학에 대한 선택이나 성찰의 산물이 결코 아니다[27]라고 단정적으로 부연한다. 그에 비하여 글쓰기는 〈총체적 기호 signe total〉, 〈인간적 행동 양태의 선택〉에 비유한다. 바르트 자신도 이것을 너무 막연한 진술이라고 생각했는지, 다시 개인적인 빠롤의 규범적이면서 특이한 형태를 타인들의 광범위한 역사와 연결시켜 주는 것이라고 보다 구체적으로 부연 설명한다.

결국 바르트는 글쓰기란 개인의 언어, 즉 빠롤을 역사와 단순히 연결시키는 것이 아니라 역사에 대한 연대성을 보여주는 행위 acte de solidarité historique로서, 그것은 사회라고 하는 수신자에 대한 고려에 의하여 변모되는 문학 언어이며, 창조와 사회와의 관계이고 기능이라고 보고 있다.[28] 랑그가 사회와 시대가 제공하는 언어의

---

23) R. Barthes, *Le plaisir du texte,* Seuil, 1973, 81쪽.
24) R. Barthes, *Essais Critiques,* 218쪽.
25) R. Barthes, *Le degré zéro de l'écriture,* Seuil, 1953, 12쪽.
26) 이 용어는 바르트가 만든 조어로서 사전에는 나오지 않는다. 이와 같이 바르트는 자기만이 사용하는 조어들을 상당히 많이 만들었고, 그 중 일부는 일반화되기도 하였다.
27) R. Barthes, *Loc. cit.*, 14쪽.
28) *Ibid.*, 15쪽.

틀이고 문체가 개인적인 취향과 재주가 만들어내는 글의 형태론적 특징이라고 한다면, 그에 비하여 글쓰기는 사회에 대해 작가가 지니고 있는 작가의 의식이 글을 쓰는 행위를 통하여 투사되는 것이라 할 수 있다. 바르트가 보다 구체적으로 글쓰기의 구성 요소로서 예를 드는 것은 어조, 말하는 투, 목적, 도덕관, 언사의 자유스러움 등이다.[29] 바르트 자신은 구체적인 문장 분석을 통하여 글쓰기를 설명하기 보다 그것을 문학사적인 차원에서 설명한다. 가령 바르트는, 메리메 Mérimée와 페늘롱 Fénelon은 150여 년의 차이에서 생겨나는 언어의 차이와 양자의 문체론적인 차이에도 불구하고, 그들이 구사하는 언어의 지향성 intentionalité이나 참조 대상으로 삼고 있는 형식과 내용에 대한 개념, 그들이 준수하는 규약의 성격이 동일하다는 등의 이유로, 같은 성격의 글쓰기를 실천한다고 말하고 있다. 그 반면 동시대에 활동한 작가들 중에서도 메리메와 로트레아몽 Lautréamont, 말라르메와 셀린느 Céline, 지드 Gide와 끄노 Queneau, 끌로델 Claudel과 까뮈 Camus 등은 그들이 사용하는 랑그가 동일함에도 불구하고 그들의 글쓰기는 현저하게 차이가 난다는 점을 지적하고 있다.[30]

글쓰기에 대한 문학사적인 고찰을 통하여 바르트가 도달한 결론은, 글쓰기란 비교적 근대적인 개념이라는 점이다. 즉 고전적 부르조아의 글쓰기가 흔들리고 글쓰기 개념이 성찰의 대상으로 자리잡은 시기는 1850년경으로서, 그 시기에 글쓰기 활동이 급격히 증가했다. 이 무렵은 유럽의 인구 통계학이 뒤바뀌고 직물 공업이 금속 산업으로 대체되며 프랑스 사회가 자유주의적 환상과 완전히 결별하게된 시기라고 할 수 있다. 이 시기에 나타난 글쓰기의 급격한

---

29) *Ibid.*, 14쪽. 그러한 의미에서 글쓰기란 〈사회적 영역의 중심에서 작가 언어의 자연적인 체질이 결정된다〉고 말한다.
30) R. Barthes, *Le degré zéro de l'écriture*, Seuil, 1953, 14쪽.

증가는 근대적인 사실로서, 그것은 작가에게 하나의 선택을 불가피하게 하고 형식을 행동 양식으로 삼도록 하며 글쓰기 윤리관을 야기시켰다.[31] 물론 라블레 Rabelais, 몰리에르 Molière, 혹은 중세의 시인이나 이야기 작가들로부터도 글쓰기의 문제가 강하게 제기되고 있기는 하지만, 바르트가 그것을 근대 이후에서 주로 거론하는 것은, 대혁명 이후 사회의 변화 속도가 빨라짐으로써 작가의 위상에 대한 역사적·사회적 조건 변화가 더 많은 성찰의 기회를 제공하였기 때문이라 할 수 있다.

3.3. 글쓰기와 참여

대부분의 바르트 연구가들이 지적한 바이지만 『글쓰기의 영도』는 사르트르에게서 가장 많은 영향을 받았다.[32] 〈선택〉, 〈자유〉 등은 『문학이란 무엇인가? *Qu'est-ce que la littérature?*』에서 〈사회적 책임〉, 〈참여〉 등과 함께 논의된 사르트르 철학의 핵심적 개념이다. 글쓰기의 문제[33]를 비롯하여 다양한 예술 장르에 있어서 의미의 문제를 제기하고 산문 prose의 기능을 제기한 것도 사르트르였다.[34] 그 밖에도 자신의 체험을 통하여 느끼던 이데올로기적인 것에 대한 바르트의 상념들은 사르트르를 읽음으로써 한층 뚜렷하게 그의

---

31) *Ibid.*, 73쪽.
32) A. de la Croix, *Barthes, pour une éthique des signes*, Ed. Universitaires, 13-14쪽.
33) Sartre, *Situations II*, Gallimard, 1948, 58쪽.
34) 사르트르에게 있어서 글쓰기는 행동과 변화의 수단으로서 참여적 행위를 의미한다. 또한 독자의 독서 행위를 통하여 작가의 자유와 만나는 장이 된다. 그러한 의미에서 〈글쓰기란 자유를 희구하는 한 가지 방법〉이라고 하고 있다. Sartre, *Qu'est-ce que la littérature?*, 《Idées》, Gallimard, 1981, 16-17쪽.

내부에 뿌리 내리게 되었다.

그러나 사르트르의 사상과 논리 그리고 관점에 크게 매료되면서도 바르트가 사르트르를 통하여 발견한 것은 오히려 자기 자신의 생각과 관점이었다. 바르트는 앞서 언급한 대로 사르트르의 핵심 용어들을 사용하면서도 관점에서는 서로간에 차이가 있음을 본다. 가장 기본적인 차이는 언어를 보는 관점에서 시작된다. 사르트르는 언어의 목적은 의사 소통에 있고,[35] 언어는 문학을 위한 도구로서 언어가 병들면 그것을 뜯어고쳐야 하며,[36] 문학은 사회적 현실에 초점을 맞추고 자신을 사회 참여의 수단으로 삼아야 한다는 논지를 『문학이란 무엇인가?』와 『상황 Situations』을 통하여 역설하고 있다.

사르트르가 문학을 사회 현실에 종속시켜야 한다고 보는 반면에 바르트는 문학은 현실을 자신의 영역으로 끌어들여 글쓰기를 통해 언어로 재현해야 한다고 역설하면서, 사르트르의 참여론이 문학에 있어서는 의미가 없다고 본다. 〈사람들이 말하기를, 작가는 작품을 가지고 참여하여야 한다고 주장한다. 그러나 그것은 탁상 공론에 불과하다. 왜냐하면 그러한 이론이란 언제나 실패로 끝나기 때문이다……재현적 글쓰기란 문제를 제기하는 기술일 뿐이고 문제에 대한 해답을 주거나 해결을 맡은 것이 아니다.〉[37]

하지만 바르트가 생각한 중요한 점은 글쓰기란 〈참여의 극적 형식〉[38]으로서, 세계와의 관계를 재구성하는 의미로 세계 속에 참여[39]한다고 보는 점이다. 글쓰기는 참여의 한 가지 형태로서 그것은 현실과 합치하지 않고 재현하지 않으면서 현실을 이중화 doubler 하

---

35) *Ibid.*, 28쪽.
36) Sartre, *Situations II*, Gallimard, 1948, 304쪽.
37) R. Barthes, *Le grain de la voix*, Seuil, 1981, 16쪽.
38) R. Barthes, *Le degré zéro de l'écriture*, Seuil, 1953, 22쪽.
39) R. Barthes, *Essais critiques*, 219쪽.

는 것[40]이다. 다시 말하면 참여에는 실제 세계—즉 사회—에 대한 직접적인 참여와 세계의 의미를 작품 속에서 다시 구성하고 음미하는 글쓰기에 의한 참여가 있다고 보고, 후자를 선택하는 것이 바르트의 입장인 것이다.

3.4. 작가와 글쓰기

바르트는 글쓰기라는 개념이 자기가 생각하는 참여를 집약적으로 나타낸다고 보고, 그와 다른 입장을 〈수단의 글쓰기 écrivance〉라는 용어로 표시하고 있다. 〈수단의 글쓰기〉는 본래 불어에 없는 단어를 만들어낸 것이다.[41] 〈수단의 글쓰기〉란 언어를 수단으로 사용하는 글쓰기 형태를 문학이 아닌 다른 모든 글쓰기를 가리킨다. 그에 비하여 바르트 자신의 글쓰기는 문학으로서의 글쓰기를 전제로 하면서 동시에 목적으로서의 글쓰기가 되고, 실제 세계를 대상으로 하는 것이 아니라 그것을 정신과 상상 속에서 재구성한 세계를 다루는 글쓰기이다.

바르트는 전자의 글쓰기를 하는 사람을 〈글장이 écrivant〉라고 부르고, 후자의 글쓰기를 하는 사람만을 〈작가 écrivain〉라고 부른다. 이 두 가지 글쓰기에 대한 분류는 글쓰는 행위 자체의 구분이면서 아울러 등급의 차이도 나타내고 있다. 〈작가는 성직자의 성격을 띠고 있고, 글장이는 서기의 성격을 띠고 있다. 전자의 언어는 무목적성 intransitif[42]이어서 일종의 몸짓 geste에 해당하고 후자의

---

40) *Ibid.*, 266쪽.
41) écrivance는 〈쓰다〉의 어간 〈écriv-〉와 명사를 형성하는 접미사 〈-ance〉를 결합한 신조어로서 사전에는 없는 단어이다. Roland Barthes & Maurice Nadeau, *op. cit.*, 41쪽 참조.
42) 〈intransitif 무목적성〉이라는 용어는 문학적 글쓰기를 지칭하는 데 사용된

언어는 활동에 해당한다.〉⁴³⁾ 문학적 글쓰기를 자폐적이라고 표현한 것은 실제 세계에 참여하는 것이 아니라 자체의 세계를 만들어 낸다는 의미에서이다. 그리고 다른 글쓰기는 그 경계선을 넘어 실제 세계 속에 들어간다는 말에 다름 아니다. 또 이런 글쓰기는 〈수단의 글쓰기〉와 〈목적의 글쓰기〉로 나뉘거나, 혹은 전자는 엉터리 글쓰기요 후자는 성스런 글쓰기로 간주되기도 한다.

작가는 문학적 글쓰기를 포괄적으로 수행하면서도 한편으로는 비평가와 구분된다. 작가가 세계를 언어로 재구성하여 담화를 만드는 작업을 담당한다면, 비평가는 작가의 담화에 대한 담화를 수행하는 것을 임무로 한다.⁴⁴⁾ 물론 작가가 비평가의 기능을 겸한 경우도 있다. 바르트 연구가인 쥬브 Jouve는 작가-비평가라는 자격이 가장 완벽하게 적용되는⁴⁵⁾ 사람으로서 바르트를 들고 있다. 그리고 바르트 자신도 〈작가와 비평가는 언어라고 하는 동일한 대상과 마주해야 한다는 어려운 조건 속에서 서로 만나고 있다〉⁴⁶⁾라고 하면서 언어라는 매체가 작가와 비평가를 동일한 지평 위에 위치시킨다고 말한다. 바르트가 비평을 담화에 대한 담화라고 할 때, 거기에는 두 가지 다른 담화가 개입된다. 첫 번째 담화는 작가의 담화이고, 두 번째 담화는 그것을 논하는 비평가의 담화이다. 전자는 작가의 글쓰기에 의하여 구성된 세계이고, 후자는 작가의 담화뿐만

또 하나의 신조어이다. 이 단어를 문법에서는 〈자동사적〉이라고 번역하지만 바르트의 개념을 그렇게 번역하면 문제가 있다고 생각된다.

43) R. Barthes, *Essais critiques*, 152쪽.
44) *Ibid.*, 255쪽. 〈Le monde existe et l'écrivain parle, voilà la littérature. L'objet de la critique est très différent: ce n'est pas "le monde", c'est un discours, le discours d'un autre: la critique est un discours sur un discours.〉
45) Vincent Jouve, *La littérature selon Roland Barthes*, Minuit, 1986, 55쪽.
46) R. Barthes, *Critique et vérité*, Seuil, 1966, 45쪽.

아니라 작가의 글쓰기나 문체도 분석하는 담화이다. 작가의 담화를 분석하기 위해서는 무엇보다 정확한 메타 언어를 가져야 하는데, 그는 담화에 대한 담화, 즉 비평 자체가 메타 언어라고 하면서 자신의 메타 언어의 정립을 피하고 있다.[47]

바르트가 신조어를 계속 만들어 쓰면서도 엄격한 메타 언어를 체계적으로 구축하지 않은 것은 자칫 이론적인 도그마에 빠지지 않을까 하는 우려가 있기 때문이라고 한다. 그런 면에서 그는 옐름슬레우나 그레마스와는 대조적이며, 글쓰기 개념에 대한 정의와 설명이 약 200여 가지나 되는 것만 보아도 그의 에스프리는 축조적이라기 보다는 예리한 외과용 메스에 비교할 수 있다.

3.5. 글쓰기의 영도

언어학에서 영도의 개념은 덴마크 언어학자 브뢰날 Brøndal[48]의 이론에서 처음으로 제시되었다. 브뢰날은 반대 관계: a:b, 모순 관계: a:-a 등 2항으로 이루어지는 관계가 중간 항을 가질 수 있음을 제시하였다.[49] 즉 중성 내지 중립 요소가 음수(-)와 양수(+) 사이에 있는 제로(0)를 나타내는 것으로서, 〈영도〉란 대략 〈표준점〉, 〈출발점〉, 〈잠재성〉 등의 의미를 가진다고 할 수 있다.[50] 쥬브는 『바

---

47) 일반적으로 메타 언어 métalangue는 학문과 문학 비평에 쓰이는 용어를 지칭하는 것으로, 그 특징은 개념 자체가 고정됨으로써 비유적이거나 제유적인 용법이 금지되는 것이 보통이다. 그러나 바르트는 〈메타-언어 méta-langage〉라는 용어를 모든 비평 분석 행위 그 자체를 지칭하는 의미로 사용함으로써 혼란을 야기시키고 있고, 그 때문에 언어학자들의 공격을 받고 있다.
48) 그는 옐름슬레우와 함께 1934년 코펜하겐 학파를 창설하였다. 논문으로는 "The probleme of hypotaxis," *Syntactic Theory I*, Penguin Books, 1972 등이 있다.
49) Greimas, *Sémantique structurale*, Larousse, 1966, 23-24쪽 참고.

르트의 문학관 *La littérature selon Roland Barthes*』에서 영도라는 개념을 설명하면서, 〈글쓰기의 영도〉란 언어 구사에 있어서 특별한 표지를 갖지 않는 것을 나타내는데, 이는 블랑쇼 Blanchot의 영향인 〈백색의 글쓰기 écriture blanche〉와 관계가 있으며[51] 그러한 관점에서 모범적인 작품으로 로브-그리예 Robbe-Grillet의 『변태 성욕자 *Le voyeur*』를 꼽고 있다.[52]

한편 바르트는 근대 이후의 프랑스 문학을 대표하는 플로베르 Flaubert, 발레리 Valéry, 지드 등의 글쓰기가 문체에 대한 지나친 손질 때문에 문학에 대한 알리바이만 남겼다고 말한다.[53] 깔베 Calvet는 그것을 바탕으로, 문체 일변도의 글쓰기와 기타 경찰적 글쓰기, 인텔리들의 글쓰기 등이 모두 실패작으로 판명되었기 때문에, 바르트가 선택할 수 있는 글쓰기는 〈백색의 글쓰기〉와 〈구어체 글쓰기 écriture parlée〉 두 가지 뿐인데 바르트는 전자를 바람직한 글쓰기라고 보았다고 설명하고 있다.[54] 〈백색의 글쓰기〉는 접속법과 명령법 사이에 있는 직설법 같이 법이 없고 amodale, 판단과 외침 사이

---

50) J.-B. Fages는 문학에서 영도를 한계, 지평, 유토피아 같은 필연적이고 불가능한 목표로 정의한다. J.-B. Fages, *Comprendre Roland Barthes*, Privat, 1979, 35쪽.
51) 바르트의 〈écriture blanche〉는 말라르메 Mallarmé의 자족적 언어관과 절대적 비개인성에 매혹된 블랑쇼 Blanchot에게 힘입은 것이다. 블랑쇼는 시적인 말은 자체 안에 목적을 갖고 있어야 한다고 설명하면서, 중성적 글쓰기란 미지의 것을 쓰는 것이라고 한다. 그의 문학적 공간은 낯섦음과 이면성의 공간이며 결국 도구성에서 벗어난 현실이 전복된 세계이다. 블랑쇼의 글쓰기에 대해서는 Françoise Collin, *Maurice Blanchot et la question de l'écriture*(Gallimard, 1971) 참고.
52) Vincent Jouve, *op. cit.*, 21쪽 참고.
53) R. Barthes, *Le degré zéro de l'écriture*, Seuil, 1953, 56쪽 참고.
54) L. Calvet, *Roland Barthes: un regard politique sur le signe*, Payot, 1973, 31쪽.

에 참여하지 않고 부재한 상태로 있으며, 일상어나 문학 언어에서 멀리 떨어진 염기성 언어 langage basique이며, 부르조아 이데올로기에 속하지 않는 도구성을 획득한, 장식성에서 벗어난 글쓰기라는 특징을 갖는다. 까뮈의 『이방인 L'etranger』은 이러한 글쓰기의 대표작이다. 이 글쓰기의 특징은 감동의 부재 impassibilité와 투명성 transparence이고, 이러한 글쓰기의 목적은 이데올로기의 계속을 거부하는 탈참여 dés-engagement에 있다.[55] 한편 바르트가 비판하는 글쓰기 중 대표적인 것은 〈정치적 글쓰기〉와 〈사실주의적 글쓰기〉로서, 〈정치적 글쓰기〉는 선악 판단적인 특징을 갖는데, 〈경찰적 글쓰기〉나 〈마르크스적 글쓰기〉가 위의 범주에 속한다. 스탈린 시대가 언어를 통해 억압을 정당화시켰던 것처럼 이러한 글쓰기는 결국 공포, 무기력, 소외로 귀착된다고 바르트는 설명한다. 또한 사실주의적 글쓰기—19세기 사실주의 소설이 대표적인—는 순수한 현실의 재현이 아니라 인위적이고 조작적인 방법을 사용한다는 점에서 중성적 특징과는 거리가 있다고 비판한다.

　바르트는 글쓰기의 핵심 개념이 역사적 연대성을 표시하는 행위이고 창작과 사회의 연관 관계를 나타내는 것이기 때문에 글쓰기는 랑그나 문체와 다르다는 사실을 천명하고 있다. 이런 관점에서 그것은 까뮈나 로브-그리예의 글쓰기에 나타나는 감동의 부재나 투명성 등을 특징으로 하는 무표적 non-marqué 글쓰기이다. 그것은 개인 감정의 표출보다 객관적인 서술을 목표로 하는 산문의 문체론적 특징과 관계가 있는 이데올로기 중립적인 글쓰기라고 할 수 있다. 다시 말해, 백색의 글쓰기는 그 자체가 이미 하나의 새로운 글쓰기이고 그럼으로써 현재의 역사 속에 자신을 투사하는, 즉 새로운 참여 행위가 되는 것이다.

---

55) *Ibid.*

이런 복합적이고 다의적인 개념은 시간의 경과와 사용의 증가에 따라 여러 가지 해석이 가능하게 되고, 외연과 내포가 확대되거나 축소될 수 있다. 바르트의 경우 글쓰기의 문제는 기호와 신화의 문제로 옮겨지면서 새로운 양상을 띠게 된다.

4. 기호와 신화

기호학에 대한 바르트의 관심이 커지면서 집필한 것이 『기호학 요강』과 『신화론』이다.

4.1. 바르트의 기호 체계

바르트는 기호학이 모든 기호 체계에 대한 학문인 이상 〈모든 기호 체계들이 경험적으로 재구성된 후에야 기호학이 학술적으로 다루어질 수 있다〉[56]고 설명한다. 그는 기호학을 미래의 학문이라고 규정한 소쉬르를 이어받아 〈Sémiotique〉 대신 〈Sémiologie〉란 용어를 끝까지 고집한다. 그와 함께 연구한 그레마스나 뗄 껠 Tel Quel 그룹의 크리스테바 등이 모두 〈Sémiotique〉라는 용어를 사용하고 있고, 또 그가 텍스트 분석에 적용하는 것이 〈Sémiotique〉의 방법론이며, 그에게 신화 분석의 구체적인 방법을 제공해 준 옐름슬레우 역시 〈Sémiotique〉라는 용어를 사용했다는 점을 생각한다면 바르트가 〈Sémiologie〉를 끝까지 고집한 이유에 대해 한번 생각해볼 필요가 있다.

『기호학 요강』에 나타난 그의 기호학 개념을 고려해본다면, 첫

---

56) Roland Barthes, *L'Aventure sémiologique*, Seuil, 1985, 19쪽.

째, 기호학은 아직 구성되지 않은 학문이어서 그에 대한 방법은 언어학에서 빌어올 수밖에 없고, 둘째, 기호학은 언어학에 의존적일 수밖에 없기 때문에 언어학에 포함되어야 하며, 셋째, 기호학은 비언어적인 대상에 적용되어야 한다.[57] 첫 번째와 세 번째는 소쉬르의 견해를 그대로 받아들인 것이고, 두 번째는 소쉬르의 견해를 도치시켜서 기호학이 언어학에 포함된다고 보는 바르트의 관점이다. 그런데 소쉬르와 바르트의 견해 중 어느 쪽이 옳으냐 하는 문제에 지나친 중요성을 부여할 필요는 없지만, 바르트의 입장을 올바르게 이해하기 위해서는 그의 견해가 안고 있는 문제점을 검토해볼 필요가 있다.

소쉬르는 기호 체계로서 〈문자 체계, 맹인용 점자, 상징적 의식, 예절 형식, 군대의 신호 체계〉 등을 들고 있다.[58] 기로 Guiraud는 소쉬르가 보다 자세하게 언급하지 않은 것을 유감으로 생각하면서, 소쉬르가 예로 든 기호 체계를 다음과 같이 세 가지 부류로 분류한다. 첫째, 문자와 맹인용 점자와 같은 분절 언어 분야, 둘째, 군대 신호 체계와 같은 지시 명령 관계 분야, 셋째, 사회내에서 개인과 집단간의 관계에서 드러나는 사회적인 약호 code 체계, 예컨데 예절과 의식 등이다.[59] 이상 세 가지 분야에서 둘째 분야는 바르트를 비롯한 이른바 의미 작용의 기호학 쪽에서는 관심을 두지 않는 분야이다. 그리고 셋째 분야는 의상과 풍속뿐만 아니라 일상 생활과 관련이 있는 분야로, 바르트는 이 분야들에 대해 깊은 관심을 보이면서 실제로 『신화론』에서 이와 관계되는 많은 분석을 하고 있다. 그러나 이 모든 분야들에 대한 체계적인 연구가 언어학에 직접 포함된다고 주장하기는 어렵다. 언어학에서 개발된 이론들이 그들 분

---

57) *Ibid.*
58) *C.L.G.*, Payot, 100-101쪽.
59) *Le Langage*, CEPL, 456쪽.

야 연구에 모형 역할을 할 수 있다는 점은 이미 소쉬르가 언급한 바 있다. 그러나 이론적인 모형을 빌어온다고 해서 기호학의 모든 분야가 언어학의 하위 분야라고 할 수는 없다. 언어학이 넓은 의미에서의 기호학의 분야로 이론화가 가장 먼저 되었다고 할 수 있고, 또 언어학적인 개념과 용어들이 상당수 기호학적인 분석에 이용되기 때문에 언어학이 기호학의 〈메타 학문〉이라고 주장할 수는 있다. 그러나 〈메타 언어〉로서의 언어학의 역할에도 한계가 있을 수밖에 없는데, 그것은 기호학의 분야가 확대되고 전문화되면서 언어학에 없는 이론적인 모형과 접근 방법이 추구되고 개발되기 때문이다.

바르트와 소쉬르와의 견해 차이는 부분적인 문제에 국한된다. 기호학에 관한 소쉬르의 영향은 바르트에게 기호학에 대한 기본 개념과 관점, 그리고 방향 등을 제시한 것이다. 그리고 그에 대한 구체적인 분석 방법과 조작적 개념 concept opératoire은 옐름슬레우, 그레마스, 크리스테바 등에게서 영향을 받았다. 『신화론』과 더불어 시작되는 바르트의 기호학은 60년대 중반의 구조주의적 경향을 거쳐, 60년대 후반부터 체계적인 형태적 기호학으로 옮겨가는 과정을 보여주고 있다. 이것을 보여주는 것이 『기호학 요강』과 『신화론』이다. 그러므로 『기호학 요강』과 『신화론』은 바르트 기호학의 이론서이고 응용서라고 할 수 있다.

바르트는 인간의 일상 생활을 구성하는 다양한 분야들은 각기 일정한 체계를 형성하고 있으며, 그 체계는 일정한 수의 기호들을 지니고 있고, 그 기호들은 언어학적인 모형을 따라 조직화되고 기능하며, 각 분야 나름대로 의미 작용을 수행한다고 생각한다. 따라서 기호학자의 임구는 각각의 기호 체계를 분석하고 그 의미를 찾아내는 것으로서 이러한 그의 관점은 소쉬르를 읽고나서 깨달은 것이다. 「사회내에서의 기호의 생태」를 읽고 나서 그는 사회의 현상이 모두 그 나름대로의 체계와 조직과 의미를 가지고 있다는 사실을 깨달았기 때문이다. 그러한 연유에서 그의 『기호학』은 소쉬르의 중요 개념을 바탕으로 전개된다. 다음에서 그의 기호학을 구성하는 주요 개념들을 랑그와 빠롤, 기표와 기의, 통합체와 계열체, 외시와 공시의 순으로 설명해보고자 한다. 이러한 순서는 바르트가 그의 『기호학 요강』에서 설명하고 있는 차례를 따른 것으로, 개념들은 『신화학』과 『기호학 요강』의 내용을 아우르면서 바르트의 기호학 전체를 이해하는 주요 개념들이 된다고 할 수 있다. 여기서 각각의 세부 항목들을 보면 야콥슨의 환유 métonymie와 은유 métaphore 등과 트루베츠코이의 음운론적 요소, 그리고 네 번째 제목은 옐름슬레우에게서 나온 것임을 알 수 있다.

4.1.1. 랑그와 빠롤

바르트는 소쉬르 이론에서 빌어온 랑그와 빠롤의 개념에 자신이 이해한 바를 첨가시키고 있다. 랑그는 어가 valeurs의 체계로서, 그것을 구성하는 기호는 〈화폐〉처럼 기능하며 〈반복〉 사용되는 특성을 지녔다고 설명한다. 그에 비하여 빠롤은 순수한 창작은 아니지만 개인적 선택에 의한 기호 결합과 현동화 actualisation를 통한 〈개인적인 (언어) 행위〉[60]라고 정의하면서 기윰 Guillaume과 벵베니스트의 영향을 받아들여 빠롤을 〈담화〉로 해석하고 있다. 그는 랑그와 빠롤이 〈그 두 가지를 결합시키는 변증법적 과정〉[61]에 의한 관계를 맺고 있다고 보고, 따라서 양자간의 관계는 서로에게 필연적이라고 강조한다. 그는 〈랑그는 빠롤의 산물이면서 그 도구이고〉

---

60) R. Barthes, *L'Aventure Sémiologique*, Seuil, 1985, 21쪽.
61) *Ibid.*, 22쪽.

따라서 〈빠롤이 없이는 랑그가 있을 수 없고 랑그를 떠나서는 빠롤은 존재할 수 없다〉고 말한다. 이러한 그의 관점은 앞서 기호의 표현 면과 내용 면의 불가분한 관계를 언급한 옐름슬레우의 관점, 그리고 기표와 기의의 관계를 필연적이라고 본 벵베니스트의 관점과 상통하지만 소쉬르의 생각과는 차이가 있는 견해이다. 그러나 그는 곧 랑그와 빠롤의 상호 불가분성을 위하여 메를로-뽕띠 Merleau-Ponty를 인용하고, 브뢰날을 통하여 랑그의 추상성을 지적하면서, 랑그는 〈빠롤에 의한 산물이면서 아울러 도구〉임을 명확히 하고 있다.

그리고 바르트는 소쉬르의 랑그/빠롤의 이분법을 보다 형식화하기 위하여 옐름슬레우의 3국면 분류법을 도입하여 도식 schéma, 규범 norme, 관용 usage으로 나누는데, 도식이란 〈순수 형식으로서의 랑그〉로 구조와 패턴 개념과 같고 음성 면에서는 대립에 의한 음운론적 정의에 해당한다. 규범은 〈물리적인 형식으로서의 랑그〉로서 사회적 실현에 의하여 정의되지만 실현에 있어서의 세부적인 차이는 고려하지 않는다. 그 반면 관용은 〈사회 언어 관행의 총체로서의 랑그〉로서 지방간의 차이를 표출시키는 음성을 예로 들 수 있다. 그리고 빠롤은 관용의 하위 구분이면서 아울러 관용을 결정하기도 한다. 이와 같이 옐름슬레우의 언어 관점을 집약한 후 바르트는 위의 항목들을 두 부류, 즉 한편으로 순수 형식과 제도에 관한 이론으로서의 도식 이론과, 다른 한편으로 실질과 실현 이론으로서의 규범-관용-빠롤 이론으로 대별한다. 그와 함께 기로, 마르띠네 Martinet 등의 이론을 바탕으로 그 개념과 약호 code 및 전언 message의 관계, 랑그/빠롤의 구별이 지니는 취약점 등을 거론하고 야콥슨의 약호, 전언, 연동소에 의한 이중 구조 double structures 개념을 도입하여 단순 구분에 포함되지 않는 문제점을 보완하고자 하였다.

『기호학 요강』에서 바르트는 단순한 요약에서 탈피하고자 노력하면서 자신의 기호학적 중심을 언어적인 문제를 벗어나는 문제로 확대시킨다. 바르트는 의상이나 음식, 자동차 등에서 구성 요소 상호간의 대립 관계와 결합 법칙은 랑그를 이루고 있고, 개인적인 차이에 의한 선택과 변화 및 변이 가능 요소들은 빠롤을 구성한다고 보고 있다. 그는 빠롤과 랑그의 과정과 체계 개념이 결혼을 통하여 부족간에 여자들의 교환 구조를 설명하는 데 적용된 사례를 지적하고 있다. 또한 라깡의 경우 욕망이 의미 작용의 체계로서 분절되고 있음을 상기시키면서 형식과 기능 개념의 역할을 부각시키고 있고, 소쉬르의 핵심 개념이 여러 분야에서 확대 적용되고 있음을 보여준다. 또한 트루베츠코이의 음운 이론을 빌어, 착용된 의상에 있어서 랑그/빠롤의 관계를 분석하고 있다.[62]

4.1.2. 기표와 기의

4.1.2.1. 기호

바르트는 희랍 철학자들의 기호관에서부터 중세 어거스틴의 기호 이론에 이르기까지, 그리고 근대 이후 유럽의 기호 연구의 역사뿐만 아니라 20세기 미국의 기호 연구에 이르기까지 기호에 대한 다양한 이론을 소화하였다. 그러나 그는 단순히 기호에 대한 역사적 고찰에 그치지 않고 신호 signal, 지표 indice, 도상 icône, 상징 symbole, 우의 allégorie 등의 문제와 더불어 기호의 문제를 거론한다.

그는 위의 개념들을 정의하거나 설명하는 대신 개별적인 차이를 중심으로 한 정의를 탈피하여 그들 모두의 공통점을 분석한다. 우선 그들 모두는 어떤 표현 양식과 의미 내용을 공통적으로 가지고

---

62) *Ibid.*, 29-30쪽.

있는데, 이 두 가지는 관계 항 relata을 형성하며 두 관계 항간에는 일정한 관계가 이루어진다. 이 관계는 다음의 다섯 가지로 요약된다.

(1) 두 관계 항 중의 한 가지 요소가 다른 요소의 정신적 표상을 내포하거나 내포하지 않는다.[63]
(2) 두 관계 항간의 유비 analogie를 내포하거나 내포하지 않는다.[64]
(3) 두 관계 항 사이—자극과 반응—의 관계는 직접적이거나 직접적이 아니다.
(4) 두 관계 항은 정확히 일치하거나 그 반대로 〈범람한다 déborde〉.
(5) 그 관계는 사용자와 실존적 관계를 내포하거나 내포하지 않는다.[65]

바르트는 헤겔, 퍼스, 융과 왈롱 Wallon에게 있어서 위의 항목에 대한 견해가 긍정이냐 부정이냐에 의거하여 다음의 도표를 만들었다.[66]

	신호	지표	도상	상징	기호	우의
1. 표상	왈롱 −	왈롱 −		왈롱 +	왈롱 +	
2. 유비			퍼스 +	헤겔 + 왈롱 + 퍼스 −	헤겔 − 왈롱 −	
3. 직접성	왈롱 +	왈롱 −				
4. 일치성				헤겔 − 융 − 왈롱 −	헤겔 + 융 + 왈롱 +	
5. 실존성	왈롱 +	왈롱 − 퍼스 +		퍼스 + 융 +		융 −

〈도식 5.1〉

---

63) 소쉬르의 기호관에서 기의는 기표에 대한 정신적 표상을 나타낸다.
64) 상징에 있어서는 두 요소의 관계가 유비적이다.
65) R. Barthes, *Loc. cit.*, 36쪽.
66) *Ibid.*, 37쪽.

바르트가 종합해 놓은 도표를 통하여 볼 때 지표에 대한 해석에서 퍼스는 그것이 사용자와 실존적 관계가 있다고 보는 반면에 왈롱은 실존적 관계가 없다고 본다. 그리고 상징의 경우 상징의 표현과 내용 사이에는 유비 관계와 유연성 motivation이 있다고 보는 것이 헤겔과 왈롱의 입장이고, 그에 비해 퍼스는 그렇지 않다고 본다. 또한 상징은 융에게 있어서 사용자와 실존적 관계가 있는 데 비하여 퍼스에게는 관계가 없다. 왈롱에 의하면 신호와 지표는 정신적 표상이 없다는 공통성을 가지고 있지만, 전자가 직접성과 실존적 관계를 가진 반면 후자는 그렇지 못하다. 또 상징과 기호는 정신적 표상 작용이 있다는 공통성이 있지만, 전자는 유비적이면서 일치성이 없고 후자는 유비적이지 않은 반면에 기호의 표현과 내용은 서로 일치한다. 헤겔도 상징과 기호의 정신적 표상성은 논외로 하지만, 유비와 일치성에 있어서 왈롱과 같은 견해이고 융은 상징과 기호의 일치성에 있어서 헤겔, 왈롱과 같은 견해이다.

또 바르트는 소쉬르와 옐름슬레우의 기호 개념에 대해 일반적으로 널리 알려진 개념이기 때문에 간단히 언급하면서, 후자의 형식, 실질과 표현, 내용에 의하여 구성되는 네 층위 중 내용의 실질이 정서적, 이념적, 개념적인 것, 즉 적극적 의미와 관계가 있고, 내용의 형식은 표지의 유무에 의하여 드러나는 기의 상호간의 형식적 조직을 가리킨다고 지적한다.[67] 그러나 언어 기호에 있어서 형식과 실질이 절대적인 구분이라기보다는 상대적 개념이라는 점에 대해서는 거론하지 않고 있다.[68] 그 이유는 형식과 실질을 언어 기호의 차원에서보다 기호학적 기호의 차원에서 고찰하고 있기 때문인 것 같다.

---

67) *Ibid.*, 40쪽.
68) 필자의 「옐름슬레우의 언어관과 기호관」 참고.

4.1.2.2. 기의와 기표

기의에 대한 논의에서 바르트는 지시 대상물 référent과의 관계를 핵심적인 사항으로 간주하고 기의는 〈사물〉의 정신적 표상일 뿐이라고 단언한다. 그는 스토아 학파의 기호관을 근거로 그렇게 말하고 있다. 그는 기의와 기표의 기본적 차이점으로 후자가 매개체 médiateur라는 점과 기호학적 기의도 언어 기호의 중개를 통하여 이루어질 수 있다는 점을 지적한다.

기의 연구에 있어서 가장 어려운 점은 기의를 어떻게 분류하느냐의 문제이다. 어휘론 연구를 통하여 의미론적인 이론을 연구한 그는,[69] 기의를 두 가지로 나눌 수 있다고 생각한다. 첫째는 〈적극적〉 내용[70]에 의한 분류로서, 이 방법을 가장 조직적으로 연구한 것은 트리어 Trier의 개념 장 champs notionnels 이론과 마토레 Matoré의 어휘 장 champs lexicaux 이론이다.[71] 이 분류에서 문제점은 기의의 분석을 형식에 의하지 않고 실질에 의존한다는 점이다. 둘째는 형식적인 방법에 의하여 변별적 자질을 바탕으로 분석한 것이다. 가령 〈암소〉=〈소〉+〈암컷〉, 〈가장〉=〈남자〉+〈기혼〉 등으로 분석된다. 이러한 방법은 옐름슬레우가 기호소 monème 분석에서 제시한 방법으로서, 프리에토 Prieto와 그레마스 그리고 미국의 생성

---

69) 바르트는 1950년 알렉산드리아에서 해외 파견 불어 교수로 함께 재직한 그레마스와 더불어 옐름슬레우를 공부한 후, 국립 과학 연구소 CNRS의 장학금으로 어휘론을 연구한 바 있으나, 본래 계획했던 박사 학위는 중도에서 포기했다. 왜냐하면 그는 언어 의미를 연구하면서 사회 현상의 의미론적 연구에 더 큰 매력을 느꼈기 때문이다.

70) 적극적이란 소극적 négatif과 대립적 개념으로, 전자는 의미 자체를 나타내고 후자는 관련이 있는 기호들의 기의와의 차이에 의하여 드러나는 의미로서, 시차적 différentiel 의미와 거의 동일하다고 볼 수 있다.

71) 피에르 기로, 유제호 옮김, 『의미론』, 탐구당 〈Que Sais-je?〉 문고, 1986, 138-147쪽 참조.

어휘론을 대표한 카츠 Katz와 포더 Fodor에 의해서 적용되었다.[72] 이러한 기의 분류와 분석에서 적용된 방법을 기호의 기의 연구에도 적용할 수 있다는 것이 바르트의 주장이다. 그러나 문화권에 따라 동일한 기호의 기의가 달라지는 것과 마찬가지로 기호학적 기의도 관점에 따라 유동적인 경우가 많기 때문에, 기의만을 연구의 주된 대상으로 삼고자 했던 의미론은 언어학적인 범주를 넘어서는 기호학으로 연구의 방향을 전환할 수밖에 없게 되었다.

그리고 기표의 특징으로 그것이 매개체이고 따라서 질료적 성격을 띠고 제시된다는 점을 강조한다. 그는 후기 텍스트 이론에서도 기의보다 기표의 비중을 더욱 중요시하는 관점을 전개시키고 있다. 질료성은 이중적이어서 내용=기의의 실질은 비물질적인 반면 기표의 실질은 소리, 영상, 문자, 대상 등의 다양한 물리적인 것에 의존하므로 기표의 개념이 지나치게 확대될 가능성이 있다. 그러한 경우 다양한 기표들을 체계화시키는 데 문제가 생기기 때문에, 바르트는 전형적인 기호를 언어 기호, 문자 기호, 도상 기호, 몸짓 기호 등에 국한시키고, 그 기호들의 기표들을 체계적으로 연구하고자 하였다.

4.1.3. 의미 작용

불어에는 의미에 관계되는 기본 단어로 〈sens〉와 〈signification〉 두 가지가 있다. 전자는 기호의 기의, 내용과 같은 뜻으로서 어가와 대립적인 의미를 나타내는 반면에 후자는 담화 및 상황과의 관계에서 드러나는 뜻을 말하며 그것은 언술 작용, 화용론과 관계가 있다.[73] 기호학에서 후자는 〈의미 작용〉으로 번역이 되는데, 바르

---

72) *Ibid.*, 178-179쪽.

트는 이 〈signification〉의 일반적인 정의에 다른 의미를 부여하고 있다. 그에 의하면 의미 작용은 일종의 과정으로서 그것은 기표와 기의를 결합시키는 행위이다. 그 행위에 의하여 구성되는 것은 기호이지만 기호의 기의는 단일한 의미론적 의미로 끝나지 않는다. 소쉬르는 기표와 기의의 자의적인 결합만을 언급함으로서 기표와 기의의 관계를 일 대 일의 대응 관계라고 보았다. 이와 달리 옐름슬레우는 기표, 기의의 결합이 새로운 의미를 낳는 기표의 역할을 맡을 수 있고, 이 기표가 또 다른 기의와 결합되는 형식을 공시로 나타냄으로서 매우 경제적인 과정으로서의 의미작용의 성격을 집약하였다. 말하자면 의미 작용은 외시적 dénotatif 의미에서 끝나지 않고 공시적 connotatif 의미를 만들어내는 과정을 나타낸다고 할 수 있다. 이러한 공시에 대한 관심은 바르트의 기호관과 신화 분석을 연결해주는 중요 개념이다.

기표와 기의는 불가분의 관계이고 전자는 후자에 의해 정의되며 후자는 전자에 의하여 의미를 갖는다. 바르트는 이와 같은 일반적인 기호 개념에서 출발하여 기표의 중요성을 크게 부각시킴으로써 기호학 연구에 새로운 방향을 제시하였다.

4.1.4. 어가

어가가 소쉬르의 기호관을 이해하는 데 핵심적인 개념이라는 사실은 이미 지적한 바 있다. 어가에 대해 중요성을 부여하고 있는 바르트는 이에 대해 〈기호의 '구성 composition'을 통하여 접근하는 것〉이라고 매우 간결하게 설명하고 있다.[74] 즉, 관계되는 개념들

---

73) J. Rey-Debove, *Lexique sémiotique*, P.U.F., 132-136쪽.
74) *Ibid.*, 50쪽.

과의 분절 articulation을 통하여 드러나는 어가는 상대적 개념으로서 언어 차원에서는 의미 장 champ sémantique내에서의 재단 découpage 내지 분할 division과 관계가 있다. 그러나 한걸음 더 나아가 바르트는 언어 기호의 어가 개념은 경제와 인류학에서의 가치 및 교환과 상통적인 면이 있음을 강조하면서, 기호학의 중요한 임무는 〈대상들의 어휘들을 정립시키는 데 있기보다 인간이 실재에 대해 부과하는 분절을 다시 찾아내는 데 있다〉[75]고 말한다.

4.1.5. 통합체와 계열체

소쉬르는 언어 구성 요소들의 관계가 통합의 축과 연상의 축 두 가지 방향으로 전개된다고 밝힌 바 있다.[76] 바르트는 소쉬르의 이론을 그대로 요약, 소개하면서, 기호 결합에 의해 형성되는 통합의 축이 〈선형적 linéaire이고 불가역적 irréversible〉이며 개개의 구성요소의 어가는 선행하는 요소나 후행하는 요소와의 대립 관계로부터 파생된다고 설명한다.[77] 그리고 연상의 축에 대해서는 소쉬르의 이론을 설명하면서 그것이 계열의 축으로 발전하였다고 부언한다.

통합체와 계열체에 대한 기본 개념은 소쉬르가 제시하였고,[78] 본래 연상 관계 rapports associatifs 속에 포함되었던 계열체에 대한 개념은 옐름슬레우에 의하여 계열체로서의 성격이 뚜렷하게 정의되어 다시 체계 système라는 명칭을 지니게 된다.[79] 주어, 동사, 목적어, 보어 등으로 이루어지는 문장의 체계는 종적으로 동일 성분의 요소

---

75) *Ibid.*, 53쪽.
76) *C.L.G.*, 170쪽.
77) R. Barthes, *L'Aventure Sémiologique*, Seuil, 1985, 53쪽.
78) *C.L.G.*, 170-175쪽.
79) 필자의 「옐름슬레우의 언어관과 기호관」 참고.

들을 내포하고 따라서 다양한 선택의 폭을 지니며, 그것이 횡적으로 연결될 때는 문장내에서 일정한 기능을 맡는 통합체가 된다. 이때 각 기능을 수행하는 단어들을 대체하면 그 문장의 의미가 달라지는 것은 분명하다. 마찬가지로 의상이나 음식, 건축, 장식물 등의 각 분야에 있어서도 다양한 기능들이 있고, 각각의 기능은 선택할 수 있는 일정한 수의 요소들을 갖는다. 체계로서의 요소들은 연결에 의하여 통합체로 기능하고 통합체는 기호학적인 문장을 이룬다고 바르트는 생각한다. 말하자면 언어와 언어학이 기호학에 대해 모형을 제공하고 있는 것처럼 인간의 이성과 감성을 표현하는 언어와 유사한 인간의 다른 활동들도 이런 상동적인 관계 속에서 기호학으로 드러날 수 있다는 것이다. 바르트는 의상, 음식, 장식, 건축 등의 다양한 현상들이 언어처럼 연속체를 형성한다고 보고 그것의 분절을 관찰하여 통합체의 단위로 끊어 découpage 나누고, 그 결과로 계열체 단위를 생겨나게 한다.[80] 그리고 통합체의 구분을 검토하기 위하여 트루베츠코이와 옐름슬레우가 제안한 대치 commutation 방법을 도입하며, 보다 조직적인 검토를 위하여 특히 옐름슬레우가 제시한 대치를 치환 substitution과 분리시켜, 전자는 의미 변화와 연관시키고 후자는 기표의 변화와 관련되는 경우에 적용한다.

통합체는 연쇄적 배열이 그 전제 조건으로서 선형적 성격을 띤다. 인접하는 두 통합체의 관계를 바르트는 옐름슬레우의 견해에 의거하여, (1) 서로가 서로를 필요로 하는 연대 관계, (2) 한 요소가 다른 요소를 필요로 하지만 그 반대가 필수적인 것이 아닌 단순 내포 implication simple의 관계, (3) 서로의 관계가 필수적이 아닌 단순

---

80) R. Barthes, *Loc. cit.*, 58쪽. 〈······ la découpage du syntagme est une opération fondamentale, puisqu'il doit livrer les unités paradigmatiques du système.〉

결합의 경우 등이라 설명한다. 구체적인 문장의 예를 들지 않고 단순히 예시만 하고 있는데, 주어와 동사의 관계가 (1)의 경우라고 한다면, 동사와 상황 보어의 관계를 (2)의 예로 들 수 있고, (3)의 예로는 명사와 형용사 내지 부사와 부사의 관계를 들 수 있을 것이다.

동일한 체계 또는 계열체에 속하는 요소간의 관계를 마르띠네는 대립 opposition이라고 하고 옐름슬레우는 상관 관계 corrélation라고 한다. 바르트는 후자의 용어를 받아들이면서 음소간의 변별적 대립과 기호소 monème간의 의미적 대립을 설명한다. 그러나 바르트는 대립 관계를 보다 정확하게 설명하기 위하여 깡띠노 Cantineau의 음운 이론을 도입한다. 그리하여 (1) 요소와 체계와의 관계에서, a) 이원적 대립과 다원적 대립, b) 상응적 대립 oppositions proportionnelles과 고립적 대립을, (2) 대립 항 상호간의 관계에서, a) 고정 대립, b) 중화 가능 대립을 예로 들고 있다.[81] 하지만 바르트가 〈연상적 국면은 분명히 체계로서의 '랑그'와 밀접한 관계가 있고, 그 반면 통합체는 빠롤과 더 가깝다〉[82]고 말할 때 문제가 생기게 된다. 왜냐하면 통사론 구성 단위인 통합체가 개인의 랑그 운용의 결과로 생겨나는 빠롤과 가깝다고 단정하기는 어렵기 때문이다. 연상 국면이 계열체와 관계가 있기 때문에 랑그에 속하고 빠롤이 언술의 선형적 실현을 통하여 드러나는 것은 사실이지만, 통합체는 랑그적인 면과 빠롤적인 면이 있다.

또한 바르트는 통합체와 계열체의 문제를 언어학적인 차원으로부터 예술 일반의 차원으로 옮겨놓았다. 그는 야콥슨의 언어 활동과 실어증에 대한 연구를 토대로[83] 계열체를 은유 métaphore적인 것으

---

81) *Ibid*., 67-69쪽.

82) *Ibid*., 54쪽.

83) Roman Jakobson, *Essais de linguistique générale*(Minuit, 1963)의 2장을 참고할 것.

로, 그리고 통합체를 환유 métonymie적인 것으로 보고, 이 두 가지 비유 형태는 대체가 지배적인 은유적 형태의 담화와 인접성을 바탕으로 하는 환유적 형태의 담화로 드러난다고 말한다. 그 예로서, 러시아의 서정적 시가, 낭만주의, 상징주의, 초현실주의 미술, 채플린 영화, 프로이트적인 꿈의 상징 등이 전자에 속하고, 서사시, 사실주의, 민중 소설과 신문 소설 등이 후자에 속한다고 예를 들고 있다.

바르트는 여러 언어학자들의 이론에서 비언어적 기호를 분석하는 데 이용할 수 있는 형식적인 틀을 차용하였다. 통합체를 빠롤로 본다든지 체계가 통합체로 비정상적으로 옮겨간다는 주장[84] 등은 실례를 바탕으로 자세하고 보다 신중한 검토를 요하는 문제인데도 간단하게 언급한다. 반면에 대립 현상에 관계되는 분석은 특히 자세히 세분화하고 있다. 그러나 비언어적 기호의 영역이 넓고, 언어와 같은 분절을 객관적으로 입증하기가 쉽지 않으며, 특히 추출된 의미의 객관성과 주관성의 문제 등은 어떤 판단 기준이 없으므로 분석 결과가 어느 정도의 설득력을 지니느냐에 따라서만 그 타당성을 입증할 수 있다. 기호학적인 의미 분석을 위하여 바르트는 최종적으로 옐름슬레우의 외시와 공시 이론을 도입하게 된다.

바르트의 통합체론과 계열체론은 소쉬르의 개념을 기호학적 테두리내에서 종합한 것으로 특별히 독창적인 것은 아니다. 그러나 그는 『비평론 Essais critiques』에 실린 「기호의 상상력 Imagination du signe」[85]이라는 제목의 글에서 통합체와 계열체의 문제를 기호를 중심으로 보다 심도있게 다루고 있다.

바르트에게 있어서 기호는 인식의 대상이면서 아울러 비전을 제시하는 대상이다. 그는 기호가 지니는 관계를 내적 및 외적 관계

---

84) *Ibid.*, 75쪽.
85) R. Barthes, *Essais critiques*, 206-212쪽.

로 나누면서 내적 관계는 기표와 기의의 관계로 한정한다. 외적 관계에는 먼저 상징적 관계가 있다. 상징적 관계는 〈하나의 기호를 다른 기호들에 의하여 구성되는 특수한 저장소 réserve와 연결시킨다〉. 그 다음 계열 관계와 통합 관계가 있다. 이를 도식화하면 다음과 같다.

〈도식 5.2〉 기호의 관계 ─┬─ 내적 ── 기표 + 기의
　　　　　　　　　　　　└─ 외적 ─┬─ 상징 관계
　　　　　　　　　　　　　　　　　├─ 계열 관계
　　　　　　　　　　　　　　　　　└─ 통합 관계

바르트의 관점이 보여주는 특이성은 소쉬르의 기호 개념을 관계라는 측면에서 내적 관계와 외적 관계로 나누었고, 특히 외적 관계에 상징의 문제를 끌어들였다는 점이다. 상징의 문제는 전통적으로 수사학의 비유법과 관련이 있는데, 언어학의 테두리내에서는 다루기 어렵기 때문에, 벵베니스트도 언어의 상징성이 지니는 중요성을 강조하면서도 직접 다루지 못하였다.

바르트는 기호의 세 가지 외적 관계를 의식과 연결시켜 고찰한다. 먼저 상징적 의식은 기호를 〈깊이의 차원 dimension profonde〉에서 고찰한다. 상징적 의식은 그 수직적 관계를 바탕으로, 뿌리가 되는 기의를 통한 의사 소통이면서 형식과 내용의 유사성을 토대로 한 유추적 관계이다. 상징은 폭넓은 의미를 내포하기 때문에 하나의 단순한 기호로 환원시킬 수는 없다고 지적한다. 한 마디로 상징적 의식은 오로지 유추적으로 뻗어가는 기의에만 관심이 있고 기표 자체에는 어떤 중요성을 부여하지 않는 특성을 보여주고 있으며 코드화된 형식으로 축약될 수 없다.

계열적 의식은 두 기호의 형식에 대한 비교에서 시작된다.[86] 계

열적 의식은 의미를 단순히 기표와 기의의 만남으로 정의하지 않는다. 오히려 메를로-뽕띠가 말한 〈공존을 통한 변조〉에 의하여 정의한다. 예컨데 레비-스트로스의 연구에 의하면, 상징적 의식이 기표로서의 토템과 기의로서의 종족 clan을 결합시킨다면, 계열적 의식은 두 토템간의 관계와 두 종족간의 관계가 보여주는 상동성 homologie을 설정한다는 것이다. 그러니까 상징적 의식이 양자 관계에 의하여 이루어지는 데 비하여, 계열적 관계는 최소한 4자간의 관계를 통하여 정립된다는 것이다. 계열적 의식에서 고찰할 경우 기의는 그 자체가 중요한 것이 아니라 기표를 지시하면서 대치 관계에 있는 항 termes들을 탐지하는 역할을 할 뿐이다. 계열적 의식이 발전시킨 분야로서 음운론 phonologie을 들 수 있는데, 유표와 무표를 기준으로 형성되는 음운론을 바르트는 대표적인 계열체의 학문이라고 꼽고 있다. 레비-스트로스의 이론이 계열적 의식을 토대로 이루어진 것으로 미루어, 이는 인류학 분야에 폭 넓게 적용되고 있음을 짐작할 수 있다.

통합적 의식은 담화를 구성하는 기호들간의 관계와 결부되는 의식이다. 통합적 의식은 구조적 의식과 깊은 관계가 있고 의미론적 의식과는 별 관계가 없다. 통합적 의식은 대상을 프로그램화하여 인식한다. 그러한 점에서 볼 때 통합적 의식은 최근에 논의 되고 있는 좌뇌·으뇌의 역할과 관련하여 우뇌의 역할과 공통성이 있다. 민담 연구를 통하여 프로프가 제시한 프로그램이나 레비-스트로스의 신화 시리즈 연구도 통합적 의식을 통한 성과라고 보고 있다.

바르트는 의식이 상상력을 생성한다고 본다. 상징적 의식은 깊이의 상상력과 연결되고 후자는 세계를 표층 형식 forme superficielle

---

86) *C.L.G.*, 175쪽 참조.

과 다양하고 막강한 심연 abgund과의 관계로 파악한다. 그러나 형식과 내용의 관계는 시간이라고 하는 역동적인 힘 dynamique에 의하여 꾸준히 진화·변화된다. 그에 비하여 계열적 의식은 형식적 상상력을 낳는다. 그 결과 형식적 상상력은 기표가 다른 잠재적 기표와 결부된다고 본다. 형식적 상상력은 기호의 깊이를 보는 것이 아니라 기호를 전망 perspective 속에서 파악한다. 따라서 계열적 상상력이 지니고 있는 역동적인 힘은 저장소에 저장된 기호를 호출해 낸다. 통합적 상상력은 연장 extension을 통하여 기호의 전후관계를 파악한다. 환언하면, 기호의 전력 antécédent과 결과 conséquence를 통하여 기호를 파악하고 아울러 징검다리를 통하여 다른 기호들과 연결시켜 파악한다. 따라서 통합적 상상력은 계통도 stemma적인 성격을 가지고 있다. 기능적인 것이라든지 역동적인 요소들을 배열 agencement시키는 것은 조작하는 상상력이라고 한다.

깊이의 상상력인 상징적 상상력은 전기 비평 critique biographique 또는 역사 비평, 〈비전〉의 사회학, 사실주의 소설 내지 내면 introspectif 소설, 그리고 지고의 souverain 기표를 추구하는 표현적 예술 또는 표현적 언어 등을 그 분야로 들 수 있다.

형식적 내지 계열적 상상력은 일부 반복적인 요소들의 변이 variation와 결부된다. 꿈이나 꿈 이야기, 주제가 뚜렷한 작품, 로브-그리예 Robbe-Grillet의 작품처럼 대치 commutation가 소설 미학의 근간을 이루는 작품들에 효과적으로 적용된다.

통합적 상상력 내지 기능적 상상력은 시, 서사적 연극, 음열 음악 musique sérielle, 몽드리앙 Mondrian에서 뷔토르 Butor에 이르는 구조적 구성 등을 보여주는 작품 분석에 뛰어난 적응력을 보여줄 수 있다.

이상 기호, 계열체, 통합체 등에 관한 바르트의 관점을 요약·소개하였다. 우리는 그의 뛰어난 응용력과 에스프리의 유연성에 감탄하면서도 몇 가지 아쉬움을 지적하지 않을 수 없다. 우선 상징, 계열체, 통합체 등과 관계되는 의식과 상상력 등의 기본적인 틀을 제시하면서도 분석 방법에 대한 구체적 언급이 없고, 또 일부 개념이 충분히 설명되지 못하고 있다. 예컨데 그레마스도 활용한 상동성의 문제나 형식적 상상력, 기능적 상상력 등의 문제도 더 자세히 설명할 필요가 있는 개념들이다. 특히 상징, 계열, 통합적 관계가 지니는 의미론적 차원의 문제가 소홀히 취급되었다고 생각된다. 야콥슨은 앞서 살펴본 바와 같이 복잡한 문채 figures의 문제를 계열 축의 유사성을 중심으로 하는 은유와 통합 축의 인접성을 토대로 하는 환유로 정리한 바 있는데, 바르트는 그에 대해 아무런 언급을 하지 않고 있다. 그러나 가장 기본적인 언어학적 개념을 의식과 상상력으로 확대 시키고 실재 적용 가능성을 제시한 것은 바르트의 에스프리의 독창성을 보여준 것이라고 하지 않을 수 없다.

4.1.6. 외시와 공시

옐름슬레우는, 단어가 어떤 문맥 속에서 기호로 작용하면서 본래적인 의미에 머물지 않고 부가적인 새 의미를 산출하는 현상을 공시 현상이라고 하고는, 그것을 간단한 도식으로 집약하여 나타내었다.[87] 옐름슬레우는, 기표를 표현 Expression이라 말하고 기의를 내용 Contenu이라고 말할 때, 그 의미는 관계 Relation에 의하여 표시되고 그것은 ERC라는 형식을 갖는다고 본다. 이렇게 구성된 일차 체계가 부가적인 의미를 획득할 경우 일차 체계의 ERC는 새로운

---

87) L. Hielmslev, *Prolégomènes à une théorie du langage*, Minuit, 1971, 148-156쪽.

이차 체계의 기표가 되어 새로운 기의를 취하고, 그 형식은 아래 도식이나, 혹은 (ERC)RC라고 표기되어 공시 기호체 sémiotique connotative라고 불리기도 한다. 예를 들어, (1) 그가 별을 땄다, (2) K가 백기를 들었다에서 〈별〉은 〈하늘의 별〉이라는 일차적 의미에서 〈장군〉이라는 이차적 의미를 취하고, 백기는 단순한 〈흰색 바탕의 기〉에서 〈항복〉이라는 이차적 의미를 지니게 된다.

〈도식 5.3〉　　　2　　　　E　　　　R　　　　C
　　　　　　　　1　　E　R　C

공시와는 반대로 메타 언어는 일차 체계의 ERC가 이차 체계의 기의 역할을 하고, 따라서 이차 체계는 새로운 기표를 취하게 된다. 그것은 아래의 도식이나, 혹은 ER(ERC)로 표시된다.

〈도식 5.4〉　　　2　　　　E　　　　R　　　　C
　　　　　　　　1　　　　　　　　　　　E　R　C

이것은 개념 자체가 고정됨으로써 사용자에 따른 의미의 변화가 불가능하게 된 전문 분야의 용어들에서 그 예를 볼 수 있다. 가령 수학에서의 〈집합〉, 〈조합〉, 〈실수〉, 〈허수〉 등은 메타 언어로서 제한된 의미를 갖는다. 그 두 가지를 각각 도형화하면 다음과 같이 나타낼 수 있다.

공시	
기 표	기 의
기 표	기 의

메타 언어	
기 표	기 의
	기 표	기 의

〈도식 5.5〉

이 두 가지 도형을 바르트는 다음과 같이 하나로 통합한다.[88]

	기표(수사적 표현)		기의(이데올로기)
③ 공시			
② 외시 메타 언어	기표	기의	
① 실제 체계		기표	기의

〈도식 5.6〉

바르트의 통합적 모형은 두 개의 체계를 단순히 통합하였다는 사실보다도 각 체계간의 유기적 관계를 보여준다는 이점이 있다. 그는 〈메타 언어도 또 다른 새로운 메타 언어의 대상 언어가 될 수 있고 (비언어적) 기호학에서 그러한 예를 볼 수 있다〉[89]고 설명한다.

그러나 그의 모형은 메타 언어와 외시를 같은 층위에 표시하는 바, 실제로는 바르트가 말하는 바와 마찬가지로 메타 언어가 단순한 외시가 되기도 하고 일반 외시가 메타 언어가 되기도 한다. 일반적인 단어 집합이 메타 언어로서의 집합이 되는 것은 후자의 예이다. 공시는 수사학에서 은유, 환유, 상징 등을 모두 포함하는 바, 그것은 비언어적 기호에서의 의미를 논할 때에 도움이 된다. 비언어적 기호에서는 기의가 단순한 어휘 개념이 아니라 그에 대한 분석이기 때문에 바르트는 그 기의를 이데올로기라고 한 것 같다. 이 이데올로기의 실체, 다시 말해 지배적 담론이 감추고 있는 우연적인 것이 보편적 자연화를 폭로하는 것이야말로 공시로부터 출발한 비언어적 기호에 대한 바르트의 관심이 신화와 마주치는 지점이라 하겠다.

---

88) R. Barthes, *L'Aventure sémiologique*, Seuil, 1985, 79쪽.
89) *Ibid*.

제5장 바르트: 기호와 텍스트를 위한 탐험   383

4.2. 신화론

바르트의 『신화론』은 두 부분으로 나눠진다. 제1부는 1954~1956년 사이에 그가 신문과 잡지—*Esprit*, *France-Observateur*, 주로 *Les lettres nouvelles*—에 썼던 프랑스 사회의 일상적 사건들에 대한 글들을 모은 것이고, 제2부는 1956년에 그 신화들을 전반적으로 종합하여 이론적인 체계화를 시도한 글이다. 그의 신화관에 대한 이해를 돕기 위해서는 현대적 신화의 실례를 우선적으로 살펴볼 필요가 있다.

제1부는 53편의 다양한 사회 현상이나 사건에 대한 단상(斷想)과 논평을 싣고 있다. 운동 경기에 관계되는 것으로부터 연극, 영화, 예술, 광고, 종교, 정치, 시사 등 다양한 내용을 담고 있다. 글의 분량도 서로 다르며, 글의 성격상 일부는 50년대 후반 프랑스의 상황을 어느 정도 알아야 이해하는 데 도움이 된다고 할 수 있다. 그러나 대부분의 글들은 어떤 지식이나 정보를 전제로 하지 않아도 이해할 수 있다. 「레슬링 하는 세상」, 「서사시와 같은 프랑스 일주 자전거 경기」, 「푸자드 Poujade[90]와 지식인들」 등이 비교적 긴 글이다.

그는 그 당시 사회에서 쉽사리 볼 수 있는 현상이나 사건들 하나하나를 신화 mythe로 보며, 그 신화 속에는 독자 내지 대중으로 하여금 그 신화를 자연스럽게 받아들이게 하려는 간교한 책략이 있다고 보고, 그 책략 내지 허구성을 드러내 보이려는 시도를 하고 있다. 말하자면 개개의 현상이나 사건은 각각 하나의 기표로서 하나의 기의를 갖지만 그 기의는 조작된 것으로서 그것을 파헤쳐 감춰진 다른 기의를 찾아낸다는 전략이다. 이에 대해 구체적으로 살

---

90) 30년대 후반 중소 상공인에 대한 세금 철폐 주장으로 프랑스 정계에 상당한 세력을 확보했던 정치인.

펴보기 전에 그가 사용하는 신화라는 용어에 대해 알아보기로 하자.

바르트는 책의 제목을 『신화론』이라고 하였다. 그것은 일반적으로, 첫째, 신화에 대한 학문 내지 신화 체계, 둘째, 신화들의 모음을 의미하는데, 바르트는 고대 그리이스・로마의 신화가 아닌 현대의 신화에 대한 분석과 그러한 글들의 모음이라는 의미로 쓰고자 했다. 신화는 어원적으로 이야기 récit 내지 우화 fable를 나타내고, 신화에 등장하는 초자연적인 존재들은 그들의 행동을 통하여 우리의 이성적 이해력을 초월하는 불가사의한 현상들을 해명해 주고 합리화시켜 준다. 문화권과 민족마다 각각 특유의 신화가 있고 신화는 집단의 잠재 의식 깊은 곳에 뿌리 내리고 있어서, 어떤 개인이 신화의 허구성을 고발한다고 해도 과학적인 사실을 토대로 종교를 부정해보아야 소용 없는 것과 마찬가지다. 우리는 다만 신화에 대한 새로운 해석을 추가할 수 있을 뿐이다. 신화는 반드시 먼 옛날에 만들어지고 끝난 것이 아니라 집단을 이루고 사는 인간에게 불가사의한 것이 있는 한 신화는 계속 창조되는 것이고, 신화로 부각될 자료들은 인간 사회와 문화의 표면과 이면에 많이 잠재되어 있다. 문화 인류학은 기술된 역사를 갖지 못한 집단의 신화를 우선적으로 연구함으로써 그 문화의 형식을 재구성한다. 그리하여 〈신화는 문화의 바탕을 형성하며〉[91] 문화는 신화에 소재를 제공한다. 레비-스트로스는 사회적인 예식과 관습, 생활 예술 등이 언어적인 것과 마찬가지로 〈신화도 언어를 구성한다〉[92]고 하면서, 신화의 연구도 다른 비언어적 기호 현상 연구와 마찬가지로 언어학적 모형을 차용하여 연구하는 것이 바람직하다는 구조주의의 견해를 표명하였다.

---

91) J. Rey-Debove, *Lexique sémiotique*, P.U.F., 1979, 102쪽.
92) C. Lévi-Strauss, "Interview: A contrecourant," *Le Nouvel Observateur*, Novembre, 1967.

레비-스트로스의 생각은 소쉬르의 기호학 개념과 일치하는 것으로서, 바르트도 동시대의 다른 언어학자들—특히 그레마스—과 마찬가지로 레비-스트로스의 영향을 받았다. 그리하여 그는 〈신화는 언어학의 연장선상에 있는 기호학의 일반적 학문 분야에 속한다〉[93]고 하면서, 그렇기 때문에 신화는 언어로서의 통사론적 성격과 함께 기호 체계를 가지고 있으며[94] 아울러 기호학에 속한다고 본다. 다시 말하자면 바르트는 소쉬르, 레비-스트로스 등의 이론을 근거로 신화→ 언어, 언어학→ 기호, 기호학→ 의미 작용으로 발전된다는 논리를 전개한다. 소략하였지만, 이를 바탕으로 신화 분석의 이론과 실제 적용을 살펴보자.

4.2.1. 신화 체계 이론

바르트의 신화 체계의 모형은, 첫째, 언어 체계의 모형에서 그 틀을 빌어오고 있고, 둘째, 그 언어 체계 모형이 신화 체계로 전환되면서 그 구성 요소들은 새로운 명칭과 기능을 부여받는다. 언어 체계는 실제로 기호 체계로서, 소쉬르 기호학의 기표와 기의의 결합체로서의 기호에 대한 관점으로는 부수되는 잠재적 의미를 수용할 수 없다고 보고, 바르트는 소쉬르의 기호관과 거리를 두게 된다. 자신의 기호학이 소쉬르에게서 출발하면서도 그는 〈소쉬르의 기호는 단어 그 자체〉[95]일 뿐이라고 단정하고, 소쉬르의 관점으로는 부가되는 의미를 수용할 수 없다고 본다. 말하자면 기표 /나무/가 〈나무〉라는 기의를 표시하고 그 둘의 결합에 의하여 〈나무〉라는 기호가 생긴다고 설명하는 것으로 만족한다면, 그 기호가 어떤 신화 체

---

93) R. Barthes, *Mythologies*, Seuil, 1957, 217쪽.
94) Todorov, *Poétique de la prose*, Seuil, 1971, 12쪽.
95) *Ibid.*, 228쪽.

계나 담화내에서 부여받는 의미 작용을 설명할 수가 없다는 것이다. 그러한 문제를 극복하기 위하여 옐름슬레우가 제시한 것이 공시 현상을 설명하기 위한 틀이었다. 그러나 바르트는 가능하면 기존의 용어에 새로운 기능을 부여함으로써 이러한 문제점을 극복하고자 한다.

소쉬르의 기호관에서는 기표와 기의의 합이 그대로 기호가 되고 그것을 숫자로 표시한다면 1+1=2가 된다고 보지만, 바르트는 1+1=3이라고 보는 것이다. 즉 기표와 기의는 제3의 요소를 담는 기호가 된다는 말이다. 이는 떼니에르 Tesnière가 통사론에서[96] 주어와 동사로 이루어지는 하나의 문장에는 주어와 동사뿐만 아니라 그 두 요소의 순서라는 제3의 요소가 있다고 본 것과 유사한 개념이라 할 수 있다. 그리고 오그든과 리챠즈가 『의미의 의미』에서 기호의 구성 요소로서 기표, 기의 그리고 지시 대상을 든 것은,[97] 기호가 구체적 대상체를 지시한다는 데 초점을 맞춘 데서 나온 것이기는 하지만, 기호를 이분적인 요소가 아니라 삼분적인 요소로 본다는 점에서 바르트의 기호관과 유사성이 있다.

신화 체계로 가면서 제3의 요소는 의미 작용 signification이라는 이름을 부여받는다. 기표와 기의는 자기 명칭을 그대로 유지하지만 기표의 성격에 변화가 생긴다. 그래서 앞서의 둘째 문제를 살펴보면 언어 기호에서 기표의 내용은 신화 체계로 옮겨가면서 형식으로 바뀌게 된다. 언어 기호의 기표에 대응하는 기의(=내용)는 채워져 있기 때문에 그것은 다른 해석을 산출할 가능성을 잃은 것이다. 따라서 그 저변에 깔려있는 의도—책략—를 성공시키기 위해서는, 주어진 내용을 약화시키고 빈약하게 만들면서 신화 체계의 형식으

---

96) L. Tesnière, *Syntaxe structurale*, Klincksieck, 18쪽.
97) 오그든과 리챠즈, 김영수 옮김, 『의미의 의미』, 현암사, 1987, 27-36쪽.

로 바꿈으로써 그 현실적인 내용을 제거하고 새로운 신화 내용을 배태할 수 있게 한다. 말하자면 형식은 새로운 의미를 부여받을 수 있는 그릇이요 틀인 것이다.

이상과 같이 신화 체계는 언어 기호 체계에서 그 모형을 빌어오고, 또 일부 언어 기호 체계의 용어와 개념을 바꾸면서 새로운 신화적 의미를 수용할 수 있는 틀을 만들었다. 이제 신화 그 자체의 성격을 보다 자세히 살펴보자.

4.2.2. 신화의 실례

바르트가 분석한 신화 가운데 「제복 입은 흑인 병사」와 「포도주와 우유」 두 가지만 살펴보기로 하자. 전자는 바르트의 신화 분석에 있어서 중요한 참조 대상 역할을 하고 있고, 후자는 생활 속에서 찾아낸 신화로서 특히 우리의 막걸리 문화와 대조적인 모티브를 제공하고 있다.

먼저 포도주에 관한 분석을 살펴보면, 프랑스 국민의 〈행복의 자산〉인 포도주를 네덜란드 인에게 있어서의 우유, 영국인에게 있어서의 홍차와 비교하면서 〈토템적인 음료수 boisson-totem〉라고 정의한다. 따라서 모든 토템이 신화적 요소를 지니듯 포도주도 신화로서 분석될 수 있는 정당성을 자동적으로 갖게 된다. 포도주의 질료적인 특징은 〈활성적 galvanique〉이며 또한 목마름을 가시게 해주는 특효가 있고, 따라서 목마르다고 말하는 것은 흔히 포도주를 마시겠다는 구실로 작용한다고 볼 수 있다. 바르트보다 먼저 포도주의 신화성을 질료적인 면에서 고찰한 바슐라르 Bachelard는 그의 『대지와 의지의 몽상』에서 포도주는 태양과 대지의 정액으로서 그 기본 성격은 습성이 아닌 건성이고, 그와 대립되는 신화적 질료는 물이라고 한 바 있다.⁹⁸⁾ 그러나 바르트는 포도주의 실체 hypotase를 외형적인 유사성이 있는 〈피〉로서 생명액 liquide dense vital이라고 정의하고, 그 질료적인 특성이 전환 conversion에 있다고 본다. 말하자면 포도주는 〈상태와 상황을 역전시킬 수 있는〉 음료이고 〈약자를 강자〉로, 〈말없는 사람을 말많은 사람〉으로 만들 수 있는, 한 마디로 무에서 유를 창조할 수 있다고 설명한다. 그는 또한 본질적으로 포도주를 하나의 〈기능〉으로 규정하면서, 그것은 노동자를 보다 유능하게 하고—물론 적당한 양을 마셨을 경우이겠지만—신바람 나서 일하게 하는가 하면, 지식인의 경우에는 그와 반대되는 기능을 일으킨다는 것이다. 바르트에 의하면, 작가가 마시는 한 잔의 백포도주나 보졸레 Beaujolais, 적포도주는 칵테일이나 은백색 알콜 음료와는 달리 그를 속화된 세계로부터 절연시키고 그를 개인 신화로부터 해방시킴과 동시에 그에게 지식인다운 습성을 제거시킴으로써 근로자와 동격으로 만들어준다는 것이다.

바르트의 포도주 신화의 분석은 한국의 경우 막걸리 신화 분석과 매우 흥미로운 유사성을 보여준다. 막걸리의 성분 분석에 대한 부분은 제외하기로 하고,⁹⁹⁾ 막걸리에 대한 찬사들 중에서 이규태 컬럼에 나온 것을 비교해보자.¹⁰⁰⁾ 그에 의하면 막걸리는 첫째, 〈흙내나는 토방에서 멍석 옷을 입고서야 제 맛〉을 내기 때문에 반귀족적이고 서민 지향적이며, 둘째, 〈한 잔 들이키면 요기도 되고 흥도

---

98) G. Bachelard, *La terre et les rêveries de la volonté*, P.U.F., 1948, 27쪽.
99) 1984년 6월 27일자 한국일보는 한국 과학 기술원 KAIST의 분석 결과를 보도하고 있다. 그에 따르면 막걸리는 비발효 물질과 발효 과정에 관여하는 각종 미생물, 그리고 대사 산물을 그대로 함유하고 있는 우수한 술로, 탄산은 갈증을 멎게 해주고 혈당과 콜레스테롤을 감소시키며, 단백질·비타민 B와 C·칼슘·철분 등을 풍부하게 지니고 있는 술이라는 것이다.
100) 이규태, 「막걸리 三反主義」, 조선일보, 1989년 9월 29일자.

나고 기운도 돋으며 일을 수월하게〉해주는 농주로서〈놀고 먹는 사람이 막걸리를 마시면 속이 부글부글 끓고 고약한 트림〉만 나게 하는〈반유한적 근로 지향의 특성〉을 가졌다고 본다. 셋째, 상류층이 마시는 약주와는 달리〈선별 없이 상대적으로 하류층이 마시는〉 막걸리는 반계급적이고 평등 지향의 성격을 지녔다는 것이다.

포도주와 막걸리는 색깔이 주는 공시적 상징성과 동·서양의 변별적 특징과 함께 문화 공간의 차이를 넘어서는 기능적인 유사성이 있다. 바르트는 성분에 대한 고찰은 실질 substance에 머무르게 한다는 생각 때문에 그에 대한 언급을 최소로 줄이고, 기표로서의 포도주와 그것을 마시는 사람과의 사이에 얻게 되는 의미, 즉 공시적 의미를 분석적으로 기술하고 있다. 바르트가 포도주의 신화를 거론하는 것은 포도주가 일차적으로〈취기를 야기시키는 과즙 알콜〉이라는 기의를 넘어서 그가 기술한 공시적 의미를 지닐 뿐만 아니라, 대부분의 프랑스 인이 포도주의 그러한 성격을 아무런 이의 없이 굳건히 믿는다는 사실에 근거를 두는 듯하다. 여기서 신화가 생겨난다.

바르트는 다른 성격의 신화들도 이와 마찬가지로 분석하고 있다. 자연적인 것속에 어떤 책략을 숨기고 있는 신화들로《파리 마치 *Paris March*》의 표지에 나온, 프랑스 군복을 입고 차렷 자세로 프랑스 국기에 경례를 하는 흑인 젊은이의 사진을 하나의 예로 들고 있다. 사진이 보여주고자 하는 것은, 프랑스는 위대한 제국이며, 그 후손들은 인종이나 피부색의 차별없이 모두 조국 프랑스를 지키기 위한 신성한 병역의무를 수행하고 있고, 프랑스의 식민주의를 비난하는 사람들에 대해 이 결의에 찬 흑인 병사의 모습은 가장 좋은 반박이 된다는 의미이다. 이 사진은 기호학적 체계를 이루고 있는데, 이 경우 주어진 자료, 즉〈흑인 병사가 프랑스 군복을 입고 프랑스 국기에 대해 경례하는 모습〉이 하나의 체계를 이루면서 기표 역할을 하고 〈프랑스적 성격과 군대적 성격의 의도적 혼합〉이 기의 역할을 하고 있으며, 다른 한편으로는 기표를 관류하는 기의의 존재가 있고 기표와 기의의 결합은 제3의 요소를 형성한다. 그 제3의 요소는 의미 sens를 의미 작용 signification으로 전환 시킨다. 기호학자가 그 역할을 맡고 있다. 포도주의 분석에서 기호학자는 포도주가 사회 속에서 지니는 의미와 부여받는 의미를 풀어서 해설하는 것이지만, 흑인 병사의 경우에는 그 속에 담겨져 있는 간교한 계략을 드러내 보이는 것이 그 임무가 된다.

그러한 분석을 하기 위하여 우선 일반 언어 현상에 있어서와는 달리 신화의 기표는 언어로서의 국면과 신화 체계로서의 국면이라는 두 단계와 관계를 가진다고 그는 본다. 즉 기표는 언어 체계의 요소로 간주될 수도 있고 신화 체계의 요소로 간주될 수도 있다는 것이다. 기표—예컨데 〈프랑스 국기에 경례하는 흑인 병사의 모습〉—가 언어 체계에서 기표이자 의미라고 한다면 그것은 신화 체계에서는 형식이 된다. 기의는 신화 체계에서도 개념으로 남아있고 제3의 요소는 기표와 기의의 결합의 결과로서 의미 작용으로 기능하게 된다.

4.2.3. 신화의 특성과 문제점

신화도 언어와 마찬가지로 의사 소통을 목적으로 하는 체계이다.[101] 그러나 언어가 일차 기호 체계라고 한다면 신화는 옐름슬레우의 기호 체계에서 공시와 마찬가지로 일차 체계의 기표와 기의가

---

101) R. Barthes, *Mythologies*, Seuil, 1957, 215쪽. 〈le mythe est une parole〉, 〈le mythe est un système de communication, c'est un message〉.

합하여 이루어지는 이차 기호 체계, 즉 신화 체계의 기표가 된다. 그리고 그 기표는 별도의 기의를 취하게 되고 신화 체계의 기표와 기의는 신화 기호를 만든다. 바르트는 그것을 다음과 같이 도식화하고 있다.

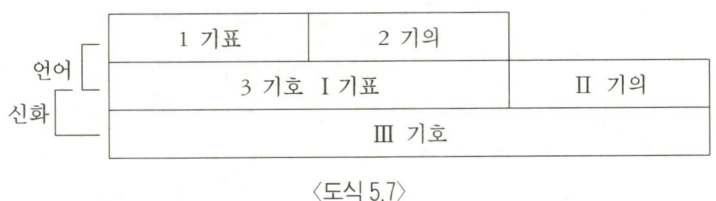

〈도식 5.7〉

그리고 이러한 신화 체계를 그는 〈메타 언어〉라고 부르면서 그에 대해 〈신화는 이차 언어인바, 그 체계내에서 일차 언어에 대해 논의하기 때문〉[102]이라고 설명하고 있다.

이상과 같은 이론적 설명은 매우 간단 명료한 것 같으나 여러 가지 문제점을 안고 있다. 첫째, 신화를 메타 언어라고 할 수 있느냐 하는 문제이다. 메타 언어는 분석을 위한 도구로서 그 개념과 정의가 불변이어야 한다. 그러나 바르트는 메타 언어를 비유적으로 사용하고 있다. 즉 현실적인 의미를 넘어서 새로운 의미 작용을 부여하는 〈상위〉 언어의 뜻으로 사용하고 있다. 그러한 의미에서 〈이차 언어〉라는 표현을 쓰기도 한다.

둘째, 바르트가 신화라고 부르는 것에는 어떤 제한이나 특별한 조건이 없고 모든 것이 신화가 될 수 있다는 점이다.[103] 소쉬르는 장차 태어날 기호학의 연구 대상으로 사회내의 특정한 기호 체계인

---

102) *Ibid.*, 222쪽.
103) *Ibid.*, 216쪽.

여러 언어 문화권의 예절 형식, 각종 예식, 예컨데 성인 의식, 결혼식, 제사 등과 같은 다양한 신호와 표지 체계 등을 들었는데,[104] 바르트가 분석하는 신화도 그 속에 포함될 수 있다. 그러나 소쉬르의 관점과 다른 점은 소쉬르가 하나의 체계―예절이든 신호이든―를 강조한 데 비해 바르트는 개별 현상에 어떤 의도나 책략이 숨겨져 있을 때 그것을 신화라 부르고 있다.

셋째, 바르트는 부르조아적 의식에 젖은 대중의 심리를 교묘하게 조작하고 우롱하는 세력들의 전략을 폭로하는 것이 기호학자의 임무라는 생각을 가지고 있다. 그러한 의미에서 사용하는 〈신화〉 개념은 일반적인 신화 개념과 다르기 때문에 오해의 소지가 있다. 언어 체계와 신화 체계를 대비시키기 보다는 현상의 표층적 의미와 심층적 의미의 분석을 구분하는 것이 낫지 않을까?

넷째, 바르트의 신화 분석 모형은 옐름슬레우의 외시/공시 분석 모형에서 나온 것이다. 그러나 실제 신화 분석에서 기표의 내용이 형식으로 전환된다고 하는 그의 설명은 용어 면에서 옐름슬레우의 용어 개념과 소쉬르의 그것을 혼용함으로써 오해의 소지를 지니고 있다.

이상 몇 가지 문제점은 무넹을 포함한 바르트 비평가들에 의해 지적되지 않은 사항들로 그의 글쓰기 개념에 있어서와 마찬가지로 이론적 틀을 바탕으로 바르트에 접근할 경우 만나는 문제점들이다. 그러나 다른 한편으로 바르트는 신화와 시의 비교를 통하여 시의 성격과 함께 신화의 성격도 보다 명확히 보여준다. 이에 대한 그의 비교 분석을 요약해보자.

시, 특히 현대 시는 역진적(逆進的) régressif 기호학 체계이다. 왜냐하면 신화가 일차 체계의 의미를 극대화하고자 시도하는 데 비

---

104) *C.L.G.*, 33쪽.

하여 시는 언어가 기호로 되기 이전의 상태에 도달하려고 시도하기 때문이다. 시가 추구하는 것은 낱말들의 의미가 아니라 사물들의 의미 그 자체이다. 그렇기 때문에 시는 언어에 문제를 안겨준다. 시적 기호는 잠재적 기의를 모두 현재화하고, 그럼으로써 사물의 초월적 의미 자질을 표출시키고자 하는 데 있다. 그렇기 때문에 시는 반역을 꾀하고 침묵과 같은 그 무엇이 되고자 하는 것이다. 신화가 하나의 기호학적인 체계로서의 위치를 뛰어넘어 사실로서의 체계가 되고자 하는 반면, 시는 역시 하나의 기호학적인 체계이면서 본질적인 체계로 환원되고자 한다. 내면적으로는 본질로 환원하고자 하면서 시의 외면이 보여주는 기호들 사이에서 드러나는 무질서는 시를 공허한 기표로 만들고 그 기표는 기껏해야 평범한 시로서의 의미를 안겨줄 뿐이다. 따라서 시는 신화를 거부하는 몸짓에 의하여 오히려 스스로 신화로 변하고 만다.[105]

신화에 대한 바르트의 성찰 중에서 가장 참신하고 정곡을 찌르는 것은 신화의 〈언어 훔치기〉에 대한 이론이다. 그는 〈신화란 언제나 언어 훔치기이다〉[106]라고 말한다. 〈언어 훔치기〉는 프로메테우스의 〈불 훔치기〉에서 빌어온 표현이라고 생각되며, 내용상으로는 앞서 살펴본 바 있는, 의미를 형식으로 바꾸기와 관계가 있다. 신화는 어느 경우에 있어서나 의미를 비우고 이차적인 의미 체계를 전개시킬 수 있다. 그것은 우선적으로 일차적인 의미를 박탈함으로써 가능하다.

〈언어 훔치기〉의 과정을 보다 자세히 살펴보자면, 문제의 발단은 언어가 부가하는 의미가 언제나 〈확실한〉 것은 아니라는 사실에서 비롯된다. 주어진 개념은 언제나 추상성을 떨쳐버리지 못한다.

---

105) R. Barthes, *Loc. cit.*, 241-242쪽.
106) *Ibid.*, 239쪽.

말하자면 언어 의미는 엉성하고 결여된 면이 있기 때문에 신화가 뚫고 들어갈 여지가 많다. 만약 언어 의미가 구체적이고 〈확실한〉 경우에는 그것을 수단으로 삼기 위하여 슬쩍 도용하기도 한다. 전문적인 수학 용어나 공식들을 쓰는 것은 자신의 〈유식함〉과 〈엄밀성〉, 〈과학성〉들을 상대방에게 은근히 받아들이게 하려는 계략을 담고 있다. 이와 같이 사실은 아무 것도 아닌 것을 특별한 것처럼 보이게 만들고 그것을 자연스럽게 만들어 주는 것이 바로 신화의 작업이다. 그러한 신화의 책략에 넘어가지 않기 위해서는 어떻게 해야 하는가?

신화에 무조건 항복을 하거나 신화에 이용당하지 않기 위해서는 오직 신화로부터 〈신화를 훔쳐오는 voler le mythe〉 길밖에 없다고 하는 것이 바르트의 생각이다.[107] 신화에서 벗어나게 하고자 하는 행위가 역으로 신화의 입지를 강화시켜 주기 때문에 신화에 대항하는 최선의 방법은 신화를 사실 무근한 가공적인 것으로 만드는 신화화 mythifier 작업이다. 이 작업은 인위적으로 또 하나의 신화를 만들어내는 것이며, 주어진 신화를 삼차 기호 체계의 기본 요소로 만드는 것이다. 그러면 그것은 다른 하나의 신화로 전환되고 음흉하게 짜여진 각본에 의한 신화를 벗어나는 신화, 즉 꾸며진 신화를 탈색시키는 신화를 만들어낸다는 것이다. 바르트는 그러한 시도를 사르트르의 작품과 플로베르의 『부바르와 페퀴셰』에서 찾아볼 수 있다고 말하고 있다. 이에 대한 자세한 설명은 텍스트 분석에서 시도될 것이다.

『신화론』은 장르아닌 장르로서 바르트 특유의 관점과 글쓰기에 의하여 단순한 시평(時評)이나 생활 주변의 단상으로 끝날 수 있는 소재를 신화로 승격시켰다. 그는 평범한 현상을 기호의 결합에 의

---

107) *Ibid.*, 243쪽.

한 텍스트로 보고 현미경과 망원경, 그리고 투시경을 이용해서 샅샅이 검사하여 일상적인 것 속에서 신화를 찾아냈다. 바르트 비평가들이 그의 『신화론』이 전반적으로 정치적인 성격을 띤다고 보고 마르크스주의적인 관점에서 부르조아에 의하여 지배되는 프랑스 사회를 비판하였다고 평가하고 있다.[108] 제2부에서는 프랑스 부르조아 사회의 문제점에 대한 논의에 상당한 비중을 두고 있음을 인정하지 않으면 안 된다. 우리는 그에 대해 자세히 논의하는 대신 몇 가지 사실만 지적하고자 한다.

  실제로 제1부의 신화 분석들을 보면 대개 두 가지로 나눌 수 있다. 첫째 범주는 너무나 일상적이고 자연스럽기 때문에 아무런 문제도 없는 주제를 주관적이면서도 설득력있게 해석하고 있다. 그런가 하면 인도차이나와 북아프리카에서 식민지 전쟁을 벌이는 제국주의 프랑스에 대해 반대하는 입장을 보여주는 글도 있고, 미국의 국제적 선교사 빌리 그래함의 선교에 대한 거부 반응도 볼 수 있다. 그러나 그 두 가지는 모두 신화라는 장(場)내에서만 고찰되고 있으며, 바르트가 이러한 분석을 통해 정치적인 행동으로서 비판하고 있는 것이 아니다. 그리고 프랑스 부르조아 사회의 문화와 매스컴에 대한 비판적인 태도와 함께, 그 특징을 (1) 예방 주사 작용, (2) 역사성의 박탈, (3) 동일화 작용, (4) 동어 반복법, (5) 양비론(兩非論), (6) 양에서 질로의 전환, (7) 확증 등의 항목으로 집약하고 있다. 그러나 사회주의 사회에서는 신화의 가능성조차 없다는 사실을 강조하는 것으로 보아서, 그가 좌파의 신화를 옹호하기 위하여 프랑스 사회를 비판하고 있는 것은 아니라는 생각이 든다. 여러 가지를 종합해볼 때 바르트가 마르크스주의에 가깝다고 판단되

---

108) Philip Thody, *Roland Barthes: A conservative estimate*, Macmillan, 1977, 38쪽.

지만, 그것은 프랑스의 지식인에게서 일반적으로 볼 수 있는 현상이고 바르트에게만 두드러진 현상이라고 할 수는 없다. 그가 『신화론』에서 보여준 비판은 독창성과 주관성을 강조하는 프랑스식 교육이 만들어낸 전형적인 지식인의 비판이라고 보는 것이 합당하다는 생각이 든다.

4.2.4. 신화 분석 : 플로베르의 『부바르와 페퀴셰』

바르트는 『신화론』에서 사회의 여러 가지 현상의 공시적 의미가 신화를 구성한다고 보고, 그에 대한 분석과 이론적인 정립을 시도한 바 있다. 그의 신화론은 본래 문학에 초점을 맞춘 것은 아니지만, 그렇다고 문학 텍스트가 신화 연구에서 배제된 것은 아니다. 플로베르의 『부바르와 페퀴셰』에 대한 신화적 분석은 바르트에 대한 연구에서 거의 언급되지 않고 있지만, 그의 텍스트에 대한 관점과 방법론적 변화에 대해서 알아보고자 할 경우 유익한 실마리를 제공한다.

플로베르의 마지막 소설인 이 작품을 플로베르 연구가들은 그의 최대 걸작이라고 평가하고 있지만, 세계적인 고전으로 알려진 『마담 보바리』와 내면적인 심리 분석이 뛰어난 『감정 교육』의 그늘에 가려 빛을 보지 못하였다.

『부바르와 페퀴셰』는 두 주인공의 이름이다. 이 두 사람은 홀아비 필경사로서 어느 무더운 여름날 밤 우연히 만나서 이야기할 기회를 갖는다. 같은 취향을 가진 두 사람은, 성격은 다르지만 서로 보완적이라는 것을 발견하고는, 마치 오랫동안 만나지 못했던 지기를 다시 만난 것 같은 기쁨을 맛본다. 그리하여 급속히 가까워진 두 사람은 지루한 필경사 노릇을 그만두고 시골로 낙향하여 전원 생활을 하자고 논의한다. 마침 부바르는 작고

한 친척에게서 재산을 상속받게 되고 페퀴셰는 정년 퇴직을 하게 된다. 그리하여 두 사람은 함께 자신들의 꿈을 실천에 옮기기로 작정한다. 일년 반 동안이나 마땅한 농장을 찾아 헤매던 끝에, 드디어 마음에 드는 농가가 딸린 농장을 구입하게 된다. 그러나 소작인이 마음에 들지 않아 그들은 직접 농사를 짓기로 결정하고는, 책으로 농업에 관한 공부를 하고 직접 밭을 갈고 퇴비를 주면서 땀을 흘리지만, 수확은 대수롭지 않다. 결국 그들은 농사를 포기하고 화학을 연구한다. 부바르가 특수한 알콜 음료를 개발하지만 실험실이 폭파되고 만다. 이제 그들의 인생 행로는 새로운 분야에 대한 연구, 실험, 실패의 악순환을 반복하는 모험이 되고 만다. 그들은 해부학, 생리학, 병리학을 공부하고 환자들을 찾아다니지만, 그 지방의 의사가 그것을 허용할 리가 없다. 그러면서 지질학, 고대 생물학, 그리고 성서와 과학의 관계, 고고학 등을 연구하고 고고학 탐사에 뛰어든다. 도자기 수집을 하면서 역사에 대해 연구하고 책도 쓴다. 그런가 하면 연극에도 열중하고 1848년 2월 혁명 후 국회 의원 선거에 입후보할 것을 고려한다. 그러다가 사랑에 빠지기도 하고, 또 심령학에 심취하기도 하고, 종교에 몰두해보기도 하지만 종교에서 기대하던 정신적인 도움을 발견하지 못한다. 그들은 교육의 중요성을 깨닫고 두 고아를 교육시켜 보지만 그들을 기다리는 것은 실망과 배신감뿐이다. 고통받는 사람들을 위하여 일하고자 어느 밀렵꾼을 도와주다가 법의 심판을 받기도 한다. 그럼에도 불구하고 그들은 자신들의 이상을 전파하기 위하여 강연회를 준비한다. 여기에서 제1권이 끝나고 제2권을 위한 준비 작업을 하다가 플로베르는 상당량의 미완의 원고만 남기고 만다.

바르트는 이 작품을 문학 신화의 대표적인 예로서 그의 『신화론』에서 약 2페이지에 걸쳐 분석하고 있다. 그의 분석을 살펴보면, 이 작품은 실험적인 신화로서 제2단계의 신화에 해당한다. 두 주인공은 부르조아 계급, 즉 중산층에 속하면서도 그들과 충돌한다. 그들의 담론 자체가 바로 신화적 빠롤을 구성하고 그들의 언어는 그 신화적 빠롤 안에서 하나의 의미를 지니지만 그것은 개념적인 기의가 비어있는 형식이 된다. 그 의미는 기술과 학문에 대한 한 없는 욕망이다. 이러한 의미와 비어 있는 기의 형식의 결합은 일차 신화 체계의 의미 작용을 형성하고 이 의미 작용은 부바르와 페퀴셰의 수사 부면을 구성한다. 일차 신화 세계—그것은 이차 기호 체계이기도 하다— 위에 플로베르는 제3의 체계를 올려놓는다. 제3의 체계란 바로 제2차 신화 체계이다. 이 제2차 신화 체계는 제1차 신화 체계를 재미있고 우습다고 생각하면서 내려다보는 플로베르의 시선이 구성하는 체계이다.

이상의 바르트의 분석을 도식을 사용하여 다시 정리해보자.

1차 기호 체계	기표	기의	
1차 신화 체계	언어	의미	
2차 신화 체계	부바르와 페퀴셰의 수사적 형식		개념

〈도식 5.8〉

일차 기호 체계는 글쓰기 écriture를 통해 그 기표와 기의는 일차 신화 체계의 언어를 구성하며, 그것은 신화 체계의 기표 역할을 수행함으로써 새로운 의미를 형성한다. 그 의미란 부바르와 페퀴셰적 성격, 즉 학문과 기술에 대한 끊임없는 욕망이다. 그러나 일차 신화 체계의 언어와 의미는 부바르와 페퀴셰의 수사 부면 composante rhétorique을 형성한다. 그리고 그 수사 부면은 이차 신화 체계 형식으로 기능하면서 새로운 개념을 취하고, 그 개념을 구성하는 것은 저자 플로베르가 일차 신화 체계를 내려다보는 시선이다.

우선 저자의 시선이 어떻게 이차 신화의 개념이 될 수 있느냐 하는 데 대한 주저함이 있을 수 있다. 필자의 견해로는 시선이 형식의 개념 내지 내용이라고 하기보다는 저자의 의도, 다시 말하자면 일차 신화 체계를 희화(戱化)하고자 하는 의도를 개념으로 보는 것이 합당하지 않나 생각된다. 여하튼 바르트는 플로베르의 『부바르와 페퀴셰』를 3단계 체계로 보고 그 신화적 의미를 추출하고 있다. 이러한 분석의 단계적인 전개는 옐름슬레우의 기호의 외시가 공시로 전개되는 과정을 그대로 따른다. 1단계의 기호학적 기표와 기의는 2단계의 신화적 언어가 되면서 새로운 공시적 의미를 부여받고, 그것이 3단계의 형식이 되면서 다시금 또 다른 의미인 개념을 낳게 된다.

바르트는 그의 저서 여러 곳에서 『부바르와 페퀴셰』에 대해 언급하고 있고, 그가 아이러니에 의하여 구축된 이 작품의 창조적 위대성을 누구보다도 잘 감지하고 있다는 사실은 의심할 여지가 없다고 생각한다. 플로베르가 작품 속 두 주인공의 실패 연속의 인생을 재미있게 내려다본다고 생각하고 그것을 이차 신화 체계의 의미라고 하는 것은, 사실은 부바르와 페퀴셰를 프랑스적인 〈동키호테〉로 보는 것이다. 그러나 문학 텍스트에 대한 이러한 그의 신화적 접근은 작품의 의미를 지나치게 도식화하고 단순화하였다는 지적을 면하기 어렵다.

5. 기호학: 이야기의 구조적 분석

바르트는 『신화론』이나 『글쓰기의 영도』를 통하여 의미 현상 속에 내포된 공시적 의미를 날카롭고 세련되게 분석하고 있다. 그러한 분석은 랑그/빠롤의 구분이나 기표와 기의가 기호를 구성한다는 소쉬르의 단순한 기호학적인 틀을 벗어나서 의미 현상을 의미 형성의 과정으로 설명하고자 한 옐름슬레우의 이론을 바탕으로 하고 있다. 이미 살펴본 바와 같이 기표와 기의는 의미의 일차 형식이라고 할 수 있는 외시적 의미를 형성하고, 이 둘의 결합은 새로운 기의를 낳기 위한 하나의 기표로 작용하여 결과적으로 도출된 의미를 공시적 의미라고 설명한 옐름슬레우는, 바르트에게 새로운 공시적 의미의 생성을 뒷받침할 수 있는 기초적 틀을 제공하였다. 바르트는 외시의 층위를 랑그 또는 일차 언어의 층위라고 하고, 공시적 층위를 이차 언어의 층위 또는 메타-언어 행위 méta-langages라고 부르고, 거기서 생성된 의미를 신화 mythe라고 부른다.[109] 결과적으로 바르트는 의미 현상 그 자체의 해명을 위해서는 소쉬르보다 옐름슬레우에게 의존하게 된다.

   1960년대 중반에 절정을 이루게 된 구조주의의 선봉장이 되면서, 바르트의 관심은 다시 문학으로 돌아오게 된다. 말하자면 잡다한 분야들의 공시적 의미를 파헤치기보다 문학 텍스트의 보다 조직적인 분석에 힘을 기울이게 된다. 야콥슨과 레비-스트로스는 보들레르의 『고양이』 분석을 통하여, 또 그레마스는 베르나노스의 소설 『어느 시골 신부의 일기』의 분석을 통하여 구조주의적 방법에 대한 정확성과 효율성을 폭넓게 증명한 바 있다. 하지만 바르트는 옐름슬레우에게서 많은 시사를 받게되면서, 텍스트의 기술을 조직적으로 분석하기 위해서는 텍스트를 과정으로 보아야 한다고 주장한 옐름슬레우의 언어 이론을 바탕으로 방법론을 설정하게 된다.

   옐름슬레우 이론의 요체는 텍스트를 〈기호가 이루는 체계 내지 구조〉라는 소쉬르적인 생각을 발전시켜, 개개의 텍스트는 하나의 자율적인 단위이며, 그 구성 요소들은 내적인 관계 relations internes에 따라 결합되면서 그 안에서 상이한 층위 hiérarchies를 형성할

---

109) R. Barthes, *Loc. cit.*, 222쪽.

수 있다고 본다. 그리고 관계의 핵심은 기능 fonctions에 있다고 보고, 그 역할은 기능자 fonctif가 맡는다고 본다. 이러한 관점이 바르트의 구조주의적 분석의 기초가 된다.

1960년경 구조주의 언어학이 절정기에 달했을 때에 대체적으로 언어학을 공부한 젊은 탐구자들은 기호에 대한 비판을 발표하기 시작하였고, 이전에 문학이라고 부르던 것을 텍스트 이론으로 제시하기 시작하였다.[110] 바르트가 언급한 젊은 탐구자들은 주로 불가리아 출신의 토도로프와 크리스테바를 가리키는 데, 그들과 함께 바르트의 기호 연구는 텍스트 연구로 방향을 바꾸게 된다.

알려진 바와 같이 바르트의 기호학 연구에서 중요한 이정표가 되는 것은 『이야기의 구조적 분석 입문 Introduction à l'analyse structurale du récit』과 발자크의 중편 『사라진느 Sarrasine』를 분석한 『S/Z』이다. 물론 바르트의 비평과 언어 연구는 전반적으로 텍스트에 대한 분석을 바탕으로 한 것이라고 할 수 있지만, 『이야기의 구조적 분석 입문』은 텍스트를 분석하기 위한 기호학적 방법론의 서설이고 『S/Z』는 이런 분석의 실천이다. 그러나 양자의 차이는 전자가 구조주의의 틀내에서 텍스트의 총체성과 내재성을 전제로 하는 분석인 데 비해, 후자는 기호학적 관점에서 텍스트의 다성성 polyphonie을 분석하는 실천이기 때문이다. 그러므로 『S/Z』의 분석은 바르트의 기호학의 연구에 뒤이은 텍스트성의 연구에 연결되는 작업이라 하겠다. 여기서는 바르트 기호학의 중심 이론이자 텍스트 분석의 도구가 되는 이야기 구조 분석의 이론을 우선 소개하고자 한다.

바르트가 1960년대에 프랑스 문화계에 알려진 것은 구조주의자로서이다. 따라서 그의 연구와 분석은 적어도 1960년대에는 〈구조

---

110) R. Barthes, *L'Encyclopédie*, 1014쪽.

주의〉라는 표지가 붙어 있었다. 그는 레비-스트로스를 시발점으로 해서 라깡, 알뛰세르 Althusser, 뒤부아 Dubois 등과 함께 구조주의를 대표하는 인물로 부각되었다. 그러나 프랑스 구조주의는 우선 다양성과 복합성에 의하여 이해되어야 한다. 60년대 후반에는 연구의 중심이 그레마스가 이끄는 파리 학파 Ecole de Paris와 뗄 껠 Tel Quel 그룹으로 대별되지만, 60년대 중반까지만 해도 공동의 노력을 경주하였고, 고등 학술 연구원 Ecole Pratique des Hautes Etudes에서 바르트가 중심이 되어 출간했던 《꼬뮈니까시옹 Cmmunications》은 그러한 집단적인 노력의 성과였다. 그 중 대표적인 특집호가 바로 기호학 탐구 『이야기의 구조적 분석』이다. 이 책은 바르트를 위시하여 끌로드 브르몽 Claude Bremond, 그레마스, 움베르토 에코, 크리스티앙 메츠 Christian Metz, 츠베탕 토도로프, 제라르 쥬네뜨 Gérard Genette 등이 참여한 비중 있는 특집호였다. 그들은 각기 자기 분야에서 구조 개념을 인식론적인 방법의 핵으로 삼고 있었으나, 분야의 차이와 각자의 상이한 에스프리 때문에 각기 다른 방향으로 분산된 양상을 띠게 됨에 따라 구심적인 종합을 위한 시도들이 생기게 되었다. 그러한 현상이 문학 텍스트 연구에서 나타난 것이 〈이야기〉의 구조주의적 연구의 공동 작업이다.

　형식적인 제한을 설정하지 않을 경우, 이야기는 담화 형식으로만 존재하는게 아니라, 비언어적 각종 영상과 형태 등의 무궁 무진한 형태로 실현된다. 이 무한 수의 이야기 구조를 어떻게 포착할 수 있을까? 가장 이상적인 방법은 하나하나의 이야기를 점검하는 귀납적인 방법에서 출발하여 보편적인 이론 모형을 구축하는 것이지만 이것은 불가능하므로 연역적인 방법을 따를 수밖에 없다고 보고, 가설적 기술 모형 modèle hypothétique de description을 구성할 것을 우선적인 목표로 삼는다. 그것은 말하자면 구체적인 이야기 또는 서술적 텍스트를 직접 분석하는 대신 모든 이야기들이 가지고 있는 구조적인 문제를 언어학적인 연구를 바탕으로 접근한다는 말이다.

그러한 전망을 바탕으로 바르트는 이야기와 전통적 언어학의 연구 대상인 문장, 그리고 담화의 문제를 검토한다. 문장은 문법적인 형식을 갖춘 언어 단위로서 형태 통사론적 특성에 의하여 정의된다. 담화는 흔히 언술과 동의어로 쓰이면서 의사 소통을 위한 의미 구축을 위하여 하나 이상의 문장을 필요로 한다. 그리하여 바르트는 〈담화는 커다란 문장이다〉라고 하면서 문장과 담화의 상동적 관계 rapport homologique를 지적한다. 이러한 의미에서 이야기 récit도 담화의 한 종류이고 또한 커다란 문장이라고 할 수 있지만, 이야기의 특성은 이야기성 narrativité을 바탕으로 동사의 주요 범주가 확대 변형된 상태로 내재화된다는 데 있다. 말하자면 이야기는 문장들의 합으로 환원되는 것이 아니라 시제, 양태, 서법 등의 동사적인 범주와 인칭 등의 주어적인 범주의 이야기성에 의하여 재편성된다.

그레마스는 이야기에 등장하는 인물들간에서 드러나는 기능들을 찾아내어 그 기능들을 중심으로 이야기를 재구성하였다. 그것을 바르트는 언어 langage와 문학 간의 단순한 상동 관계를 넘어서 양자가 동일하다는 것을 의미하는 것이라고 보고 있다. 이러한 바르트의 견해는 문학과 언어 각각이 지니고 있는 성격의 차이를 충분히 고려치 않고 종종 간과하고 있기는 하다. 그러나 차후에 그의 기호학적인 분석은 문학과 언어라는 전통적인 구분을 없애고 그 두 가지를 텍스트라고 하는 새로운 개념의 테두리 속에서 용해시킨다. 이러한 그의 텍스트 개념은 러시아 형식주의자들의 형태론적 분석과 이야기성 분석에서부터 시작된다.

이야기와 이야기성의 분석을 위하여 바르트는 먼저 층위 niveau

개념을 도입한다. 그는 토도로프와 함께 러시아 형식주의자들의 뒤를 이어 이야기에서 이야기 줄거리 histoire와 담화의 층위를 구분한다. 여기서 이야기 줄거리는 행위들의 논리 logique des actions와 인물들간의 관계를 포함하게 되고 담화는 이야기의 시제, 양상, 서법 등의 문제를 포함하게 된다. 이야기를 이해한다는 것은 단순히 이야기 줄거리, 즉 스토리를 수동적으로 따라가는 것으로 충분한 것이 아니라, 이야기 속에서 계층 étages을 찾아내어 이야기의 횡적인 horizontal 전개에 종적인 vertical 전개를 투영시킴으로써 이루어지는 것이라고 보면서, 바르트는 심층 독서를 해야 할 필요성을 강조한다. 바르트는 에드가 알렌 포우의 『도둑맞은 편지』를 그러한 독서의 필요성을 확실하게 보여주는 표본으로 들고 있다. 그 작품의 횡적인 전개 과정을 아무리 샅샅이 점검한다 해도 편지는 찾아낼 수 없다. 왜냐하면 이 작품은 종적인 점검을 필요로 하기 때문이다. 따라서 바르트는 〈의미란 이야기의 끝에서 찾아볼 수 있는 것이 아니다. 의미는 이야기를 관류 traverser하고 있다〉고 말한다. 그리고 나서 이야기의 분석을 보다 체계화하기 위하여 바르트는 층위의 개념을 다시 기능 fonctions의 층위, 행위 actions의 층위, 서술 narration의 층위로 세분하여 설정한다.

5.1. 기능 층위

언어학적으로 연속체, 즉 통사적 연결체는 의미를 산출하기 위해 우선 불연속체, 즉 계열체로 재단 découper되어야 하고 계열체로 나누어짐으로써 각 계열체는 상호 관계에 의하여 통사론적 기능을 부여받을 수 있다. 계열체의 통사론적 기능과 의미가 결합되어 통합 과정을 거쳐야만 전체적인 문장의 의미화가 이루어질 수 있다.

가령 농담으로 하는 말 중에서 〈X가방에들어간다〉라는 연속체는 재단에 의해서 〈가방 속〉으로 들어갈 수도 있고 〈방 안〉으로 들어갈 수도 있다. 〈화장장장〉같은 말도 정확히 이해되기 위해서는 〈화장/장/(의)장〉으로 나누어져야 한다. 이러한 사실은 마찬가지로 이야기 분석에도 해당된다. 이야기-텍스트 분석을 위해서 바르트는 계열체를 단위 unité라고 부른다. 따라서 기능을 분석하기 위해서는 우선 이야기를 분절하는 단위들을 결정하여야 한다. 따라서 기능에 관한 문제는 단위들 나누기, 단위들의 부류 classes, 기능적 구문론으로 나뉘어진다.

5.1.1. 단위 나누기

전통적으로 이야기체 담화 discours narratif에서 거론하는 분절체 segments는 행위, 장면, 문장의 단락, 대화, 독백 등을 가리키거나 인물들의 행동 방식, 감정, 의도, 심리적 동기, 등장 인물의 합리화 등의 심리적 부류들 classes psychologiques을 지칭하는 경우가 있다. 그러나 바르트가 제시하는 서술 단위들은 그와는 다른 관점에서 설정된다. 그의 서술 단위들은 경우에 따라서 언어학적 단위들과 일치할 수도 있겠지만 그것은 우연일 따름이다. 왜냐하면 그의 기능 개념은 문장들의 묶음에 해당할 수도 있고 작품 전체가 한 가지 기능 역할을 할 경우도 있기 때문이다. 그는 제임스 본드 소설 중 한 구절을 그 예로 들고 있다. 가령 비밀 정보부의 사무실에서 전화가 울리자 〈본드가 네 대의 전화기 중 한 수화기를 들었다〉라고 할 경우, 그 〈넷〉이라는 숫자는 단순히 숫자 〈넷〉을 가리키는 것이 아니다. 그것은 기능적 단위로서 이야기 전개의 이해를 위해 필요한 정보부 사무실의 바쁘게 돌아가는 분위기를 알려주고 외부와의 간단 없는 연락을 위하여 네 대 정도의 전화기를 갖추고 있어야 하는 상황을 표출시켜 주는 서술적 단위로서의 공시를 지니고 있다고 분석한다.

5.1.2. 단위의 분류

이러한 기능 단위들은 크게 배열적 단위들 unités distributionnelles과 통합적 단위들 unités intégratives로 나뉜다. 배열적 단위는 프로프와 그의 뒤를 이어 브르몽이 말하는 기능을 가리킨다. 그 예로 가령 권총을 한 자루 산다는 것은 그것을 쏘는 순간과 대응되고, 수화기를 드는 행위는 수화기를 내려 놓는 행위와 대응된다. 통합적 성격의 단위들은 모든 지표들을 포용하고 있다. 이 통합적 단위들은 행위와 관계있는 것이 아니라 이야기의 의미를 이해하는 데 필요한 관계, 주인공의 성격을 드러내는 지표나 그들을 확인할 수 있게 해주는 정보, 또는 분위기를 드러내 보여주는 실마리 등을 말한다. 지표는 수직적인 성격을 가지고 있고 따라서 의미론적으로도 수직적이다.

이와 같이 이 두 기능 단위의 성격은 기능이 통합적이라고 한다면 지표는 계열적이다. 따라서 기능은 의미 관계에 있어서 공간적인 인접성을 전제로 하는 환유 métonymie와 관계되고 지표는 은유 métaphore와 관계된다. 아울러 전자는 행위의 기능성과 관계되고 후자는 존재의 기능성과 관계된다.

이와 같은 두 가지 부류의 단위들은 이야기의 부류와 연관된다. 예컨데 민담, 설화 등은 기능적인 성격을 보여주고 있고, 프랑스의 전통 심리 소설들은 지표적인 성격을 보여주고 있으며, 양자 사이에는 여러 가지 잡다한 역사·사회 풍속을 바탕으로 한 작품들이 있다. 그리고 이 두가지 부류는 다시 주 기능 단위—핵 단위—와 보조적 성격의 촉매 기능 단위로 하위 구분될 수 있다. 전자는 시간적 연속성과 논리적 귀결성을 모두 지니지만, 후자는 단지 시간적 연속성과 관계된다. 다시 말하자면 주 기능 단위는 논리성과 시간성을 파괴할 수도 있으나, 그것은 눈으로 보는 장면의 외형적인 풍경에 의하여 이루어지는 것이 아니다. 촉매 단위 역시 전언의 구성에 관여한다. 외형적으로 보기에는 무의미한 것 같으나 촉매 단위는 담화적인 기능을 가지고 담화의 속도를 가속화시키기도 하고 지연시키기도 하며, 집약시키기도 하고 예정보다 앞지르게 하기도 한다. 그리하여 그것은 끊임없이 담화의 의미론적 긴장을 자극한다.

두 번째 서술 단위인 지표는 통합적인 부류로서 등장 인물과 서술 행위에 의하여 채워진다. 지표는 본래적 지표와 정보 요소 informants로 구분되는데, 본래적 지표는 함축적인 기의를 지니고 독자가 어떤 성격과 분위기를 이해하고 판독하는 데 필요한 요소이다. 그에 비하여 정보 요소는 구체화된 지식으로서 함축적인 기의는 갖지 않는 대신 등장 인물이나 사건을 시간과 공간 속에 정확히 위치시켜 주고 허구 fiction를 현실로 전환시키는 조작체 역할을 한다. 가령 등장 인물의 나이나 그에 관계되는 구체적 정보 등이 이에 속한다고 볼 수 있다.

5.1.3. 기능적 구문론

그러면 위에서 언급한 다양한 단위들은 어떻게 연결되고 전개되는가. 이와 같이 기능적 결합에 있어서의 규칙 등에 대한 문제가 기능적 구문론의 테두리내에서 다루어진다.

정보 요소는 지표와 자유 자재로 결합된다. 예컨데 어떤 인물에 대한 묘사에서 그 인물의 얼굴 모습의 특징과 그의 호적상의 요소들은 나란히 동시에 제시될 수 있다. 그리고 주 기능 단위들은 상호간에 어떤 연대 관계에 의하여 연결되고 그것들은 이야기의 골격을 형성하기 때문에 생략될 수 없다.

이야기는 구조적으로 시간적 계기 consécution와 귀결 conséquence, 말하자면 시간과 논리 사이에 혼란을 야기시킨다. 서술적 구문론은 바로 그러한 문제를 분석한다. 이와 관련하여 시간 너머에 초시간적 논리가 있느냐의 여부가 쟁점이 되고 있다. 이에 대해 프로프는 시간적인 계기성을 초시간적인 논리로 환원할 수 없다고 주장하면서, 시간은 실재 le réel이기 때문에 이야기를 시간 속에 뿌리내리도록 해야 한다고 생각한다. 그 반면 아리스토텔레스는 행위 단위에 의하여 정의되는 비극을 행위의 복합성 및 시간적 통일성에 의하여 정의되는 역사적 이야기들과 대립시키면서, 사건의 논리가 시간성보다 훨씬 더 중요하다고 설명한다. 바르트는 레비-스트로스, 그레마스, 브르몽, 토도로프 등도 그러한 주장을 따르고 있음을 상기시키면서 그 자신도 그러한 의견임을 밝히고 있다. 그는 이러한 이유로 〈시간은 엄격한 의미에서 담화에 속한 것이 아니라 지시 대상체 référent에 속한다. 이야기와 언어는 오로지 기호학적 시간만 가지고 있다〉[111]라는 주장을 들고 있다. 바르트는 이야기 속의 시간성은 이야기와 담화의 구조적 부류 classe이기 때문에 시간은 시제의 형식으로간 존재한다고 주장한다. 따라서 시간은 구조적 기술의 대상일 뿐이다. 그에 의하면 〈진화〉 시간이란 지시 대상체를 현실화시켜 주기 위한 환상에 지나지 않는다는 것이다.

그러면 이야기의 논리는 무엇을 가리키는 것일까? 이 점에 대해 바르트는 세 가지 방향을 제시한다.

---

111) Aristote, *La Poétique*, 1459a, *L'Aventure sémiotique* 184쪽에서 재인용.

첫째, 브르몽이 택한 순수한 논리적 방향이다. 그것은 작품화된 인물들의 행동 양식을 구문론적으로 재구성하는 것이다. 그럼으로써 등장 인물이 이야기의 한 시점에서 취한 선택이 어떠한 궤적을 보여주느냐 하는 문제를 검토한다.

둘째, 레비-스트로스와 그레마스가 택한 언어학적인 방향이다. 그들의 분석 방법의 핵심은 다양한 기능들 속에서 계열체적인 대립 관계를 보여주는 기능의 쌍들을 찾아내는 것이다.

셋째, 토도로프가 택한 방향으로서 이는 등장 인물들의 행위에 초점을 맞춘다. 그리고는 이야기가 기본적인 술어들 prédicats을 결합시키고 변화, 변형시키는 규칙들을 설정하고자 한다.

이야기에서는 외관상으로 보기에 대수롭지 않은 기능들도 각각 하나의 연쇄 séquence, 소쉬르의 개념을 빌린다면 통합의 축을 구성한다. 가령 카페에서 음료수를 주문하고, 받아 들고, 마시고 값을 지불하는 등의 기능들도 모두 상호 연결되는 연대 관계를 맺고 있고, 그러한 기능들은 각각 하나의 연쇄를 구성한다. 이러한 연쇄는 핵 요소의 논리적 연결체로서 각기 어떤 명칭을 부여받을 수 있다. 프로프는 설화의 주요 기능들의 명칭을 〈사기〉, 〈배반〉, 〈투쟁〉, 〈계약〉, 〈유혹〉 등으로 정한 바 있다. 큰 연쇄는 작은 연쇄들로 이루어질 수 있는데, 바르트는 이러한 작은 기능들에도 명칭을 부여하는 것이 필요하다고 말한다. 왜냐하면 연쇄는 모두 어떤 위기를 내포하기 때문이다. 가령 〈만남〉이라고 이름 붙인 연쇄는 하위 구분으로서 접근, 정지, 말걸기, 인사, 착석 등의 항을 가질 수 있고, 그 개개의 항은 하나의 작은 연쇄를 구성한다고 볼 수도 있다. 따라서 이야기는 조직화된 피라미드 구조의 기능 수형도를 보여주게 된다. 바르트는 그 예로 「골드 핑거」의 첫 번째 에피소드를 도식으로 보여준다.

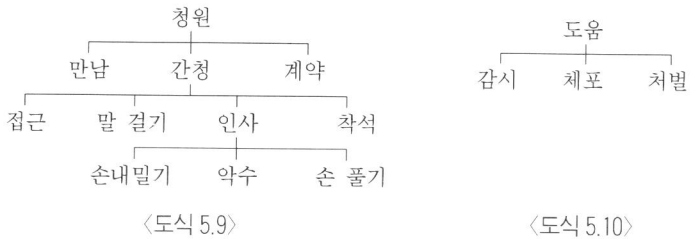

〈도식 5.9〉　　　　　〈도식 5.10〉

바르트는 자신의 도식에서 연쇄들이 서로 밀접히 접합 imbrication되는 점과 음악에서 대위법적인 양상으로 전개되는 점을 강조하면서, 〈이야기 구조는 기능적으로 푸가—둔주곡—와 같은 양상이다〉[112]라고 지적하고 있다. 바르트의 이러한 도형은 일면 거꾸로 세운 생성 문법의 수형도와 같고, 또한 강의 상류에서 개울물이 모여 냇물이 되고 지류가 모여 강 하류의 주류를 이루는 형태에 비유할 수도 있다. 바르트는 음악적인 에스프리를 발휘하여 변주에 의한 멜로디의 집산으로서 이야기의 구조를 포착하려고 하였다.

이러한 바르트의 접근은, 대상으로서의 이야기-텍스트를 의미 중심으로 분절하여 그것을 명명하면서 내재적으로 파악하고, 그 구성 요소들이 유기적 관계의 망을 구성하는 것으로 보고 그것들을 축조적으로 재구성하는 방법이다. 이러한 바르트의 접근 방법은 주관의 개입을 최소화하고 대상을 가능한 한 객관적으로 인식하고자 하는 구조주의적인 인식 방법을 보여주는 것이다.

이러한 관점과 다른 구조주의적 인식 방법론을 보여주는 것은 층위의 개념을 적용하여 기능의 층위 위에 행위의 층위가 있다고 설정하는 방법이다.

---

112) R. Barthes, *L'Aventure sémiotique*, Seuil, 1985, 188쪽.

5.2. 행위 층위

5.2.1. 등장 인물 재고

아리스토텔레스는 등장 인물보다 행위를 중시하였고, 등장 인물의 성격은 거의 문제삼지 않았다. 그러나 17세기 이후 심리 분석이 프랑스의 소설에서 중요한 위치를 차지하게 되면서 주인공은 행위보다 심리 묘사에 의하여 규정되었고, 그 결과 심리 분석이 등장 인물의 본질을 규정하는 것으로 착각하게 되어, 작가는 인물에 대한 묘사를 통해 어떤 인물을 선인(善人) 또는 악인(惡人)으로, 마음먹은 대로 만들 수 있는 전지 전능한 위치에 오르게 되었다.

일반적으로 주인공을 그의 본질에 의하여 파악하는 것을 거부하고 있는 프로프는 그보다 앞서 행위의 일관성을 바탕으로 주인공의 유형을 분류하고자 하였다. 브르몽도 사람 personne 혹은 등장 인물 personnage이라는 용어 대신 행위자 agent이라는 용어 개념을 사용하고 있고, 그레마스는 이야기 분석에서 등장 인물을 존재론적으로 파악하지 않고 행위에 위하여 평가하면서 행위소 actant라는 용어를 사용하고 있다. 이들에게 있어서 지칭하는 용어는 행위자, 행위소 때로는 참여자 participant 등으로 바뀌지만, 사실상 이 용어들은 인물을 행위 영역에 대한 참여에 의하여 정의한다는 공통점을 지니고 있고 이러한 입장은 바로 바르트의 입장이기도 하다.

5.2.2. 주인공의 문제

주체/객체, 발신자/수신자, 협조자/반대자 등으로 구성되는 그레마스의 행위소 모형은, 모형 자체보다도 그 변형에 의하여 상당히 많은 이야기들을 분석할 수 있는 틀을 제공한다. 이에 대해 바르트는 주인공의 분류와 관련하여 정말 어려운 문제는 주요 등장 인물의 결정에 대한 문제라고 보고 있다. 다시 말하자면 어떤 특정 인물에게 특권적인 지위를 부여할 수 있느냐의 문제이다. 대부분의 서술형 이야기에서는 주인공이 이원적으로 되어 있어서 하나가 아닌 두 인물을 설정해야 한다. 그레마스의 행위소 모형도 그러한 이야기의 이원적 주체 문제를 설명하는 좋은 틀이 된다는 점을 이미 앞에서 살펴본 바 있다.

5.3. 서술 층위

5.3.1. 서술적 의사 전달

이야기는 의사 전달의 게임과 같아서 거기에는 수행자와 수혜자가 있다. 따라서 이야기 내부에는 이야기를 이끌고 가는 증여자(=화자)와 수신자(=독자) 사이에 교환 기능이 형성되기 마련이다. 이러한 문제는 벵베니스트와 야콥슨이 처음으로 제기한 문제들로서, 바르트는 서술 행위와 독자의 문제를 중요하게 부각시키고 있으며, 이는 후일 그의 텍스트 연구에서 핵심적인 관점이 된다. 소설은 대체적으로 화자의 입장에서 1인칭적 전개가 되기 때문에 독자의 입장이 고려되지 않았다고 생각하지만, 바르트는 이야기 속에서 독자에게 어떤 정보를 알려주는 요소는 독자를 위한 기호라고 보아야 한다고 말한다. 예컨데 〈레오는 이 나이트 클럽의 주인이다〉라고 할 경우 이것은 독자를 위한 기호라는 것이다.

바르트는 우선적으로 이야기의 증여자의 성격 규명에 초점을 맞춘다. 이를 위해 그는 세 가지 다른 유형을 종합하여 제시한다.

첫째 유형은 이야기를 진술하는 저자가 있고 저자의 내면에서 인간적 존재와 그의 예술 사이에 어떤 교류가 형성되어 그것이 저자가 쓰는 이야기로 구체화된다고 보는 관점이다. 이러한 경우 이야기는 그 내부에 존재하는 〈나〉에 의한 언어 표현에 지나지 않는다.

둘째 유형은 화자를 전지 전능한 의식 그 자체로 보는 관점으로서 비인칭적이다. 이러한 유형의 이야기에서 자신을 드러내지 않고 이야기를 끌고 나가는 화자는 작중 인물의 내부와 외부를 속속들이 알고 있다.

셋째 유형은 헨리 제임스와 사르트르 같은 작가들이 보여준 형태로서, 화자는 등장 인물들이 관찰하고 알 수 있는 한계를 넘어서지 않는다. 결과적으로 등장 인물 개개인이 이야기의 발신자적 입장에 서게 된다.

바르트는 이 세 가지 유형 모두가 문제를 지니고 있다고 보는데, 그 이유는, 이야기 속의 화자나 등장 인물들이 모두 〈종이 위의 존재〉인데도 불구하고 실제 인물로서 실재 속에 뿌리 내린 것처럼 보이게 하기 때문이라는 것이다. 그 결과 화자와 그의 기호들은 오로지 이야기내에서만 생명력을 갖는 기호학적 분석 대상임에도 화자를 육체적인 저자와 동일시하게 된다. 이야기란 이야기가 아닌 현실 속에 뿌리 내릴 경우 현실적인 존재의 표현 도구에 지나지 않기 때문에, 그러한 현실적인 존재는 구조적 분석의 범위를 벗어나는 것이다.

그렇기 때문에 바르트는 우선, (1) 이야기 속에서 말하는 서술자, (2) 실제로 글을 쓰는 작가, (3) 인간으로서의 작가의 존재를 구별한 다음, 이야기의 진행은 현존적 인칭의 기호 체계와 비현존적 기호 체계 두 가지 중 하나를 택하게 된다는 점을 설명한다. 현존적 인칭 체계는 〈나〉에 의하여 이루어지고 비현존적 인칭 체계는 〈그〉에 의하여 이루어진다. 일부 전통적인 이야기가 3인칭 〈그〉로 쓰여겼지만 사실상 그것은 〈나〉로 바꾸어, 다시 말하면 현존적인 인칭으로 바꾸어 해석되어야 한다.

또한 현장에서의 실재적 인상을 강화하기 위하여 현존적 인칭의 구사가 증대되고 있다. 그러나 바르트는 이 경우에도 탈인칭 a personnel의 사용이 배제되는 것이 아니라 두 가지 인칭 체계의 혼용이 이루어지며, 이러한 두 가지 인칭 체계의 혼용은 동일 인물의 경우에도 담화를 이끌고 가는 〈나〉의 의식과 〈나〉의 의식 밖에서 지시 대상과 관계를 맺고 행위를 수행하는 의식이 행위의 순간에 갈라짐으로 해서 어느 정도 불가피하게 된다고 설명하고, 아가타 크리스티와 이안 플레밍의 제임스 본드 탐정 소설 등에서 그 예를 들고 있다. 그러나 그것은 비단 탐정 소설에서만 볼 수 있는 현상은 아니고 이른바 심리 소설에서도 관찰할 수 있다. 왜냐하면 심리적인 인물은 실재적인 인물로서 그의 심리 상태와 의도가 분석되고 탐구되어야 하는 존재인 데 비하여, 언어적인 인물은 그러한 분석이나 탐구와는 관계없이 담화라고 하는 틀 속에서 차지하는 위치에 의해서만 규정되고 파악될 수 있는 존재이기 때문이다.

따라서 바르트는 〈글쓰기〉와 〈이야기하기〉는 동일한 행위가 아니라는 사실을 강조한다. 사실상 작품을 쓰는 것은 이야기를 이끌고 가는 부분과 사건이 전개되는 현장에서의 행위를 직접 나타내는 부분으로 나뉜다. 후자는 글쓰기와 행위가 일치하는 부분으로서 전자는 후자를 뒷받침하여 작품을 구성하는 역할을 한다. 이러한 관점은 영국의 언어 철학자 오스틴이 담화 행위에 있어서 언표내적 행위 acte illocutionaire와 수행 동사 verbes performatifs의 개념을 제시한 것을 작품의 구조 분석에 적용한 것이다. 그 밖에도 벵베니스트의 인칭 대명사에 대한 연구와 야콥슨의 연구를 바르트가 참조한 것이 드러난다.

5.3.2. 이야기의 상황

서술 층위에서 주로 문제가 되는 것은 서술 기호에 대한 문제이다. 서술 기호는 기능과 행위를 의사 전달의 틀에 편입시키는 조작적 요소로서, 구전 문학 작품에서 운율 형식이나 이야기 도입에 사용되는 형식 등이 이러한 기호에 속한다. 의사 전달은 이야기의 발신자와 수신자의 입장에 초점을 맞추어 분절되기 때문에, 저자란 이른바 재미있는 이야기를 지어내는 사람이 아니라 수신자 내지 독자와 함께 사용하는 언어 규약을 가장 잘 다스리는 사람이다. 모든 구전 설화들이 〈옛날 옛적에 어떤 사람이 살고 있었는데〉로 시작하는 것은 이러한 서술적 규약을 따르는 것이다. 오늘날 글로 된 작품에서도 서술 기호를 중심으로 이루어지는 특정 담화 형태가 형성되는 것은 바로 그러한 이유에서이다. 이야기의 처음과 끝, 특정 문체의 도입이나 이야기의 관점 등은 모두 저자의 개입에 의하여 이루어지는 형태들로서 서술적 층위와 관계가 있다.

서술적 코드—약호—는 이야기 대상체 objet-récit에 도달하기 위한 마지막 층위로서 그 층위는 현실 세계와 연접되어 있다. 마치 언어학이 문장의 차원에서 끝나듯이 이야기 분석도 담화 분석에서 끝난다. 담화의 너머에는 상황 situation이 있는데, 영국 언어학자 홀리데이 Holliday는 상황을 〈비연합적인 언어학적 사실의 총체〉[113]라고 정의한 바 있고, 프리에토는 〈의미 행위 순간에 의미 행위와 관계 없이 수신자가 인지한 사실의 총체〉[114]라고 정의한 바 있다. 바르트는 이러한 정의를 따르면서, 이야기의 상황은 이야기가 소비될 때에 따르게 되는 일련의 의례 준칙을 의미하고, 이야기는 결과적

---

113) 〈Linguistique générale et linguistique appliquée〉, *Ibid.*, 199쪽에서 재인용.
114) *Ibid.*

으로 상황에 의존적이라고 설명한다. 바르트에 의하면 고전주의 시대의 이야기는 고전주의 시대 특유의 의례 준칙을 따른다. 말라르메는 자신의 시가 공중 앞에서 정확한 결합 법칙에 따라서 낭송되기를 원했고, 뷔토르는 자신의 책에서 특수 인쇄체 활자를 쓸 것을 요구했다. 서술적 층위는 애매 모호한 점도 있으나 이야기 상황과 접합되면서 현실 세계를 향하여 자신을 열고 이야기를 닫으면서, 이야기로 하여금 스스로의 메타 언어를 품고 있는 언어의 빠롤화를 지향하게 한다.

5.3.3. 이야기의 체계

바르트는 이야기의 언어가 일상 언어와 유사한 특성을 보여준다는 사실에 착안한다. 즉 일반 언어에서 분절에 의하여 계열체―내지 형태 단위―가 생기고, 그 계열체 단위들이 보다 상위의 층위로 통합되어 문장을 이루는 것과 마찬가지로, 이야기의 언어도 분절과 통합을 통하여 의미를 형성한다.

이야기의 형태는 두 가지 특징을 보여 주는데, 그 한 가지는 기호의 간격을 늘리는 능력이고,[115] 또 다른 한 가지는 그러한 결과로 생겨나는 뒤틀림 속에 임기 응변적인 요소의 확장을 삽입시키는 것이다. 바르트의 이러한 생각은 소쉬르의 후계자 바이 C. Bally의 언어 연구를 바탕으로 하고 있다. 독어와 불어를 통사론 및 문체론의 관점에서 비교 연구한 그는 독어를 총합적 언어 langue synthétique, 불어를 분석적 언어 langue analytique라고 보았다. 말하자면 격언

---

115) 〈기호의 간격을 늘린다〉함은 동사가 시제와 법에 의하여 복합형태를 띠면서 다른 요소와 섞이고 길이가 늘어남을 가리킨다. 예) Je donne → J'aurais bien donné etc.

어인 독어는 통사 구조가 뒤틀림을 용이하게 받아들이는 데 비하여, 어순(語順) 언어인 불어는 논리적인 선형성 linéarité logique을 원칙으로 하여 의미 면에서 단의성 monosémie을 낳게 된다는 것이다.

그런데 이야기는 총합 언어적인 성격이 있어서 삽입과 감싸기를 자유롭게 할 수 있고, 이야기 속의 한 요소는 여러 가지 방향의 의미를 지닌다. 바르트는 제임스 본드가 비행기 시간을 기다리면서 마시는 한 잔의 위스키를 그 예로 들고 있다. 바르트의 분석에 의하면 그 영화 장면에서 위스키 한 잔은 〈현대성〉, 〈경제적 여유〉, 〈한가로움〉이라는 상징적이고 다의적 기의를 취한다는 것이다.

이야기 언어에서 목격할 수 있는 뒤틀림에 의한 요소들은 문체론적 특징과 마찬가지로 이야기의 구성적 특성을 이루게 된다. 아울러 기능적 핵 구실을 하는 기호들 사이의 벌어진 틈은 다른 요소들이 끼어들 수 있는 공간을 만들어준다. 이 공간을 채우는 것은 대부분 촉매적 요소들이다. 그리고 그에 대한 보상으로 불필요한 요소들은 과감하게 생략할 수도 있다. 한마디로 이야기는 요약될 수 있다. 서정시의 경우 요약해 버린다면 가장 기본적인 기의—예컨데 〈사랑〉과 〈죽음〉—만 남고, 가장 핵심이라고 할 수 있는 은유가 증발해 버리고 말지만 이야기에서는 그렇지 않다.

이야기 언어에서 빼놓을 수 없는 요소는 통합 작용 intégration이다. 분리된 계열체적 요소들은 그 각각의 성분이 이질적이지만 한 단계 위인 상위의 층위에서 통합됨으로써 일관된 의미를 부여받을 수 있다. 통합 작용은 구성 요소에 대해 그레마스가 언급한 바 있는 동위소 isotopie를 제공하고, 그 결과 텍스트는 일관성있는 의미를 부여받는다. 그러나 서술적 통합에 있어서 모든 것이 언제나 돌로 석조 건물을 짓듯이 자동적으로 축조되는 것은 아니다. 그 이유는 한 가지 요소가 상이한 층위에서 상이한 단위로서 기능할 수 있기 때문이다. 이와 같이 이야기는 간접 요소와 직접 요소들이 뒤엉킨 집합과 같은 양상을 보이는데, 이러한 배열 파괴 dystaxie가 수평적 독서를 이끌고 가는 반면, 통합 작용은 수직적 독서의 기초가 된다. 이러한 배열 파괴와 통합이라는 두 가지 작용이야말로 구조를 계열화, 세분화시키면서 이야기에 활력을 불어넣어 주는 역할을 한다.

결과적으로 이야기는 두 개의 언어, 즉 언어학적 언어와 초언어학적 translinguistique 언어로 구성된다고 바르트는 주장한다. 전자는 음소 단위, 형태소 단위, 어휘소 단위, 통사 단위를 거쳐 문장에서 끝이 나고, 후자는 문장에서 시작하여 역으로 분절과 재단에 의하여 연쇄 séquence로 나뉘어지고 그 결과 행위와 기능의 요소를 추출해낼 수 있다고 보는 것이다. 그러고 보면 〈역설적이지만 낭만주의적 의미에서의 예술은 세부적 언술의 문제로 귀착되고, 한편 상상력이란 언어를 능숙하게 다루는 솜씨로 귀결된다〉[116]고 바르트는 기술한다. 하지만 이야기의 기능은 모방을 전제로 하는 〈재현〉에 있지 않고 신비로움을 엿보이게 하는 하나의 독창적 〈세계〉를 창조하는 데 있으며, 세계를 구성하는 행위들의 연속에 의해서 구성되는 것 같지만, 사실은 하나하나의 연쇄 속에서 낡은 것들을 거부하면서 새롭게 시도되는 논리에 의하여 이루어진다고 강조한다. 마지막으로 그는 작품이 제시하는 비전과 의미의 대립에서 전자를 부정하고 후자를 부각시키면서, 그것은 작품이 언어의 모험 그 자체이며 언어 능력과 이야기 능력은 분리될 수 없고 동시에 발생되기 때문이라고 결론 짓는다. 이 점에서 문학과 언어의 긴밀한 관계를 주장한 바르트의 견해를 다시 한번 확인할 수 있다.

『이야기의 구조적 분석 입문』은 이야기의 분석에 초점을 맞추면서 문학성을 구조주의적 관점에서 해명하려고 한 시도이다. 또한

---

116) R. Barthes, *Loc. cit.*, 205쪽.

그 작업은 바르트 개인에 의한 것이 아니라 야콥슨, 레비-스트로스, 프로프, 그레마스, 토도로프 등의 구조주의적 방법론을 토대로 한 것이며, 바르트의 분석은 기본적으로 구조주의의 철학과 방법론을 충실하게 따르고 있다.

구조주의는 기본 방법론을 언어학의 연구 성과로부터 빌어, 결혼의 형태, 친족 구조 등의 인류학적 문제로부터 작품 분석에 이르기까지 연구 대상을 하나의 자율성을 지니고 있는 언어체로 간주하고, 그 언어체를 내재적으로 분석하는 것으로 이루어진다. 내재적 immanent 분석은 그 언어체를 구성하고 있는 요소들 상호간의 상관 관계를 찾아내는 데 그 목적이 있다. 상관관계를 맺고 있는 요소들은 대체적으로 이항 대립을 바탕으로 서로 대립적이면서 동시에 상호 보완적이다. 바르트의 구조적 분석도 이러한 구조주의적 방법론에 입각하고 있다. 즉 배열적 층위와 통합적 층위가 결합하여 기능 단위들의 층위를 이루고, 배열적 층위는 핵 단위(강)와 촉매 단위(약)로 구성되며, 통합적 층위는 지표 단위(강)와 정보 단위(약)로 이루어진다.

이와 같은 분석 방법은 체계적이고 조직적인 접근을 통하여 객관적이고 과학적인 구조를 밝혀낼 수 있다는 장점과 동시에 그 방법론의 한계를 지니고 있는 것도 사실이다. 그러한 방법은 대상물—이야기—과 외부 세계의 관계를 절연시키고, 시간적인 변화 요인을 무시한 상태에서 구조적 인식만을 목표로 한다. 그러므로 우리는 구조적 인식은 문학성이나 작품의 가치 판단과 연결되지 않고, 결과적으로 작품과 작품을 구성하는 요소의 상징성이나 울림의 문제, 작품이 제기하는 문제성 등을 외면하게 된다는 점을 그 한계점으로 지적할 수 있다. 역설적으로 이러한 분석 방법은 문학성이 거의 없는 이야기가, 작품의 가치 판단을 외면한 채 작품의 구조적

균형과 견고성을 갖추었다는 이유로, 균형이 잘 잡히지 않은 걸작보다 더 높은 평가를 받을 수 있는 가능성을 배제하지 못한다고도 할 수 있다. 바르트의 분석도 의미를 배제한 채 형식을 위주로 하였기 때문에 그 방법론이 치밀하고 정교함에도 불구하고 이런 약점을 가지고 있다.

그러나 바르트가 『이야기의 구조적 분석 입문』에서 의미의 문제를 전혀 고려하지 않은 것은 아니다. 그는 텍스트의 형식론적 재구성에 역점을 두면서 부수적인 요소라고 할 수 있는 전화기의 수사나 한 잔의 위스키가 보여주는 의미를 분석하였고, 그러한 관점은 공시 현상을 위주로 한 신화 분석과 나아가서는 『S/Z』에서의 분석으로 발전된다.

6. 『S/Z』와 새로운 글읽기

6.1. 모형 구축에서 텍스트의 실천으로

바르트의 『이야기의 구조적 분석 입문』은 오늘날까지도 소설 이론을 공부하는 사람들이 대부분 숙독하고 음미하는 것이다. 또한 『이야기의 구조적 분석 입문』은 바르트의 구조주의적 관심을 대표하면서, 아울러 그가 집필한 여러 이론적인 글 중에서는 가장 체계적이고 잘 짜여진 것의 하나라고 할 수 있다. 그런데도 그는 이것을 저술한 후, 이에 대한 애착을 별로 가지고 있지는 않은 듯하다. 우선 문학 분야에서 구조주의를 대표하던 그가 구조주의에서 벗어난 것도 그 한 가지 이유가 될 수 있다.[117] 여하튼 그는 자기 저

---

117) 그는 자전적인 저서 *Roland Barthes par Roland Barthes*, 121쪽에서 〈아직

서에 대한 시대 구분과 그가 받았던 영향을 정리하면서 『이야기의 구조적 분석 입문』에 대한 언급을 빠뜨리기도 하고,[118] 그의 『기호학적 모험』의 서문에서는 텍스트 연구에 몰두하던 제3기를 『이야기의 구조적 분석 입문』과 『S/Z』 사이의 시기라고 하면서 다음과 같이 쓰고 있다. 〈후자의 작업은 구조주의적 모형과는 무한히 다른 '텍스트'의 실천에 의존하고 있고 구조주의적 모형을 버림으로써, 말하자면 전자인 『이야기의 구조적 분석 입문』을 부정한 셈이다.〉[119] 환언하면 텍스트 연구기인 제3기는 『입문』을 부정하면서 『S/Z』에서 자신의 텍스트 이론의 전개에 초점을 맞춘 것이라고 하겠다. 그러면 그 이유가 무엇일까. 우선 바르트 자신의 설명을 들어보자.

텍스트는 미학적 산물이 아니라 의미의 실천이다. 그것은 구조가 아니라 구조화 작업이다. 그것은 하나의 대상물이 아니라 하나의 작업이요 놀이이다. 그것은 우리가 찾아내야 할 하나의 의미를 부여받은 폐쇄된 기호들의 집합이 아니라 옮겨가는 흔적들의 부피이다. 〈텍스트〉의 현실태 instance는 의미 작용이 아니라 기호학적인, 그리고 정신 분석학적인 의미에서의 시니피앙이다.[120]

그에 덧붙여 바르트는 〈텍스트〉 개념이 〈문학 작품〉의 개념보다 상위에 있고, 〈삶의 텍스트 Texte de la vie〉가 〈텍스트〉보다 상위에 있다고 말한다.

도 구조주의자가 있느냐?〉라고 하면서 자신이 대표하던 구조주의에서 벗어났음을 암시하고 있다.
118) 주) 11 참조.
119) R. Barthes, *Loc. cit.*, 13쪽.
120) *Ibid.*

6.2. 세미오시스

바르트의 설명을 다시 종합해본다면, 작품이 막연하고 추상적인 개념인 데 비하여 텍스트는 구체적이고 실천적인 개념으로서, 그 자체가 완성된 폐쇄적 구조 개념이 아니고, 열려 있으며 계속 새로운 부가적 의미를 부여받을 수 있는 그릇과 같다고 할 수 있다. 이러한 텍스트 개념은 텍스트를 과정 내지 전개 processus와 동일시한 옐름슬레우와도 관련이 있지만,[121] 바르트 자신도 언급한 바와 같이 크리스테바의 기호학적 관점과 관련이 있다.[122] 크리스테바는 기호학적 관점에서 볼 때 텍스트는 〈의미를 생산하고 변형시키는 이중적인 과정〉[123] 그 자체라고 보고, 또한 〈기의는 기표로서 형성되었다〉[124]는 말로 기의가 기표에 의해서 좌우된다는 점을 언급하였다. 그리고 텍스트에 대한 이러한 관점이 크리스테바의 상관 텍스트성과 관련이 있음을 바르트가 밝힌 바 있다.[125] 그는 제3기 텍스트 및 의미에 대한 관점을 집약해서 〈세미오시스 sémiosis〉라고 표현하고 있다.

세미오시스는 〈기호 산출 작용〉이라고 번역할 수 있는데, 본래 사전적인 의미는 〈기표와 기의의 불가분의 관계를 바탕으로 기호를 산출하는 작용〉[126]을 가리킨다. 그리고 일반적으로는 〈의미 생성 과정으로서의 기호 작용〉이라고 이해할 수 있다. 이러한 용어를

---

121) L. Hjelmslev, *Prolégomènes à une théorie du langage*, Minuit, 1971, 27쪽.
122) R. Barthes, *Roland Barthes par Roland Barthes*, 148쪽.
123) J. Kristeva, *Recherches pour une sémanalyse*, Seuil, 1969, 24-25쪽.
124) *Ibid.*, 34쪽.
125) R. Barthes, *L'Aventure sémiologique*, 12쪽. 참고로 크리스테바는 그의 *Recherches pour une sémanalyse*, 146쪽에서 상관 텍스트성에 대해 설명하고 있다.
126) Greimas & Courtés, *Sémiotique*, 339쪽 참고.

바르트는 〈한정 불가능한 언어의 모험〉[127]이라고 풀이하면서 〈텍스트〉와 동의어라고 첨가한다. 그리고 텍스트란 〈그 자체로서는 지식, 이성, 지성을 가지고 있지 않은 언어의 무한성을 형상화하는 것이다〉라고 부연한다. 바르트의 생각을 풀어 보자면, 세미오시스는 저자의 텍스트와 독자의 텍스트 간의 읽기라는 만남을 통하여 드러난다. 상관 텍스트성을 바탕으로 하는 대문자 텍스트 Text는 단일적인 구조를 지닌 작품이나 대상이 아니고 복수적인 의미 실천 pratiques signifiantes인 것이다.

바르트는 세미오시스를 폭넓은 의미에서 문학과 동일시한다. 〈…… 문학은 이제 더 이상 미메시스나 마테시스 mathésis[128]가 될 수 없고 오로지 세미오시스…… 일 뿐〉[129]이라고 하면서 미메시스와 마테시스로서의 문학을 부정하고 세미오시스로서의 문학을 선언한다. 그는 이미 『이야기의 구조적 분석 입문』의 마지막 장에서 미메시스, 마테시스, 세미오시스 등의 용어는 사용하지 않았지만, 이야기는 〈모방〉하는 것이 아니라 〈언어, 무엇보다 언어의 모험〉이고, 그 임무는 스펙터클을 보여주는 것이 아니라 〈의미〉를 전달하는 데 있다고 하면서 언어 중심의 문학 내지 텍스트에 관한 관점을 피력했다.

그러면 먼저 바르트가 말하는 미메시스와 마테시스의 의미부터 살펴보자. 아리스토텔레스가 『시학』에서 언급한 미메시스는 〈모방〉이라고 번역되지만, 실제로는 실재, 즉 인간을 관찰하고, 그로부터 영감을 얻어서 그것을 바탕으로 재구성하여 재현한다는 의미이

---

127) R. Barthes, *Roland Barthes par Roland Barthes*, 123쪽.
128) 라깡은 수학적 성격의 글쓰기의 총체로서 정신 분석 이론에 관계되는 것을 〈mathème〉이라고 하였는데, 바르트는 그로부터 〈지식, 과학, 인식〉의 의미를 지닌 신조어 마테시스를 만들었다.
129) R. Barthes, *Loc. cit.*, 123쪽.

다.¹³⁰⁾ 헤겔이나 낭만주의자들의 생각과는 달리 미메시스는 작가에게 창조적 능력을 발휘할 수 있는 계기를 마련해 준다. 작가의 작품에 대한 발상은 인간 현실에 대한 관찰로부터 얻어지는 것이기 때문에 미메시스 개념을 제거하고 문학을 논의할 수는 없다.

마테시스는 이러한 미메시스와 밀접한 관계가 있다. 현실과의 관계에서 얻어진 착상이 작품으로 구체화되기 위해서는, 작가는 해당 분야나 소재에 대한 필요한 지식을 동원해야 하고, 완성된 작품은 독자들에게 작품의 심미적 가치와 함께 작품 속에서 작가가 재현한 현실에 대한 이해를 증진시키는 역할을 한다. 동시대의 작품은 독자들에게 작가의 눈을 통하여 세계를 보고 인식할 수 있게 하는데, 특히 과거의 이야기나 소설들이 그 당시의 사회를 이해하는 데 크게 기여한다는 것은 널리 알려진 사실이다. 가령 발자크의 소설들이 그 당시 프랑스 농민들의 현실을 인식하거나 도시로 몰려든 야심가들의 움직임을 통하여 새롭게 대두되는 자본주의 사회의 실상을 파악하는 데 도움을 준다는 점은 아무도 부인할 수는 없다.

사실 바르트 자신도 미메시스나 마테시스로서의 문학의 기능이나 역할을 전적으로 부정한 것은 아니라는 점을 유의할 필요가 있다. 그는 프루스트의 『황금 당나귀』를 읽고 그 속에 축적된 지식에 놀라움을 금치 못하면서 〈문학은 하나의 마테시스이고, 질서・체계이며 구조화된 지식의 장이다〉¹³¹⁾라고 말한다. 그러면서도 문학이 보여주는 지식은 당시대의 지식에 한정되어 있고 생동하는 현실을 모두 드러내는 데에는 한계가 있다고 지적한다. 예컨대 아우슈비츠에서 자행된 유태인 학살이나 바르샤바의 게토에서 유태인들이 나치 군에 대항해 벌인 처절한 투쟁을 생생하게 보여주고 후세에 교

---

130) Aristote, *La Poétique*, 17-20쪽, 33-35쪽.
131) R. Barthes, *Loc. cit.*, 122쪽. 여기에서 마테시스는 넓은 의미에서 미메시스도 포괄하는 개념이다.

육적인 자료를 남긴 것은 소설이 아닌 영화나 영상 매체이다. 따라서 미메시스로서의 문학에는 한계가 있다. 바르트가 들고 있는 문학의 한계에 대한 또 한 가지 이유는 발자크, 졸라, 프루스트 등과 같은 작가가 세대마다 태어날 수는 없고, 또 그들과 똑같은 글쓰기는 불가능할 뿐만 아니라 설사 가능하다 해도 똑같은 가치를 부여할 수는 없다는 점이다.

이와 같이 마테시스—미메시스까지 포괄하는—에 문제나 한계가 있다고 해서 그 반론으로 반드시 세미오시스가 정당화되는 것은 아니다. 세미오시스에 어떠한 개념을 부여하느냐 하는 점을 따져 보아야 하기 때문이다. 바르트는 마테시스의 특징을 〈제한적〉 내지는 〈유한적 fini〉으로 보고 세미오시스를 구성하는 랑가쥬의 특징은 〈무한적〉 내지 〈비한정적〉이라고 하면서 후자를 전자에 대립시킨다. 이는 전자가 〈폐쇄적〉인 데 비하여 후자는 〈개방적〉 내지는 〈열려 있는〉 것으로 이해한다는 의미이다. 그리고 그것은 의미 면에서 고찰한 경우를 전제로 한다. 그래서 세미오시스가 〈열려 있다〉는 말은 새로운 의미를 부여받을 수 있는 가능성이 열려 있다는 말이 된다. 그래서 랑가쥬에 대한 연구라 해도 그것이 구조주의적 접근에 의한 연구인 경우에는 텍스트가 고립적이고 폐쇄적으로 파악되기 때문에, 어떤 틀이나 제약에도 적응하기 어려운 열려져 있는 정신적 소유자인 바르트로서는 그러한 방법론에 오래 머무를 수가 없을 것이다.

그러나 여기서 우리가 유의해야 할 것은 『이야기 구조적 분석 입문』에서 그가 제시한 사항들이 모두 부정된 것은 아니라는 점이다. 물론 『이야기의 구조적 분석 입문』이 텍스트를 완성된 구조로 보고 그것을 다각적으로 형식화하고자 하는 데 비하여 『S/Z』에서는 텍스트의 역동적 구조화를 포착하고 표출시키고자 하기 때문에 관심의 초점은 다르다고 볼 수 있다. 그러나 텍스트 분석에 대한 그의 기본 관점은 『이야기의 구조적 분석 입문』에서 피력한 사항들을 그대로 따르고 있다. 가령 분석 대상이 심리적 실체로서의 등장 인물이 아니라 담화에서 그가 차지하고 있는 위치라고 본다든지, 의미와 행위를 동일시한다든지, 특히 로고스를 렉시스로 환원한다든지 하는 사항들은 그대로 적용된다.[132] 또한 이야기 기술과 관련되는 핵 단위, 촉매 단위, 징조 요소, 정보 요소 등은 『S/Z』 분석에 그대로 도입되지 않지만 의미의 파악과 분석에는 매우 효과적인 개념들이다. 그리고 하나의 단위 내지 요소가 두 가지 다른 층위에 속할 수 있고, 따라서 두 가지 다른 의미를 부여받을 수 있다는 점을 밝힌 바 있다.[133] 이러한 사실은 바르트의 구조주의가 반드시 복수적 의미를 부인하는 것은 아니라는 점을 보여준다.

『입문』에서 제시된 방법론 중에서 『S/Z』에 채택된 가장 기본적인 사항은 텍스트를 시퀀스의 결합으로 보는 관점이다.[134] 그리하여 텍스트의 의미를 드러내기 위해서는 연속체를 불연속체로 나누듯이 결합에 의하여 구성된 텍스트를 시퀀스로 환원시켜 분절하지 않으면 안 된다. 물론 텍스트를 시퀀스로 전달하는 것이 구조주의적 원칙을 바탕으로 통사론적 기준에 의한 분절 작업이기는 하지만 이야기의 시퀀스가 단순한 통사론적 분절만은 아니다. 왜냐하면 〈시퀀스란 사실상 언제나 어떤 명칭을 부여받을 수 있기 때문이다〉.[135] 그리고 여기에서 명칭이란 내용을 집약하는 것이기 때문에 의미론적인 성질을 가졌다고 볼 수 있다. 단지 『S/Z』에서 시퀀스로 나누는 것은 핵 단위를 고려한 분절이 아니고 내포 의미 위주의 절단이

---

132) R. Barthes, *L'Aventure sémiologique*, 197-198쪽.
133) *Ibid.*, 182쪽.
134) *Ibid.*, 186쪽.
135) *Ibid.*

라는 점, 그리고 시퀀스에 붙이는 명칭 자체도 의미 내용의 요약이 아닌 메타 언어적인 행위로서 코드—약호—화되고 또 시퀀스는 다각적인 조명에 의하여 복수적인 코드를 부여받을 수 있다는 점 등이 다른 점이라 할 수 있다.

　이렇게 볼 때 『이야기의 구조적 분석 입문』에서 『S/Z』으로의 연구 단계의 이동은 바르트에 있어서 발전적 변화를 동반하는 진화라고 볼 수 있다. 시대적인 변화에 따라 『이야기의 구조적 분석 입문』이 지니는 이론적 가치 평가에 부침이 있을 수는 있으나, 그 자체는 매우 짜임새 있는 연구임을 부인할 수 없다. 방금 언급한 바와 같이 여러 가지 요소들이 『S/Z』에 발전적으로 적용되고 있지만 『입문』과 『S/Z』를 갈라놓는 중요한 몇 가지 차이가 있다. 그 한 가지는 전자가 이야기에 대한 〈보편적〉 연구를 위하여 쓰여진 글이라면, 후자는 보편적 전망과는 무관한 입장에서 발자크의 『사라진느』를 개체적인 분석 대상으로 삼고 있다는 점이다. 그리고 전자가 텍스트를 폐쇄적인 구조로 환원 réduction시키는 데 비하여 후자는 텍스트를 열려있는 글쓰기의 현장으로 간주한다는 점이다. 그것은 텍스트가 구조화에 의하여 한 가지 의미를 필연적으로 부여받는 단일 코드나 모형이 아니고 독서 주체의 체험과 감성에 의하여 복수적인 의미를 발굴해낼 수 있는 밭이 된다는 의미이다. 이는 곧 텍스트는 단순히 여러 가지 다양한 의미를 내포하는 것을 넘어서서 하나의 의미 자체가 복수태를 품고 있다는 뜻이다.[136] 또한 〈밭〉이라고 하는 개념 속에는 거기에서 발굴되는 것이 단순한 의미뿐만 아니라 발굴되는 요소들을 통하여 하나의 텍스트가 잠재적으로 지

---

136) R. Barthes, *Le Bruissement de la langue*, Seuil, 1984. 〈Le Texte est pluriel. Cela ne veut pas dire seulement qu'il a plusieurs sens, mais qu'il accomplit le pluriel meme du sens.〉

니고 있는 다른 텍스트들과의 상호 관계를 드러낼 수 있게 해준다는 의미가 내포되어 있다.

바르트가 그러한 의미를 담는 용어로 만들어낸 것이 〈읽혀지는 것 le lisible〉과 〈다시 쓰여지는 것 le scriptible〉이다.[137] 〈다시 쓰여지는 것〉이란 〈독자를 텍스트 소비자가 아닌 텍스트 생산자로 만드는 것〉[138]이라고 규정한다. 그것은 텍스트 중에서 〈오늘날 다시 쓰여질 수 있는 텍스트〉[139]를 가리킨다. 고정된 체계란 언제나 개방성이나 언어의 무한성 등을 가로막는 장애 요소이다. 그러한 체계는 텍스트와 언어를 물과 혼합된 시멘트처럼 응고시켜 버린다. 따라서 독자가 다시 쓰는 텍스트란 그것이 지니고 있는 의미를 확산 disséminer시키고 흩뿌리는 disperser 텍스트인 것이다.

그에 비하여 읽혀지는 텍스트란 그러한 가능성이 없는 텍스트이다. 작가가 만들어낸 텍스트에 사회적인 메카니즘 또는 비평이 한 가지 의미를 부여하고, 그 의미가 굳어진다면 독자는 〈별 볼일 없는〉 텍스트의 소비자가 된다. 그는 〈떨어지는 낙수물〉같은 의미만 받아들이는 한가한 독자가 된다. 그러한 독자는 〈시니피앙의 환희 enchantement와 글쓰기 écriture의 쾌감을 자기 자신이 실감하거나 거기에 한껏 다다르지 못하고, 단지 텍스트를 받아들이느냐 아니면 거부하느냐 하는 곤궁한 자유만 자신의 몫으로 지니고 있는〉[140] 독자인 것이다. 그러한 텍스트에는 공식화된, 즉 화석화된 의미만 있을 뿐 새로운 의미는 생겨날 수 없다.

---

137) 〈le lisible〉과 〈le scriptible〉는 영어 번역에서는 각각 〈the readerly〉와 〈the writerly〉로 되어 있다. 참고: *S/Z*, translated by Richard Miller, Hilland Wang, 1974.
138) *S/Z*, 10쪽.
139) *Ibid*.
140) *Ibid*.

이와 같이 바르트는 텍스트가 〈수동적〉이냐 〈생산적〉이냐를 구분하는 기준을 의미에 둔다. 이러한 의미 연구에서 그에게 새로운 가능성을 보여준 사람으로서 바르트는 니체와 언어학자 옐름슬레우를 들고 있다. 그는 니체적인 의미에서의 텍스트 해석에 대해 다음과 같이 말하고 있다. 〈텍스트에 하나의 의미를 부여하는 것이 아니라 그와는 반대로 텍스트가 어떠한 복수태 pluriel로 구성되어 있는가를 음미하는 것이다.…… 바람직한 텍스트란 시니피에로 이루어진 구조가 아니라 시니피앙들의 은하수 galaxie이다. 그 텍스트는 시작이 따로 없고 언제나 역전 가능 réversible하다. 텍스트에 접근하는 문 entrée은 다양하고 그 어느 것도 확실하게 대문 principale이라고 할 수는 없다.〉[141] 이처럼 의미의 복수성이 화석화된 시니피에의 구조에 의해 자동적으로 이루어지는 것이 아니라 언제나 가변적인 시니피앙들의 무리에 의하여 이루어진다고 주장하면서 아울러 〈총체로서의 텍스트〉 또한 있을 수 없다고 부연한다. 말하자면 구조로서의 텍스트를 부정하는 것이다.

한편 옐름슬레우에게서는 공시적 의미 개념을 빌려온다.[142] 이미 『신화론』과 『기호학 요강』에서 공시적 의미의 중요성이 이미 제시되었기 때문에 그에 대한 원리적 설명을 다시 반복할 필요는 없지만, 한 가지 유의할 점은 이른바 니체적 해석의 다양성과 옐름슬레우의 공시적 의미 사이에 성격의 차이가 있다는 점이다. 후자에서는 하나의 의미가 또 하나의 제2의 의미로 전환되고, 또 그렇게 하여 얻어진 외시도 또 다시 공시 작용을 통하여 새로운 의미를 부여받을 수 있고, 이러한 작용은 계속될 수 있다. 그리고 이러한 방식으로 의미들은 일정한 관계에 의하여 연결되어 있다. 이에 비하여

---

141) *Ibid.*, 11-12쪽.
142) *Ibid.*, 13쪽.

바르트가 말하는 텍스트의 복수적 의미는 하나의 의미가 다면체적 polyèdre이라는 것을 나타낸다. 말하자면 의미를 보는 각도에 따라서 하나의 의미가 다른 의미로 변모한다는 것이다. 그리고 이러한 다면체적 의미들 사이에는 어떤 필연적 연관 관계가 없다. 따라서 바르트는 〈다양한 의미〉, 〈복합적 의미〉가 어떤 의미로 쓰인 것인지 명확히 해주어야 했지만 그에 대한 자세한 언급은 하지 않고 있다. 그럼에도 불구하고 그러한 구분과 개념들을 받아들이고 그것을 『사라진느』라는 텍스트에 적용시킨 바르트의 분석을 따라가 보도록 하겠다. 우선 작품에 대한 개요를 살펴보자.

6.3. 『사라진느』의 내용

서술자 〈나〉는 랑티 백작 저택의 파티에 초청받고 와서 창가에 자리 잡고 멀거니 창 밖을 바라본다. 겨울철이라 정원의 나무들은 눈에 덮였는데, 그것이 어쩐지 흰 수의를 걸친 죽은 사람들처럼 보인다. 그에 비하여 파티가 무르익은 거실에는 인생을 마음껏 즐기는 사람들이 휘황 찬란한 보석으로 치장하고 짙은 향수를 풍겨대는 멋진 연인, 부인들과 경쾌하게 춤을 춘다.

그런데 이런 호화 저택을 소유하고 있는 랑티가의 뿌리에 대해서는 정작 아무도 아는 사람이 없다. 확실한 것은 이 랑티가의 사람들이 불어는 물론 이태리 어, 스페인 어, 독일어, 영어 등의 외국어를 완벽하게 구사하고 엄청난 재산을 가졌다는 점이다.

가족의 면모를 보면 먼저 고명딸 마리아니아가 눈에 띈다. 피어나는 꽃처럼 아름다운 열여섯의 소녀는 가수로도 이미 높은 명성을 얻고 있다. 부드럽고 겸손하면서 비밀스럽고 동양적인 한 편의 시와 같은 매혹을 지닌 여인으로 묘사된다. 그런가 하면 그녀의 어머니 랑티 백작 부인은 무르익은 반인 반어의 시렌느 sirène 같은 요염한 아름다움을 과시한다. 아들 필립보는 어머니의 아름다움을 판에 박은 듯한 미소년으로 묘사되고, 반면에 아버지 랑티 백작은 작은 키에 어두운 표정의 혐오스러운 위인으로 등장한다.

랑티 가족의 출신 배경에 대해 아는 사람은 없지만, 사람들이 특히 궁금해 하는 것은 가끔 그 집 모임에 불쑥 나타나는 수수께끼 같은 노인의 정체에 대해서이다. 그 노인이 나타나기만 하면 그 집안 식구들은 전전긍긍하는 모습이 역력하다. 그 저승에서 돌아온 유령 같은 인상의 노인에 대해서는 여러 가지 나쁜 소문들이 나 있지만 아무 것도 확인된 것은 없다. 서술자 〈나〉와 지면이 있는 후작 부인이 그를 보고 섬뜩함을 느끼면서 무서워하자, 서술자는 그 부인에게 사교계에서 있었던 한 가지 비화를 이야기한다. 그 주인공은 조각가 에르네스트-쟝 사라진느로, 고위직 법관의 아들로 태어난 그는 집안의 간절한 소망과는 반대로 법관에는 뜻이 없고 그림과 조각에 열중한다. 결국 학교를 중도에 포기하고 당대 저명한 조각가 부샤르동의 문하생으로 입문한다. 그는 조각가로서 비상한 재질을 인정받아 큰 상도 받고 디드로의 주목을 받으면서 로마로 향한다.

어느 날 저녁 사라진느는 아르장티나 극장에 갔다가 성악가 쟘비넬라의 신비한 노래 소리에 흠뻑 빠진다. 아스라이 가슴 속을 파고드는 숭고한 하모니는 그를 황홀경에 잠기게 한다. 그는 쟘비넬라가 바로 그가 이제껏 찾던 이상적인 아름다움 그 자체라는 확신을 갖게 되면서, 낮에는 그녀의 상을 조각하고 저녁만 되면 그녀가 공연하는 극장의 맨 앞 자리에 가서 앉는다. 그는 〈그녀의 사랑을 받든가 아니면 차라리 죽음을〉 하고 결심한다. 드디어 단 둘이 만날 기회를 갖게 되고 자신의 사랑을 고백하지만 쟘비넬라는 자신이 정상적인 여자가 아니라는 고백을 하면서 결혼 요청을 거두어 달라고 간청한다. 그리고 사라진느가 사랑을 고집할 경우에는 위험이 닥칠 것임을 암시한다. 그러나 그럴수록 쟘비넬라를 향한 사랑은 굳어만 간다. 심지어 어느 대사의 음악회에 가서 쟘비넬라가 남성 의상을 한 것을 보고, 또 실제로 교황이 다스리는 로마의 무대에는 여자가 오를 수 없기 때문에 쟘비넬라가 여성으로 변장한다는 설명을 들었지만, 그 모두가 음모라고 판단한다. 드디어 그는 쟘비넬라를 납치하기로 결심을 한다. 그는 친구들의 도움으로 음악회에서 나오는 쟘비넬라를 자신의 아틀리에로 납치하는 데 성공한다. 그러나 쟘비넬라가 눈물을 흘리면서 자기가 정말 남자임을 고백하자 사라진느는 그가 자기를 속인 것에 분개하고 죽이겠다고 위협하다가, 쟘비넬라를 살려두는 것이 오히려 자기를 속인 쟘비넬라를 비참하게 만드는 길이라고 여기고는 생각을 바꾼다. 그러면서도 사랑에 대한 허망함을 뼈저리게 느낀다. 〈사랑한다든지, 사랑받는다든지 하는 말이 얼마나 부질없는 말이던가. 나에게도 그렇고 당신에게도 마찬가지지. 여자를 볼 때마다 나는 상상의 여인 생각을 언제나 하리라!〉고 뱉는 듯이 지껄인다.

절망의 벼랑에 다다른 사라진느는 자신이 혼신의 힘을 다해 만든 쟘비넬라의 여성 상 조각을 향해 망치를 던져 깨뜨리려 하였으나 빗나가자 장검을 빼들고 성악가를 죽이려 한다. 겁에 질린 쟘비넬라가 소리를 치자 갑자기 밖에서 시고냐라 대주교가 보낸 세 사람이 달려와 단검으로 조각가를 찔러 죽인다. 다행히 조각 상은 파손되지 않고 알바니 박물관으로 옮겨지며, 그것을 1791년 랑티 백작이 찾아내 화가로 하여금 그림으로 그리게 하여 자신의 살롱에 걸어놓는다. 서술자는 그 쟘비넬라가 마리아니아의 증조부라고 알려준다.

6.4. 텍스트 분석

의미가 거의 확정적으로 고정된 고전 작품들과는 달리 대부분 근대 문학 작품들은 독자가 읽으면서 그때그때 자기 나름대로 글을 다시 해석하기도 하고 의문을 제기하기도 하며 다른 작품들과 연관짓는 작업을 무의식중에 벌이기도 한다. 그러한 현상을 조직화하여 바르트는 발자크의 『사라진느』를 처음 대목부터 보수적으로 읽어나간다. 제목부터 시작하여 텍스트는 독해 단위 lexie로 나뉘어지고 각각의 독해 단위에는 번호가 붙는다.

독해 단위 (1)에 해당하는 제목 『사라진느』는 여러 가지 의문을 떠오르게 한다. 일반 명사인지, 고유 명사인지, 아니면 다른 어떤 것인지, 제목 자체가 풀어야 될 수수께끼 같은 성격을 내포하고 있기 때문에 그것은 해석학적 약호 code herméneutique를 지니고 있다. 그런데 고유 명사로서 〈Sarrasin〉은 옛날 사라센 사람을 가리키고, 그 어미에 〈e〉를 첨가하면 여성형이 되기 때문에 〈Sarrasine〉는 여성적인 의소적 약호 code sémique[143]를 내포하고 있다. 그런데 앞서 이야기 개요에서 설명한 바와 같이 사라진느 Sarrasine는 사실상 가족의 성씨이고 개인의 이름이 아니다. 즉 〈사라진느〉라는 성씨를 가진 남자 조각가를 지칭한다. 만약 성씨가 아닌 이름이 Sarrasine였다면 여성일 가능성이 높다.

독해 단위 (2)는 〈나는 깊은 몽상에 잠겨 있었다〉는 문장으로, 여기에서 서술자의 몽상은 막연한 것이 아니라 정원/살롱, 죽음/삶, 추위/따뜻함 등에 의한 대립 항들과 관계가 있고, 그러한 요소들은 몽상에 뒤따르는 대립 항으로서 거세된 노인과 피어나는 소녀, 기타 등장 인물들과 이야기 진전의 상황을 상징적으로 표출한다는 의미에서 상징적 약호 code symbolique를 이룬다. 〈잠겨 있었다〉는 어떤 상태에 몰입된 행위를 나타내는 것으로서 행위의 약호를 제공한다.

독해 단위 (3)은 〈아주 떠들썩한 축제 속에서 경박한 사람까지도 모두 휩쓸어 사로잡는 깊은 몽상〉으로, 〈떠들썩한 축제〉는 그 축제가 열린 장소—가장 부유한 포부르 생토노레 구역의 대저택—에 관련된 정보와 함께 부유함을 나타내는 의소적 약호를 지닌다. 그리고 위의 표현은 〈떠들썩한 축제에서 깊은 몽상에 빠져든다〉는 격언과 관련이 있다. 그것은 집단의 목소리를 대신하는 것이기 때문에 금언적 약호이면서 동시에 넓은 의미에서 문화적 약호에 속한다. 문화적 약호는 사람들이 반론 없이 받아들이는 어떤 권위에 의존할 수 있는 근거—즉 속담, 격언—에 대한 참조와 관련되기

---

143) 의소는 의미소를 형성하는 하나의 자질로서 그 자체로서는 원칙적으로 자립적인 의미를 갖지 못한다.

때문에 참조적 약호 code de référence라고도 한다. 이리하여 독해 단위 (1)에서 (3)까지는 텍스트 전반에 걸쳐 분석에 원용되는 다섯 가지 약호를 제시한다. 그들 약호들에 대해 다시 살펴보면 아래와 같다.

(1) 해석학적 약호: 세부적인 지식이 없는 상태에서 상상력을 발휘하여 의문을 제기하게 한 다음, 차츰 그것이 무엇인가를 깨닫게 해주는 요소들.
(2) 의소적 약호: 주로 사람이나 장소의 명칭이 암시적으로 내포하고 있는 의미론적인 요소.
(3) 상징적 약호: 주로 거세나 육체의 유전적 특성과 관계되는 요소들의 상호 관계를 연상 작용을 통하여 암암리에 가리킨다.
(4) 행위적 약호: 행위에 관계되는 요소들로서, 그 중 일부는 일상적 체험—문을 두드림, 데이트 약속 등—과 관계되고, 일부는 로마네스크한 사건들—연인의 납치, 살인, 사랑의 선언 등—과 관계된다. 어느 경우든 모두 서술자의 사건 설명에 의하여 이루어진다.
(5) 문화적 약호: 인생이나 자연, 사회와 관련되어 널리 받아들여지는 고사, 격언, 지식 또는 전통적인 지혜 등과 관계되는 약호.

『S/Z』의 분석에 도입된 〈코드〉는 일반적으로 적용되는 의미와 약간 다른 뉘앙스를 지닌다. 일반적으로 코드는 특정한 부호를 사용하여 정보를 교환할 수 있게 하는 약속이다. 따라서 인위적인 성격을 띤 랑가쥬이다. 약호는 전언과 대조적인 쌍을 이룬다. 코드가 일정한 원리에 의하여 결합된 기호들의 집합을 통어하는 원리라는 의미를 가지고 있고 랑그에 해당한다면, 전언은 발신자-수신자 사이에 전달된 정보로서 빠롤에 해당한다. 그런데 바르트는 텍스트의 독해 단위가 지니고 있는 공시적 요소들의 성격을 집약하는 명칭 dénotation을 코드라고 함으로써 그 용어에 독자적 의미를 부여하고 있다. 각각의 코드는 단일적인 의미 요소를 지칭하고 있고, 하나의 독해 단위에 관계되는 코드가 복수인 경우에도 각 코드간에 어떤 논리적인 관계나 분류적 taxinomique 관계는 존재하지 않는다.

바르트는 자신의 다섯 가지 코드는 텍스트를 여과시키는 망 réseau이고 토포스 topos, 즉 일반적 논거 topique로서 기능한다고 설명한다. 그러나 각각의 코드는 단일적인 구조가 아니며, 그 다섯 가지 코드 또한 단일적인 구조를 이루지 않는다는 점을 분명히 하고 있다.[144] 다시 말하자면 〈코드는 구성 요소들이 서로 각각의 차별적인 가치를 상호 참조하는 se conférer 구조나 계열체 paradigme가 아니라 독서의 잠재적 방향 지시이고 강조하고자 하는 사항이라고 할 수 있는데, 이에 대한 바르트의 표현을 빌리자면 '목소리'라고 하겠다〉.[145] 여기에서 목소리라 함은 〈텍스트의 생산을 주재하고 그 독해법을 결정하며 복수성 pluriel의 질적인 보증인 역할을 담당한다〉.[146]

바르트는 자신의 코드 개념이 관련 요소들의 목록 liste이나 패러다임의 재구성이 아니라 인용 citation을 위한 전망 perspective이라고 강조한다. 〈전망〉이라 함은 텍스트의 개방성을 강조하는 것이고 〈인용〉은 다른 텍스트들과의 상관성, 즉 상관 텍스트성 intertextualité을 의미한다. 가령 거세된 가수 쟘비넬라는 앙드레 코르비오의 〈거세된 파리넬리〉[147]를 연상시킨다. 〈거세된 파리넬리〉는 어릴 때 특이한 여성적 목소리를 내는 가수로 키우기 위해 거세당한 로베르토—일명 파리넬리—의 이야기로서 거의 같은 시대에 일어났다. 교회에서 경제적인 도움을 받고 거세를 한 후, 남성으로서 내기 어

---

144) S/Z, 27쪽.
145) L. Calvet, *Roland Barthes*, Payot, 1973, 143쪽.
146) *Ibid*.
147) A. Corbiau, *Farinelli il castrato*, Actes Sud, 1994.

려운 신비한 목소리의 가수로서 유럽 전역에 이름을 떨친 파리넬리는 성적인 기능을 수행할 수 없기 때문에 그의 형으로 하여금 마지막 순간에 자신의 역할을 대신 수행하게 한다. 그에 비하여 쟘비넬라는 교황이 거하는 로마에서는 여성 가수가 활동할 수 없기 때문에 여성 가수로 분장하여야 하고, 그 미모(?) 때문에 수난을 당하면서 내면적으로는 거세로부터 비롯되는 콤플렉스에 일상을 시달려야 한다. 따라서 이 두 가수의 이야기는 서로 대조 antithèse를 이루면서 상관적 관계를 지니게 된다.

이렇게 볼 때 바르트의 코드는 상관 텍스트적인 문제와도 관계가 된다. 그런데 코드에 대한 정의가 지나치게 다양하다 보니 과연 그러한 정의들이 모두 정당성을 지니고 있느냐, 그리고 코드 명칭 상호간에 의미론적 차이가 구체적으로 있느냐, 그리고 그러한 약호 개념이 다른 작품에 효과적으로 적용될 수 있느냐 등의 문제에 대해 숙고해볼 필요가 있다.

먼저 다섯 개의 약호는 일종의 〈망〉 역할을 한다. 여기서 〈망〉 내지 〈그물〉이라고 할 때, 그것은 조직화되거나 일정한 구조를 지닌 〈망〉은 아니라고 해야할 것이다. 이에 대한 해석은 구조를 거부하는 것이 구조의 개념 자체가 일정하게 조직화되어 단일적인 의미만을 만들어내기 때문이라는 점을 상기하면 좋을 것 같다. 또한 여기서 바르트가 사용하고 있는 구조화는 의미의 전개 과정, 즉 공시 의미의 전개와 같은 의미로 쓰였다고 보는 것이 적합하리라 생각한다. 약호를 〈목소리〉라고 할 때, 이는 목소리 자체가 비유적으로 쓰였다고 할 수 있다.

또한 개별화된 다섯 가지 약호 명칭에도 문제가 있다. 우선 해석학적 herméneutique 약호는 〈해석학〉에서 나왔는데, 그것은 〈철학적 또는 종교적 텍스트, 특히 성서에 대한 해석 interprétation〉[148]이라고 되어있다. 종교적 경전이나 고대 철학서가 아닌 문학 작품의 해석을 위해 해석학 herméneutique이라는 명칭을 사용할 수는 있으나 〈그 단어는 무엇보다 상징적 symbolique인 요소의 해석에 사용된다〉[149]고 부연 설명되어 있다. 이렇게 본다면 〈해석학적〉이라는 용어 개념은 바르트의 약호 중에서 제2, 제3의 약호인 의소적 약호와 상징적 개념의 약호 개념까지도 포괄하고 있다. 또한 문화적 약호를 〈학문의 목소리 voix de la Science〉라고 규정하는 것도 일방적이고, 문화적 약호가 금언·지식·과학 등에 관련된다고 제한하는 것은 〈문화적〉이라는 용어 개념을 지나치게 축소하는 것이다. 상징적 약호는 다시 상징적 장 champ symbolique이라고 부르면서 『S/Z』 속에서 세 가지의 입구 entrée를 설정하고 있다. 첫째는 의미에 관계되는 〈수사학적 입구〉, 둘째는 창조와 성에 관계되는 〈시적 poétique 입구〉, 셋째는 상품 및 금전과 관계되는 〈경제적 입구〉이다. 여기에서 입구들은 하위 범주 역할을 하는데, 그 세 가지가 필연적인 연관성이 없다면 상징적 장이나 약호로 묶는 것은 무리가 아닐까?

여기에서 약호 설정이나 그 개념에 몇 가지 문제가 있다고 하여 그 자체가 약호 자체의 평가 내지 일반성이나 적용 가능성에 부정적인 영향을 미친다고 판단할 수는 없다. 어차피 모든 글읽기에는 주관성이 개입되기 마련이고 독해 단위 설정이나 약호 설정이 모든 사람들의 동의를 받기는 어렵다. 그렇지만 바르트가 보여준 독해 단위와 약호를 통한 글 읽기는 아무도 부인할 수 없는 장점을 가지고 있다. 그 장점은 첫째, 수동적인 의미의 수신자인 독자를 능동적인 의미의 생산자로 만들고 나아가서는 작가와 대등한 자리에 올

---

148) Lalande, *Vocabulaire technique et critique de la philosophie*, P.U.F, 1976, 412쪽.
149) *Ibid*.

려 놓았다는 점이다. 둘째, 심층적인 글쓰기=글읽기를 통하여 구절구절이 담고 있는 다의적인 의미를 음미하고 그에 적합한 메타언어적 약호를 부여함으로써 지적인 만족과 성취감을 맛보게 한다는 점을 들 수 있다. 셋째, 독해 단위로 분절되는 텍스트의 상황과 장면은 그 때마다 우리가 읽어서 알고 있는 이야기를 머리 속에서 떠올리며 글 읽기를 할 수 있게 한다.

바르트는 『S/Z』에서 텍스트를 독해 단위로 분절시키면서 다양한 약호를 찾아내고 그 속에 담긴 공시적 의미를 끌어냄으로써 텍스트 연구에 새로운 전망을 열어 주었다. 그러한 접근 방법은 실제 분석을 통하여 텍스트가 하나의 의미를 내포하고 있다는 전제 하에 분석을 조직화하고 체계화하는 데에만 힘을 기울인 구조주의적 텍스트 연구의 한계를 보여주면서 그에 대한 대안으로 제시되었다. 그러나 텍스트를 잘게 분절하는 것은 〈나무는 보고 숲은 보지 못하는〉 결과를 낳기 쉽고, 그런 이유로 텍스트의 전체적 맥락을 소홀히 하는 결과를 낳을 수 있다. 그러한 한계를 극복하는 길은 방법론적인 일관성에 구애받지 않고 상호 보완적인 방법을 동시에 적용하는 것이라고 생각한다.

7. 『텍스트의 즐거움』과 바르트의 텍스트 철학

1973년에 발간된 『텍스트의 즐거움』은 텍스트에 관련된 바르트의 철학이 집약되어 있어 우리가 여러 가지로 음미해보아야 할 메시지를 담고 있다. 그의 저서는 분량이 많지 않고 학문적으로 체계화하고자 하는 의도도 담고 있지 않다. 오히려 그 책은 바르트 자신에 관해 그가 어느 한쪽으로 기울었다고 생각한 우리의 오해를 바로잡아 주기도 한다.

『텍스트의 즐거움』은 알파벳 순으로 나열된 46가지의 작은 주제—〈단언 affirmation〉에서 〈목소리 voix〉에 이르는—를 따라서 전개된다. 그 중에는 내용에 걸맞는 중요한 주제들도 있지만 대부분은 단순한 생각의 실마리를 푸는 역할을 수행할 뿐이라고 할 수 있다. 따라서 본 장에서는 텍스트에 관련된 책의 메시지를 몇 가지 주제로 재통합하여 고찰함으로써 바르트의 텍스트 철학에 대해 살펴보고자 한다.

7.1. 글 읽기

바르트는 〈텍스트는 즐거움의 대상이다〉라고 말한다.[150] 환언하면 글 읽기야말로 그에게 있어서 가장 큰 낙이라는 말이다. 그것은 그가 비평가, 교수, 지식인으로서 직업적으로 글 읽기를 좋아한다는 말이 아니라 글 읽기 자체가 그에게 가장 큰 즐거움을 준다는 의미이다. 물론 글 읽기가 바르트만이 특별하게 가지고 있는 취미는 아니다. 바슐라르는 매일 아침 잠자리에서 일어나면서 그날 읽을 독서를 생각하면 가슴이 두근거린다고 하였는데, 그것은 스포츠나 다른 심신 단련법을 대신하여 독서가 우리에게 살아가는 데 필요한 활력을 줄 수 있음을 의미한다. 그리고 그것은 바르트에만 한정된 것이 아니고, 실제로 가까이서 관찰해보면 상당 수의 프랑스인에게 있어서 정도의 차이는 있으나 독서가 그러한 기능을 한다는 것을 알 수 있다.

바르트는 자신이 특별한 비법이나 전략을 가지고 글 읽기를 하지는 않는다고 말한다. 글 읽기에는 일정한 패턴이 없는 것이 특징

---

150) R. Barthes, *Sade, Fourier, Loyolla*(Seuil, 1971) 서문 참고.

이라고 바르트는 지적한다. 우선 바르트 자신이 철저하게 읽지 않고, 또 그렇게 할 것을 권장하지도 않는다. 왜냐하면 글 읽기에 우리가 언제나 동일한 집중력 intensité을 지탱할 수도 없고, 텍스트의 일체성 intégrité에 맞추어 독서 리듬을 조절할 수도 없기 때문이다. 우리의 궁금증은 읽다가 지루하게 느껴지는 부분이 있으면 〈건너뛰기 survoler(또는 enjamber)〉를 하게 만들고, 지루한 묘사, 진부한 설명 등을 뛰어넘어 궁금한 사항의 결말을 알아보게 만든다. 바르트는 이러한 사실을 스트립 쇼에 구경가서 〈성급한 관객이 무대에 뛰어올라가 쇼하는 여자의 옷을 벗겨 궁금한 부분을 먼저 감상하는 행위〉에 비유하면서 이러한 행위를 수사학적인 메타 언어를 사용하여 분어법 tmèse[151]과 연결시켜 설명한다.

또 실제의 읽기 행위에서, 대체적으로 스토리를 따라가며 우리가 음미하는 것은 그 내용 contenu도 구조도 아니라는 것이다. 우리는 책을 〈뛰어가듯이 읽고 뛰어넘기도 하면서 머리를 들었다가 다시 그 속에 잠기는〉[152] 책 읽기를 하는데, 그렇게 하면서 우리가 맛보는 것은, 그러한 과정을 거치며 우리가 텍스트를 정신 없이 읽어 나가다가 어느 부분을 째고 그 속을 같이 들여다 보게 된다는 것이다.

이러한 현상을 토대로 글 읽기에는 두 가지 체제가 있다고 바르트는 지적한다. 그 한 가지는 이야기의 분절 articulation을 따라가면서 텍스트의 공간적 파악에 주력하고 언어적 유희는 제쳐놓은 채

---

151) 분어법은 합성 요소로 이루어진 단어의 중간에 다른 수사적인 요소를 끼워넣는 용법을 가리킨다. 가령 〈감자 pommes de terre〉는 세 가지 요소의 합성으로 이루어지는데, 그 중간에 형용사 〈아주 오래된 bien vieilles〉을 넣으면 〈pommes, bien vieilles de terre〉가 된다. 이러한 분어법은 독서에서의 〈건너뛰기〉 개념과는 잘 맞지 않는다.
152) R. Barthes, *Plaisir du Texte*, Seuil, 1973, 107쪽.

나가는 것이다. 다른 한 가지는 이와 반대로 정독하는 방식이다. 어느 것도 무심히 넘기지 않고, 특히 눈에 띄지 않는, 접속사가 생략된 연결 마디 asyndète[153]를 찾아내는 것이다. 그는, 우리를 사로잡는 것은 〈논리적인 외연이나 진실의 앙상한 나목(裸木) efeuillement이 아니라 의미 생성을 형성하는 얇은 층들을 벗겨내는 것 feuilleté〉[154]이라고 설명한다. 이와 관련하여 바르트는 전자의 글 읽기는 고전적인 작품에, 후자의 글 읽기는 현대 작가들의 텍스트들에 합당하다고 말한다. 바르트는 특히 후자에 속하는 글들은 〈삼키면 안 되고 풀 뜯어먹듯, 섬세하게 머리를 면도하듯〉[155] 글 읽기를 해야 한다고 설득한다.

　마지막으로, 그의 글읽기의 가장 높은 단계는 〈표류〉 단계이다. 표류는 텍스트, 즉 세계를 하나의 객관적 의미로 환원하고자 했던 구조주의적 단계를 지나, 텍스트가 내포하는 다의적 의미를 다각적으로 추출하고자 노력했던 기호학적 단계를 넘어서 다다른 경지라고 하겠다. 이는 글 읽기에만 국한되는 개념이 아니다. 글쓰기에 있어서는 논리적인 구축이나 논증적인 의도를 초월하여, 글이 흘러가는 대로 따라가는 것이 바로 표류적인 글쓰기라고 할 수 있다. 글 읽기에서도 마찬가지로 일체의 의도적이거나 의식적인 전략과 방법을 떠나서 흘러가는 대로 의미를 따라가는 태도가 표류이다. 〈텍스트의 즐거움이란 반드시 승리에 찬 영웅적인 근육 형이 아니다. 너무 가슴 펴고 우쭐댈 필요도 없다. 나의 기쁨은 어떤 표류의 형식을 취한다고 할 수 있다. 표류란, 꼭 총체 tout를 따르지는 않을 때, 그리고 언어의 환상, 유혹과 위협에 이기지 못하여 여기저기 밀려다니다 보니, 마치 파도에 실려다니는 병마개처럼, 나는 꼼짝하지

---

153) 접속사를 사용하지 않고 문장을 잇거나 끊어 가는 어법을 가리킨다.
154) R. Barthes, *Loc. cit.*, 107쪽.
155) *Ibid.*, 108쪽.

않은 채 나를 텍스트—즉 세계—에 엮어주는, 말릴 수도 없는 희열 jouissance 위에서 맴돌 때마다 이루어진다.〉[156]

　표류는 흔히 배가 난파되어 배의 방향을 조정하는 키의 기능 상실로 물 흐름에 이끌려 가는 것을 의미한다. 그러나 바르트의 표류는 난파에 의한 것이 아니다. 단지 의식적으로 키를 작동시키지 않고 항해할 뿐이다. 어떻게 보면 바르트의 표류 개념은 〈무위 자연(無爲自然)〉의 철학과 함께 자연의 질서에 순응하는 노장적(老莊的)인 동양 철학과 상통하는 면이 있다고 볼 수 있다. 그러나 바르트의 이 개념은 시니피앙에 대한 그의 관점과 관련이 있다.

　바르트가 사회 속에서 신화의 소재를 찾는 것과 공시적 의미 작용에 중요성을 부여하는 것은 모두, 그가 하나의 시니피앙에 하나의 시니피에가 결합되는 것이 아니라 시니피앙이 자유롭게 새로운 시니피에를 찾아 나선다고 보는 그의 관점을 보여주는 것이다. 그러한 의미에서 룬드 Lund가 그의 바르트 연구에 『시니피앙의 모험』[157]이라는 제목을 붙인 것은, 바르트에게 있어서 의미 생성 작용이 오로지 자유로와진 시니피앙의 놀이에 의하여 이루어지기 때문이다. 그러니까 〈시니피앙의 모험〉과 〈표류〉는 글 읽기에서 같은 맥락을 이루는 동의어적인 개념이고, 일견 후자가 더 자유로와진 마음의 상태를 나타낸다고 볼 수 있다.

　그러한 마음가짐은 실제 독서에서도 일체의 욕심을 털어버리게 한다. 바르트에 의하면, 아무리 위대한 작가의 작품일지라도 〈기를 써가면서〉 읽을 필요가 없으며, 재미있게 읽는 것이 중요하다. 〈누구든 프루스트나 발자크, 『전쟁과 평화』를 한 자도 빠뜨리지 않고 읽은 사람이 있나요?(프루스트를 읽는 재미는 읽을 때마다 같은 대

---

156) *Ibid.*
157) Steffen Nordahl Lund, *L'aventure du signifiant, une lecture de Barthes*, P.U.F, 1981.

목을 건너뛰지는 않는다는 데 있다)〉[158]라고 바르트는 자신 있게 말한다. 독서에 대한 부담감을 가진 우리들에게 얼마나 속 시원한 말인가. 그러나 우리가 간과해서 안 될 사항은, 바르트는 우리와는 다른 독서량을 축적해 놓은 후에, 그리고 방법론적으로 다양한 과정을 거친 이후에 그러한 철학을 갖게 되었다는 사실이다.

7.2. 언어

바르트는 본래 루마니아와 이집트 등에서 불어 교수로 봉직한 것이 계기가 되어 언어학을 공부하게 되었고, 이를 바탕으로 문학에 접근하는 방법을 모색하였기 때문에, 그는 언제나 언어와 관련된 문제에 민감한 반응을 보인다. 불어는 영어와는 달리 언어를 지칭하는 용어로 랑가쥬와 랑그 두 가지를 지니는데, 소쉬르와 벵베니스트에서도 살펴보았지만 의사 소통 수단으로서의 언어를 가리키는 랑가쥬 lagage는, 몸짓을 비롯한 모든 의사 소통 수단이 이에 포함되기 때문에 랑그 langue보다 한층 더 종합적이고 포괄적인 개념이다. 그리고 랑가쥬는 언어의 실제 사용의 측면을 중심으로 구성되며 말하는 화자의 존재가 전제된다. 그에 비하여 랑그는 조직화된 언어 체계를 가리키는 것으로서, 음운 및 문법 체계, 통사 결합 규칙 등과 사전 속의 어휘로 구성된다고 할 수 있다. 소쉬르는 내재적 형식으로서 사회에 공통적인 랑그와 언어 운용을 통한 개인적인 빠롤 parole의 구분을 제시한 바 있다.

『텍스트의 즐거움』에서 바르트는 이 두 가지 형태의 언어에 대해 관찰하고 생각한 바를 간단히 적고 있다. 그는 음악 소리, 다양한 사람들의 대화, 기타 소음으로 가득한 카페에 앉아서 외부의 잡

---

158) *Ibid.*, 108쪽.

다한 랑가쥬들과 동시에 자기 내부에서 들려오는 **빠롤**의 소리를 들으며 안과 밖의 언어를 서로 비교한다.[159] 카페에 앉아 떠들썩한 다양한 언어들의 소리를 듣다 보면, 어느 순간에 가서는 그 외부의 소리들은 들리지 않고 내면의 소리들이 그 소리들을 대체하는 것이다. 이러한 경험은 보편적인 것이라 할 수 있는데, 바르트는 그 소리들을 〈내면의 **빠롤**〉이라고 부르면서 그것이 광장이나 카페의 소란스런 소리들과 유사하다고 지적한다. 말하자면 외부에서 들려오는 언어들이 뒤섞여서 연속성 있는 문장의 형태를 띠는 것이 없는 것과 마찬가지로, 내면의 **빠롤**도 문장의 형태를 띠기보다는 어휘나 이미지가 결합에 의하여 편린의 형태로 의식의 수면 위에 올랐다가는 물거품처럼 사라져 버리는 것이 서로 유사하다는 것이다.

이러한 관찰로부터 그는 이러한 비문장 non-phrase을 바탕으로 하는 **빠롤**을 연구하고 그것을 문법적으로 연구할 수 없을까 하는 생각을 해본다. 그러나 **빠롤** 개념을 처음으로 제시했던 소쉬르는 **빠롤**이 시간의 순간성과 개인적인 차이가 너무 크다는 문제 때문에 언어 연구에서 **빠롤**을 제외할 수밖에 없었다. 그 후 기욤과 벵베니스트는 이러한 **빠롤**의 개념을 담화와 언술 및 언술 작용의 개념으로 전환시켜 그에 대한 연구에 새로운 발전의 계기를 마련한 바 있다. 그리고 구어체 언어의 문법도 다양하게 연구되고 있기는 하다. 그러나 바르트가 언급한 내면적 **빠롤**에 대한 연구는 어쩌면 언어학보다 정신 분석학의 연구 분야에 더 가까울 수 있지 않을까 생각한다.

바르트는 비문장과 내면적인 **빠롤**의 중요성을 절실하게 느끼지만, 작가의 언어에 대해 고찰하자면 우선 문장으로부터 출발할 수밖에 없다고 보고 그에 대해 고찰한다. 그는 문장의 가장 큰 특징이 계층적 hiérarchique인 데 있다고 본다.[160] 그것은 문장이 〈예속

---

159) R. Barthes, *Loc. cit.*, 163쪽.

subjection과 종속 subordination, 그리고 내적 제사법 rections internes〉[161]을 지니기 때문이라고 설명한다. 종속이란 하나의 절이 주절 역할을 하는 다른 절에 종속 접속사의 유도에 의하여 종속되었음을 나타내고, 제사법이란 하나의 요소가 문장 내지 다른 요소를 지배하는 관계를 나타내는데, 이 두 용어는 언어학의 일반 용어들이다. 그에 비하여 〈예속〉이란 단어는 언어학에서 직접 사용되는 용어가 아니지만 아마도 〈의존 관계 dépendance〉 대신에 쓰인 것 같다.[162] 바르트는 작가를 〈단어가 아니라 오로지 문장을 생각하는 사람〉이라고 정의한 발레리의 뒤를 따라 작가의 문장에 대해 고찰한다.

사드 후작의 작품에 대해 특별한 관심을 가지고 연구했던[163] 바르트는, 사드의 글 속에 기품 le noble과 범속 le trivial을 나타내는 두 가지 상반적인 약호 codes가 있어서 사드는 장중한 인상을 주는 신어 néologisme를 만들어 내기도 하지만, 또한 조소 대상밖에 되지 않는 용어들도 만들어낸다고 설명한다. 즉 사드의 텍스트 언어에는 두 가지 면이 있다는 것이다. 말하자면 그의 언어에는 〈온건하고 순응적이며 남을 모방하는〉[164] 면이 있는가 하면 그와 극히 대조적인 단절을 보여주는 〈유동적 mobile이고 텅빈 vide 면〉이 있다는 것이다. 텅빈 면이라 함은 〈어떤 억양 contours도 취할 수 있으면서〉, 〈언어의 효과만을 위한 공간으로서 언어의 죽음이 엿보이는 곳〉[165]이라고 풀이된다. 한마디로 사드 작품의 현대성은 〈지극

---

160) *Ibid.*, 80쪽.
161) *Ibid.*
162) 의존 관계를 비롯하여 〈계층〉, 〈제사법〉 등은 옐름슬레우가 중점적으로 연구한 개념들이다. 옐름슬레우, 『언어 이론 서설』, 36-40쪽.
163) Barthes, *Sade, Fourier, Loyolla*, Seuil, 1971.
164) 다른 사람들의 정통적인 문장 언어를 그대로 베낀다는 것을 의미한다.

히 순수한 문장 속에 지극히 외설적인 메시지〉를 담는 이러한 양면성을 지니고 있는 데서 비롯된다고 바르트는 설명한다.

바르트는 그와 같은 사실을 솔레르스 Philippe Sollers에게서도 확인하고 있다. 그의 『법 Lois』에서는 이데올로기 체계, 지적인 연대성뿐만 아니라 언어 체계, 어휘, 음률 면에서 모든 요소들이 파괴되고, 심지어 주어와 술어로 이루어지는 구문의 틀까지도 깨어진다. 그리하여 텍스트를 구성하는 것은 문장이 아니고 단어들의 강력한 분출이거나 하부 언어 infra-lague에 지나지 않게 된다. 그리고 파괴적인 면은 다른 면과 충돌하게 되는데, 그것은 십음절의 운율 단위와 모음 반복 assonance 현상, 충분히 납득할 수 있는 신어 창조, 운율적인 리듬, 인용을 통한 언어의 일상성 trivialisme 등 정통적인 언어 구사와 대조된다. 그럼으로써 저자에 의한 언어의 해체는 다분히 현실 긍정적이고 전통적인 기표 문화 culture du signifiant를 바탕으로 하는 정치적 진술 le dire politique에 의하여 포위된다. 이러한 언어의 두 가지 다른 양상은 결과적으로 한쪽으로 기울어지는 현상을 막아주면서 균형을 가능하게 한다고 바르트는 분석한다.

세베로 사루디의 『코브라 Cobra』는 다른 면에서 바르트의 주목을 받는다. 그는 『코브라』의 언어를 〈말들의 낙원〉, 〈이질성의 풍요로움〉, 〈기표들의 총집합체〉[166]라고 표현한다. 단어들, 어구들, 문장들, 형용사들이 단절된 채 어우러져 일종의 유토피아적인 요란스러운 텍스트를 만들어 내는데, 그것은 결과적으로 언어적인 즐거움의 정도가 지나치다보니 독자는 숨막히는 분위기 속에서 언어적인 쾌락에 도취하게 된다는 것이다.

그에 비해 플로베르의 언어는 전혀 다른 특징을 지닌다고 바르

---

165) R. Barthes, *Plaisir du Texte*, Seuil, 1973, 14-15쪽.
166) *Ibid.*, 17쪽.

트는 분석하고 있다. 덜 알려진 작품인 『부바르와 페퀴셰 *Bouvard et Pécuchet*』에 대해 깊이 연구한 바르트는 플로베르의 언어적 특징을 주로 수사학적인 면에서 고찰한다. 바르트에 의하면 플로베르는 〈담론을 자르고 couper 구멍 trouer을 내되 무의미하게 만들지는 않는다〉.[167] 보다 구체적으로 말하면 플로베르는 언어 구조의 파열 rupture에 의한 파격 구문 anacoluthe과 종속 접속사 파열에 의한 접속사 생략 구문을 자주 쓴다는 것이다. 그러나 바르트가 강조하는 것은 이러한 파격 구문이나 접속사 생략 구문이 예외적이거나 간헐적으로 보석처럼 끼워넣은 것이 아니고 보편화되었다는 사실이다. 접속사의 생략 구문의 경우 접속사 부재는 논리적 전개를 불가능하게 만듦으로써 이야기성이 해체되기 마련인데, 플로베르의 문장에서는 이러한 문제가 야기되지 않는다. 어째서일까? 바르트는 그 이유로 다음과 같은 몇가지 관점을 제시한다. 첫째, 논리적인 장치들인 문장과 문장 사이에 생겨나는 틈새 faille가 오히려 읽는 사람의 깨달음을 자극하여 거기에서 어떤 묘미를 느낄 수 있다는 것이다. 둘째, 결국 남는 것은 언어 그 자체로서 플로베르는 작품 속에서 현실을 모방하는 것이 아니라 언어 활동의 모방 mimesis du langage을 하고 있다는 것이다. 〈언어의 모방〉은 〈언어가 언어를 모방한다〉는 것을 의미하는데, 이는 결국 두 개의 언어를 전제로 하게 된다. 이 경우 전자는 글쓰기의 언어이고 후자는 모방 대상의 언어이다. 그리고 모방은 작가의 독자적인 재구성 작용을 통한 〈재현 représentation〉을 의미한다.[168]

바르트는 언어의 정교함과 치밀한 구성으로 보아 플로베르가 목표하는 것이 단순한 체계의 재현이 아니라 언어에 의한 재구성을

---

167) *Ibid.*
168) Aristote, *La Poétique*, traduction et notes par Rodelyne Dupont-Roc & Jean Lallot. Seuil, 1980, 22쪽.

통하여 세계를 재현하는 것이라고 해석한다. 말하자면 플로베르의 세계도 다른 작가의 경우와 마찬가지로 언어에 의한 가공물 artefact 이라는 점은 마찬가지이지만, 플로베르의 경우 세계는 언어의 구조화가 만들어낸 결과이고 그것 자체가 목표는 아니라는 말이 된다. 그리고 그러한 주장이 나름대로의 설득력을 갖는 것은 작가로서 플로베르가 가지고 있는 철저한 산문 정신 때문이라고 하겠다. 그렇다면 그의 언어, 즉 글쓰기가 모방하는 언어란 어떤 성질인가? 그 언어는 작가의 관념 속에서, 글쓰기 이전에 지니고 있는 언어로서 계획되고 구상화된 것이며, 그 전개에 대한 구체적인 전략이 미리 짜여진 언어의 모형이라고 할 수 있다. 바르트가 그렇게 보는 것은 어쩌면 자기 자신이 글쓰기에서 거의 동일한 전략을 가지고 언어적 실천을 하기 때문이 아닐까 생각한다.

언어에 관한 또 다른 문제는 작가의 실천적 글쓰기 언어, 즉 랑가쥬의 성질에 관한 문제이다. 구체적으로 말해서 체계로서의 랑그의 기호와 문법, 통사적 틀을 빌려 표현되는 랑가쥬가 별다른 전제 조건 없이 랑그로 환언될 수 있는지, 또 랑그와 동일한 층위에서 대등한 지위를 부여받을 수 있는지, 이러한 문제에 대해 바르트가 생각하는 바를 알아보자.

바르트는 랑가쥬가 상상적인 요소들 imaginaires을 내포하고 있다는 사실에 유의해야 한다고 강조하면서 랑그의 구성 단위를 랑가쥬의 관점에서 새롭게 해석한다. 말하자면 상상적 요소를 부여받은 랑가쥬 측면에서 볼 때, 〈단일 단위의 단어는 마술적 단자 monade magique이다. 빠롤은 생각의 표현 수단이고 글쓰기는 빠롤을 문자로 옮겨 놓은 것이며 문장이란 폐쇄적인 논리의 척도이다. 언어 구사에서 나타나는 실수나 언어에 대한 거부도 원초적이고 자연 발생적이며 실용적인 힘이다. 이 모든 언어적 가공물들에는 학문의 상상적 요소가 부과·가미된다(상상계에 관련된 학문을 나타낸다)〉.[169] 그는 부연하여 〈상상적인 것〉이란 〈무의식의 무의성〉[170]이라고 정의하고 있다. 바르트의 생각을 풀이하자면, 랑가쥬는 랑그의 형식과 단위를 빌려 표현되지만, 그 구성 단위는 랑그에서 랑가쥬로 전환되면서 화자 주체의 주관성에 의한 투영을 받는다는 것이다. 그러한 작용은 무의식적으로 이루어지고, 그것을 바르트는 상상적 요소라고 부르는 것이다.

그렇다면 랑가쥬에는 화자 주체의 주관성만이 투영되는가 하고 생각할 수도 있지만 그렇지는 않다. 거기에 다시 첨가되는 요소가 있는데, 그것은 다름 아닌 이념 idéologie 내지 사회적 언어 sociolecte이다. 그는, 이념 체계란 픽션과 같아서 가공적이지만 개개의 픽션은 사회적인 언어 내지 사회적 방언에 의해 뒷받침되어 결국에는 픽션과 사회적 언어가 일치된다고 설명한다.[171] 그리고 〈…… 각각의 민족은 그들 위에 수학적으로 배분된 개념들의 하늘 공간 ciel을 가지고 있다. 그리고 진리가 요청될 때마다 오로지 민족의 활동 터전인 내부에서 정신적인 신을 찾아낼 수밖에 없음을 깨닫게 된다〉[172]는 니체의 글을 인용하면서 바르트는 〈우리는 랑가쥬의 진실 속에 갇혀 있고 그것은 랑가쥬의 지역성을 의미한다〉[173]고 말한다. 그 이유는 〈랑가쥬란 언제나 어떤 공간 lieu으로부터 생겨나고 그것은 자기 방어적 속성을 지닌 토대〉[174]이기 때문이라고 설명한다. 바르트의 이러한 관점은, 언어가 세계 여러 곳에서 일어나는 민족간

---

169) R. Barthes, *Loc. cit.*, 54쪽.
170) *Ibid.*, 55쪽.
171) *Ibid.*, 130쪽.
172) *Ibid.*, 131쪽.
173) *Ibid.*
174) *Ibid.*

살육전의 도화선이 되는 것을 설명하면서, 아울러 개인의 언어 사용에는 그 언어를 사용하는 집단의 문화와 사고 방식이 그 속에 젖어 있다는 사실을 이해할 수 있도록 해준다.

7.3. 텍스트

그러면 랑가쥬를 바탕으로 한 글쓰기의 결과로 생겨나는 텍스트는 랑가쥬와 어떤 관계를 맺고 있으며 또 어떤 성격을 지니는 것일까? 바르트에게 있어서 텍스트는 〈랑가쥬로 이루어지면서도 랑가쥬를 떠나서 영속되는 것〉[175]이고, 그것은 무엇보다 〈랑가쥬에 의한 진귀한 공간으로서(부부간의 관계에서와 같은 의미에서) 티격태격하는 '논쟁'이나 말다툼은 없다. 텍스트는 '대화'가 아니다. 따라서 어떤 거짓이나 도전이나 협박도 없으며 개인 언어들 idiolecte간의 경쟁도 없다〉.[176]

이러한 관점은 몇 가지 사실을 잠재적으로 전제하고 있다. 첫째, 텍스트가 주로 문학 텍스트 중에서도 소설이나 산문적인 글, 그리고 시를 포함하는 데 비하여, 텍스트 자체에 대한 담론인 비평이나 이론서의 경우 일반적인 텍스트 범주에 포함되지 않는다는 점과, 둘째, 저자의 존재에 대해서는 특별한 관심을 두지 않는다는 점이다. 말하자면 저자가 엄연히 있는 텍스트도 저자 미상의 텍스트로 간주하고 대한다는 말이다. 이러한 입장은 〈저자의 죽음〉을 주장한 에코 Eco의 입장과 맥을 같이한다. 셋째, 따라서 텍스트의 내용이나 주장과 독자의 생각이나 주관 간에는 엄밀한 의미에서의 대화가 없고 독자의 일방 통행적인 조명이나 이해만 있는 셈이다. 이와 같은

---

175) *Ibid.*, 50쪽.
176) *Ibid.*, 28쪽.

텍스트에 대한 관점은 텍스트와 독자의 상호 관계에 별다른 중요성을 부여하지 않는다. 넷째, 랑가쥬는 개인과 개인 내지 집단과의 의사 소통 상황을 전제로 하기 때문에 화자의 상상적 요소나 사회적 공준 topos이 그 속에 스며있는 데 비하여, 랑가쥬에 의하여 구성되는 텍스트에는 그러한 요소들이 중화되었다고 보는 것이 바르트의 견해이다. 그러한 의미에서 그는, 〈텍스트에는 모든 빠롤이 소멸되었기 때문에 그 성격은 중립적 neutre이라고 할 수 있다〉[177]고 보면서 〈텍스트, 그것은 '공준 이탈 atopie'〉[178]이라고도 말한다.

랑가쥬에 의하여 구성된 텍스트의 특성이 랑가쥬의 특성을 배제함으로써 설명된다는 것은 우리의 이해에 혼란을 일으키기에 충분하다. 그럼에도 불구하고 바르트는 몇 가지 메타 언어, 예컨데 〈중립적〉 또는 〈공준 이탈〉 등을 사용하면서 간단히 언급할 뿐 자세한 설명을 생략하고 있다. 그러나 구체적으로 검토해보면 이러한 바르트의 견해를 이해할 수는 있다. 가령 우리가 〈앙상블 ensemble〉, 〈카페 café〉 또는 〈누벨 바그 nouvelle vague〉와 같은 용어를 사용할 때에, 거기에서는 프랑스적인 감각이 느껴진다. 즉 우리는 그 용어들에 무엇인가 프랑스적인 바탕·맛·취향 같은 것이 있음을 막연하게나마 느끼게 되는데, 그 이유는 그들 어휘가 프랑스적인 〈토포스〉를 잠재적으로 가지고 있기 때문이다.

토포스는 희랍어로 〈공간〉을 의미하는데, 〈주제〉를 의미하는 〈토픽 topique〉도 이로부터 비롯된 단어이다. 바르트를 비롯하여 언어학자 뒤크로 Ducrot등은 그에 대해 상당한 의미를 부여하고 있는데, 뒤크로와 바르트에게 있어서 〈토포스〉는 〈공통적 논거 argument général〉[179], 공준 내지 문화적 성격의 〈바탕, 근거, 토대〉 등

---

177) *Ibid*.
178) *Ibid*., 49쪽.
179) Denis Huisman & Serge Le Strat, *Des Nouvelles Idées en Philosophie*, Retz,

의 의미로 쓰여진다. 개별적인 언어 사용에서 볼 때 앞서 예로 든 어휘들은 그 나름대로 프랑스적인 어떤 취향을 드러내지만, 그 단어들이 불어로 된 텍스트에 사용되었을 때에도 동일한 정도로 프랑스 특유의 채취를 풍긴다고 할 수 있을까? 그러한 면은 일단 문장을 구성하는 요소로서 문맥 의미를 구성하는 데 기여한다고 보아야 할 것이다. 또 어느 한 개인의 언어 사용은 그의 직업, 개인적인 취미, 관심들을 자연적으로 반영한다는 의미에서 그의 의사 소통과 일상적 언어 구사에는 화자의 정신적 요소 내지는 상상적 요소가 많이 개입되고, 대화자와의 의사 소통은 그러한 면에 대한 이해를 바탕으로 이루어지게 된다. 그러나 일단 텍스트 형태로 기록된 경우에는, 독자는 독자의 입장에서 그 텍스트를 대하기 때문에 대화 현장에서 화자와 수신자를 이어주는 잠재적인 공통의 토대, 즉 토포스를 고려하지 않은 채 읽고 해석하게 된다는 것이다. 그러한 의미에서 바르트는, 텍스트는 중립적이고 탈공준적이라고 본 것이다. 그러나 텍스트를 처음 대하는 독자의 입장에서 텍스트가 중립적이고 탈공준적인 것인지는 읽고 난 후 그에 대한 분석과 종합을 통하여 자연스럽게 판단하게 되는 것으로 보아야 할 것이다.

또한 랑가쥬에서 텍스트로 옮겨가면서 랑가쥬의 이데올로기 대신 텍스트의 이데올로기 문제가 새롭게 대두된다. 이데올로기는 〈일종의 세계관〉으로서, 구체적으로는 〈신앙적 실천, 행동 규범, 도덕적 가치 기준〉[180]으로, 바르트는 텍스트가 그 자체의 정신적 배경을 가질 수밖에 없다고 한 자신의 주장을 번복하는 듯한 발언을 한다. 즉 바르트에 의하면 〈텍스트는 자신을 그림자로 필요로 한다. 그 그림자란 다름아닌 '약간의' 이데올로기, '약간의' 표상 représenta-

---

1987, 75쪽.
180) *Ibid.*, 75쪽.

tion 그리고 '약간의' 주제 등이다. 그것들은 유령들이고 호주머니 같은 것, 혜성의 꼬리, 없어서는 안 되는 구름들〉이라는 것이다.[181] 이러한 바르트의 관점에서 볼 때 랑가쥬와 텍스트는 부분과 총체와의 관계와 무관하지 않다. 즉 〈전체는 부분의 합보다 크다〉는 명제를 적용할 때, 〈텍스트에는 랑가쥬와 그 이상의 것이 포함된다〉고 할 수 있을 것이다. 이는 부분이 총체로 옮겨갈 때 총체가 부분의 합보다 더 크듯이, 랑가쥬 층위에서 텍스트 층위로 옮겨가면서 랑가쥬를 초월하는 내용이 텍스트 공간 속에서 형성된다는 의미이다. 그러면 텍스트의 성질과 그 내용에 대해 좀더 살펴 보자.

바르트의 텍스트 개념은 구조주의에서의 〈작품 oeuvre〉 개념에서 한걸음 더 나아간 것이다. 그는 작품의 현상적인 표면의 구조화를 통하여 얻어진 단일 의미로 작품을 환원시키는 것을 넘어서서[182] 의미 생성의 과정으로서의 텍스트론에 도달한다. 그는 『텍스트의 즐거움』에서 텍스트를 〈직물〉과 〈거미의 작업〉에 비유하여 설명한다.

> 텍스트는 직물을 의미한다. 그런데 우리는 지금까지 이 직물을 완성물 produit, 짜여진 장막 voile이라고 간주하였고, 그 장막 뒤에 의미(진리)가 감춰져 있다고 보았다. 이제 우리는 직물에 대해 끊임 없는 가닥의 엮음 작업을 통하여 텍스트가 만들어지고 가공되는 생성의 개념을 강조하고자 한다. 이 직물—이 짜임새— 속에 **빠진 주체**는 거미줄을 만드는 분비액 속에서 자신을 해체하는 한 마리의 거미처럼 자신을 해체한다. 신조어를 좋아할 경우 우리는 이러한 텍스트 이론을 거미줄 조직학 hypologie(〈hypos〉는 직물과 거미줄을 나타낸다)이라고 정의할 수 있을 것이다.[183]

---

181) R. Barthes, *Loc. cit.*, 53쪽.
182) 김희영, 『롤랑 바르트의 후기문학실천』 참고.
183) R. Barthes, *Loc. cit.*, 100-101쪽.

바르트는 자신의 취향을 살려 텍스트를 〈거미줄 조직학〉이라는 비유와 신조어를 빌려 설명하였지만, 그의 텍스트 개념은 옐름슬레우의 텍스트 개념과 여러 가지로 상통하는 면이 있다. 우선 옐름슬레우는 텍스트를 부분 parties이 이루는 총체[184]라고 설명하면서 텍스트를 통사적 〈전개 과정 processus〉과 동일시 하였다.[185] 결국 〈텍스트는 통합체 syntagmatique로서 그것을 구성하는 언어 연쇄 chaînes의 모든 의미들을 통하여 드러나게 된다〉[186]고 본 옐름슬레우의 텍스트에 대한 정의는 바르트의 텍스트에 대한 관점이 옐름슬레우의 언어학적 텍스트 개념과 맥을 같이 한다는 것을 보여준다. 또한 바르트의 텍스트 개념에서 텍스트 구성 요소—옐름슬레우의 부분에 해당되는—들이 텍스트에 통합되면서 내포하는 층위 개념이나 자율적 단위로서의 텍스트 개념 등도 옐름슬레우의 구조 개념과 긴밀한 연관 관계가 있다.[187] 단지 차이점은 바르트가 관심의 초점을 언어의 형식적인 면으로부터 텍스트의 의미 구성과 해석으로 옮겼다는 점뿐이다.

일단 쓰여진 텍스트는 자율성을 지닌 대상이 된다. 이러한 대상으로서의 텍스트를 바르트는 〈확실한 실체 corps certain〉[188]라고 부른다. 거기에는 텍스트가 구체적이면서도 자율적인 중심을 가진 대상물이라는 의미가 내포되어 있다. 〈corps〉는 인간의 〈신체〉, 〈몸〉을 비롯하여 〈물체〉, 〈몸통〉, 〈집단〉 등을 나타낸다. 그리고 〈자료 모음〉을 나타내는 〈corpus〉도 〈몸〉과 같은 어원이고 텍스트 자

---

184) Hjelmslev, *Problégomène à une théorie du langage*, Minuit, 1971, 43쪽.
185) *Ibid.*, 27쪽.
186) *Ibid.*, 168쪽.
187) 〈층위로 구성되고 내적 관계로 이루어지는 자율적 언어 단위〉라고 정의된다. 『기호학 사전』, 361쪽 참조.
188) R. Barthes, *Loc. cit.*, 29쪽.

체도 〈자료 모음〉의 성격을 가지기 때문에 바르트는 〈확실한 실체〉라는 용어를 선호한다. 이런 확실한 실체로서의 텍스트를 대하게 되는 순간부터는 그 이전에 가지고 있던 저자나 텍스트에 대한 모든 편견을 제쳐놓게 되는데, 이는 텍스트만이 오로지 우리가 구체적으로 대하는 대상물이기 때문이다.

결국 텍스트는 있는 그대로 던져진 것이기 때문에, 그것을 그냥 거부하거나 아니면 있는 그대로 받아들일 수밖에 없다. 있는 그대로의 텍스트는 그것을 만들어낸 사회에 대한 인식-인지의 수단이 된다. 그러한 기능의 텍스트는 마테시스 mathésis인 것이다. 그는, 마담 드 세비녜 Mme de Sévigné의 서간문들이 프루스트의 할머니에게 궁중과 사교계의 삶에 대해 알려주는 수단이었고, 기사들의 이야기는 돈키호테에게 있어 세상에 대한 유일한 인지 수단이었으며, 자신에게 있어서는 프루스트의 『잃어버린 시간을 찾아서』가 그러한 역할을 했다[189]고 말한다.

한걸음 더 나아가 한 텍스트에 대한 지식 자체는 다른 텍스트와의 연결 고리, 즉 텍스트 상호간의 관계를 발견하게 해준다. 그것이 바로 상관 텍스트 inter-texte이다. 바르트는 그 예로 스탕달이 언급한 『아나타즈 오제의 에피소드』를 들면서 그 속에서 프루스트의 기법이 미리 나타난다고 지적하고 있다. 또한 프루스트를 통하여 플로베르 소설 속에서 묘사된 사과나무에 핀 꽃들을 재발견한다.[190] 그 밖에도 어느 한 작가에게 특유한 어휘나 표현이 다른 작가에서 도거의 똑같이 사용되는 것을 보면, 작가나 작품마다 선배나 조상이 있음을 발견하게 된다. 그러한 상관 관계를 발견하는 것은 텍스트 읽기 그 자체의 즐거움에 한 가지 기쁨을 더 보태어 주게 된다.

---

189) *Ibid.*, 58쪽.
190) *Ibid.*, 59쪽.

마테시스로서의 텍스트 읽기나 텍스트 상호간의 상관 관계의 발견을 통한 즐거움은 모두 지적인 인식과 감추어진 이치의 깨달음의 즐거움이다. 그렇다고 어떤 지적인 인식이나 깨달음을 주는 텍스트만이 읽은 이의 즐거움을 통해 얻어지는 것은 아니다. 바르트는 거창하고 위대한 것을 재현하는 텍스트보다 일상적이고 자질구레한 세부 사항 묘사에 쉽게 매료된다고 기술한다. 역사 소설이나 로마네스크한 작품, 또는 자서전들에서도, 한 시대, 한 인물의〈일상 생활 vie quotidienne〉에 대한 평범한 묘사, 예컨데〈시간표, 습관, 식사, 거주 양식, 의복 등〉을 머리 속에서 재현하면서 자기도 모르게 자신이 그 일상적인 삶에 참여하고 그러한 삶을 살아간다고 하는 환상을 느끼게 된다는 것이다. 그러한 취향을 바르트는〈현실에 대한 몽환적 취향 goût fantastique〉이라고 부른다. 일기로 유명한 아미엘 Amiel을 읽으면서도 그가 가장 애착을 느끼는 부분은 어쩌면 가장 무의미하다고 보기 쉬운 쥬네브 호숫가의 날씨에 대한 자세한 묘사이다. 이는 그러한 묘사를 읽으면서 자신이 그 호숫가를 거닐고 있다는 환각 속에 빠져들 수 있기 때문이다. 그러면서 누군가 묻는다면 그는〈아미엘의 철학은 낡았지만 날씨야 어디 나이를 먹습니까?〉[191]라고 반문한다.

그러면 바르트에게 있어 가장 행복한 즐거움을 주는 텍스트는 어떤 것일까? 거기에 대해 그는 어떤 특정한 작가나 저서 혹은 장르를 내세우지 않는다. 텍스트는 텍스트이되 글쓰기 과정을 생생한 목소리로 들려주는 텍스트, 바르트의 표현을 빌리자면 바로〈소리를 내는 글쓰기 écriture à haute voix〉[192]이다. 바르트에 의하면 그러한 텍스트야말로 가장 깊은 감동을 자아내게 하는 텍스트라는 것

---

191) *Ibid.*, 86쪽.
192) *Ibid.*, 104쪽.

이다. 극작가 아르또 Artaud[193]가 남긴 자신의 작품 낭송은 독특한 발성에 의한 기이한 성대 진동으로 듣는 사람에게 특이한 감동을 주는데, 아마도 바르트는 아르또의 낭송을 들었던 것 같다. 바르트는 〈목소리에 의한 글쓰기로서의 텍스트〉는 〈소리내어 읽는 텍스트〉와 동일한 텍스트를 지칭하지는 않는다고 지적을 한다. 후자는 일정한 발성법의 원칙에 의거하여 텍스트를 낭송하는 것으로서, 옛날 수사학에서 배우술 l'actio이라고 규정하는 〈분노〉, 〈연민〉, 〈정신적인 고양 élévation〉 등의 감정 표현법에 속한다고 볼 수 있다. 그러나 전자는 그러한 공식적인 규정이나 극적인 효과를 노리는 억양이나 청중의 호감을 사기 위한 어조를 거부한다. 바르트는 후자를 〈현상-텍스트 phéno-texte〉에 속한다고 하고, 전자를 〈생성-텍스트 géno-texte〉에 속한다고 규정한다. 그렇다면 양자는 어떻게 다른가?

현상-텍스트는 언어의 발생 과정을 따라 구성된 표면적 언어 구조로서 의사 소통의 일반적 규칙을 따르고, 언술 작용의 화자 주체와 수신자가 정해져 있는 것이다. 간단히 말해서 〈의사 소통을 가능하게 하는 랑가쥬〉라고 정의할 수 있다. 그에 비하여 생성-텍스트는 언어 구조로 포착되기는 하지만 언어학적 범주를 벗어나는 개념으로서, 욕구 에너지 énergies pulsionelles의 열정 transports에 의해 분출되는 생성 과정 중에 있는 랑가쥬의 기저적 기체 base sous-jacente[194]이다. 생성-텍스트는 의사 소통을 전제로 하지 않는 욕망의 표출로서 음성학적으로는 〈가느다란 내면의 목소리〉를 가리킨다. 그것은 〈목구멍에서 나오는 가느다란 목소리, 창연한 patine 자

---

193) 아르또 Artaud(1896-1948): 프랑스 극작가로 고통스런 삶을 통하여 단순한 말에 의한 연극이 아닌, 소리와 몸짓, 음악과 조명이 한데 어우러지는 종합 연극을 시도하였다.
194) J. Kristeva, *La Révolution du Langage Poétique*, Seuil, 1974, 83-84쪽.

음, 육감적인 모음, 육체의 깊은 입체 음향을 들려줄 수 있는 텍스트〉[195]이다. 이러한 텍스트는 의미를 전달하기 위한 랑가쥬의 차원을 넘어서는, 랑그와 육체의 분절을 통하여 이루어진다. 목소리와 글쓰기가 〈참신하고 유연하며, 기름지고 동물의 주둥이처럼 정교하게 오돌오돌 granuleux하고 감동적인〉[196] 텍스트를 그는 간절히 희구하고 욕망한다. 그것은 지적인 영역을 넘어서는, 완전히 감각적인 텍스트이고 영혼에 호소하는 텍스트이다. 그러나 과연 그러한 텍스트가 존재하는가. 바르트 자신도 어떤 텍스트가 그러한 텍스트의 범주에 들어가는지에 대해서는 구체적인 언급을 하지 않았다. 그것은 바르트에게 분명 이상적인 텍스트이고 아마도 순간적인 직관을 통하여 그러한 느낌을 받는 텍스트라 할 수 있을 것이다.

7.4. 정신 분석

바르트의 『텍스트의 즐거움』에 나타난 텍스트론을 종합해보면, 그에게 있어서 텍스트는 몇 가지 층위로 구성된다는 것을 알 수 있다. 우선 일상적인 성격의 텍스트가 있고, 그 위에 마테시스적인 텍스트 층위, 그 다음으로 상관텍스트 층위, 그리고 마지막으로 〈목소리가 있는〉 텍스트가 있다. 상위 층위로 올라가면서 우리는 욕망과 육체, 육감 내지 감각의 분절이 중요성을 가지게 된다는 사실을 알 수 있다. 바르트에게 있어서 텍스트는 기호학적 개념의 대상에서 출발하여 〈욕망의 대상 fétiche〉[197]으로 옮겨가게 된다. 〈텍스트

---

195) R. Barthes, *Loc. cit.*, 105쪽.
196) *Ibid.*
197) 〈fétiche〉는 숭배 대상으로서의 〈물신〉으로 번역되기도 하고, 이상 성욕에서 기인하는 성욕 내지 욕망을 불러일으키는 대상물을 가리키기도 한다. 『심리학 소사전』, 민중서관, 1968, 256쪽 참고.

는 욕망의 대상이고 그것은 나를 욕망한다. 텍스트는 보이지 않는 모든 스크린과 선별적인 장애물 통로 chicanes sélectives를 통하여 나를 선택한다. 예컨데, 어휘, 참조사항, 독해가능성 등. 그리고 저자는(배후에서 마음대로 권력을 휘두르는 신으로서가 아니라) 텍스트 한가운데에 선 타자로서 길을 잃은 채 있다.〉[198] 무력한 저자를 제쳐놓고 텍스트가 주역으로 등장한다. 그리하여 바르트는 자신이 텍스트를 선택하는 것이 아니라 텍스트가 자신을 선택한다고 말한다. 텍스트와 나 사이에 욕망이 개입함으로써 상호간의 관계가 성립되고, 그러한 관계는 무의식중에 이루어지며 결국 선호하는 텍스트에 의해 자신이 선택된다는 것이다.

선호하는 텍스트에는 크게 〈즐거움 plaisir의 텍스트〉와 〈희열 jouissance의 텍스트〉가 있다. 이 두 가지는 〈텍스트의 즐거움〉과 〈텍스트의 희열〉에서 유래되었는데, 불어로 〈plaisir〉와 〈jouissance〉는 서로 구분이 되면서도 상통하는 단어이다. 후자는 즐기는 행위를 중심으로 단순하게 〈즐김〉—영어의 〈enjoy〉처럼—을 나타내기도 하지만 강한 의미에서 〈만끽하는 즐거움〉,[199] 비유적으로 표현하면 무속(巫俗)적인 황홀을 지칭하기도 하는데, 바르트는 그러한 의미로 이 단어를 사용한다. 전자는 즐기는 행위보다는 정신적인 향유에 초점을 맞춘 단어로서 〈육체적 쾌락〉을 나타내기도 하지만, 바르트는 보다 가볍게 음미하는 〈즐거움〉, 〈만족〉의 의미로 쓰고 있다. 그는 가끔 넓은 의미로 한 단어가 다른 단어를 포괄하는 식으로 사용할 때도 있지만,[200] 두 단어의 구분은 바르트에 있어서 매우 중

---

198) R. Barthes, Loc. cit., 45쪽.
199) Le Petit Robert, 1967, 952쪽.
200) R. Barthes, Loc. cit., 10쪽. 〈즐거움/희열 : 용어 면에서 아직도 불확실한 면이 있다. 나는 그 단어에 걸려 넘어지기도 하고 뒤죽박죽 되기도 한다. 여하튼 언제나 불분명한 부분은 있게 마련이다.〉

요하다. 희열은 〈정신의 혼미〉 현상 내지 〈기절 évanouissement〉,[201] 〈실신 perte〉[202]의 동의어로, 즐거움은 단순한 〈만족 contentement〉의 동의어로 쓰이고 있다. 그러니까 두 단어는 정도에 의한 차이와 함께 후자에는 지속 durée과 과정 processus의 개념이 개입되는 데 비하여, 전자는 상태의 단순한 지칭 indication을 나타낸다는 점에서 서로 구분이 된다. 〈언어의 즐거움이 극에 달하면 질식하게 되고 희열 쪽으로 기울어지게 된다〉[203]는 바르트의 기술은 즐거움이 일정한 도를 넘어서게 되면 희열이 된다는 의미이다.

그렇다면 〈즐거움이란 작은 희열에 지나지 않은 것인가? 희열은 극단의 즐거움일까?〉[204] 바르트는 그러한 질문을 스스로 던진다. 만약 〈즐거움〉과 〈희열〉이 단순한 정도의 차이밖에 없다면 그것은 두 단어의 개념에만 해당되는 것이 아니라 〈즐거움의 텍스트〉와 〈희열의 텍스트〉의 개념에 적용되어, 결국 이 두 텍스트는 정도의 차이만을 가지게 된다. 따라서 후자는 전자의 논리적인 전개의 결과에 지나지 않게 되면서 양자는 평화로운 〈형님과 아우〉의 관계가 된다. 이러한 논리적 관점에서 본다면 아방가르드 avant-garde 문학도 과거의 전통 문학이 점진적인 진화를 겪고 나서 도달한 상태에 지나지 않는다. 또한 그러한 논리를 작가에게 적용한다면 플로베르 속에 로브-그리예가 있고 쏠레르스는 라블레 속에 있다고 할 수 있다.

그러나 바르트는 즐거움과 희열이 연접되었다고 하는 관점에 이의를 제기하면서, 그 두 개념은 〈평행선을 달리는 힘으로서 서로 만날 수가 없고, 양자 사이에는 오직 투쟁, 즉 소통 불능 incommu-

---

201) *Ibid.*, 33쪽.
202) *Ibid.*, 63쪽.
203) *Ibid.*, 17쪽.
204) *Ibid.*, 35쪽.

nication밖에 없다〉²⁰⁵⁾고 말한다. 바르트에 의하면, 텍스트 면에서 희열의 텍스트는 문학사를 통해 〈일종의 스캔들 scandale처럼 불쑥 솟아오른다. 그 텍스트는 어떤 성숙한 개화가 아니라 하나의 단절, 어떤 주장의 흔적이고〉,²⁰⁶⁾ 〈주체〉—글읽기의 주체—는 〈텍스트를 따라가면서 자아의 일관성과 자아의 와해를 동시에 즐기게 된다〉고 말한다.²⁰⁷⁾ 더욱 중요한 사실은 희열의 텍스트에서는 자아가 망실되기 때문에 읽기 이전과 읽기 이후의 상태만 존재하며, 글 읽기의 현재 차원에는 공백이 생긴다는 점이다. 결국 희열의 텍스트에는 현재가 없기 때문에 그에 대한 해설 présentation이 가능하지 않고, 따라서 그에 대한 비평은 불가능하다는 것이다. 바르트는, 〈말하는 사람이 희열에 빠진다는 것은 불가능하다……〉²⁰⁸⁾라고 말한 라깡을 이어받아 〈희열은 말로 표현될 수 없고 여백을 통하여 말하여질 수 있는 inter-dite 것이다〉²⁰⁹⁾라고 단언한다. 그러면 그러한 범주에 속하는 텍스트로는 어떤 것이 있을까? 그에 대해 바르트는 포우 Poe의 텍스트와 바따이유 Bataille의 『마담 에드와르다 *Mme Edwarda*』를 들지만, 그에 대한 구체적인 언급은 하지 않으면서 희열의 텍스트는 절대적인 새로움 nouveau absolu²¹⁰⁾을 보여주는 텍스트와 관계가 있다고 말한다. 왜냐하면 〈오로지 새로움만이 의식을 흔들어놓기(약화시키기 infirmer) 때문이다〉.²¹¹⁾

---

205) *Ibid.*
206) *Ibid.*
207) *Ibid.*, 36쪽.
208) *Ibid.*
209) *Ibid.*, 본래 불어로 〈interdit〉라 쓰여진 이 단어의 뜻은 〈금지된〉이라는 의미를 나타내는데, 바르트는 〈사이에서-말이되다〉처럼 접두사와 어간을 떼어놓음으로써 어원적인 의미를 살리고자 하였다.
210) *Ibid.*, 65쪽.
211) *Ibid.*

그에 비하여 즐거움은 〈행복감 euphonie, 충만감 comblement, 안락감 confort〉[212] 등과 관계가 있고 〈문화가 자유롭게 스며드는 만족감〉이라고 부연한다. 〈비평은 언제나 즐거움의 텍스트를 대상으로 하며 절대로 희열의 텍스트를 대상으로 할 수는 없다〉[213]고 단언 하면서, 플로베르, 프루스트, 스탕달 등이 언제나 새롭게 해석되는 것은 그들의 작품들이 〈즐거움의 텍스트〉들이기 때문이라고 바르트는 설명한다. 그는 즐거움의 텍스트에 속하는 작가와 작품으로 졸라와 쥴 베르느의 작품, 뒤마의 『몬테크리스토 백작』, 스탕달의 『여행자의 회고록』, 그리고 쥴리앙 그린 등을 들고 있다. 또한 이러한 작가들의 텍스트는 〈말하여질 수 있는 dicible 텍스트들〉이라고 하면서, 희열의 텍스트들이 〈비문화적 inculture〉인 데 비하여 즐거움의 텍스트들은 〈문화적〉[214]이라고 규정한다. 이러한 두 가지 텍스트의 구분에 대한 바르트의 논리는 매우 명료하고 설득력이 있다.

하지만 그 텍스트의 엄격한 구분보다도 중요한 것은 텍스트가 우리에게 가져다 주는 의미가 무엇이냐 하는 문제이다. 인간의 정신은 언제나 욕망과 결핍, 억압과 해방, 희망과 좌절 사이를 넘나들면서 통일과 분열을 오가고 있다. 정신적 성숙과 성장은, 자신의 체험을 통한 깨달음과 함께 다른 사람의 인생에 대한 관찰을 통해 다른 사람의 성공과 실패가 주는 교훈을 자기 것으로 흡수하고 소화하여 내적인 자아의 발전을 기할 수 있을 때에 가능하게 된다. 다른 사람의 생애와 생활은 우리에게 살아있는 텍스트이다. 그러나 여러 가지 시간적·공간적 제약 때문에 우리가 실제 살아있는 텍스트인 타인의 인생을 읽고 공부하는 데에는 한계가 있다. 책이라

---

212) *Ibid.*, 37쪽.
213) *Ibid.*
214) *Ibid.*, 99쪽.

고 하는 텍스트―특히 문학 텍스트―는, 가장 경제적인 방법으로 보다 다양하고 특이한 인생들을 짧은 시간에 텍스트라고 하는 가상 현실의 무대를 통하여 즐기면서 관찰하고 배울 수 있게 해준다. 그러한 의미에서 바르트는 〈그 텍스트가 프루스트이든 일간 신문이든 또는 텔레비전의 영상이든 간에 책은 의미를 만들어내고 의미는 인생을 창조한다〉[215]고 말한다. 흔히 우리는 책을 읽으면서 마음으로 느끼고 머리 속에서 의미를 반추한다고 생각하지만, 실제로 우리는 몸으로 읽고 몸 전체로 느끼면서 몸 전체가 의미를 만들어낸다고 볼 수 있다.

8. 남는 문제: 주체

우리는 바르트의 글쓰기, 언어, 텍스트 등의 개념들을 기호학의 테두리내에서 관련되는 저서를 중심으로 검토하였다. 그러나 그러한 핵심 개념들에 대해서 그는 기호학의 테두리를 벗어나는 진술을 자주 하고 있다. 바르트를 이해하기 위해서는 그 배경에 대해 알아볼 필요가 있다.

그는 언어가 인간을 이해하는 열쇠를 지니고 있고,[216] 언어학이 일반 학문 연구에 대해 모형을 제공한다고 강조한다. 그러나 그는 언어란 언어학자들이 생각하는 것처럼 투명하지 않고, 언어에는 사회와 개인의 이데올로기가 스며들어 있다고 본다. 그래서 그는 언어를 권력과 연관하여 고찰한다: 〈우리는 언어에 담겨진 권력을 보

---

215) *Ibid.*, 58쪽.
216) R. Barthes, *Le Grain de la Voix*, Seuil, 1981, 336쪽. 〈Moi, je pose toujours les problèmes en termes de langage.〉

지 못한다. 언어란 모두 하나의 분류이고 모든 분류는 억압적이기 때문에〉,[217] 한걸음 나아가 언어는 〈파시스트적〉이고 어떤 권력에 봉사하고 있다고 주장한다. 그러한 근거로서, 불어에는 명사의 성이 남성, 여성뿐이어서 중성, 복합성 등을 선택할 수 없다든지, 2인칭에 〈너 tu〉와 〈당신 vous〉밖에 없어서 정의적 affectif 관계, 사회적 관계를 표출하지 않는 2인칭 대명사를 쓸 수 없다는 것 등을 들고 있다. 따라서 〈말 한다는 것, 특히 이야기 한다는 것은 흔히 알고 있는 것 처럼 의사를 소통하는 것이 아니라 속박하는 것이다: 언어란 모두 보편화된 제사법이기 때문이다〉.[218]

바르트의 그러한 언어관은 역사적 진화 과정을 거쳐 정해진 문법적 표지를 정치 권력의 발로라고 보는 관점이라고 하겠다. 그의 그러한 관점은 단편적으로 표방되다가, 특히 꼴레쥬 드 프랑스 교수직의 취임 기념 강의에서 강화되고 있다. 푸코 Foucault의 언어관과 어느 정도 부합되는 그의 언어에 대한 관점은, 어휘적 요소의 문법적 특성 내지 형태론적 특성을 확대 해석하면서 문장 형성과 문맥에 대한 중요성을 별로 고려하지 않았다는 지적을 받을 수 있다.

바르트는 자신의 관점에서 담화를 내용 중심과 권력과의 관계 두 가지 관점에서 분류한다. 내용 중심에서는 〈학문 science, 독사 doxa, 투사 militant〉의 담화가 있다. 이 세가지 담화를 〈오만스러움 arrogance〉 때문에 바르트는 부정적으로 본다. 〈독사〉란 희랍 시대에는 〈여론〉을 의미하였고, 〈학문〉과는 대치되는 개념이었다.[219] 그런데 바르트는 그 용어가 〈일반 여론, 다수의 정신, 소시민적, 편견의 난폭성〉을 의미한다고 풀이한다.[220] 말하자면 학문의 담화는

---

217) *Leçon*, 12쪽.
218) *Ibid*., 13쪽.
219) P. Foulquié & Raymond Saint-Jean, *Dictionnaire de la langue philosophique*, 189쪽.

독선에 빠지고 여론은 조작된 것이며 투사의 담화는 무조건 상대방을 꺾고 이기기 위한 담화이기 때문에 권위주의적이고 일방 통행적이라는 뜻이 된다.

권력의 관계에서 바르트는 언어를 권력내 언어 langage encratique와 권력 외 언어 langage acratique로 분류한다: 〈권력내 언어는 겉보기에는 '자연스럽지만' 애매 모호하고 산만하다. 따라서 감을 잡기가 어렵다. 그것은 대중 문화 매체—대중 신문, 라디오, TV 등—의 언어이다. 그것은 어떤 면에서 일상 대화, 독사로 대변되는 일반 여론의 언어이다. 이러한 권력내 언어는 모두 은밀하고…… 또한 의기 양양하다.…… 한마디로 지저분하다.〉[221] 그런가 하면 권력 외 언어는 〈권력내 언어로부터 분리되고, 예리하며 초연하다. 따라서 패러독스적이다. 그것이 지닌 단절하는 힘은 그 언어가 체계적이라는 데서 나온다. 그 언어는 이데올로기가 아니라 하나의 사상을 바탕으로 구축되었다〉.[222]

권력내 언어로는 마르크스주의적 담화, 정신 분석의 담화, 그리고 구조주의적 담화도 그에 속한다. 이러한 분류는 〈분류를 위한 분류〉라는 인상을 준다. 그러나 사실 바르트는 다양한 글쓰기가 새로운 문학을 설정하여야 하고, 문학이 언어의 유토피아가 되어야 하며, 문학은 그러한 전망에서 언어를 창안해야 한다는 생각에서 말하고 있으며, 권력내 언어/권력 외 언어의 분류 자체가 글쓰기를 통하여 해소되어야 한다고 주장한다.[223]

이와 같은 관점은 〈언어란 단순한 의사 소통으로 환원될 수는 없다. 왜냐하면 우리의 언어 행위에 개입하는 것은 주체로서의 인

---

220) R. Barthes, *Roland Barthes par Roland Barthes*, 51쪽.
221) R. Barthes, *Le Bruissement de la langue*, Seuil, 1984, 128-129쪽.
222) *Ibid.*, 129쪽.
223) *Ibid.*, 126쪽.

간이고, 언어 행위를 통하여 우리의 인간적 주체가 이루어진다〉[224]는 소신에서 비롯된다. 〈글쓰기의 중요성도 실천을 통하여 글쓰기가 주체─주체란 언제나 사회적이고 다른 성격이란 있을 수 없다─와 언어의 관계를 공략하기 때문이다.……〉[225]라고 하면서, 언어의 문제에 대해 열쇠를 쥐고 있는 것은 바로 우리의 주체이고 주체의 두드러진 성격을 사회적이라고 규정하고 있다.

주체의 문제에 있어서 바르트는 두 가지 상반적인 입장을 보여주고 있다. 바르트는 벵베니스트의 영향을 받아, 주체의 문제는 언술 작용의 테두리내에서 결정된다는 입장을 보여주었다. 그는 벵베니스트의 언술 작용 개념을 풀이하면서, 그것은 〈행위로서, 화자는 그 행위를 통하여 언어를 장악하게 된다. 벵베니스트는 '화자가 언어를 사유화한다'고 적절한 표현을 사용하였다〉[226]고 하였다. 주체란 언술 작용을 통해서만 드러날 수 있기 때문에 〈주체란 언어에 선재하는 것이다. 주체란 자기가 말하는 동안에 한하여 주체일 수 있다〉.[227] 한걸음 나아가 주체뿐만 아니라 〈주관성〉 자체도 부정한다. 주체란 결국 화자 locuteur를 가리키며, 화자는 자신의 말이 끝나고 나서는 상대방의 말을 듣는 청자의 입장이 되기 때문에 〈화자〉를 〈화자〉로 고정시킬 수 없고 〈상호 대화자 interlocuteur〉라고 불러야 한다고 지적한다. 그렇기 때문에 〈나는 '나'라고 말하는 바로 그 사람〉[228]이면서 〈'나'는 나를 원하고 (나에게) 대답할 목소리(=상대방)를 끌어들인다〉.[229] 따라서 화자 〈나〉는 청자가 되면서

---

224) *Ibid.*
225) *Ibid.*
226) *Ibid.*, 195쪽.
227) *Ibid.*
228) 권재우, 「Roland Barthes 후기 비평에 나타난 주체의 문제」, 한국외국어대학교 석사논문, 1991, 26쪽.

〈너〉 또는 〈당신〉이 된다. 이러한 관점은 정신 분석에 심취하면서 바뀌기 시작한다. 그는 〈내가 말하면서 언급하고 있는 주체란 말하고 있는 주체와 동일한가?〉[230]라는 의문을 제기하면서, 〈언술 작용의 주체는 어제 행동을 하였던 주체와는 다른 것이다〉[231]라고 하고, 언어에 의하여 구성되는 〈주체〉와 살아움직이는 〈주체〉를 구분한다. 그러나 언술 작용의 주체, 언술자는 단일 주체가 아니고 복수적이다.[232] 〈내가 글을 쓰지 않는다면 나는 아무 것도 아니다〉라고 할 때, 앞의 나는 글쓰기와 관계되는 〈나〉이고 뒤의 나는 존재로서의 〈나〉이다.[233] 언어를 통하여 드러나는 주체도 라깡이 말하는 〈'상징계의 자아'와 '상상계의 자아' 사이에 갈등이 일어 나는 현장〉[234]이라고 말한다. 라깡은, 〈자아는 자기 육체의 주인이 아니다〉, 〈주체는 자신이 있지 않은 곳에서 사유하고, 또 자신이 사유하지 않는 곳에 존재한다〉라고 하면서 〈주체=자기 육체와 의식의 주인〉이라는 등식을 파괴했던 것이다.

일차적으로 문법적인 의미에서 문장의 〈주어〉와 작가의 의식을 표상하는 〈주체〉가 텍스트 속에서 분리되고, 전자는 후자에게 자신의 지위를 양보한다. 그럼으로써 투자가 텍스트의 중심이 된다. 이러한 변화는 마르크스, 니체, 프로이트의 영향을 받은 바가 크다고 바르트는 말한다.[235] 그 결과 주체는 글쓰기를 통하여 복수화, 확산

---

229) *Ibid.*, 99쪽.
230) AS, 196쪽.
231) *Ibid.*
232) RB, 123쪽.
233) *Ibid.*, 172쪽.
234) F. Evrard et E. Tenet, *Roland Barthes*, Bertrand Lacoste, 1994, 103쪽.
235) R. Barthes, *Le Grain de la Voix*, Seuil, 1981, 157쪽. 〈Dans la transformation profonde du sujet métaphysique mise en oeuvre du point de vue archéologique par Marx, Nietzsche, Freud,…… je n'occupe qu'une

disséminé, 분산 dispersé된다: 〈의미 실천으로서의 글쓰기는 텍스트의 조직내에서 데카르트적인 주체의 해체와 확산을 시도하게 된다.〉[236] 또한 글쓰기에 의하여 이루어진 텍스트 속에서는 자아의 확산이 이루어진다.[237] 그러나 글쓰기가 텍스트로 전환되기 위해서는 글쓰기 속에 욕망의 씨앗 grain du désir과 육체의 요구 revendication du corps를 반영시켜야 한다.[238] 텍스트 속에 육체가 개입하면서 주인공 〈héros〉는 〈h〉가 탈락하고 〈éros〉, 즉 에로스가 된다. 그리하여 〈주체는 성적인 sexuel 실존의 지위에도 도달하게 된다〉.[239] 결과적으로 텍스트는 작가와 독자의 유사 성애 행위가 전개되는 장이 된다.

이와 같은 글쓰기, 글 읽기를 바르트만이 경험하는 것은 아니다. 누구나 그와 비슷한 경험을 하면서도 그렇게 표현하지 않을 뿐이다. 단지 주체에 대한 이러한 관점은 이론적인 조명을 필요로 한다. 바르트의 주체는 지시 대상과 관련된다. 언술 작용은 인칭 대명사가 지시하는 대상이 누구인지를 밝혀줄 수 있다. 그것은 지시 내지 지칭 référence의 테두리를 벗어나지 않는다. 그러나 바르트의 주체는 단순한 지시의 테두리를 넘어서, 생동하는 주체의 지각 작용 감각 작용의 문제를 끌어들이고 있다. 이러한 문제는, 언어학은 물론 기호학의 테두리를 벗어나는 문제이다. 사회적 주체로서의 자아의 문제는 정치, 이데올로기 등과 관련하여 연구되어야 할 것이다. 반면 텍스트를 통하여 성애 작용 érotisation의 절정에까지 다다르는

---

place transitoire,……. Je suis encore fasciné par toutes les opérations de dispersion du sujet…….〉

236) F. Evrand & E. Tenet, *op. cit.*, 103쪽.
237) *S/Z*, 217쪽.
238) R. Barthes, *Ronland Barthes par Ronland Barthes*, 75쪽.
239) F. Evrand & E. Tenet, *op. cit.*, 104쪽.

내면적 주체에 대한 해명은 프로이트가 말하는 메타 심리학 내지 정신 분석적인 분석과 해명을 필요로 한다고 하겠다. 기호학의 임무는 그 직전까지의 문제를 다룰 수밖에 없다는 한계를 가지고 있다.

9. 맺는 말

바르트르는 1976년 꼴레쥬 드 프랑스의 문학 기호학 교수직에 선출되면서 그의 일생에서 가장 화려한 각광을 받는다. 그러나 그 다음 해 그가 그처럼 사랑하던 어머니를 여의게 되고, 80년에는 대낮에 대로를 건너다가 어의 없는 교통 사고로 삶을 마감한다. 그러나 그의 사후 프랑스는 물론 북미에서 그에 대한 저서·역서가 쏟아지고, 아직도 그의 책들은 꾸준히 읽혀지고 연구되고 있다.

바르트는 초기의 정치·사회와 관련된 윤리적인 성격의 글쓰기에서 시작하여 60년대 중반까지는 구조주의를 대표하는 언어학자·기호학자·문학 비평가였고, 그 후에는 구조주의에서 벗어나 텍스트 연구에 몰두한다. 그의 저작은 역사, 사회, 철학에 대한 글로부터 수사학, 기호학, 연극, 음악, 사진 등에 이르기까지 실로 방대하다. 그의 어떤 글을 읽어도 번뜩이는 기지와 세련된 언어를 피부로 느낄 수 있다. 필자가 구조주의 전성기 때의 『글쓰기의 영도』와 『신화론』을 읽으면서 느낀 감동은 지금도 생생하다. 그러면서도 다른 언어학자나 기호학자에게서 볼 수 있는 일관성이 없는 것 같아 한편으로는 당혹스럽다. 그의 글은 대상, 내용, 방법, 관점 등 거의 모든 면에서 끊임없이 변신하고 변용 métamorphore한다.

이러한 면은 그를 추종하는 연구자에게는 실로 어려운 문제를 안겨준다. 그러나 우리가 그에게서 어떤 항수 constante 같은 것을 요구하기 이전에, 그를 글쓰게 만드는 동기 motivation부터 이해하도록 해야 할 것이다. 먼저 그는 기성 세대가 검증 없이 받아들이는 관념의 모순을 파헤치고 전복시키는 데 초점을 맞추고 있다. 그러한 특징은 『글쓰기의 영도』에서부터 짧은 에세이에 이르기까지, 그의 글에서 볼 수 있는 공통 요소이다. 둘째, 그는 아무리 훌륭한 이론이나 방법도 영원하거나 절대적 가치를 지닌다고 믿지는 않는다. 따라서 연구 대상에 따라 그에 적합한 이론이나 방법을 창안해야 한다는 입장을 견지한다. 셋째, 비록 자신이 제시한 이론이나 개념도 계속 사용하다 보면 신선감이 떨어지고 억지가 된다고 생각한다. 그래서 언제나 보다 참신한 용어·개념의 틀을 만들어내고자 노력한다. 예컨대 글쓰기, 글쟁이 écrivant/작가 écrivain, 자동사적 글쓰기/타동사적 글쓰기, 수동적 텍스트 texte lisible/능동적 텍스트 texte scriptible, 즐거움의 텍스트/희열의 텍스트 등의 구분과 정의를 통하여 텍스트와 언어에 대해 독창적이고 설득력있는 관점을 제시한다.

그의 제자인 크리스테바도 지적하였지만,[240] 그는 다른 학자들의 평범한 개념들도 문학과 문화 전반의 현상을 밝히는 데 창조적으로 활용하고 있다. 가령 소쉬르의 시니피앙이나 옐름슬레우의 공시, 세미오시스 sémiosis 개념 등이 그 예이다.

결국 그가 평생 규명하고자 한 것은 언어와 관련된 문제이다.[241] 인간의 모든 문제는 언어를 빌려 표현하지 않으면 안 되고, 언어에 의하여 여과됨으로써 구체적으로 드러날 수 있다. 따라서 언어의 힘은 막강하고 언어야말로 인간 현상의 열쇠를 지니고 있다. 그러나 그는 언어의 문제가 언어학에 의하여 해명될 수 있다고 생각하

---

240) J. Kristeva, *Textuel*, no. 15, Univ. Paris 7, 1984, 5쪽.
241) 언어와 인간의 사고는 훔볼트나 워프 Whorf가 생각한 것처럼 상동적 homologique이다.

지는 않는다. 언어학의 범주를 넘어서는 부분이 크기 때문이다. 바르트는 일찍부터, 언어란 언어학자들이 믿는 것처럼 투명한 것이 아니기 때문에 언어의 문제를 보다 명료하게 이해하기 위해서는 사회 및 개인의 이데올로기, 특히 정신 분석적인 요소를 고려하여야 한다는 입장을 지녀 왔다. 이처럼 언어에 개입되는 다양한 요소를 투시하여 분석하고 표출하는 것이 바르트르가 생각하는 기호학의 임무이고, 그러한 면에서 그는 기호학자인 것이다.

이러한 시각에서 볼 때 바르트의 초점은 초기의 글쓰기 개념에서 기호 개념으로 옮겨간다. 가령 『신화론』에서 분석한 프랑스 국기에 경례하는 흑인 병사가 숨기고 있는 어설픈 신화나, 피에르 신부의 초상화가 풍기는 성자적인 모습은 모두 몇 가지 기호로써 분석된다. 그 다음 단계에서는 이야기성 narrativité의 분석에 초점을 맞추고 있다. 『이야기의 구조적 분석 입문』과 『S/Z』는 접근 방법 면에서는 다르면서도 이야기성을 드러내고자 하는 의도에 있어서는 공통성을 지니고 있다. 전자는 구조적 통합을 통하여, 그리고 후자는 〈렉시〉라는 독해 단위로의 분절을 통하여, 마지막 단계는 텍스트성에 대한 검토와 성찰에 도달한다. 고대 수사학에 있어서의 텍스트의 논리적 구조화와 어휘 선택의 문제로부터 『텍스트의 즐거움』에서 제시하는 아폴로적 텍스트와 디오니소스적 텍스트 유형의 구분이 그러한 시도를 나타낸다. 그리고 바르트가 강조하는 문학성 littérarité에 대한 연구는 기호 의미와 담화-텍스트의 이야기성, 텍스트성을 총괄하는 것으로 이해할 수 있다.

마지막으로 기호학자로서 바르트의 지속적인 작업을 한마디로 집약하는 것이 허용될 수 있다면, 그것은 담화와 텍스트 속에 잠겨 있는 의미의 복수태를 새롭게 조명하고 부각시키는 것이 아니었을까 생각한다.

참고 문헌

Greimas, A.-J., *Sémantique structurale*, Larousse, 1966.
Greimas, A.-J. & Courtés, J., *Sémiotique: Dictionnaire raisonné de la théorie du langage*, Hachette, 1979.
de la Croix, A., *Barthes, pour une éthique des signes*, Ed. Universitaires.
André Corbiau, *Farinelli il castrato*, Actes Sud, 1994.
Aristote, *La Poétique*.
Lévi-Strauss, C., "Interview: A contrecourant," *Le Nouvel Observateur*, Novembre, 1967.
Huisman D. & Le Strat, S., *Des Nouvelles Idées en Philosophie*, Retz, 1987.
Evrard, F. & Tenet, E., *Roland Barthes*, Bertrand Lacoste, 1994.
Saussure, F., *Cours de linguistique générale*, Payot, 1972.
Collin, F., *Maurice Blanchot et la question de l'écriture*, Gallimard, 1971.
Bachelard, G., *La terre et les rêveries de la volonté*, P.U.F., 1948.
Fages, J.-B., *Comprendre Roland Barthes*, Privat, 1979.
Kristeva, J., *Recherches pour une sémanalyse*, Seuil, 1969.
_____, *La Révolution du Langage Poétique*, Seuil, 1974.
_____, *Textuel*, no. 15, Univ. Paris 7, 1984.
Rey-Debove, J., *Lexique sémiotique*, P.U.F., 1979.
Lalande, *Vocabulaire technique et critique de la philosophie*, P.U.F, 1976.
Hjelmslev, L., *Prolégomènes à une théorie du langage*, Minuit, 1971.
Calvet, L., *Roland Barthes: un regard politique sur le signe*, Payot, 1973.
Tesnière, L., *Syntaxe structurale*, Klincksieck.

Moriarity, M., *Roland Barthes*, Stanford University Press, 1991.

Foulquié P. & Raymond Saint-Jean, *Dictionnaire de la langue philosophique*.

Thody, P., *Roland Barthes: A conservative estimate*, Macmillan, 1977.

Philippe, R., *Roland Barthes, Roman*, Grasset, 1986.

Barthes, R. & Nadeau, M., *Sur la littérature*, P.U.F., 1980.

Barthes, R., *Le Degré Zéro de l'Ecriture*, Seuil, 1953.

_____, *Mythologies*, Seuil, 1957.

_____, *Critique et vérité*, Seuil, 1966.

_____, *Sade, Fourier, Loyolla*, Seuil, 1971.

_____, *Le plaisir du texte*, Seuil, 1973.

_____, *Roland Barthes*, Seuil, 1974.

_____, *Le bruissement de la langue*.

_____, *Essais Critiques*.

_____, *Le grain de la voix*, Seuil, 1981.

_____, *L'Aventure sémiologique*, Seuil, 1985.

_____, *L'Encyclopédie*.

Jakobson, R., *Essais de linguistique générale*, Minuit, 1963.

Sartre, J. P., *Situations II*, Gallimard, 1948.

_____, *Qu'est-ce que la littérature?*, 《Idées》, Gallimard, 1981.

Lund, S. N., *L'aventure du signifiant, une lecture de Barthes*, P.U.F, 1981.

Mallarmé, S., *Oeuvres complètes, Bibliothèque de la Pléiade*, Gallimard, 1945.

Todorov, T., *Poétique de la prose*, Seuil, 1971.

Jouve, V., *La littérature selon Roland Barthes*, Minuit, 1986.

Le Langage, CEPL.

Le Petit Robert, le Robert, 1967.

롤랑 바르트, 김희영 옮김, 『텍스트의 즐거움』, 동문선, 롤랑 바르트 전집 12, 1997.

_____, 김희영 옮김, 『사랑의 단상』, 문학과 지성사, 1991.

벵상 주브, 하태환 옮김, 『롤랑 바르트』, 민음사, 1986.

이규태, 「막걸리 三反主義」, 조선일보 1989년 9월 29일.

피에르 기로, 유제호 옮김, 『의미론』, 탐구당 〈Que Sais-je?〉 문고, 1986.
권재우, 「Roland Barthes 후기 비평에 나타난 주체의 문제」, 한국외국어
　　　대학교 석사논문, 1991.

에필로그

　소쉬르와 함께 시작한 텍스트 기호학은 옐름슬레우, 뱅베니스트, 그레마스, 바르트에 이르기까지 꾸준히 심화되고 보다 세련된 학문으로 발전하였다. 그러나 기호학의 발전 역시 다른 분야에서와 마찬가지로 방향과 행로를 미리 예상한 발전이라고 할 수는 없다.
　우리는 일반적으로 소쉬르가 언어학과 기호학 sémiologie의 관계, 그리고 기호에 대해 언급한 것을 토대로 기호학이 발전하였다고 생각하는 경향이 있지만, 그것은 텍스트 연구를 목표로 하는 기호학이 아니고 광범위하고 다양한 의사 소통 체계와 관계가 있기 때문이다. 무엇보다 소쉬르가 생각한 기호학은 기호의 결합에 의하여 통합 축이 구성되고 그것이 문장의 형성으로 발전하는 양상을 취하기 때문에 통사론적인 면에서 기호 중심적이고 의미론적인 면에서 기호는 하나의 기표와 기의가 자의적으로 결합한다는 원칙만을 보여준다. 소쉬르는 기표와 기의가 자의적으로 결합한다는 원칙과 함께 기호학이 사회 속에서 기호의 삶을 연구한다고 하면서, 기호가 사회와 연관이 있다는 점을 막연하게 언급하였다.
　소쉬르의 뒤를 이은 옐름슬레우는 기호를 표현과 내용으로 나눈 후 다시 그것을 각기 형식과 실질로 나눔으로써, 기호를 네 가지 국면으로 나눈다. 그러한 구분은 소쉬르의 형식과 실질의 개념을 참고로 한 것이기 때문에 〈소쉬르보다 더 소쉬르적 구분〉이라고 할 수 있다. 그러나 소쉬르와의 관계에서 중요한 차이는 그의 기호학 sémiotique 개념은 기호에 초점을 맞춘 것이 아니라 텍스트로서의 기호체의 전개 내지 문장에 중점을 부여한다는 것이다. 이러한 관점과 관련있는 것이 벵베니스트의 기호적 차원 le sémiologique과 의미적 차원 le sémetique의 구분이다. 그는 기호 중심의 기호론적 차원에는 중요성을 부여하지 않는다. 또한 그는 기표와 기의의 결합이 소쉬르가 말한 것처럼 자의적인 것이 아니라 필연적이라고 주장한다. 필자는 자의성이 결합의 동기와 시초에 초점을 맞춘 것이고 필연적인 결합은 결합의 결과에 초점을 맞춘 것이라고 보기 때문에, 양자 사이의 근원적인 차이에 지나친 중요성을 부여할 필요는 없다고 보는 입장이다.

　소쉬르와 벵베니스트의 차이는, 무엇보다 전자가 랑그와 그 구조—소쉬르의 용어로 체계—에 중점을 둔 반면, 후자는 개인에 의한 랑그의 사용으로 정의되는 담화와 의사 소통 작용에 중점을 두었다는 점이다. 벵베니스트는 담화를 발화할 때 주체가 시간·공간 및 대명사 등으로 구성되는 화행 지시소 déictiques를 자의적으로 사용한다는 점에 주목하고, 그러한 문제를 분석하기 위해서 언술 작용=발화 행위 énonciation라는 개념을 설정하였다. 벵베니스트는 언술 작용을 통한 대명사와 시제 사용을 중심으로 텍스트내에서 담화와 이야기 histoire를 구분하여 문학 텍스트 분석에 적용하는 계기를 만들었던 것이다. 그의 담화/이야기 구분은 쥬네뜨 Genette에 의하여 이야기된 것 le narré/담화 방식 la manière de discours 등으로 발전하면서 문학 텍스트 연구에 크게 기여하였다. 바르트와 크리스테바, 토도로프 등도 그에게서 영향을 받았다.

　그레마스는 의미 현상을 조직화하겠다는 야심을 가지고 어휘론→의미론→기호학으로 연구 방향을 바꿨다. 그는 한편으로는 옐름슬레우로부터 텍스트 중심의 관점과 메타 언어를 사용하는 분석 방법을 배웠고, 아울러 소쉬르의 차이, 관계, 통합의 축, 계열의 축 개념을 그대로 물려받았다. 그러나 그는 모든 담화-텍스트에는 이야기성이 내재되어 있다고 보고 프로프의 민담 분석, 특히 레비-스트로스의 신화 분석에서 구체적인 방법론을 빌려와 독자적인 모형으로 재개발하였다. 거기에다 발신자-수신자 관계와 기본 통사 형식의 주어-목적어를 주체-대상 관계를 중심으로 하는 언어학적 모형 속으로 도입시켰다. 또한 기호학을 전제로 하는 의미론적 분석을 위하여 화학에서 동위성 개념을 도입하였고 의소 분석으로부터 기호 사각형을 창안하였으며 논리학에서 양태 개념을 도입하여 언술의 분석을 심화하였다. 무엇보다 생성 행로를 설정하여 텍스트 의미의 조직적인 분석에 금자탑을 세웠다. 그러나 그레마스는 그에 만족하지 않고 퐁타니유와 함께 단일한 성격으로 포착되던 주체를 내부적으로 분석하여 기호학적 모형을 정립하고, 정념의 기호학을 위한 이론적 토대를 닦았다. 그레마스는 여기에서 더 나아가 말년에 중세 미술에 대한 기호학적 개발을 위해 헌신하였는데, 머지 않아 그에 대한 결과를 접할 수 있을 것이라고 전망된다. 그리고 보면 그레마스는 누구보다도 폭 넓은 분야에 대한 관심을 가졌고, 그의 이론은 학제간의 연구 결과를 기호학으로 수렴시켰다고 할 수 있다.

  바르트는 2차 대전 후 사르트르의 작가의 사회 참여론에서 상당한 영향을 받으면서 언어학을 공부하였고, 한 때 그레마스와 함께 옐름슬레우를 공부하였다. 그러나 그의 『기호학 요강』을 보면 그레마스와는 달리 소쉬르의 이론의 틀을 그대로 도입하여 통합의 축, 계열의 축을 이론 전개의 토대로 삼았다. 그리하여 바르트 기호학의 초기 성격은 대체로 세 가지로 집약할 수 있을 것이다. 첫째,

소쉬르 언어학 이론의 틀을 토대로 하면서 그것을 사회 현상에 적용하고자 하는 의도를 보이고 있다. 자동차나 복장에 대한 분석 등에서 그러한 경향을 확인할 수 있다. 둘째, 바르트는 언어학과 기호학에 대한 소쉬르의 성격 정의를 그대로 받아들이면서 단지 소쉬르와는 달리 언어학을 기호학의 상위에 두었다. 이 문제에 대해서는 바르트 부분에서 이미 논의한 바와 같이, 바르트는 기호학이 다양한 의사 소통 체계들을 포함하고 있고 언어학은 기호학의 메타 과학이라고 생각하였다. 이 경우 기호학을 형성하는 기호 체계들은 기호를 토대로 하여 의사 소통 기능을 수행한다는 점에서 소쉬르적 기호학 개념을 따르는 것이다. 셋째, 바르트는 의미의 변화를 공시 connotation 개념으로 설명한 옐름슬레우의 이론에 깊은 공감을 느끼고, 사회의 다양한 현상이 지니는 부가적, 비유적 의미를 공시적 현상으로 설명한다. 그러한 관점은 한 마디로 텍스트 중심적이 아니라 기호 중심적 관점이라고 하겠고, 일면 〈사회 속에서 기호의 삶〉이라고 하던 소쉬르의 기호 개념과 상통한다고 하겠다.

그러나 1960년대 중반에 구조주의가 부각되면서 문학 부분에서 구조주의를 대표하던 바르트는 텍스트를 구조적 관점에서 분석하게 된다. 그의 『이야기의 구조적 분석 입문』은 체계적으로 커다란 반향을 일으켰다. 그러나 그 자신은 문학의 과학적 접근에 대한 회의와 축조적 이야기 분석에 한계를 느끼고 새로운 방법론을 모색한다. 『S/Z』는 그의 새로운 시도를 잘 보여준다. 그는 텍스트를 〈렉시〉라는 의미론적 계열체 단위로 절단하여 그 속에 담겨있는 복합적인 의미를 추출해낸다. 그러한 작업으로부터 텍스트 접근의 마지막 단계라고 할 수 있는 『텍스트의 즐거움』에 도달하게 된다.

텍스트의 즐거움은 텍스트 속에 독서 주체가 함몰되지 않으면서 깨어 있는 주체가 텍스트와의 만남을 통하여 서로 삼투 작용 infiltration을 이루는 것을 가리킨다. 이렇게 보면 일면 텍스트의 즐거움에는 기호학적인 관점이나 이론이 개입되지 않는 것 같다. 그러나 텍스트에서 즐거움을 느끼기 위해서는 텍스트를 깊이 있게 이해할 수 있어야 하고, 그러기 위해서는 독자의 뇌리 속에 기호학적인 개념이나 메커니즘들이 암암리에 동원된다는 점을 상정할 수 있다.

우리는 문학과 문학 텍스트의 지위가 평가 절하되고 컴퓨터를 통하여 얻는 실용적 정보는 평가 절상된 시대에 살고 있다. 물론 필자가 텍스트, 그 중에서도 특히 문학 텍스트만 중요하다고 하는 어리석음을 범하고 싶은 생각은 없다. 그러나 문학 텍스트는 우리가 시·공간 및 기타 여러 가지 제약 때문에 직접 경험할 수 없는 세계, 사회, 인간을 현실처럼 적나라하게 그려주는 마술 도구이고, 우리가 경험한 유사한 상황을 더 깊이 느끼고 깨닫게 하는 능력을 지니고 있는 인지적 수단이다. 무엇보다 중요한 사실은 텍스트야말로 인간에게 있어서 가장 훌륭한 스승이라는 점이다. 그것은 요람에서 무덤에 이르기까지 우리에게 위안을 주면서 우리의 상상력을 확대시켜 주고 지적인 형성과 성장에 필요한 씨앗이 된다.

이제 우리는 세 번째 밀레니움을 맞이하고 있다. 새로운 밀레니움에서 많은 것이 달라지리라 예상되고 있고, 그 달라지는 것들 중에는 텍스트 개념 역시 해당한다. 회화, 조각, 건축, 음악 등의 예술 영역은 물론, 우리 생활의 많은 부분을 지배하고 있는 메스컴과 대중 매체물들도 텍스트 개념의 확대를 통하여 접근할 수 있다. 심지어 언어로 표상 되기 이전의 우리의 생각이나 꿈도 객관적으로 이해하기 위해서는 텍스트로 대할 수밖에 없다. 이러한 관점은 소쉬르, 옐름슬레우 등의 언어학자, 기호학자들을 비롯하여 프로이트도 피력한 바 있다.

기호학에서 텍스트로 이르는 행로는 지금도 언어학자와 기호학자, 문학 비평가들이 계속 탐구하고 있다. 따라서 기호학 연구는 텍스트 개념의 변화와 발맞춰 계속 확대되고 심화될 것이라고 예상된다. 그렇기 때문에 소쉬르에서 바르트에 이르는 학자들의 연구가 기호학을 대표할 수는 없다. 그러나 언어 기호를 바탕으로 하는 텍스트 연구에서 그들이 이룩한 금자탑은 앞으로의 기호학적 연구에 기본 토대가 될 것이라고 확신한다.

후기

어둠 속에서 눈을 감고 앉았는데 어느새 동이 텄는지 눈 두덩위로 햇살이 따사롭다. 그 빛은 내면의 은밀한 공간을 시간의 축으로 전환하여, 과거로 거슬러 올라가는 통로를 열면서 수면 속에 잠겨 있던 기억들을 비춘다.

공부에 뜻을 품고 프랑스에 갔을 때 대학 서점의 진열창에는 테이야르 드 샤르뎅, 바슐라르, 메를로-뽕띠 등과 함께 레비-스트로스, 바르트, 라깡 등의 책들이 화려한 조명을 받고 있었다. 이 책 저 책 읽었지만 구조주의 관련 책들에서 친화감을 느꼈다. 다시 읽은 소쉬르의 명쾌함, 막 출판된 벵베니스트의 『일반 언어학의 제문제』의 고전적 문체와 일관성 있는 전개, 그레마스의 『구조 의미론』의 논리적 분석의 묘미, 바르트를 읽고 느낀 흥분, 레비-스트로스의 짜임새와 일관성이 준 감명을 다시금 느끼고 음미해본다. 이 느낌들을 책에 고스란히 옮기고 싶었는데…….

구조주의는 강의가 별로 없었기 때문에 책으로 공부하였고, BELC 연수를 통하여 여러 언어학자들과 개인적으로 만날 수 있었다. 벵베니스트 교수의 근엄한 서재 분위기와 간결하면서도 깊이 있는 방향 제시, 완벽한 스승의 표본이신 포티에 교수, 황소의 고집으로 완벽한 모형을 구축하고자 하시던 그레마스 교수, 고령이심에도 토론의 불이 붙으면 상대방이 두 손을 들 때까지 포화를 퍼붓는 파르티에 교수, 만학이시면서 많은 명쾌한 저서를 쓰신 행복한 언어학자 무녱 교수. 그 분들의 장점을 배우고 싶었으나 여의치 않은 희망 사항일 뿐. 그래도 노학자들에게서 받았던 깊은 인상과 가르침은 언제나 생생하다.

나의 학문적 바탕은 넓은 의미에서의 구조주의이지만 귀국해서 대학원 학생들의 필요를 우선으로 삼다 보니, 교육 대학원 학생들과는 몇 해 동안 통계 언어학을 스터디했고 일반 대학원 학생들과는 생성 문법을 가지고 씨름했다. 그들 분야를 이해할 수 있었던 것은 소득이라고 해야겠지만, 결국 자의반 타의반으로 첫사랑으로 돌아오기로 했다. 구조주의에 대해 공부한 것을 기호와 텍스트의 관점에서 정리하기로 마음먹은 것이 어언 10여 년. 속도가 너무 더디었다.

뒤늦게 쓴 원고를 어떻게 할까 생각하던 중 학회 일을 함께 맡았던 곽광수 교수께서 민음사에 소개해 주셨다. 인문 과학에 많은 애착을 가지신 박맹호 사장님은 출판계의 여러 가지 어려움에도 불구하고 흔쾌히 출판을 맡아주셨다. 곽 교수님과 박 사장님께 감사드리고 싶다. 젊은 학자들의 도움도 청했다. 외대의 최용호 선생님이 소쉬르 부분을 깊이 있게 읽어주셨고, 그레마스 교수 지도로 학위를 마친 방송 개발원 하윤금 선생님, 그리고 외대의 홍정표 선생님이 그레마스에 대한 유익한 조언을 주셨으며, 학위 논문 심사로 인연을 갖게 된 서울대학교의 김종인 선생님께서 통독해 주시고 좋은 의견들을 주셨다. 젊은 학자들의 훌륭한 업적을 기대하면서 감사를 드린다. 또한 원고의 지루한 컴퓨터 작업을 기쁜 마음으로 맡아준 임희선, 이경희, 이선미 양에게 고마움을 표한다. 또한 좋은 책을 만들기 위해 산고를 아끼지 않으시는 민음사의 편집국장님과 이 책의 편집을 맡아 고생하신 민음사 편집진의 노고에 감사드린다.

끝으로 나에게만 특별한 느낌은 아니겠지만 이 책을 내면서 〈과년한 딸을 시집 보내는 느낌〉이 든다. 서재에 쌓여 있는 책들, 복사물, 노트한 것들을 내가 쓰는 책 속에 영양분으로 공급하고 싶었는데…… 종이 울려 시험지를 제출하는 수험생의 아쉬움이 남는다.

인명 색인

ㄱ

가데 Gadet, F. · 34
가디너 Gardiner, A. H. · 46
가벨렌츠 Gabelentz, G. · 24, 25, 29
아르또 Artaud, M. C. C. · 81~86,
　88~93, 101, 458
고델 Godel, R. · 30. 36, 39
고르돈 Gordon, W. T. · 71, 72
그레마스 Greimas, A.-J. · 49, 87, 130,
　161, 235~242, 245~251, 255,
　256, 262~277, 280~282,
　284~288, 291~294, 296, 299,
　301, 303~316, 318~321, 327,
　328, 331~336, 342, 347, 348,
　353, 360, 363, 365, 371, 381,
　386, 401, 403, 404, 409, 410,
　412, 413, 418, 420
기로 Guiraud, P. · 364, 367
기욤 Guillaume, G. · 208, 209, 305,
　366, 445
까뮈 Camus, A. · 355, 362
깔베 Calvet, L. · 361
깡띠노 Cantineau, J. · 376
꼴레뜨 Colette · 100
꽁베 Combet, G. · 280

끄노 Queneau, R. · 355
끌로델 Claudel, P. · 355

ㄴ

나도 Nadeau, M. · 351
나빌 Naville, A. · 57
노르망 Normand, C. · 49~51, 103
니체 Nietzsche, F. W. · 430, 450, 468

ㄷ

데 마우로 De Mauro, T. · 20, 22, 23,
　44, 54
데리다 Derrida, J. · 348
도로체프스키 Dorozsewski, W. · 25,
　27
뒤르껭 Durkheim, E. · 24~27, 29
뒤마 Dumas, A. · 463
뒤메질 Dumézil, G. · 285
뒤부아 Dubois, J. · 403
뒤크로 Ducrot, O. · 452
디드로 Diderot, D. · 236
떼니에르 Tesnière, L. · 209, 240, 260,

292, 328, 387

ㄹ

라깡 Lacan, J. · 49, 74, 75, 237, 333, 345, 348, 368, 403, 462, 468
라블레 Rabelais, F. · 356, 461
라스띠에 Rastier, F. · 75, 76, 275, 282
라이프니쯔 Leibniz, G. W. · 21, 53
럿셀 Russell, B. · 119
레베스 Revesz, G. · 45
레비-스트로스 Lévi-Strauss · 49, 182, 237, 243, 245, 246, 251, 276, 285, 333, 348, 379, 385, 386, 401, 402, 409, 410, 420
레스킨 Leskien, A. · 20
레이 Rey, J. M. · 74, 75
로브-그리예 Robbe-Grillet, A. · 361, 362, 380, 461
로트레아몽 Lautréamont · 355
리꾀르 Ricoeur, P. · 214, 285
린데켄스 Lindekens, R. · 113

ㅁ

마노니 Mannoni, O. · 50
마르크스 Marx, K. · 468
마르띠네 Martinet, A. · 367, 376
마리네띠 Marinetti, A. · 62
마이농 Meinong · 271
마토레 Matoré, G. · 236, 371
말라르메 Mallarmé, S. · 91, 275, 351, 352, 355, 417

메를로-뽕띠 Merleau-Ponty · 49, 237, 333, 367, 379
메리메 Mérimée, P. · 355
메이예 Meillet, A. · 22~24, 26, 27, 66, 77, 227
멜리 Meli, M. · 62
모라제 Morazé, C. · 49
모리스 Morris, C. · 266
모파상 Maupassant, G. · 286, 310, 312~314, 317~320
몰리에르 Molière · 356
몽드리앙 Mondrian, P. · 380
무넹 Mounin, G. · 23, 76, 393

ㅂ

바르트 Barthes, R. · 49, 50, 57, 150, 161, 182, 188, 191, 236, 237, 285, 327, 333, 341~381, 383~390, 392~406, 409~431, 433, 435~470, 472
바슐라르 Bachelard, G. · 388, 440
바이 Bally, C. · 19, 22, 82, 111, 417
바이스게르버 Weisgerber, J. L. · 114, 140, 142
바따이유 Bataille, G. · 462
바흐쩐 Bakhtine, M. · 345
발레리 Valéry, P. · 361, 446
발자크 Balzac, H. · 52, 215~217, 402, 425, 426, 428, 433, 443
방드리에스 Vendryes, J. · 227
베르나노스 Bernanos, G. · 319, 320, 401
베르느 Verne, J. · 463
벵베니스트 Benveniste, E. · 60, 61, 161, 167~174, 176~186, 188,

191~205, 207~210, 212~216, 220~223, 225~229, 235, 262, 271, 327, 342, 344, 347, 366, 367, 378, 413, 415, 444, 445, 467
보프 Bopp, F. · 25, 66
분데를리 Wunderli, P. · 30, 74, 76
뷔토르 Butor, M. · 216, 380, 417
브레알 Bréal, M. · 21, 22
브렌타노 Brentano, F. · 271
브뢰날 Brøndal, V. · 275, 360, 367
브루크만 Brugmann, K. · 21
브뤼노 Bruneau, C. · 235
브르몽 Bremond, C. · 403, 407, 409, 412
블랑쇼 Blanchot, M. · 361
블로크 Bloch, M. · 49
블룸필드 Bloomfield, L. · 24

ㅅ

사드 Sade · 446
사르트르 Sartre, J. P. · 96, 344, 356, 357, 395, 414
사피어 Sapir, E. · 114
세슈에 Sechehaye, A. · 19, 22, 82
셀린느 Céline, L.-F. · 355
소쉬르 Saussure, F. de · 19~83, 86, 88, 91~97, 99, 103, 104, 111~115, 122~131, 137~142, 147, 148, 150, 155, 175, 176, 179~186, 188, 189, 191~194, 197, 200, 221, 227~229, 235, 237, 243, 245, 266, 333, 334, 342, 344~347, 349, 354, 363~368, 370, 373, 374, 377,

378, 386, 387, 392, 393, 400, 401, 410, 417, 444, 445, 471
솔레르스 Sollers, P. · 447
쉬러 Sheerer, T. M. · 29, 271
슈하르트 Shuhardt, H. · 44
슐라이허마허 Schleichermacher, F. D. E. · 21
스타로벵스키 Starobinsky, J. · 73
스탕달 Stendhal · 456, 463

ㅇ

아담 Adam, J. M. · 74, 75
아론 Aron, T. · 73
아리베 Arivée, M. · 23, 62, 64
아리스토텔레스 Aristoteles · 54, 85, 105, 277, 279~281, 409, 412, 424
아발 Avalle, D. · 62
알튀세르 Althusser, L. · 403
야콥슨 Jakobson, R. · 32, 44~48, 52, 65, 226, 243, 262, 342, 344, 347, 366, 367, 376, 381, 401, 413, 415, 420
에코 Eco, U. · 150, 153, 348, 403, 451
엥글러 Engler, R. · 30, 35, 62, 82
예거 Jäger, L. · 29, 32
옐름슬레우 Hjelmslev, L. · 53, 87, 99, 111~129, 131~140, 142~150, 152~157, 159~161, 228, 235, 237, 245, 252, 267, 282, 333, 342, 344, 345, 360, 363, 365~367, 370, 371, 373~377, 381, 387, 391, 393, 400, 401, 423, 430, 455

오그든과 리챠즈 Ogden, I. A. &
　　Richards, C. K. · 227, 387
오레키오니 Kerbrat-Orecchioni,
　　C. · 87, 88
오스토프 Osthoff, H. · 21
오스틴 Austin, J.-L. · 201, 202, 204,
　　226, 415
왈롱 Wallon, H. · 369, 370
융 Jung, C. G. · 369, 370

ㅈ

제임스 James, H. · 414
제임슨 Jameson, F. · 282, 284, 285
쥬네뜨 Genette, G. · 403
쥬브 Jouve, V. · 359, 360
지드 Gide, A. · 355, 361

ㅋ

카르납 Carnap, R. · 119, 120
카츠 Katz, J. J. · 145, 372
칼리노우스키 Kalinowski, G. · 280
코즈리우 Coseriu, E. · 24, 25, 29, 34
코케 Coquet, J.-C. · 278, 281, 333
쾨르너 Koerner, E. F. K. · 24, 25,
　　28～30
쿠르테스 Courtés, J. · 333
쿠르트네 Courtenay, B. de · 29
쿠르티우스 Curtius, G. · 20
크루체프스키 Kruzewski, N. · 29
크리스테바 Kristeva, J. · 74, 79, 182,
　　345, 348, 363, 365, 402, 423,
　　471

크리스트만 Christman, H. H. · 29

ㅌ

타르드 Tarde · 24, 29
타르스키 Tarski, A. · 114, 120
토도로프 Todorov, T. · 62, 348,
　　402～404, 409, 410, 420
트라이어 Trier, J. · 114
트루베츠코이 Troubetzkoy, N. · 44,
　　114, 156, 366, 368, 375

ㅍ

파울 Paul, H. · 24, 25, 28, 29
파트 Pat, D. · 286, 290, 291
퍼스 Pierce, C. S. · 188, 369, 370
페늘롱 Fénelon, F. · 355
포우 Poe, E. A. · 344, 349, 405, 462
포티에 Pottier, B. · 268
퐁타니유 Fontanille, J. · 331, 333
푸코 Foucault, M. · 348, 465
프라이 Frei, H. · 71
프레히틀 Prechtl, P. · 21
프로이트 Freud, G. · 19, 74, 75, 79,
　　237, 308, 332, 345, 377, 468,
　　470
프로프 Propp, V. · 240～242, 246,
　　255, 276, 285, 292, 296, 333,
　　348, 379, 407, 409, 410, 412,
　　420
프루스트 Proust, M. · 425, 426, 443,
　　456, 463, 464
프리슈 Frisch, K. · 168

프리에토 Prieto, L. · 57, 84, 85, 89, 371, 416
프티토-코코르다 Petitot-Cocorda, J. · 285
플랑크 Plank, M. · 113
플로베르 Flaubert, G. · 52, 98, 99, 101~103, 361, 395, 397~400, 447~449, 456, 461, 463
픽테 Pictet, A. · 20, 25

ㅎ

해리스 Harris, Z. · 59, 122
헤겔 Hegel, G. W. F. · 20, 369, 370, 425
홀리데이 Holliday · 416
화이트 White, H. · 283
화이트헤드 Whitehead, A. N. · 119
훗설 Husserl, E. · 114, 237, 331
휘트니 Whitney, W. D. · 21, 24~27, 29
힐버트 Hilbert, D. · 120

사항 색인

ㄱ

가변성 · 40, 184
가변체 · 134, 136
가상물 · 321, 325, 330
가설 · 22, 64, 120, 239, 282, 334, 351
가설적 기술모형 · 403
가설적 모형 · 239
가용성 · 126, 127
가치 · 45, 50, 51, 56, 63, 83, 89, 160, 168, 172, 181, 190, 196, 200, 204, 208, 225, 226, 230, 235, 245, 249, 250~256, 259~261, 271, 286, 289, 294, 304, 308, 322, 323, 325, 328, 331, 374, 420, 425, 426, 428, 436, 453, 471
가치 대상 · 255, 329
가치론 · 250, 251, 291, 316, 319
가치 체계 · 253, 286, 318
감응 · 321, 322, 331
『강바라』· 215, 217
강세음 · 47
개념장 · 371
개별화 · 138, 139, 321, 324, 326, 331, 437
개인성 · 46
거대구조 · 276,
결합 · 51, 52, 54, 55, 59, 60, 63, 68, 71, 74, 78, 80, 81, 85~87, 91, 93, 94, 129~131, 133, 134, 139, 146, 148, 154, 155, 157, 159, 170, 181, 187, 193, 194, 196, 197, 210, 211, 218, 227, 251, 260, 267, 275, 293, 305, 322, 328, 329, 348, 353, 366, 368, 373, 374, 379, 386, 391, 395, 399, 301, 405, 408, 410, 417, 420, 427, 435, 443, 445
경험론, 경험주의 · 95, 105, 116, 117, 186, 227
계기성 · 23, 65, 276, 409
계기의 축 · 41, 130
계기적 요소 · 42
계열관계 · 72, 378
계열의 축 · 94, 117, 131, 172, 374
계열적 · 97, 104, 171, 378~380, 407
계열적 상상력 · 380
계열체 · 72, 97, 99, 124, 129, 130, 154~156, 170~173, 181, 197,

492

251, 272, 276, 284~287, 334,
342, 366, 374~381, 405, 406,
417, 436
계열체적・251, 256, 281, 286, 288,
309, 315, 410, 418
계층구조・127, 128
계층적・130, 136, 247, 267, 445
계층화・117, 118, 154, 247, 248,
268
고립적 대립・376
공간・194, 201, 214, 215, 224, 226,
257, 259, 262, 269, 311, 312,
314, 316, 318, 319, 321, 323,
332, 352, 390, 407, 408, 418,
441, 446, 450~452, 454, 463
공간성・259, 262, 269
공간화・259, 262, 326
공리・120
공시 기호체・150~153, 382
공시소・152
공시작용・178, 430
공시적 의미・87, 88, 149, 151, 153,
390, 397, 400, 401, 430, 439,
443
공시태・31, 38~44, 52, 53, 63, 167
공준 이탈・452
과학 텍스트・159
관계의 망・247, 257, 309, 411
관여성・50, 81, 82
관용・125, 126, 367
교체・67, 155, 158
구성요소・49, 52, 62, 82, 94, 112,
116, 118, 121, 122, 124,
128~138, 158, 159, 174, 181,
186, 187, 193, 194, 247, 257,
267, 268, 271, 309, 310, 320,
355, 368, 374, 386, 387, 401,

411, 418, 436, 455
구조주의・30, 36, 49, 54, 72, 73,
79, 82, 83, 91, 94, 99, 111~114,
120, 159, 161, 167, 193, 240,
245, 246, 333, 341, 344, 348,
349, 351, 354, 365, 385,
401~403, 411, 419~422, 426,
427, 439, 442, 454, 466, 470
권력내 언어・466
권력외 언어・466
귀결・95, 156, 408, 409, 419
귀납법・117, 239, 246
규범・32, 43, 44, 91, 100, 297, 306,
354, 367, 453
규준・125, 126, 155, 248
그림자・322, 323, 453
글쓰기・48, 49, 74, 215, 275, 341,
342, 344, 349, 350, 351,
353~363, 393, 395, 399, 415,
426, 428, 429, 439, 442, 448,
449, 451, 457~459, 464,
466~472
'글쓰다'・352
글장이・358
긍정・249, 252, 277~279, 283, 289,
302, 369
기능, 기능적・47, 90, 91, 120, 121,
135, 148, 174, 198, 229, 230,
240~242, 255, 256, 258, 260,
276, 287, 289, 290, 296, 297,
301, 309, 328, 330, 354, 356,
368, 375, 380, 381, 390, 402,
404~408, 410, 411, 416,
418~420
기능 단위・407, 408, 409, 420
기능자・121, 402
기능적 구문론・406, 408

기본 의미론 · 287, 288
기본 통사론 · 309
기술(記述) · 121, 122
기술적 언술 · 297, 298
기의 · 40, 49, 51, 55, 59~63, 71,
　　75, 76, 79, 81, 83, 85~90,
　　93~95, 100, 102, 103, 122, 123,
　　140, 147, 174, 176, 183~187,
　　194~196, 204, 227~229, 258,
　　266, 272, 366~368, 370~373,
　　378, 379, 381~384, 386, 387,
　　390~392, 394, 399~401, 408,
　　418, 423
기질 덩어리 · 323
기질범주 · 250
기질적 범주 · 270, 308, 325
기질적 차원 · 330
기표 · 23, 31, 40, 49, 51, 55, 59,
　　60~62, 64~66, 71, 75, 76, 79,
　　80, 81, 83, 85, 86, 93~95, 100,
　　101, 122, 123, 130, 136, 140,
　　147, 150, 174, 182~187,
　　194~196, 227~229, 243, 258,
　　266, 272, 347~349, 366~368,
　　371~373, 375, 378~384, 386,
　　387, 390~394, 399~401, 423,
　　447
기호-이야기체 구조 · 247~249, 257,
　　263, 292, 322~326
기호논리학 · 119
기호론, 기호론적 · 49, 171, 180,
　　187, 191, 266, 273, 275, 478
기호론적 층위 · 196, 270, 271
기호 사각형 · 246, 249~253,
　　275~287, 289~291, 296, 303,
　　305, 309, 310, 318~322, 325,
　　330, 334, 335

기호생성과정 · 283
기호의 원리 · 59~61, 66
기호적 방식 · 167, 168, 188, 192,
　　194~197, 213, 227, 228, 271
기호체 · 127, 128, 148~153, 160,
　　174, 249, 267, 382
기호 체계 · 26, 34, 37, 38, 45, 49,
　　56~58, 60, 66, 94, 104, 123,
　　124, 128, 137, 138, 146,
　　170~173, 175, 179~182, 188,
　　189, 191, 192, 195, 228, 346,
　　363~365, 386, 388, 391, 392,
　　395, 399, 414
긴장 · 254, 305, 322, 323, 331, 408
긴장성 · 321, 322, 331, 332
꿀벌언어 · 168, 170

ㄴ

내수용성 · 270, 271
내용 · 112, 113, 115, 116, 123, 127,
　　128, 139~143, 147~152,
　　154~159, 203~205, 210, 218,
　　225, 226, 229, 237, 252, 253,
　　256, 258, 265, 266, 272, 292,
　　350, 351, 353~355, 367, 368,
　　370~372, 378, 380, 381, 387,
　　388, 393, 400, 427, 428, 441,
　　454, 465, 470
내재적 · 124, 167, 207, 345, 411,
　　420, 444
내재주의 · 111
내포 · 87, 89, 92, 96, 148, 245, 273,
　　278, 279, 282, 363, 369, 375,
　　427
논리 사각형 · 277, 281

「니벨룽겐」・23, 82

ㄷ

다시 쓰여지는 것・429
다원적 대립・376
단어・28, 40, 51, 55, 58, 65, 68~70, 73, 78, 92, 96, 97, 101, 102, 104, 122, 130, 133, 138, 144, 149, 154, 185, 189, 194, 197, 202, 224, 236, 237, 266, 268, 270, 271, 327, 375, 381, 383, 386, 438, 446, 447, 449, 453, 460, 461
담화・48, 58, 83, 85, 86, 92, 93, 96, 103, 104, 112, 124, 129, 177, 182, 193~201, 204, 205, 207~209, 213~216, 218~221, 223, 224, 228, 229, 235, 237, 238, 246, 253, 257~264, 266, 267, 273, 274, 286, 291, 302, 313, 322, 323, 328, 331, 345, 347, 350, 359, 360, 372, 377, 379, 387, 403~406, 408, 409, 415, 416, 427, 445, 465, 466, 472, 478, 479
담화체 구조・247, 248, 257, 263, 310
담화체 의미론・257
담화체 통사론・257, 259, 261, 262
담화화・262, 294, 324, 327, 331
대명사・167, 178, 194, 197, 198, 200, 201, 213, 221, 224~226, 260, 274, 415, 465, 469
대치・55, 67, 375, 379, 380
도상・368, 369, 372

도식・114, 125, 126, 127, 152, 251, 252, 255, 256, 294, 330, 367
독자・99, 103, 215, 344, 384, 408, 413, 416, 424, 425, 429, 433, 438, 447, 451~453, 469
독해단위・433~436, 438, 439, 472
동시성의 축・41
동연적・56, 178, 267
동위소・103, 238, 273~275, 310, 314, 418
동태적・47, 252, 284
『두 친구』・310~314, 318, 320
뒤틀림・417, 418
들러리관계・132~136
등장인물・240, 241, 294, 406, 408, 410, 412~414, 427, 434
뗴껠・74, 363, 403

ㄹ

랑가쥬・25, 26, 31~33, 36~38, 43, 45~47, 104, 123, 155, 168, 174~179, 192, 227, 229, 230, 247, 347, 349, 426, 435, 444, 445, 449, 450~454, 458, 459
랑그・26~28, 31~41, 43~49, 52, 53, 55~58, 64, 65, 69, 70, 72, 73, 83~87, 89, 91~94, 96, 104, 111, 112, 115, 123~125, 127, 130, 146, 155, 168, 174~184, 188, 191~193, 197, 198, 200, 207, 208, 227~229, 243, 333, 347, 353~355, 362, 366~368, 376, 400, 401, 435, 444, 449, 450, 459
렉시 → 독해단위

ㅁ

『마담 보봐리』・98, 397
마테시스・424~426, 456, 457, 459
메타기호체・149~152
메타기호학・58, 128, 150, 152
메타언어, 메타언어적・135, 140, 145, 146, 149, 150, 238, 242, 249, 268, 269, 277, 309, 330, 360, 365, 382, 383, 392, 417, 428, 439, 441, 452
메타의미론・230
명목론・59
명시적・33, 90, 91, 117, 118, 204, 207, 238, 243
모방・160, 352, 419, 424, 446, 448, 449
모순, 모순적・245, 252, 276, 280, 281, 289, 290, 310, 323
모순관계・245, 251, 274, 277, 279, 280, 282, 289, 290, 296, 297, 320, 360
무목적성・358
무연적・183, 186
문맥의소・238, 272~275, 292
문채・52, 381
문체・82, 135, 160, 344, 352~355, 360~362, 416, 417, 418
문학 기호학・77, 82, 94, 349, 470
문학 텍스트・74, 82, 92~94, 99~101, 159~161, 213, 215, 216, 229, 397, 400, 401, 403, 451, 463
문화적 약호・434, 435, 438
물리적 시간・206, 207
미메시스・424~426

ㅂ

반대관계・245, 251, 252, 277~279, 282, 290, 360
반대자・293, 294, 295, 335, 412
반주체・312, 328, 330
발견 원리・282
발랑스・240, 322, 325, 332
발신자・45, 215, 240, 256, 260, 288, 293, 294, 300, 301, 312, 335, 412, 414, 416, 435
배역상・314, 318
배역화・259~262, 294
배열적 단위・407
배열 파괴・419
『변경』・216
변별자질・65
변위・247
변이체・87, 155~159
변조・323~326, 379
변증법적・223, 282, 284, 366
변형・32, 249, 252, 281, 302, 404, 410, 423
변환・155, 158, 159, 254, 255, 261, 290, 295, 296, 320, 324
변환 행위・296
보조사행・210~212
보조자・293, 312
보편소・237, 238, 291
복수태・428, 430, 472
복합시제・208, 220, 221
『부바르와 페퀴셰』・395, 397, 399, 400, 448
부정법・211
분류 모형・286, 287
분류적・38, 250, 281, 282, 287~290, 436

496

분류적 모형 · 251, 252, 291
분석적 언어 · 417
분열 · 323, 331, 463
분절, 분절적 · 32, 38, 55, 123,
　141~143, 147, 170, 171, 178,
　182, 194, 196, 237, 238, 241,
　242, 249, 250, 252, 253, 256,
　263, 265, 286, 291, 320, 322,
　330, 334, 364, 368, 374, 375,
　377, 406, 411, 416, 417, 419,
　427, 439, 441, 459, 472
분할 · 230, 268, 286, 287, 374
불가변성 · 40, 184
불변소 · 114, 260, 261, 272
불변체 · 134, 136, 155~159
비기호 · 139, 144~146, 154, 161
비잉여성 · 189, 190
빠롤 · 26, 27, 29, 31~37, 39,
　43~49, 52, 53, 65, 69, 70, 73,
　83~86, 91~93, 104, 125, 127,
　175, 176, 179, 192, 200, 203,
　207, 221, 228, 243, 333, 347,
　354, 366~368, 376, 377,
　398~400, 417, 435, 444, 445,
　449, 452

ㅅ

사건 · 42, 176, 177, 204, 206, 207,
　214~216, 218, 219, 261, 287,
　329, 384, 408, 409, 415, 435
사건의 시간 · 206, 207
『사라진느』 · 402, 428, 431, 433
사물 · 59, 61, 94, 95, 182, 186, 254,
　258, 266, 294, 343, 371, 394,
　433

사역 양태 · 299, 303
사투르누스 · 75, 77, 78
사회성 · 27, 34, 45, 46
삼원론 · 95
상관관계 · 112, 122, 134, 154, 156,
　157, 190, 206, 208, 220, 221,
　229, 241, 251, 267, 279, 376,
　420, 456, 457
상관텍스트 · 437, 456, 459
상관텍스트성 · 72, 74, 99, 423, 424,
　436
상동성 · 191, 268, 351, 379, 381
상동적 관계 · 191, 404
상벌 · 299, 300, 301, 304, 312, 329
상보성 · 132, 281, 310
상상계의 자아 · 468
상상적인 것 · 450
상수 · 114, 126, 136
상위적 · 267
상응적 대립 · 376
상징, 상징적 · 23, 38, 56, 61~64,
　102, 104, 195, 230, 313,
　368~370, 377, 378, 380, 381,
　383, 418, 434, 438
상징계의 자아 · 468
상징성 · 230, 378, 390, 420
상징적 기능 · 229, 230
상징적 약호 · 434, 435, 438
상징적 의식 · 49, 346, 364, 378,
　379
상징주의 · 52, 320, 377
상징 체계 · 173, 176, 349
상태언술 · 254, 255, 295, 298, 299,
　302, 304, 306, 307, 328
상태의 양태화 · 307
상호보완성 · 48, 353
상호의존관계 · 66, 132, 134,~136

사항 색인　　497

생략구문 · 448
생성 경로 · 247, 248, 250, 263, 264, 274, 284, 286, 334
생성 과정 · 237, 283, 291, 330, 423, 458
생성적 관계 · 191
서술기호 · 416
서술단위 · 406, 408
서술행위 · 408, 413
서술문 · 202, 203
선주체 · 331
선지향성 · 322, 323, 331
선택 · 52, 132~135, 157, 171, 356
선택관계 · 132~134, 136, 155
선행 조건 · 330
선행 조건 층위 · 321~326, 330, 331
선형적 · 60, 64~66, 68, 70, 76, 247, 267, 374~376
성층 문법 · 137
세미오시스 · 423, 424, 426, 471
세부 구조 · 276
소장문법학자 · 20, 21, 25
소환 · 324, 326
속성 · 33, 84, 118, 148, 171, 204, 321, 351, 352, 450
수단의 글쓰기 · 358, 359
수사학, 수사학적 · 82, 84, 85, 91, 92, 344, 352, 378, 383, 438, 441, 448, 458, 470, 472
수신자 · 84, 215, 240, 256, 260, 289~291, 293, 294, 329, 330, 335, 354, 412, 413, 416, 435, 438, 453, 458
수행동사 · 199, 201, 203, 205, 206, 226, 415
수행문 · 201~205

술사 · 292, 293, 295, 297, 298, 303, 306
술어, 술어적 · 254, 258, 260, 328, 410, 447
시간, 시간적 · 40, 41, 43, 63~65, 97, 124, 133, 169, 172, 173, 184, 189, 197, 199, 201, 202, 206, 207, 214~216, 218, 219, 221, 224, 226, 243, 251, 257, 259, 261, 262, 284, 285, 294, 314, 318, 319, 341, 363, 380, 408, 409, 418, 420, 445, 463, 464
시간성 · 210, 211, 224, 261, 283, 284, 285, 408, 409
시간화 · 259, 261, 262, 326
시니피에 · 115, 333, 443
시니피앙 · 115, 333, 443
시제 · 170, 194, 204, 206~208, 211~214, 216, 218~221, 224~226, 235, 404, 405, 409
시차적 · 172, 243
시퀀스 · 172, 427, 428
신화 · 182, 243, 245, 246, 251, 276, 284~286, 320, 330, 342, 344, 346, 347, 349, 354, 363~366, 373, 379, 383~401, 421, 430, 443, 470, 472
『신화론』 · 347, 349, 363~365, 384, 385, 395~398, 400, 430, 470, 472
신화체계 · 385~388, 391~393, 399, 400
실념론, 실념론자 · 105, 116
실어 · 139
실용적 차원 · 329, 330
실재 · 85, 181, 183, 201, 266, 268, 320, 374, 381, 409

실제 세계 · 83, 86
실질 · 54, 55, 73, 76, 80, 81, 93, 100, 101, 112, 113, 115, 139, 141~143, 147, 156, 191, 195, 237, 250, 265, 292, 367, 370~372, 390
심급 · 342
심리적 시간 · 206
심층 의미론 · 248~250, 253, 291
심층 구조 · 65
심층 층위 · 247~250, 254, 263, 286, 291, 292, 308~310, 313, 320
쌍의 법칙 · 77

ㅇ

아나그람 · 23, 65, 72~81, 88, 93
암묵적 · 92, 207
압축 · 75
약호 · 36, 345, 364, 367, 416, 428, 434, 435, 437~439
이야기체 전개 과정 · 296
양상화 · 262, 323, 324, 326
양태 언술 · 297, 298, 303
양태동사 · 211, 212
양태성 · 209~213, 228, 246, 256
어가 · 51, 55, 66, 82, 86~89, 92~94, 101, 103, 112, 113, 142, 147, 186, 187, 230, 347, 366, 372~374
어조 · 47, 100, 355, 458
어휘론 · 144, 178, 237, 264~266, 320, 333, 334, 342, 371, 372
어휘목록 · 94
어휘소 · 182, 238, 257, 258, 267, 269, 271, 272, 292, 316, 327, 419
어휘 장 · 55, 142, 187, 371
언리학 · 113~116, 119, 135, 161
언술 · 56, 58, 68, 69, 85, 87, 89, 92, 128, 129, 193~195, 198~200, 203~205, 210, 213, 218, 221, 225, 226, 238, 246, 253~255, 259, 260, 262, 271, 273, 274, 289, 291, 295, 297~299, 302~307, 321, 328, 329, 376, 404, 419, 445
언술자 · 215, 262, 329, 468
언술 작용 · 168, 178, 194, 196, 198~201, 206, 214, 216~218, 221, 225, 226, 228, 230, 235, 250, 259, 372, 445, 458, 467~469
언어활동 · 32, 36, 45, 117, 175, 223, 228, 247, 376, 448
언어 훔치기 · 394
언어내적 · 87, 185~187
언어 능력 · 32, 33, 36, 37, 91, 200, 419
언어 연쇄 · 181, 455
언어외적 · 85, 87, 89
언어적 시간 · 207
언어행위 · 32, 45, 85, 104, 125~127, 169, 171, 178, 193, 194, 207, 270, 302, 354, 401, 466, 467
언표내적 · 415
에르곤/에네르게이아 · 47
『S/Z』· 344, 348, 349, 402, 421, 422, 426~428, 435, 438, 439, 472
역사언어학 · 38, 59, 178, 227, 235

연결관계 · 132, 155
연동소 · 199, 262, 345, 367
연동작용 · 259
연상관계 · 28, 31, 51, 52, 69~72,
　77, 80, 81, 93, 97, 101, 103, 374
연상의 축 · 67, 68, 94, 99, 131, 374
연상축 · 51, 66
연속체 · 54, 141, 143, 194, 206,
　264, 265, 320, 350, 375, 405,
　406, 427
연쇄 · 68, 112, 124, 136, 155, 181,
　246, 287, 375, 410, 411, 419,
　455
연역법 · 116, 117, 239, 246, 249
연접, 연접성 · 51, 52, 154, 249, 254,
　255, 259, 290, 295, 296, 312,
　326, 329, 416, 461
연접관계 · 134, 136, 255
영도 · 360, 361
예술언어 · 168
오이디푸스 · 251, 276, 285
외수용성 · 270
외시, 외시적 · 87, 88, 147, 148, 151,
　347, 366, 373, 377, 381, 383,
　393, 400, 401, 430
외시 기호체 · 150, 151, 152
외연, 외연적 · 87, 96, 148, 175, 204,
　224, 268, 273, 363, 442
욕망 · 271, 368, 458~460, 463, 469
욕망의 축 · 294
우의 · 368
우화 · 385
원형 · 322, 331,
유대관계 · 70, 132, 155, 156, 159,
　245
유대성 · 132
유대적 · 48

유비관계 · 370
유사성 · 27, 39, 52, 63, 67, 114,
　171, 309, 378, 381
유연성 · 370
유추관계 · 71
융합 · 99, 255, 323
은유 · 52, 102, 283, 366, 376, 381,
　383, 407, 418
음소 · 29, 42, 47, 50, 55, 65, 67,
　68, 72, 76, 79, 80, 93, 116, 136,
　139, 145, 146, 154, 156, 159,
　193, 196, 197, 243, 268, 275,
　282, 376, 419
음악 · 171~175, 227, 343, 380, 411,
　444, 470
의미론적 세계 · 240, 286
의미론적 층위 · 238, 270, 271, 292
의미소 · 211, 238, 271~273, 292
의미의 이중적 개념 · 87, 92
의미작용 · 100, 103, 112, 124, 186,
　229, 247~249, 263, 264, 276,
　291, 309, 320~323, 347, 348,
　368, 372, 373, 386, 387, 391,
　392, 399, 422, 443
의미작용의 기본 구조 · 250, 251,
　279, 291, 309, 325
의미작용의 기호학 · 348, 364
의미장 · 196, 230, 236, 374
의미적 방식 · 167, 192, 194,
　196~198, 209, 213, 227~230,
　271
의미형성 · 85, 190, 192, 195, 227,
　310, 400
의사소통 · 33, 37, 46~48, 55, 57,
　81~86, 89~93, 100, 101, 104,
　123, 141, 167~171, 176, 178,
　179, 192, 193, 195, 197, 198,

204~206, 221, 227, 228, 235, 240, 294, 330, 353, 354, 357, 378, 391, 404, 444, 452, 453, 458, 466
의성어 · 62, 100
의소 · 84, 86, 91, 92, 102, 238, 250, 254, 258, 267~275, 282, 283, 291, 292, 308, 309, 316, 317
의소분류론 · 250
의소적 약호 · 434, 435, 438
의존관계 · 122, 131, 132, 135, 136, 446
이데올로기 · 35, 36, 251, 252, 342, 345, 349, 356, 362, 383, 447, 453, 464, 466, 469, 472
이야기 행로 · 257
이야기성 · 238, 245~247, 256, 285, 286, 292, 318, 320, 333, 335, 404, 448, 472
이야기체 도식 · 330
이야기체 의미론 · 248, 249, 253
이야기체의 전개 · 329
이야기체 통사론 · 248, 253, 255, 260, 288, 295, 297, 298, 328, 331
이야기체 프로그램 · 256, 260, 261, 296, 329
이원론 · 95
이원성 · 31, 223
이원적 대립 · 376
이접 · 154, 249, 254, 255, 259, 283, 290, 295, 296, 326, 329
이접관계 · 134, 136
이중 분절 · 178
이중적 의미형성 · 192, 195, 227
인력 · 321, 322
인물화 · 326

인식적 실행 · 303, 304
인접성 · 52, 377, 381, 407
인지적 차원 · 329, 330
일탈 행위 · 91
읽혀지는 것 · 429

ㅈ

자격 시련 · 256, 311
자유연상 · 82
자의성 · 26, 28, 60~62, 66, 83, 85~87, 89, 92, 183, 184, 187
자의적 · 35, 60~62, 64, 85, 86, 93, 183, 186~188, 194, 227, 228, 373
작가 · 24, 86, 96, 103, 213, 344, 352~360, 389, 412, 414, 425, 426, 429, 438, 442, 443, 445, 446, 448, 449, 456, 457, 461, 463, 468, 469, 471
작품성 · 82
잠재능력 · 298, 299, 300, 304, 305, 307, 312, 321, 329
잠재력 · 322, 331
잠재적 의미 · 89, 90, 386
장기놀이 · 38, 39
장음화 · 47, 141
재단 · 54, 55, 69, 83, 85, 86, 87, 89, 128, 141, 265, 268, 270, 286, 364, 405, 406, 419
재현 · 122, 177, 270, 357, 362, 419, 424, 425, 448, 449, 457
전개 과정 · 129, 130, 251, 257, 267, 281, 288, 289, 291, 296, 327, 335, 405, 437, 455
전설 · 23, 62~64, 260

전언 · 169~171, 193, 195, 196, 367, 408, 435
전이성 · 48
전제관계 · 278, 279
정념 · 256, 308, 320, 323~327, 335, 351
정태적 · 47, 252, 284
정태적 언어학 · 40, 41
제사법 · 118, 446, 465
제유 · 283
조종 · 299~301, 303, 304, 329
조합 · 273, 295, 298, 304, 382
주제, 주제적 · 257~261, 275, 327, 351, 440, 452, 454
주체 · 37, 54, 75, 129, 193~195, 200, 215, 222~224, 226, 240, 250, 253~256, 259, 260, 289, 293~297, 300~304, 306, 308, 311~313, 320~323, 325~332, 335, 344, 412, 413, 428, 454, 462, 464, 466~469
주체성 · 200, 201, 221~226
준대상 · 322, 323, 331
준주체 · 322, 323, 331
줄거리 · 285, 405
중첩 양태화 · 304, 305
즐거움의 텍스트 · 461, 463, 471
지시, 지시적 · 64, 79~81, 87, 148, 200, 201, 204, 224, 229, 364, 387
지시 대상, 지시 대상물, 지시적 대상 · 15, 94~96, 102, 103, 140, 148, 151, 173, 178, 185~187, 192, 194, 196~200, 204, 213, 214, 223, 225, 227, 229, 266, 329, 371, 387, 409, 415, 469
지시소 · 197~199, 213~215, 218,
224, 226, 345
지시운용체제 · 214
지시적 · 87, 197, 200, 201, 204, 224, 229
지표 · 152, 207, 208, 311, 368~370, 407, 408, 420
지향성 · 90, 195, 206, 322, 355
지향적 의미 · 89, 90, 195
진리 검증 양태 · 301, 302
진술자 · 215
진화적 언어학 · 40
질료 · 54, 81, 327, 372, 388, 389
질적 대립 · 282

ㅊ

차이 · 55, 56, 67, 68, 156, 243, 266, 267, 309, 334
참여 · 356~359, 362, 412
참조적 약호 · 435
척력 · 321, 322
청각 영상 · 28, 59, 60, 71, 72, 94, 186
청자 · 45, 101, 176, 193, 194, 196, 199, 200, 203, 204, 213, 218, 329, 467
촉매단위 · 408, 420, 427
총체성 · 54, 309, 402
총합적 언어 · 417
충동 · 326, 354
치환 · 67, 158, 159, 375

ㅋ

코드 전환 · 247,

ㅌ

탈연동작용 · 259
텍스트성 · 402, 472
『텍스트의 즐거움』· 344, 349, 439, 440, 444, 454, 459, 472
텍스트의 실천 · 421
텍스트화 · 263, 264, 310, 335
텍스트화 층위 · 247
토포스 · 85, 436, 452, 453
통시언어학 · 42
통시태 · 31, 38~44, 52, 53
통합관계 · 31, 51, 93, 97, 101, 103, 276, 378
통합의 축 · 67, 68, 94, 97~99, 131, 172, 374, 410
통합작용 · 418, 419
통합적 단위 · 292, 407
통합적 상상력 · 380
통합체, 통합체적 · 47, 68~70, 91, 122, 124, 129, 155, 158, 170, 171, 181, 194, 197, 227, 250, 251, 256, 257, 267, 272, 274, 276, 281, 284~286, 303, 315, 334, 342, 347, 366, 374~377, 380, 381, 455
통합축 · 51, 66, 67, 381
특화 · 132~136

ㅍ

파격구문 · 448
파동성 · 321
파리 학파 · 281, 333, 403
포용관계 · 277, 278, 282, 289, 290
포함체 · 184
표류 · 442, 443
표출 구조 · 263, 264
표층층위 · 247~249, 253, 261, 286, 292, 293, 295, 308, 310, 313, 314
피포함체 · 184
필연성 · 184, 187, 210, 212, 219
필연적 · 186, 188, 194, 228

ㅎ

하부언어 · 447
하위적 · 267
한정관계 · 132, 134~136
함수기능 · 121, 131, 135~138, 140, 143, 148, 156, 157, 161
함수기능관계 · 136, 140, 143
함수기능자 · 121, 136, 140, 141, 143, 144
함축관계 · 157, 158
해석 관계 · 191
해석체계 · 190
해석학적 약호 · 434, 435
해설자 · 218
핵의소 · 238, 272, 273, 275, 292
행위소 · 215, 240, 253, 254, 258, 260~262, 287, 289, 292~295, 297, 312, 320, 322, 325, 328, 330, 331, 412
행위소 모형 · 257, 284, 291~295, 297, 412, 413
행위 언술 · 254, 255, 295, 298, 304~307, 328, 329
행위자 · 215, 240, 241, 260~262, 275, 292, 321, 325, 412

허어(虛語) · 139
현동화 · 194, 250, 253, 284, 285, 307, 366
현실태 · 54, 178, 194, 197, 328, 422
형상 · 54, 258
형상소 · 124, 144~146, 154, 161, 257~259, 273
형식화 · 117~119, 121, 140, 146, 147, 149, 151, 242, 254, 259, 262, 266, 275, 288, 291, 292, 308, 367, 426
혼융 · 323

화자 · 41, 45, 46, 55, 61, 70, 84, 85, 87, 89~93, 101, 176, 186, 192~196, 198~201, 203, 207, 213, 214, 218, 328, 413, 414, 444, 450, 452, 453, 458, 467
화행지시소 · 194, 198, 224
환원 · 283
환유 · 52, 283, 366, 377, 381, 383, 407
회화 · 173, 175
희열 · 443, 460~462
희열의 텍스트 · 461~463, 471

서정철

●

한국외국어대학교 불어과를 졸업하고 파리4대학에서 「서한가 로맹 롤랑 연구」로 문학박사 학위를 받았다. 한국외국어대학교 서양어대학장, 대학원장 및 한국 불어불문학회 회장, 한국 프랑스학회 회장을 역임하였으며, 현재 한국외국어대학교 불어과 교수로 재직 중이다.
지은 책으로 『표준 불문법』, 『현대 프랑스 언어학』(공저), 『현대 불어학 개론』(공저) 등이 있고, 옮긴 책으로 『창조적 진화』(베르그송), 『행복한 죽음』(카뮈), 『성채』(생텍쥐베리) 등이 있으며, 언어학과 기호학에 관련된 다수의 연구 논문이 있다.

기호에서 텍스트로
— 언어학과 문학 기호학과의 만남

1판 1쇄 펴냄 — 1998년 10월 10일
1판 3쇄 펴냄 — 2007년 7월 16일

지은이 — 서정철
편집인 — 장은수
발행인 — 박근섭
펴낸곳 — (주)민음사

출판등록 1966년 5월 19일(제 16-490호)
135-120 서울 강남구 신사동 506번지 강남출판문화센터 5층
대표전화 515-2000/팩시밀리 515-2007

값 20,000원

© 서정철, 1998. Printed in Seoul, Korea

ISBN 978-89-374-2415-1 93160